시장주의란 무엇인가

시장주의란 무엇인가
현실세계의 이념이자 체제가 된 시장주의,
그 체계적 이해와 진정한 비판을 위하여

초판 1쇄 발행 2023년 12월 29일

지은이 | 홍훈

펴낸곳 | (주)태학사
등록 | 제406-2020-000008호
주소 | 경기도 파주시 광인사길 217
전화 | 031-955-7580
전송 | 031-955-0910
전자우편 | thspub@daum.net
홈페이지 | www.thaehaksa.com

편집 | 조윤형 여미숙 고여림
디자인 | 김현주
마케팅 | 김일신
경영지원 | 김영지

ⓒ 홍훈, 2023. Printed in Korea.

값 25,000원
ISBN 979-11-6810-238-5 93320

책임편집 | 조윤형
표지디자인 | 김현주
본문디자인 | 최형필

시장주의란 무엇인가

현실세계의 이념이자 체제가 된 시장주의,
그 체계적 이해와 진정한 비판을 위하여

홍훈 지음

Market Liberalism
Free Market Liberalism
Market Fundamentalism

태학사

글을 쓰며

한국은 1960년대 이후 경제성장과 1987년의 민주화, 1997년의 외환위기를 겪었다. 또한 20세기 말부터 진행된 신자유주의와 세계화globalization가 전 세계를 시장경제, 그리고 시장사회로 변형시키고 있다. 한국사회 역시 이런 영향 아래 있다. 그 결과 한국에도 민주주의와 함께 시장경제를 적극적으로 옹호하는 시장주의가 형성되었다.

민주주의가 이념이자 체제이듯이, 시장주의도 이념이자 체제이다. 또한 시장주의는 시장주의자에게 이상이자 현실이며, 이론이자 사상이고, 관념이자 행위이다. 이념으로서 시장주의는 시장에 대한 신뢰나 믿음이고, 체제로서 시장주의는 시장경제사회이다. 더불어 그것은 시장의 효율성을 논증하는 경제학자의 이론이고, 대다수 사회구성원들이 공유하는 사상이다. 나아가 그것은 머릿속에 있는 관념이면서, 경제주체의 행위를 낳고 행위를 통해 구현된다.

이같이 사상, 이론, 현실의 다양한 모습으로 나타나는 시장주의를 우리는 제대로 파악하지 못하고 있다. 사방에서 날아드는 경제사상과 경제관념을 단편적이거나 기계적으로 받아들여 암기할 뿐이기 때문이다. 시장경제를 옹호하는 사상과 시장경제를 설명하는 신고전학파 경제학neoclassical economics도 반세기 이상 우리 주변을 맴돌고 있지만, 전체적으로 평가되지 않고 있다.

이렇게 된 데는 자신의 개념에 충실하지 않은 경제학 자체의 문제도 있다. 그렇지만 시장주의를 받아들이는 우리의 역량이 더 큰 문제이다. 심지어 시장경제 옹호자들 중에도 시장경제를 제대로 이해하지 못한 경우가 적지 않다. 이런 상황에서 시장주의를 비판하기 이전에 먼저 이해할 필요가 있다는 것이 이 책의 문제의식이다.

따라서 이 책은 시장주의를 체계적이고 종합적으로 파악하고 평가하는 데 일차적인 목표를 두었다. 이를 위해 먼저 시장주의 경제이론이 소홀히 하는 시장, 가격, 개인, 수요, 공급 등 기본개념들을 명확히 하려고 노력했다. 또한 개념들을 단편적이고 기계적으로 정의하고 나열하는 수준을 넘어서, 서로 연결하고 일관된 흐름을 부여하고자 시도했다.

사회 및 인간과 관련된 모든 사상, 이념, 학문에는 스스로 말하는 것과 스스로 말하지 않는 것이 있다. 그리고 무엇을 말하는가, 즉 그것의 웅변뿐만 아니라 무엇을 말하지 않는가, 즉 그것의 침묵에 그것의 입장이 담겨 있다.

특정 사상이 말하지 않는 것에는 구체적으로 1) 해당 분야의 대상이 아닌 것, 2) 당연해서 언급하지 않는 것, 3) 다루기 힘들거나 회피하고 싶은 것이 포함된다. 시장주의와 경제학의 관점에서 보면 1)은 다른 학문에서 다루는 것으로, 정치학의 대상인 정당이 한 예이다. 2)는 시장경제가 전제로 삼는 소유권이나 사유재산이 예가 된다. 3)은 정의나 공정성 같은 것이다. 3)을 비롯해 이 세 가지를 드러내는 것이 시장주의를 이해하는 데 필수적이다.

한국인은 '동무'라는 말을 피하고 '출신 학교', '출신 지역'을 별로 언급하지 않는다. 또한 '색깔'이라는 단어를 개성이라는 의미로는 즐겨 쓰지만, 이념(색깔론)이나 성적인 것(섹스러움)을 나타내는 표현으로는 회피한다. 이와 비슷하게 미국인은 인종을 연상시키는 'color'라는 단어를 쓰지 않는다. 이는 그 요인들이 사소해서가 아니라 너무 중요하거나 아픈 부분이어서 피하고 싶기 때문이다. 하지만 이런 침묵이 그 사회의 핵심을 담고 있다. 이와 비슷하게 시장주의도 그것의 웅변뿐만 아니라 침묵 속에서 그 특징을 확인할 수 있다.

구체적으로 시장주의가 시장, 가격, 개인, 선택, 효용, 이기심, 합리성, 교환, 경쟁, 균형, 효율에 중점을 두면서 경제·사회 현상 중에서 경시하거나 말하지 않는 것이 생긴다. 시장주의의 사전에는 사회나 사회구조, 계급이나 계층, (사회)관계, 힘이나 권력 혹은 세력, 정의, 공정성, 능력이나 역량, 권리, 의무, 자유, 평등, 윤리, 계획 등과 같은 용어가 거의 등장하지 않는다. 의외로 분업, 생산, 소비, 교환, 분배, 생산자, 소비자 등의 단어도 별로 등장하지 않는다.

시장주의 사상보다 좁은 범위의 시장주의 이론에서는 자유, 평등, 재산, 국가, 가치, 화폐, 분배라는 단어도 자주 발견할 수 없다. 반면 이런 것들이 다른 경제사상이나 다른 학문 분야, 그리고 일상에서는 흔히 등장한다.

이 책은 시장경제 이념의 전파가 아니라 이에 대한 비판에 궁극적인 목표를 두고 있다. 그렇더라도 체계적인 이해가 선결과제이다. 이런 체계적인 이해가 이루어진 후에 비로소 이에 근거해 시장경제에 대한 진정한 비판, 그리고 나아가 진정한 대안을 제시할 수 있기 때문이다.

시장주의로 해결할 수 없는 코비드가
전 세계 인구 75억 명을 꼼짝 못하게 만든 3년 넘는 기간을 겪은
2023년 6월 한반도 신촌에서
홍 훈

차례

글을 쓰며 · 5

1장 시장주의의 기본 성격 · 11

2장 시장주의 경제이론 · 29

    2.1. 일반균형체계 · 31
    2.2. 동시결정과 상호의존 · 65
    2.3. 수요(곡선)와 공급(곡선) · 77
    2.4. 화폐와 금융의 부차적인 성격 · 94
    2.5. 경제이론이 보여주는 시장주의의 특징 · 101

3장 시장주의 경제사상 · 121

    3.1. 오스트리아학파 · 123
    3.2. 질서자유주의 · 132
    3.3. 공공선택이론 · 146
    3.4. 신자유주의 · 150
    3.5. 시장주의 속의 이견 · 155

4장 시장주의가 내세우는 시장의 특징 · 163

4.1. 시장의 자생성, 자율성, 효율성, 안정성 · 166
4.2. 시장의 편재성 · 170
4.3. 행위자의 이기심과 합리성 · 179
4.4. 가격의 형성과 가격에 대한 존중 · 189
4.5. 선택의 자유와 기회의 균등 · 202
4.6. 도덕성이나 정당성보다 더 중요한 유용성이나 결과 · 209
4.7. 경쟁의 작동과 복원 · 217
4.8. 시장경제에 봉사하는 화폐와 금융 · 220
4.9. 최상의 시장과 최소의 정부 개입 · 226
4.10. 정부 개입의 점진적 성격과 시장친화적 성격 · 230

5장 시장주의의 안팎과 자본주의, 그리고 한국경제 · 237

5.1. 시장주의 내의 갈등 · 239
5.2. 시장주의에 숨은 시장의 문제 · 259
5.3. 시장주의가 파악하는 가격이 안고 있는 문제 · 288
5.4. 시장주의가 상정하는 인간의 한계 · 298
5.5. 시장주의가 배제하는 화폐 · 305
5.6. 하나의 시장주의와 다양한 자본주의 · 319
5.7. 한국경제는 시장주의를 추구하는가? · 321

참고문헌 · 335

1장

시장주의의
기본 성격

매매의 장인 시장을 논의하지 않고는 누구도 자본주의나 시장경제를 논할 수 없다. 애덤 스미스Adam Smith에서 시작해, 리카도David Ricardo를 거치고, 마르크스Karl Marx와 한계효용학파로 나아간 후, 케인스John Maynard Keynes와 폴라니Karl Polanyi, 그리고 경제학을 지배하는 신고전학파에 이르기까지 모두 이와 같다.

그렇지만 이런 출발점을 넘어서면 시장에 대한 이들의 입장은 서로 달라서, 시장을 옹호하는 입장도 있고, 시장에 대해 유보적이거나 부정적인 입장도 있다.

스미스를 비롯해 시장을 옹호하는 입장이 시장경제에 대한 현대 이론과 이념으로 발전했다. 이 입장은 경제 문제를 해결하는 데 시장을 믿고 시장에 의존한다. 100년가량 경제학계를 지배하고 있는 신고전학파 경제학도 이런 입장을 취한다. 그런데 (나중에 설명하는 바와 같이) 20세기 후반 이후로 신고전학파 경제학은 시장이 경제를 넘어서 보다 적극적으로 사회·자연·인간을 설명하면서 이들을 재구성한다고 생각하게 되었다. 전자를 시장경제주의라고 부른다면, 전자를 포함하는 후자는 **시장주의**라고 부를 수 있다.

이같이 현대의 시장주의는 경제·사회·자연의 문제를 해결하는 데 시장에 의존하고 시장을 믿는 이념과 체제이다. 현대의 시장주의는 비록 유일한 관점은 아니지만 1990년 동구권 붕괴 이후 현재까지 시장·경제·사회에 대한 지배적인 관점을 이루고 있다. 전통적으로 시장경제와 민주주의가 쌍을 이루어왔지만, 시장주의가 시장경제를 넘어서 정치·사회·문화로 진입하면서 민주주의를 압도하거나 위협하고 있다.

이런 흐름과 대조적으로 시장을 비판한 마르크스는, 시장이 보편적인 인간과 사회에 반한다고 주장했고, 폴라니는 시장의 파괴적인 힘을 경고했다. 또한 케인스는 자본주의 시장의 불확실성과 불안정성을 지적하면서 유효수요 부족을 근원적인 문제로 지적했다.

이들 시각은 모두 시장주의에 비판적인 **자본주의**로 규정할 수 있다. 자본주의도 경제에 국한되지 않고 사회와 자연 전체를 포괄한다.

이렇게 보면 현시점에서 포괄적으로 시장을 옹호하는 **시장주의**라는 관점과, 이에 대해 여러 제한을 가하려는 **자본주의**라는 관점의 대립을 상정할 수 있다. 자본주의가 경제와 사회를 자본 위주로 파악하면서 시장을 자본의 일부로 취급한다면, 시장주의는 이들을 시장 위주로 파악하면서 자본을 시장의 일부로 취급한다.

자본주의에서는 시장이 아니라 자본이 전체를 나타내며, 시장은 경제, 국가나 문화와 함께 자본이 운행되는 과정이나 영역에 불과하다. 반면 시장주의에서는 시장이 전체를 이루고, 자본은 재화나 노동과 함께 시장의 부분으로 편입된다. 자본주의가 자본과 시장에 비판적이라면, 시장주의는 시장과 자본을 신봉한다. 시장주의와 자본주의의 대비는 나중에 다시 상세히 논의한다.

한편 시장에 대한 믿음은 모든 것을 오로지 시장에 근거해 해결하려는 극단적인 입장과, 시장에 의존하면서도 시장의 불완전함을 인정하는 입장으로 나뉜다. 현대 경제학에서 전자의 시장근본주의 market fundamentalism 는 통화주의와 새고전학파가 대표하고, 후자의 절충적인 시장주의는 케인스주의와 새케인스주의가 대표한다.

케인스주의와 새케인스주의도 시장을 기본으로 삼고 신고전학파 거시경제학의 일부를 구성한다. 그렇지만 이들은 시장과 가격이 불완전하다고 생각해 거시정책을 통해 고용증대(와 물가안정)를 추구할 것을 주장한다. 경제학 내의 이런 대립은 외견상 거시경제학에 국한된 것처럼 보이지만, 가격신축성 price flexibility에 대한 견해의 차이를 담고 있어 실상 미시경제학에까지 이어진다. 이 책에서는 타협을 모르는 시장근본주의를 시장주의의 대변자로 간주해 케인스주의는 시장주의로 간주하지 않는다.[1]

역사적으로 시장주의는 스미스를 필두로 하는 자유주의 경제사상, 오스트리아학파를 위시한 한계효용학파, 신고전학파 경제이론, 특히 시카고학파, 독일의 질서자유주의Ordoliberalismus, 공공선택이론을 포함한다.[2] 이런 시장의 논리가 확장되어 20세기 후반 이후에는 선거, 결혼, 출산, 범죄, 윤리, 법 등 시장이나 경제 밖 대상에 적용하는 경제학의 제국주의economic(s) imperialism가 등장했다. 현실에서는 대처와 레이건의 주도로 시장주의가 본격화되면서 1980년 이후 신자유주의neoliberalism로 나타났다.

시장주의는, 시장이 완벽하지는 않지만, 계획경제나 공동체 등 여타 경제체제보다 불완전함이 적어 현실적으로 시장이 최상이라고 생각한다. 이런 공통분모에도 불구하고 시장주의가 언제나 일관된 체계를 유지해 온 것은 아니다. 시장주의 내에 여러 측면이 공존하면서 때로는 서로 보완하거나 결합하기도 하고, 때로는 갈등하거나 충돌하면서 그것의 내포와 외연을 형성해 왔다.

(1) 시장주의는 사상이고 이론이다

시장주의는 경제사상과 경제이론으로 구성되어 있는데, 양자는 동일하지 않다.[3] 교실의 경제학 교육을 통해 전달되는 개념과 지식이 이론이다. 이에 비해 피상적이지만 현장에서 습득되고 일상적으로 경제활동을 통해 구현되며, 주로 관료조직이나 언론 등의 경로로 전달되는 경제관념과 이념이 사상이다.

한국의 경우 1970년대 경제성장 과정에서부터 근대의 경제사상이 정착되었다고 말할 수 있다. 따라서 신고전학파 경제학을 시장주의 이론으로,

---

[1] 양자가 흔히 자유주의liberalism와 자유시장주의libertarianism로 구분되기도 한다. 나중에 설명하는 바와 같이 1980년대 이후로 자유시장주의는 신자유주의로 불리기도 한다.
[2] Cahill, 2018, 992; Short 2018, 948
[3] 일반적으로 넓은 의미의 경제사상은 경제이론을 포함하는데, 여기서는 혼란을 피하기 위해 경제사상을, 경제이론을 제외한 좁은 의미로 사용한다.

시장을 지향하는 이념과 경제주체 및 시민의 관념 등을 시장주의 사상으로 구분할 필요가 있다.

경제이론이 경제학자와 경제학도가 지닌 일관된 논리적 근거라면, 경제사상은 현실경제에 대한 경제행위자의 관념과 이념으로, 행위의 근거이다. 가령, 경제학자가 시장이 왜 효율적인지를 논리적으로 보여 주려고 노력한다면, 경제행위자나 경제주체는 자신의 신념 속에서 자신의 자유로운 경제활동과 이익 추구를 외친다.

시장주의는 현실 경제주체의 행위와 경제체제의 유지에 봉사하므로, 과학적인 이론뿐만 아니라 관념과 신조, 이념, 상식, 직관, 역사, 문화 등 다양한 요소들을 담고 있다. 특히 시장주의는 이론이기에 앞서 시장에 대한 관념이자 믿음이고 이념이다. 무엇보다 경제주체의 행위를 통해 확인되거나 재생산되는 것은, 시장에 대한 이론이라기보다 시장에 대한 이념과 관념이다. 이런 것들은 경제학자가 이론적으로 제시한다기보다 경제주체가 경제활동을 통해 실현하며 경제학이라기보다 경제사상으로 규정된다.

물론 경제행위자나 경세정책 남낭자뿐만 아니라 경제학자도 이런 믿음과 이념으로부터 자유롭지 않다. 시장에 대한 관념 및 이념이 이론의 내용이 아니라 이론의 전제·가정·방법·정치적 입장·사회철학 등을 결정하기 때문이다. 그렇다고 해서 이념이 이론과 동일한 것은 아니다.

반대로 경제사상은 순전히 관념이나 이념이 아니라, 이론을 어느 정도 포함하고 있다. 특정 대상이나 분야와 관련해, 경제와 사회가 공유하는 사상과 학자가 내세우는 이론은 불가분의 관계에 있다. 그리고 정치나 문화 등 다른 영역에서와 마찬가지로 이념과 이론은 서로 영향을 주고받는다. 따라서 경제이론뿐만 아니라 경제사상도 경제행위자의 관념이나 믿음과 완전히 일치하지 않는다.

그렇지만 경제사상은 경제이론보다 경제행위자의 관념이나 이념을 적극적으로 수용한다. 이런 맥락에서 사상이 행위자의 관념과 학자의 이론을 매개한다고 말할 수도 있다. 같은 이유로 사상과 이론은 반드시 일치하지 않으며 심지어 서로 충돌할 수도 있다. 가령, 시민들이 상식적으로 이해하는 민주주의와, 민주주의에 대한 이론 사이에는 상당한 괴리가 있다. 이와 비슷하게 시장주의 사상과 이론 사이에도 간격이 있다. 결과적으로 시장주의를 이념으로 환원해서도 안 되지만 반대로 과학적인 이론으로 환원할 수도 없다.

스미스를 위시한 과거와 현재의 경제사상은 구체적이며 포괄적으로 시장을 파악한다. 이에 비해 경제이론은 철학이나 과학과 비슷하게, 그리고 역사나 문학과 다르게, 현실의 여러 구체적인 측면들을 사상한다. 특히 시장경제를 보편적으로 만들기 위해 추상성을 높여온 20세기의 신고전학파 경제학은, 행위자의 경제관념이나 이에 근거한 행위와 더욱 멀어졌다.

현실의 시장경제를 움직이는 것은 경제학자의 이론에 앞서, 경제주체의 관념 및 이념과 이에 근거한 행위이다. 더구나 경제학자의 이론이 경제행위자의 관념보다 언제나 우월하다고 단정할 수 없다. 또한 경제학자가 기업인이나 경제관료보다 현실의 시장이나 경제에 대해 더 잘 알고 있다고 장담할 수도 없다. 가령, 한국의 부동산시장이나 교육시장을 보면 경제이론이 말해주는 것이 예상보다 많지 않다.

물론 인간의 행위나 사회현상과 자연현상 사이에 차이가 있다. 자연현상에 대해서는 이론과 구분되는 사상을 규정하기 힘들고, 사상이 이론보다 우월한 경우도 찾기 힘들다. 환자가 의사보다 병에 대해 더 잘 알고 있다고 말하기 힘들다. 그렇지만 인간, 경제, 사회와 관련해서는 학자의 이론이 행위자의 관념, 상식, 직관을 넘어서지 못하는 경우가 적지 않다. 이 때문에 시장주의를 파악하는 데 있어서도 다음과 같은 생각이 주효하다.

가다머에 의하면, '이해하려는 사람은 말한 것의 배후에 놓인 것을 의심해야 한다. … 만약 우리가 말한 것의 배후로 가면, 우리는 불가피하게 말한 것을 넘어서는 질문들을 하게 된다. 우리는 오로지 문제의 지평, 즉 그 자체로 다른 가능한 답들을 포함하는 지평을 획득함으로써 구문의 의미를 이해하게 된다.'(Gadamer, 2013, 378, Zhao & Drechsler, 2018, 1240, 재인용).[4]

맬서스Thomas Malthus는 리카도에 대항해 상식을 존중할 것을 촉구했다. 현대에도 인과관계에 대한 그레인저Clive Granger 등의, 복잡한 논리보다 상식이 더 타당하다는 판단이 수시로 등장한다.[5] 시장주의 사상에 상식이 포함된다고 보면, 시장주의 사상과 이론의 괴리로 인해 발생할 만한 의문들로 다음과 같은 것을 제기할 수 있다.

행위자는 이기적인가 혹은 합리적인가? 수요와 수요함수는 어떻게 다른가? 재화의 수요함수는 소비를 나타내는가? 소비함수는 필요 없는가? 생산함수는 생산을 나타내는가? 자원 배분은 왜 거시경제의 문제가 아닌가? 실업은 효율성과 무관한가? 가격신축성은 미시경제의 요건이 아닌가? 경제학에서 화폐는 어디에 있는가? 이 모든 것이 시장과 어떻게 연결되는가? 완전경쟁은 입시경쟁과 다른가?

이런 의문들에 답하려면 사상이나 상식과 이론의 괴리를 메워야 한다. 이 책은 시장주의 사상과 이론을 연결시켜 시장경제에 대한 시장주의의 종합적인 이해를 획득하는 데 일차적인 목표를 두었다. 동시에 논의가 분산되지 않도록 시장경제, 시장주의, 경제학, 그리고 이에 대한 비판적인

---

4 According to Gadamer, 'a person who wants to understand must question what lies behind what is said. … if we go back behind what is said, then we inevitably ask questions beyond what is said. We understand the sense of the text only by acquiring the horizon of the question —a horizon that, as such, necessarily includes other possible answers.'

5 Hoover, 2001, 92

입장의 교집합인 '시장'을 중심축으로 삼았다.

결론적으로 프리드먼Milton Friedman을 필두로 하는 시카고학파의 근거인 일반균형체계general equilibrium system와 경제학의 제국주의가 시장주의 경제이론을 구성한다. 이만큼 테두리가 선명하지 않지만, 하이에크Friedrich Hayek를 위시한 오스트리아학파, 질서자유주의 그리고 신자유주의는 시장주의 경제사상을 구성한다. 시장주의 사상과 이론의 차이는 주로 일반균형체계의 중요성 그리고 국가의 역할과 관련되어 있다.

(2) 시장주의는 이론이나 관념일 뿐만 아니라 행위이자 체제이다

시장주의는 시장에 대한 이론과 관념이자 이를 실현하는 행위이고, 이런 행위를 통해 유지되는 체제이다. 경제행위자는 시장에 대한 관념과 이념에 근거한 경제활동을 통해 경제현상을 낳는다. 소비자나 기업 외에도 경제관료, 정치인, 언론인 등은 시장과 경제에 대한 나름대로의 관념에 따라 판단하고 행동하며 정책이나 법을 수립한다. 이런 의미에서 시장주의는 관념과 행위의 상호작용이다.

그리고 이런 관념과 행위를 통해 시장경제체제가 유지된다. 시장주의가 관념이나 체제라는 것은 민주주의가 관념이나 체제인 것과 비슷하다. 민주주의는 정치에 대한 시민의 믿음이고, 투표 등 시민의 행위이고, 이런 행위를 통해 유지되는 정치체제이다. 이와 비슷하게 시장주의는 경제주체들의 행위를 통해 유지되고 갱신되는 경제 및 사회체제이다. 이 통찰은 시장주의자가 아니라, 제도학파의 시조인 코먼스John Commons가 제공한다.

> 사업가, 노동자, 법원, 행정관료, 정치인 등이 진정으로 의미하는 바는, 그들의 말이 아니고 그들의 생각도 아니며 그들의 행동이다. 그들이 신, 자연, 재산, 자유 등에 대해 말하는 것이나 생각하는 것조차 단어와 단어가 나타내는 관념이 지닌 그것들의 명목적인 의미이다. 그들이 행하는 것이 그

들의 기억, 활동, 기대, 소망 그리고 대안들로부터 나오는 그것들의 진정한 의미이다. 그래서 의미는 활동에 비추어 과학적으로 연구될 수 있다.[6]

그렇지만 의견과 행동은 과학적인 연구에서 분리될 수 없다. 왜냐하면 행동은 행동 중인 의견이고, 과학이 의견을 추론하면서 행동을 측정하기 때문이다. 습관적이고 관습적인 가정을 습관적이고 관습적인 행위 속에서 읽어낸다.[7]

(3) 시장주의는 현실이면서 이상이다

시장주의에서 시장은 일차적으로 현실이다. 시장은 가상의 존재가 아니라 현실 속에 존재하며 현실에서 그 효율성을 보인다는 것이다. 그렇지만 시장에 대한 비판자뿐만 아니라 시장주의자에게도 현실의 시장은 완벽하지 않다. 이 때문에 시장주의는 현실의 시장과 함께 이상적인 시장을 제시한다.

행위자가 생각하고 활동하는 시장이 불완전하다면, 경제학자가 그리는 시장은 완전하다. 경제학자는 현실의 시장을 설명하고 예측한다고 자부하지만, 경제이론의 성격은 다르다. 정도 면에서 덜하지만, 경제사상에 등장하는 시장도 상당 부분 규범적이다. 적어도 시장주의는 현실의 시장이 어떻다고 서술할 뿐만 아니라 시장이 어떻게 되어야 한다고 방향을 제시

---

[6] What business men, laboring men, courts, executives, politicians, and so on, really mean is not what they say, nor even what they think, but what they do. What they say and even think of God, Nature, property, liberty, etc., is their nominal meaning of words and of the ideas signified by the words; what they do is their real meaning, arising from their memory, activity, expectations, wishes, and alternatives. Thus meanings can be scientifically investigated in terms of activity (Commons, 1959, 25).

[7] Yet opinion and action cannot be separated in scientific investigations, for action is opinion-in-action, and science measures the action while inferring the opinion. Habitual and customary assumptions are read into habitual and customary acts (Commons, 1959, 698).

한다.

초기 경제사상은 세속적인 현실의 시장을 서술하고 설명하는 데 집중했다. 그렇지만 시장과 시장주의가 확산되면서 경제사상은, 시장이라는 세속적인 존재에 대해서도 이상을 만들어냈다. 그리고 현대 경제학은 이 같은 방향으로 한걸음 더 나아갔다. 그 결과 신고전학파 경제학은 이런 이상을 기반으로 삼고 있다. 따라서 시장주의에는 경제학의 과학적인 분석과 시장주의의 이상이나 이념이 혼합되어 있다.

경제학에서 이런 이상적인 시장을 제시하는 것이 일반균형체계이다. 이 체계는 가격신축성 price flexibility 및 가격탄력성 price elasticity과 개별행위자의 완전한 합리성 등을 가정하므로, 그것이 낳는 균형은 현실의 시장이 아니라 이상적인 시장을 나타낸다.

현실에 대한 설명과 이상의 공존은 철학을 비롯한 여러 분야의 사상과 이론에서 흔히 발견할 수 있다. 그런데 철학과 달리 경제학은 주로 현실에 대한 설명임을 내세워 실증경제학 positive economics을 자부해 왔으므로, 이를 해명하지 않으면 모순에 빠지게 된다. 그럼에도 불구하고 경제학자 대부분은 이 양면성에 대해 별로 의식하지 못하고 있다.

이 때문에 대부분의 경제학자는 일차적으로 경제현상이 경제이론에 부합한다고 고집한다. 이런 고집이 쉽지 않으면, 단기적으로는 가격이 균형에서 벗어날 수 있지만 장기적으로는 균형으로 돌아온다고 주장한다. 혹은 행위자의 합리성이 불완전한 경우 거래비용 transaction cost 때문이라고 문제를 축소하거나, 반복과 학습을 통해 신속하게 개선될 수 있다고 자신한다. 그렇지만 (서술적인 합리성과 규범적인 합리성에 대한 행동경제학의 구분에서 드러나듯이) 이런 방식으로 현실과 이상의 괴리를 메우는 일은 쉽지 않아 보인다.

완전경쟁적인 시장모형은 상정된 현실이라기보다 지침이 되는 이상이기 때문에, 목표(후생이나 혜택), 거기에 닿기 위한 기제(개인들 사이의 동적인 상호작용), 그리고 이 기제를 실현하기 위해 필요한 일군의 가정들(합리적 행위, 완전경쟁 등)을 제공한다.⁸

이상적인 시장은 현실의 경제와 시장을 평가하는 기준을 제공한다. 가령, 좋은 시장과 나쁜 시장의 구분, 암시장, 회색시장 등의 용어에 이런 기준이 담겨 있다. 이것은 시장주의가 시장에 대한 **내적인 척도**를 갖추어 더 이상 윤리나 도덕 등 시장 외부에 존재하는 기준에 의존해 평가받거나, 이에 대항해 자신을 정당화할 필요가 없음을 의미한다. 짧게 말해 이는 시장의 자율성이거나 자족성을 뜻한다. 그리고 이 때문에 시장주의는 단순히 '논리'가 아니라 확고한 '주의'이고 믿음이 된다.

이러면서 시장주의는 사상이나 이론이 현실을 설명하지 못하는 경우, 이를 시장주의의 불완전함이 아니라 현실의 불완전함으로 해석한다. 이론에 비추어 존재해야 할 교역을 제시하고, 이에 부족하면 실종된 교역missing trade으로 진단하는 것이 그런 예이다. 이는 과거 중화사상이 중국 안에서 나온 인의예지와 같은 기준으로 중국 내부뿐만 아니라 이민족을 평가하는 것, 혹은 미국이 인권에 대한 자신들의 잣대로 미국의 인종차별뿐만 아니라 외국의 인종 문제를 거론하는 것과 비슷하다.

한편 경제학자들은 20세기 말 이후, 보다 적극적으로 나서서 이상적인 시장에 맞게 현실 시장과 경제를 바꾸려고 노력하고 있다. 즉, 일반균형이 제시하는 단일 시장의 요건, 가격의 신축성, 개인의 합리성, 상품의 규격에 맞도록 경제학자들은 시장경제를 설계design하며 고안하고 있다. 그리고 이런 방향으로 법과 정책을 제안하고 있다. 심지어 어떤 경제학자들은

---

8 Less an assumed reality than a guiding ideal, the model of the perfectly competitive market provides a goal (the welfare benefits), a mechanism to get there (dynamic interactions between individuals) and a set of assumptions that need to be met to realize the mechanism (rational action, perfect competition, etc.) (Rijinger, 2022, 6).

서슴지 않고 자신들이 경제영역의 기술자, 장인, 배관공임을 자처한다.[9]

그리고 이런 설계나 고안이 현실화되어 시장과 경제 자체를 구성한다. 이에 상당수 사회학자들은 경제이론이 경제 현실을 설명하는 것이 아니라, 거꾸로 경제이론이 경제 현실을 만든다는 경제학의 수행성 performativity 을 지적한다. 가령, 블랙-숄스 모형 Black-Scholes model은 경제학자의 이상이었는데, 이것이 현실의 경제를 변화시켰다는 것이다. 이 때문에 이제 시장주의의 이상과 이념을 상상이나 허구라고 간단히 치부할 수 없다.

(4) 시장주의는 사회, 문화, 자연 그리고 인간을 포괄하고자 한다

시장주의는 경제에 그치지 않고 사회, 문화, 자연, 그리고 가장 근본적으로 인간을 포괄하려고 노력한다.

시장경제는 '시장'과 '경제'로 구성되어 있다. 전통적으로 '경제'는 토지·노동·자본의 자원 혹은 생산요소를 활용해, 의식주를 비롯해 필요한 재화들을 반복적으로 생산·소비·교환·분배하는 활동과 과정이다.

초기 경제사상은 오랫동안 이런 보편적인 의미의 경제에 집중했고, 이것이 지금도 상식이나 직관과 통하는 경제의 의미이다.[10] 이런 관점에서 보면 생산은 논밭이나 기업, 공장에서, 소비는 가정에서, 교환은 시장에서 이루어진다. 그리고 분배는 시장경제에 정치 및 정책이 개입되어 결정된다.

전통적으로 경제사상은 매매와 거래를 교환으로 통칭했고, 계약은 교환의 법적인 근거로 간주했다. 이에 따라 시장경제에서는 소비와 생산 사이에 교환(과 계약)이 끼어든다. 시장경제에서는 개인들이 재화와 생산요소를 시장에서 가격에 따라 자유롭게 교환함으로써 여러 재화와 서비스가 생산/소비/분배된다.

---

9 MacKenzie & Millo, 2003; Duflo, 2017
10 물론 경제에 대한 이런 관념은 경제 운행을 위한 최소한이므로 계급 관계나 소유 관계, 법과 관습을 포함하는 제도 등도 필요로 한다.

이때 경제는 보편적이지만, 시장은 반드시 보편적이지 않았다. 그러다가 생산/소비/분배보다 교환이 중요해지면서 시장주의가 태동한다. 그리고 시장주의는 [가정/공장만큼 중요한 시장] → [가정/공장을 압도하는 시장] → [가정/공장을 흡수한 시장]으로 점차 확대된다. 이같이 시장-**경제**가 **시장**-경제가 되면서 경제의 보편성이 시장의 보편성으로 전환된다.[11]

경제인가 시장인가?

시장경제가 '경제'인가 '시장'인가는, 경제사상의 뿌리 깊은 논쟁거리이다. 『인간의 살림살이』(*The Livelihood of Men*, 1977)를 보면, 시장에 대해 오랫동안 고민해 온 폴라니조차 이에 대해 일관된 입장을 가지고 있지 않다. 의식주를 해결하는 현실의 경제는, 시장이 형성되기 전부터 가정과 부족, 국가를 중심으로 존재했다. 따라서 고대나 중세에도 시장과 무관하게 경제는 존재했다. 그렇지만 '경제'라는 관념이 자본주의나 시장경제가 본격적으로 등장하기 이전부터 존재했는지는 확실치 않다. 시장에 대한 관념뿐만 아니라 경제에 대한 관념 자체도 시장경제와 함께 비로소 등장했을 가능성이 있다. 그렇다면 시장과 경제가 적어도 관념 속에서는 쉽게 구분되지 않을 수 있다.

이에 따라 시장주의는 하나의 통일된 시장을 지향한다. 하나의 재화나 생산요소에 여러 시장과 가격이 공존하는 분단된 시장 segmented market은 불완전한 시장이다. 시장이 분할되어 있으면 교환과 경쟁도 제한되기 때문이다.

시장주의에서 통일된 시장의 범위는 무한대이다. 근대에 들어 시장의 일차적인 범위는 국가였지만, 현재 시장이 지향하는 범위는 세계 혹은 지구 전체, 심지어 우주 전체에 이른다.

현재 시장주의의 기세는 과거 기독교의 기세와 비슷하다. 세계화 혹은 지구화가 이를 말해준다. 예를 들어, 세계를 통합한 자본시장이나 노동시장이 시장의 종착점이다. 그리고 긍정적이든 부정적이든 시장은 만물을

---

11 Mas-Collel et al., 1995, 20

흡수할 만큼의 잠재력을 지니고 있다. 이런 잠재력 때문에 시장은 가정, 선거장, 입시장, 관료조직이나 정부, 그리고 국가와 근본적인 차이를 보인다.

특히 20세기 후반부터 시장은 경제에 그치지 않고, 정치·사회·문화·자연 등으로 확산하고 있다. 또한 시장주의로 인해 관료조직·학교·병원·군대·교회가 기업과 비슷해지고 있다. 기업은 시장과 동일하지 않지만 시장을 대표하는 조직이고 기업 자체가 시장화하므로, 특정 조직이 기업과 비슷해지는 것은 그것이 시장에 편입되는 것과 같다. 기업의 시장화는 가령, 한국의 재벌기업 내에서 노동시장이나 자금시장이 형성되는 것으로 예시할 수 있다.

이것은 시장의 잠재력이 세계화와 신자유주의를 통해 발현된 것이다. 이런 의미에서 시장주의는 경제를 시장화하는 **시장경제**를 넘어서, 사회를 시장화하는 **시장사회**를 지향한다.[12]

이같이 시장주의로 인해 시장을 절대시하면서 사회의 다른 영역이나 다른 장의 고유성을 경시하거나, 다른 장에서 시장을 찾거나 확인하는 경향이 생겼다. 시장주의에 따르면, 재화나 생산요소뿐만 아니라 권력이나 명예도 정부나 집단보다 개인들로 구성된 시장이 더 잘 배분할 수 있다. 또한 권력이나 명예를 분배하는 데도, 시장의 특징적인 행위인 교환과 경쟁에 의탁해야 한다.

시장의 무한한 확대에는 무한한 상품화commodization commodification가 수반된다. 시장주의가 경제를 시장화할 때는 재화에 이어 토지나 노동력 등 생산요소를 상품화하는 데 그쳤다. 그러나 이제 시장주의는 모든 사물을 상품으로 만들어 가격을 붙이는 경향을 낳는다. 화폐·금융·기업·교육·정보·결혼·성(매매춘)·인간(인신매매)·장기(臟器)·아기·언론·마약·주파

---

12 Cox, 2016, 18; Carney, 2020, 72

수·선거·공해(배출권)가 모두 상품화하여 관념과 현실에서 시장의 확산을 보여 준다.

시장은 외부 여러 영역으로 확산할 뿐만 아니라 인간 내부로도 진입하고 있다.[13] 윤리(친절, 예의)·감정(서비스업의 직원)·표정(정치인 광고 연예인) 하나하나가 상품이 된다. 인터넷의 발달로 사람의 일거수일투족, 그리고 상황 자체가 사진이나 동영상으로 물화(物化)되고 선전이나 광고가 되며 상품화한다.

따라서 극도의 이기심과 합리성이 모든 인간에게 요구되어 각자 자신을 경영해야 한다. 결과적으로 상품화와 교환은 경제를 포괄할 뿐만 아니라 사회를 뒤덮고 있다.

상품의 거래 수단인 화폐도 상품이 된다. 나아가 재화에 근거한 금융자산이나 부채, 그리고 이에 근거한 펀드 등이 상품으로 거래되고 있다. 그리고 금융시장과 금융상품의 발달로 인한 금융화와 증권화가 상품화와 교환을 가속화한다. 심지어 교환의 대상이나 수단뿐만 아니라 교환의 장소, 주체, 조건 및 비율, 그리고 환경 자체도 상품화할 수 있다.

이에 따라 교환의 빈노노 무한히 늘어나고 있다. 특히, 1990년 이후 세계화로 교역이 증대하면서 각종 거래의 횟수는 크게 증가했다. 시장주의 사상과 이론은 무제한의 상품화에 대해 우려하지 않는다. 오히려 경제학의 제국주의는 이를 적극적으로 장려한다. 경제학이 상품화를 역사적이거나 구조적으로 파악하지 않고 개인의 선택에 근거해 설명하는 것도 이에 부응한다.

전통적으로 산업혁명 이후의 근대 경제를 규정하는 데 있어 정치경제학·사회학·사회사상은 '**자본주의**'라는 용어를 사용하고, 근대 경제사상과 경제학은 '**시장경제**'라는 용어를 고집해 왔다. 자본주의가 경제·사회·

---

[13] Foucault, 1978/79, 2004

자연·인간을 포괄했다면, 전통적인 시장경제의 논리는 경제에 국한되어 있었다. 이제 자본주의와 반대 위치에서 시장경제를 넘어선 '**시장주의**'는 경제·사회·자연·인간을 포괄한다. 마르크스가 '**자본**'에 부여했던 포괄성과 총체성을 시장주의는 '**시장**'에 부여한다.

물론 자본주의를 내세운 마르크스나 폴라니는 시장과 자본의 포괄적인 성격과 함께 그것의 역사적인 한계 및 파괴적인 성격을 부각시켰다. 이 입장에서 경제는 보편적이지만, 시장과 자본은 특수하다. 반면 현대의 시장주의나 시장사회는, 시장의 포괄성과 함께 보편성과 효율성을 내세운다. 경제의 보편성보다 시장의 보편성과 효율성을 내세운다는 점에서, 시장사회는 시장경제의 연장이다. 따라서 **자본주의**와 진정으로 대칭을 이루는 것은 시장경제가 아니라 현재 형성되고 있는 **시장사회**나 **시장주의**이다.

그런데 생산·소비·분배가 교환과 같을 수 있는지, 그리고 가정·학교·병원·관료조직·군대·교회가 시장이나 기업과 같을 수 있는지에 대해서는 경제행위자뿐만 아니라 경제학자도 일관된 견해를 가지고 있지 않다. 시장 속에 있더라도 기업이나 관료조직이 시장과 완전히 같아질 수 없고, 시장 속에 있더라도 학교·병원·교회가 기업과 같아질 수 없기 때문이다.

이것은 시장경제의 활동이 생산/교환/분배/소비인가, 아니면 교환이나 선택으로 단순화할 수 있는가의 문제이다. 또한 이는 경제행위자를 생산자, 소비자, 상인 등으로 구분하지 않고 교환의 주체나 선택의 주체로 단순화할 수 있는가의 문제이기도 하다. 나아가 이것은 시장경제에서 '시장'과 '경제', '사회' 중 어디에 중점을 두는가의 문제이다.

2장

시장주의 경제이론

이미 지적한 바와 같이 시장주의는 사상이고 체제이다. 그런데 그 안에는 경제사상과 경제이론이 공존한다.

이 장에서는 신고전학파 경제학·일반균형체계·시카고학파·경제학의 제국주의로 구성되는 시장주의 경제이론을 논의한다. 이어 다음 장에서는 오스트리아학파·질서자유주의·공공선택이론·신자유주의로 구성되는 시장주의 경제사상을 논의한다. 케인스주의와 새케인스주의는 신고전학파의 중요 부분이지만 시장주의를 수정하기 때문에 논의하지 않았다.

2.1. 일반균형체계

시카고학파가 대표하는 시장주의 경제이론은, 시장을 일반균형체계 general equilibrium system로 파악한다. 일반균형체계는 발라스Léon Walras가 1874년에 제시한 틀을 신고전학파가 발전시킨 것이다.[14] 일반균형체계는 시장이 외적인 힘에 의존하지 않고 스스로 경제 문제를 해결해, 그 결과가 효율적이라는 것을 논증함으로써 시장경제를 설명하면서 동시에 이것을 정당화한다. 이 체계에 대한 믿음에 근거해 시카고학파는 시장근본주의를 표방한다.

단순화하면 이 학파에서 일반균형체계는 시장이고, 시장은 일반균형체계이다. 이 체계는 **가격기구**와 개별행위자의 **합리적인 선택**에 의존한다. 이 때문에 시장에 대한 믿음이 가격기구와 개별행위자의 합리성에 대한 믿음이 된다. 따라서 시카고학파에서는 가격기구가 시장의 이상이자 현실이고, 개인의 합리성이 행위자의 이상이자 현실이다.

---

14 '왈라스'는 영어권의 잘못된 발음이다. 이는 마오쩌둥을 '모택동'이라고 발음하는 것과 마찬가지다.

일반균형체계에서 시장 전체는 개별시장들로 구성된다. 개별시장이란 특정 재화나 생산요소의 시장이다. 개별시장에서는 특정 재화나 요소에 대한 가격이 결정된다. 그런데 가격들이 서로 영향을 주고받으므로, 개별시장들은 가격들로 연결된다. 따라서 전체 시장은 가격으로 연결된 개별시장들이다. 시장은 개별시장들로 구성되지만, 개별시장들이 가격들로 매개되므로 시장이 개별시장들의 단순한 모음이나 합은 아니다.

개별시장은 다시 개별행위자들로 구성된다. 시장에 참여하는 소비자와 생산자는 자신의 이익인 (기대되는) 효용이나 이윤을 극대화하기 위해 가격을 고려하면서, 재화와 생산요소의 종류 및 수량을 선택한다. 주어진 가격에 순응적이므로, 개별행위자들이 시장에서 벌이는 경쟁은 완전경쟁이다. 완벽한 선택을 위해 이 체계는, 개별행위자에게 완벽한 정보와 완벽한 합리성을 불어넣는다. 그래서 이들의 합리성은 합리적 선택을 넘어서 합리적 기대라는 최고 수준에 이르게 된다.

이 체계는 소비자나 가계가 안정적인 선호나 기호를 지니며 생산자나 기업에게 기술이 주어져 있다고 전제한다. 흔히 말하는 수요함수와 공급함수는 '선호와 기술이 변하지 않는다는 것 ceteris paribus other things being equal'을 전제로 도출한다. 변하는 것은 가격과 수요량과 공급량이지 선호와 기술이 아니다. 이 체계에서 선호의 형성 및 변동과 기술혁신은 일차적인 문제가 아니다.

이같이 주어진 선호와 기술하에서, 개별시장의 경제주체들이 효용극대화와 이윤극대화를 목표로 가격변동에 반응해 합리적으로 선택하고, 동시에 이런 선택들이 모여 시장의 수요와 공급을 이루면서 가격을 결정한다. 한편으로 가격을 고려한 개인의 합리적 선택이 개인의 수요와 공급을 이루고, 다른 한편으로 개별수요들과 개별공급들이 모여 시장수요와 시장공급을 이루어 시장의 가격(P^*)과 거래량(Q^*)을 결정한다.

수요공급이 무엇보다 가격(P)의 함수로 규정되어 수요곡선(D)과 공급곡선(S)을 이루고, 동시에 시장의 수요와 공급이 가격을 결정한다. 이같이 가격은 시장과 개별주체에 걸쳐 있어, 양자를 매개한다. 따라서 가격은 여러 개별시장을 매개할 뿐만 아니라 시장과 행위자를 매개한다. 이것이 시장주의 관점에서 보는 시장의 작동에 담겨 있는 내용이다.

경제학은 가격과 합리적으로 선택하는 행위자라는 두 가지 축을 통해, ①경제 현상을 설명하고, ②경제 문제를 해결하며, ③필요한 경우 경제정책을 강구한다. 이는 (재화, 노동, 금융 등) 시장의 종류나 (미시, 거시, 교육, 노동, 산업조직, 화폐금융, 재정, 경제발전, 국제무역 등) 분야에 관계없이 적용된다. 이로부터 소비를 비롯한 경제주체의 선택과 가격을 존중해야 한다는 시장경제의 구호가 나온다.

이런 이유로 이 두 가지 축에 대한 이해의 깊이와 넓이가 경제학에 대한 이해의 관건이 된다. 이런 중요성에 비하면 의외로, 경제학은 가격기구와 합리적인 개인의 의미와 성격을 깊게 설명하지 않는다. 이 때문에 많은 경제학자들, 특히 한국의 경제학도들은 오랜 세월에 걸친 가르침과 배움의 구력(舊曆)에 의존해 이에 대해 깨달음을 얻는 특이한 방식을 답보하고 있다.

선택과 의사결정

경제학에 의하면, 식품 등에 대한 소비자의 일상적인 선택choice과 투자 등에 관한 CEO의 의사결정decision making 사이에 큰 차이가 없다(Mas-Collel et al., 1995, 3-4). 그리고 이들은 시민의 투표와도 차이가 없다. 이것들 모두 개인이 자신의 이익을 위한 판단과 계산을 거쳐 수행하는 합리적 선택이다. 따라서 소비자, 최고경영자, 시민, 정치인, 공무원, 종교인, 교수 등이 모두 기본적으로 경제인이자 합리적 개인으로 간주된다. 다만, 통상적인 효용이론이 개입되는 비확률적인 소비자 선택과 구분해, 기대효용이론 expected utility theory이 개입되는 확률적인 상황을 의사결정이론decision theory이라고 부르기도 한다. 후자는 주식투자, 보험, 게임이론과 관련된다. 또한 합리적 기대 등으로 합리성이 강화되면서 선호와 별도로 의사결정 규칙decision rules 같은 것을 언급하기도 한다(Lucas, 1988, S401).

이와 관련해 명확히 할 경제학의 문제는 다음과 같다.

가격기구와 합리적인 개인은 어떤 관계에 있는가? 가격기구가 제대로 작동하기 위한 조건은 무엇인가? 개인의 합리성과 합리적 선택이 지닌 깊이와 넓이는 어디까지인가?

먼저 가격기구와 합리적 개인의 관계를 검토해 보자.

가격은 시장에서 수요(량)와 공급(량)의 변동에 따라 변동한다. 여기에 시장의 가격이 원활하게 움직인다는 가격신축성이 전제되어 있다. 수요와 공급이 변동해 시장가격이 변동하면, 그것이 개인의 선택에 변동을 가져와 개별수요와 개별공급의 변동을 낳는다. 이때 개별행위자가 가격에 예민하게 반응한다는 가격탄력성이 전제되어 있다. 이에 따라 개별수요와 개별공급이 모여서 형성되는 시장의 수요와 공급이 다시 변동한다. 시장의 수요와 공급이 변동하면 다시 시장가격이 변동한다.

이같이 시장가격 → 개별경제주체의 선택 → 개별수요·공급 → 시장의 수요·공급 → 시장가격으로 이어지는 과정이 반복된다. 이렇게 반복되다가 시장수요와 시장공급이 일치하면 가격이 더 이상 변동하지 않고, 이 때문에 개별주체의 선택도 변하지 않는다. 수요곡선과 공급곡선이 개별주체의 수준이나 시장 수준에서 수요나 공급과 가격의 이런 관계를 나타낸다. 가격과 수량이 더 이상 변하지 않는 지점이 고정점fixed point이고, 이것이 시장의 균형equilibrium을 나타낸다. 그리고 균형은 균형가격과 균형거래량으로 정의된다.

이런 생각을 여러 개별시장으로 확대하면, 모든 개별시장에서 수요와 공급이 일치하여 더 이상 시장가격이 변동하지 않으므로, 개별 경제주체의 선택도 더 이상 변동하지 않는다. 이같이 모든 시장의 수요공급, 모든 가격, 모든 경제주체의 선택이 더 이상 변동하지 않는 시장의 상태가 일반균형이다.

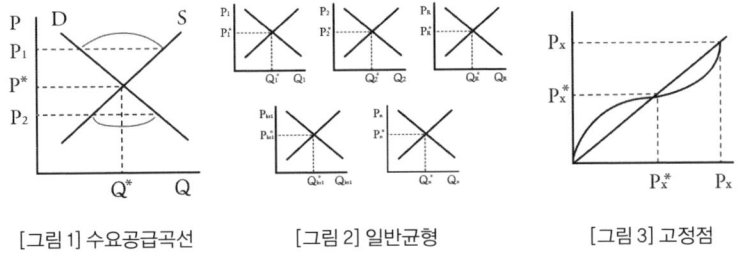

[그림 1] 수요공급곡선   [그림 2] 일반균형   [그림 3] 고정점

이때 시장의 초과수요나 초과공급 여부에 따라 가격을 올리고 내리는 주체는 '경매인Walrasian auctioneer'이라는 가상의 존재이다. 교환 혹은 교역은 이런 조정을 통해 최종적으로 균형에 도달했을 때 비로소 이루어진다. 따라서 우리가 시장에서 관찰하는 것은 균형가격과 균형거래량이다.[15]

영 시점에서 발라스적 경매인은 임의의 가격 벡터를 외친다. 모든 행위자가 이 가격 하에서 현재재와 미래재에 대한 그들의 모든 수요와 공급을 결정한다. 경매인은 시장의 초과수요의 벡터를 검토하고 모종의 규칙에 따라 가격을 조정한다. 아마도 초과수요가 있는 재화의 가격을 올리고 초과공급이 있는 재화의 가격을 내릴 것이다. 균형가격 벡터를 찾을 때까지 이 과정이 계속된다. 이 지점에서 미래의 거래를 위한 계약들의 교환을 포함해 모든 거래가 이루어진다. 경제는 합의된 계약을 수행하는 모든 행위자를 통해 진행된다(Varian, 1992, 398).

---

[15] At zero time the Walrasian auctioneer calls out some vector of prices. All agents determine their demands and supplies of current and future goods at those prices. The auctioneer examines the vector of aggregate excess demands and adjusts prices according to some rule, presumably raising the price of goods fot which. there is excess demand and lowering the price of goods for which there is excess supply. The process continues until an equilibrium price vector is found. At this point, all trades are made including the exchanges of contracts for future trades. The economy then proceeds through time, each agent carrying out the agreed upon contracts.

가격은 개별행위자들의 합리적인 선택에 근거한다. 합리적 선택은 재화와 생산요소를 대상으로 삼는다. 이 선택은 산업마다 다른 투입산출 관계라기보다 개별행위자마다 달라지는 대체보완 관계 혹은 더 정확히 말해, 대체보완비율에 의존한다. 그리고 이 비율은 효용함수와 생산함수에 담겨 있으므로, 선택은 가격 및 소득과 함께 이 함수들을 근거로 이루어진다. 결국 개별시장은 가격과 개별행위자를 통해 연결된다고 말할 수 있다. 여기서 **가격**과 **합리적 선택**이 시장이론의 주축임을 확인할 수 있다.

시장주의는 교환(혹은 거래)을 핵심적인 활동으로 간주한다. 그런데 경제학은 이에 머물지 않고 합리적인 선택에 근거해, 교환을 두 명의 경제행위자가 수행하는 두 가지 선택으로 분해하고, 교환비율인 가격에 대한 근거를 행위자의 효용에서 찾는다. 이같이 경제학은 관찰되는 교환과 가격을 행위자의 선택과 효용으로 재구성한다.

이 관점에서 교환은, 경제행위자들이 각자 자신의 이익에 따라 타인이나 국가 등 제3자의 개입 없이 자발적이고 합리적으로 선택한 결과이다. 경제행위자는 교환의 주체이기에 앞서 선택의 주체이다. 선택의 주체는 자신의 이익을 위해 선택하거나 의사를 결정하는 개인 혹은 개별행위자이다.

이같이 시장주의는 교환과 선택을 중시한다. 그런데 시장주의 사상과 비교해 시장주의 이론은, 시장에서 일어나는 교환보다 개인 차원에서 진행되는 선택이나 의사결정에 더 무게를 둔다. 그리고 선택은 재화뿐만 아니라 노동과 금융 등 시장의 교환이나 통상적인 시장의 교환market exchange뿐만 아니라 관계에 근거한 장기적인 선물(膳物)교환gift exchange, 그리고 교환이 아닌 행위나 현상(진학·결혼·출산·범죄)에까지 확장된다.[16]

---

[16] 나중에 설명하는 바와 같이, 거시경제학의 미시적 기초가 중요해지면서 개인의 합리적 선택이 미시경제학을 넘어서 경제학 전체를 관통하는 근거가 되고, 더 나아가 사회과학과 경제사회 전체를 포괄하는 경제학 제국주의에 근거를 제공했다.

예를 들어 재화에 대한 구매가 소비자의 합리적 선택이듯이, 취업과 실업도 노동자가 임금을 고려해 합리적으로 선택한 결과이다. 시장경제와 경제학에서 가격과 무관한 재화의 매매가 없듯이, 임금과 무관한 실업도 없으며, 노동자의 선택과 무관한 실업도 없다. 경제학 입장에서 단순히 불황으로 실업자가 많다고 하는 것은 참된 설명이 아니다.

모든 시장에서 경제주체의 선택은 자신의 이익에 따른 결정으로 자유롭고 자발적voluntary이다. 시장주의에 따르면, 재화시장에서 비싸서 사지 않는 것이 자발적이듯이, 노동시장에서 임금이 적어서 일자리를 거부하는 것도 자발적이다. 균형임금보다 높은 임금이 초래하는 노동의 과잉공급, 즉 실업은 균형임금에서 취업을 거부해서 발생한 것이므로 자발적이다. 이런 노동자는 **여가에 대한 선호**가 강한 사람이다.

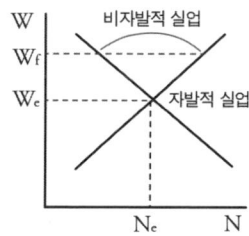

[그림 4] 실업에 대한 신고전학파의 입장

일반적으로 자발성volition은 인간이, 동물처럼 본능이나 감정에 따라 움직이지 않고 외적인 요인으로부터 강제된 것이 아님을 뜻한다. **시장주의가 강조하는 외적인 요인은 타인의 간섭, 조직의 개입, 그리고 정부의 강제이다. 반면 시장에서 가격을 지불하고 소득제약 하에서 활동해야 하는 강제는 외적이지 않다고 주장한다.** 이같이 경제학에서 자발성과 비자발성을 구분하는 기준도 시장, 즉 가격과 개인의 선택이다.

시장주의 이론에 따르면, 소비자는 가격을 지불하고 소득의 제약 하에 있으면서도 여러 대체재를 선택할 자유를 지닌다. 특정 종류와 수량의 재화에 속박되지 않고 각자 선호에 따라 선택하려면 여러 대안이 공존해야 한다. 대체재(와 보완재)가 없다면 소득이 높더라도 선택이 제한될 수밖에 없다.[17] 이 때문에 대체재와 대체관계는 시장주의 이론의 현실이자 이상이다. 시장이 금메달, 강남 아파트, 명품, 명문대학보다 조금 못하지만 이것들을 대신할 수 있는 대안들을 제공한다는 것이다.

경제학의 세계에서 대안이 없는 재화나 생산요소는 거의 없고 행위자들은 끊임없이 대안을 찾아 나선다. 가격에 의존해 이런 모색이 이루어지므로, 가격(이나 소득)이 변하면 사람들의 선택과 수요 역시 변한다. 대안들이 고려되고 선택되어 시장별로 모이면서 각 시장에서 수요와 공급을 이룬다. 또 자유무역을 통해 시장이 확대되거나 기술혁신을 통해 대체재가 늘고 대체관계가 확장될수록, 선택의 폭이 넓어져 후생이 증가한다.

가격과 소득이 대안의 숫자와 범위를 결정하므로, 경제주체는 선택할 때 가격과 소득을 고려한다. 특정 행위자는 ①자신의 선호에 따라 특정 재화나 일자리가 좋아서 선택했을 수도 있지만, ②소득제약 때문에 별로 좋아하지는 않지만 선택할 수밖에 없었을 수도 있다. 경제행위자의 선택에서 선호가 중요했더라도, 그것은 가격과 소득이 허용하거나 절제 혹은 억제한 좋음이나 싫음이다. 더구나 개별행위자마다 소득이 다르다.

시장주의도 이런 소득제약이나 소득 차이를 무시하지 않는다. 그렇지만 시장주의 이론은 이를 중시하지 않는다. 경제이론은 선호와 선택의 자유를 부각해, 소득이 소비자에게 부과하는 제약은 강제가 아니라고 생각하는 경향이 강하다. 이렇게 생각하려면 소득제약의 차이 혹은 시장경제의 소득불평등이 크지 않거나 크더라도 정당한 것이어야 한다. 한계생산성이론이 이런 정당성을 부여한다.

---

[17] 요소시장에서는 이런 대안들이 대체적인 요소와 보완적인 요소이다.

시장주의 주변에서는 소비자의 선택과 유권자의 선택 사이에 비슷한 점들이 많다고 오래전부터 주장해 왔다. 선택 시 개별행위자는 가격이 자신과 무관하게 외부에서 주어진 것으로 간주한다. 그런데 앞서 설명한 바와 같이 이 가격은 개별행위자들의 참여로 형성된 것이다. 이는 유권자가, 자신이 원하는 바와 다르더라도 자신이 참여한 선거의 결과에 복종해야 하는 것과 비슷하다.

> 그러므로 그는 이용 가능한 대안들에 영향을 미치는 이런 사회적 조직과 별도로, 혹은 그것의 외부에 자신이 존재한다고 가정할 수 있다. 그는 자신의 선택 행위가 낳는 여파가 경제 자원의 배분을 변화시키는 기능을 지닌다는 것을 의식하지 못한다. 이 개인은 마치 모든 사회적 변수가 자신의 행위 외부에서 결정되는 것처럼 행동하는 경향이 있다. 이런 주관적 의미에서 그의 행위는 참여하지 않는 것이므로, 비사회적이다(Buchanan, 1954b, 336, 338).[18]

그렇지만 서로 다른 예산 제약 하에서 이루어진 소비자나 노동자의 선택은, 선거에서 똑같이 한 표씩 행사하는 유권자의 선택과 다르다. 소득의 차이를 전제하는 소비자 선택보다, 모두 한 표라는 점에서 유권자의 선택이 자발적인 선택에 더 가깝다. 이 점을 시장주의는 명시하지 않는다.
경제학은 개인 차원의 선택을 교환으로 발전시킬 뿐만 아니라 경제 전

---

[18] He is able, therefore, to assume himself apart from, or external to, the social organization which does influence the alternatives made available. He is unconscious of the secondary repercussions of his act of choice which serve to alter the allocation of economic resources. The individual tends to act *as if* all the social variables are determined outside his own behavior, which, in this subjective sense, is nonparticipating and therefore nonsocial. 뷰캐넌은 나중에 설명하는 공공선택이론의 주창자로, 시카고학파와 다소 차이가 있으나 많은 부분 겹친다. 이 부분에서도 시카고학파가 신봉하는 일반균형체계와 겹친다.

체 차원의 자원 배분으로 확장한다. 경제학은 토지·노동·자본 등 희소 자원 배분을 경제의 일차적인 문제로 삼는다. 그리고 시장에서 가격에 따라 합리적인 선택이 반복되면서 자원이 적정하게 배분되어 경제주체들이 '원하는' 재화를 '원하는' 수량만큼 생산하고 교환한다. 즉, 적정한 자원 배분이라는 문제를 해결하는 것이 바로 시장의 일반균형이다.

시장에서 기업은 소비자를 끌어들이려고 노력하므로 익명의 다수 소비자들이 제품을 평가하고 심판하는 위치에 서게 된다. 소비자가 좋아하면 판매량이 늘고 가격이 올라 이윤이 상승하면서 해당 기업은 성장한다. 반면 소비자가 외면하면 판매량이 줄고 가격이 하락해 이윤이 감소하면서 기업은 축소된다. 이런 과정을 통해 토지·노동·자본의 생산요소들이 은행이나 주식시장을 매개로, 축소되는 기업과 산업으로부터 성장하는 기업과 산업으로 이동하면서 자원이 재배분된다.

결과적으로 소비자 주도 아래 필요한 재화를 필요한 만큼 생산하고, 이를 위해 경제에 주어진 자원이 적절히 배분된다. 여기서 특히, 시장주의 이론에게 수요와 선호가 근원적이라는 점이 드러난다. 그리고 시장과 개인, 개인과 개인, 시장과 시장을 연결하고 매개하는 존재가 가격, 더 정확하게는 화폐가격이다.

우선 가격은 시장과 경제행위자인 개인을 연결한다. 한편으로 개인이 선택할 때 (소득 및 선호와 함께) 가격을 고려하므로, 가격이 시장의 결과를 정보화하여 개인에게 전달하면서 시장과 연결된다. 다른 한편으로 개인의 선택이 시장의 수요와 공급으로 모여 시장에서 가격을 결정하므로, 가격은 개인을 시장과 연결한다. 개인의 선택도 가격을 고려한 결과이고, 시장균형도 가격을 매개로 도달한 상태이다. 가격이 시장의 경제활동에 영향을 미칠 뿐만 아니라 가격이 시장에서 형성된다.[19]

---

[19] Baird, 222

또한 시장에서 교환 당사자인 판매자와 구매자는 재화와 화폐를 교환하는데, 개인·재화·화폐를 연결하는 것이 가격이다. 특히 가격은 구매자와 판매자를 연결한다. 양적으로는 가격이 재화와 화폐, 재화와 재화 사이의 교환비율 혹은 교역조건을 결정한다. 동시에 가격은 대체보완관계나 투입산출관계에 있는 여러 재화시장, 여러 생산요소시장, 그리고 재화시장과 생산요소시장을 연결하고 매개한다. 가격으로 매개되므로 개별시장들은 고립되어 있지 않으며, 시장 전체는 개별시장들의 단순한 누적이나 합은 아니다.

이 체계에서는 시장과 개인 이외에 사회의 관계, 조직, 집단, 계층, 계급 등을 발견할 수 없다. 당연히 이들은 시장과 개인을 매개할 수 없다. 또한 시장에서 개인들의 상호의존, 상호작용 혹은 상호관계는 별도로 존재하지 않는다. 결과적으로 시장주의에서 시장, 개인, 개별시장을 매개하는 것은 가격뿐이다.

더 적극적으로 시장주의는, 성숙한 시장에서 관계나 집단이 가격에 용해되므로 **관계와 집단이 가격에 담겨 있다**고 해석한다. 이 때문에 개인이 선택을 위해 가격을 고려할 때, 무의식적으로 이런 것들을 고려한다고 가정한다. 이 말이 옳다면, 이기적인 개인들이 가격을 고려해 합리적으로 선택하면서 시장이 과거 집단이나 관계가 발휘하던 기능까지 수행하게 된다.

예를 들면, 과거 가정 내에 존재하던 부모와 자식 사이의 애정을 시장에서 가격을 지불하고 구입하는 인형이나 로봇 같은 재화가 대신한다. 친구 사이의 우정을 핸드폰을 통한 유료 대화가 대신한다. 노동자의 이직과 직장에 대한 합리적인 선택이 임금이나 근로조건에 반영되어 노조의 협상과 투쟁을 대신한다. 이같이 가격이 모든 경제현상에 철두철미하게 끼어든다고 경제학과 시장주의는 전제한다.

결과적으로 경제학이 생각하는 시장경제의 중심축으로 한편에 **시장**, 다른 편에 **개인**, 그리고 중간에 **가격**을 설정할 수 있다. 이에 따라 균형에 이르는 과정은 시장→가격→개인→시장→가격→개인…의 반복이 된다. 그리고 시장에서는 수량이 가격을 결정하고, 개인은 가격을 고려해 수량을 결정한다. 이같이 시장과 개인이 가격(과 수량)을 통해 서로 연결된다.

시장주의 입장에서는 개인 없는 시장은 없고, 시장 없는 개인도 없다. 동시에 시장은 개인과 별도로 존재하지 않는다. 시장은 집단이나 관계를 떠난 개별행위자의 모음이다. 물론 시장은 개별행위자들이 가격으로 매개되는 특별한 종류의 모음이다. 시장수요량과 시장공급량은 개인이 선택한 수요량과 공급량의 합이지만, 가격을 매개로 하는 합이다. 반대로 개인은 시장을 쪼개 놓은 것이지만, 역시 가격이라는 결로 쪼개진다.

가격에 따라 변동하는 시장의 수요와 공급이라는 관념은 신고전학파 경제학 이전부터 있었다. 이 관념은 경제학 지식이라기보다 상식에 가깝다. 그런데 경제학은 수요와 공급을 생산과 소비로부터 확연히 격리하고, 시장의 수요공급을 개인의 수요공급으로 분해해 가격과 연결시켰고, 개인이 가격에 따라 합리적으로 선택한 결과로 만들었다.

또한 초기 경제사상이 기호, 기술, 제도, 인구 등의 변동을 상정해 동태적이었던 것과 대조적으로, 일반균형은 **선호**와 **기술**이 주어져 있다고 전제해 정태적이다. 경제학에서 수요공급곡선은 이런 전제하에서 성립한다. 최근에는 경제학이 선호형성이나 기술변동에 대해 설명하고, 제도, 정치, 법, 사회, 특히, 역사와 문화 등도 경제와 함께 논의하고 있다. 그렇지만 이런 요소에서도 가격을 찾아내고, 특히 개인의 합리성을 읽어내려고 노력한다는 점에는 변함이 없다.

일반균형체계에 근거한 시장주의에게 사유재산과 계약의 자유가 선결요건이므로 법과 규칙을 통해 정부가 이를 보장해야 한다. 또한 시장주의는 시장경제가 현실적으로 가능한 최상이라고 주장할 뿐 완전하다고 주장하지는 않는다. 적어도 시장경제가 공공재의 공급과 외부효과를 효율적으로 해결할 수 없다고 보아, 이를 처리하는 것도 정부 역할로 인정한다.

이같이 시장주의는 가격과 개별행위자에 근거하는 시장을 중심에 놓으면서, 사유재산 및 계약을 보장하고 외부효과 및 공공재를 관리하는 데 있어 입법부, 행정부, 사법부에 의존한다. 이런 생각을 종합해 시장주의 이론이 보는 시장경제의 단순한 모습과 복잡한 모습은 다음과 같다.[20]

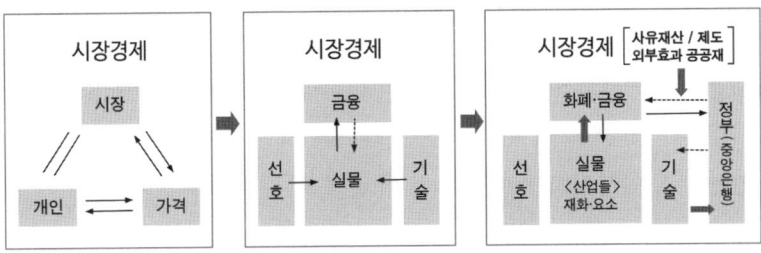

[그림 5~7] 시장경제의 단순한 모습과 복잡한 모습

일반균형체계는 하나의 시장과 가격이 아니라 여러 개의 시장과 가격으로 구성된다. 이를 재화나 생산요소의 이름이 붙지 않은 n개 시장과 n개 가격으로 표현해 익명으로 제시한다. 거시경제학에서는 신고전학파적인 종합neoclassical synthesis을 통해 시장이 재화, 노동, 화폐, 금융 등 더 큰 단위로 나뉘면서 분류의 단위가 커지면서 이런 익명성이 줄어들지만, 근원적인 차이는 없다.

이 체계에서는 개별시장이 모여 사후적으로 하나의 시장을 형성한다. 자유무역의 논리는 국가나 세계 수준에서 시장을 상정한다. 재화·노동·자본의 세계적인 이동을 생각하면 국내시장과 차이는 있지만, 세계시장은 허구가 아니다. 세계정부는 없지만 WTO가 뒷받침하는 세계시장은 있다. 그렇다면 경제학에서 시장은 단순히 여러 개가 아니라, 여러 개이면서 하나라고 이해할 수 있다.

---

[20] 이와 비슷한 생각이 이미 1930년대에 신고전학파의 성격을 정의한 로빈스Lionel Robbins 에 등장했다(이규상, 2022, 22).

산업이 구체적인 재화나 상품에 대한 분류와 이들 사이의 투입산출에 의존한다면, 일반균형체계는 시장을 이와 무관한 익명인 가격들의 수량적 상호의존으로 규정한다. 이 체계에서 여러 시장은 각 시장에서 매매되는 재화나 서비스의 가격들을 통해 서로 연결되고 서로 영향을 주고받는다. 물론 가격은 개별행위자들의 합리적인 선택에 근거한다.

일반균형체계에서는 n개 시장에 상응해 n개 가격이 존재한다. 가격이 시장의 존재를 나타내고 하나의 가격이 하나의 시장을 나타내기 때문이다. 국가 수준에서 경쟁이 벌어지는 하나의 시장이 형성되는 것이, 근대 시장경제의 역사적인 출발점이다. 이에 따라 시장주의가 통일된 시장을 상정하므로, 시장주의는 시장에서 하나의 재화나 생산요소가 하나의 가격을 지니는 일물일가uniform/single price를 전제하거나 지향한다. 심지어 경제학의 기본 법칙은 수요공급의 법칙과 일물일가의 법칙 두 가지뿐이라고 말하는 경제학자가 있을 정도로 일물일가는 중요하다(Sugden, 2018, 120).

일물일가는 시장에서 행위자들이 경쟁하는 과정에서 차익거래arbitrage 등을 통해 재화와 생산요소가 이동하면서 형성된다. 이런 이동은 선택과 교환을 통해 행위자, 산업, 지역 사이에 이루어지는데, 물직인 이동이라기보다 소유권의 이전을 의미한다. 20세기 후반 이후 진행되고 있는 세계화 과정에서는 이런 이동이 전 세계로 확산되고 있다.

특정 재화나 생산요소에 대해 하나의 가격이 성립한다는 것은 그 시장이 통합되어 있다는 증거이다. 가령, 두 지역의 사과가 이동하고 두 지역 생산자와 소비자가 경쟁해 두 지역에서 비슷한 사과가 비슷한 가격을 가지면, 두 지역은 하나의 사과 시장을 이룬 것이다. 다른 예로 자본시장이 통합되면 이자율은 하나가 된다interest rate parity.[21] 두 지역에 두 개의 이자율이 공존하면, 하나의 시장으로 통합되지 않은 것이다. 또한 수익률이 비슷

---

21 Fama, 1984, 322

한 두 금융자산의 가격이 비슷하다면 하나의 시장이 된 것이다. 왕이나 국가원수가 두 명 이상이면 그 국가는 하나가 아니듯이, 가격이 두 개 이상이면 그 시장은 하나가 아니다.

일물일가는 재화의 품질도 반영한다.[22] 가령, 두 식당 음식이 질적으로 차이가 있으면 가격도 달라져 '가성비'가 비슷해지는 것이 일물일가이다. 만약 질이 좋은 음식의 가격이 오르지 않거나 질이 낮은 음식의 가격이 내려가지 않는 경우, 화폐가격이 아닌 다른 형태로 '가격'이 나타난다. 예를 들어, 저렴한 맛집에서는 기다리는 시간, 시설의 열악함, 종업원의 투박함을 통해 고객이 가격을 지불한다. 이런 것까지 고려해서 경쟁이 존재하는 한, 음식점들의 가성비 차이는 곧 사라진다는 것이 시장주의의 지론이다.

비슷하게 금융자산의 수익률이나 위험이 다르면 가격도 달라지는 것이 일물일가이다. 수익률이나 위험을 고려하면, 이같이 다른 가격이 실제로는 일물일가에 해당하기 때문이다. 따라서 경제학에서 금융자산의 가격을 설명하는 자본자산가격결정모형 capital asset pricing model은 일물일가를 반영하고 있다.

물론 일물일가를 낳는 재화와 생산요소의 이동은 경제주체들의 선택 및 경쟁과 불가분의 관계에 있다. 일물일가는 경제주체들이 재화의 가격과 재화가 주는 효용이나 이익에 따른 합리적이고 이기적인 선택의 결과이다. 동시에 이렇게 결정된 가격이 선택에 고려된다. 쉽게 말해, 소비자는 되도록 싸게 사고, 생산자는 더 비싸게 팔려고 노력한 결과이다.

이런 가격을 선택에 고려하면서 경제주체는 효용(이나 수익)의 균등화에 이르게 된다. 이같이 대칭적으로 시장에서는 가격, 임금, 이윤, 이자 등이 균등화되고, 개별행위자에게는 여러 재화로부터 얻은 효용이나 여러 자산으로부터 얻는 수익이 균등화된다. 모두 더 나은 것이 소진되어 더 이상

---

22 Marshall, Book V, 188-192

개선할 수 없는 상태에 이른 것이다.

   이런 이유로 시장의 크기와 범위, 일물일가가 성립되는 재화와 요소의 범위, 그리고 합리적 선택의 대상이나 수단의 범위는 함께 변동한다. 일반균형체계에 근거한 것은 아니지만, 경제학이 시장·가격기구·경제주체의 합리성이 함께 진화한다는 주장을 받아들인 것이다.

   물론 현실의 구체적인 상황으로 독점, 가격차별price discrimination이나 시장분단market segmentation이 있으면 일물일가가 형성되지 않을 수 있다. 또한 일물일가의 경향이 아무리 확산되더라도, 교통통신비나 지리생물학적인 요인에 의한 차이를 없애지는 못한다. 나아가 일물일가가 형성되는 정도와 속도는 재화(양복과 채소)나 시장(도매와 소매)마다 다르다.

   특히, 재화시장이나 노동시장보다, 주식시장이나 금융시장에서 하나의 가격이 형성되는 속도가 훨씬 더 빠르다. 자연·역사·사회적 요인들로 인해 경쟁이 제한되면 일물일가 역시 제한될 수밖에 없기 때문이다. 경제학자는 일물일가가 시장의 현실인 것처럼 말하지만, 실제 경제에서는 이상에 가깝다. 결국 일물일가는 시장주의의 현실이자 이상이다.

   시장주의에 따르면, 자유무역을 통해 하나의 시장이 형성되면서 보다 싼 제품을 공급받아 후생이 증대한다. 동시에 하나의 시장이 되면서 특정 지역의 가격변동이 그 지역에 영향을 미치는 데 그치는 것이 아니라 동일 시장 안에 있는 다른 지역에도 파급된다. 식량가격, 원유가격, 이자율 등이 모두 이와 같다. 가령, 세계적 곡창지대인 우크라이나 전쟁이 식량 가격을 변화시키면, 여타 지역에도 영향을 미친다. 물론 조세나 관세 등을 통해 정부가 개입하면, 일물일가는 제한되고 시장은 여러 개로 분할될 수 있다.

   시장 균형은 가격 신축성을 전제하고, 개인의 선택은 가격 탄력성을 전제한다. 가격 신축성은, 재화가격이든 임금이든 이자율이든 시장에서 조정되는 데 어려움이 없음을 의미한다. 가격 탄력성은 포괄적으로 행위자들이 가격변동에 따라 여러 재화에 대한 선택, 즉 수요량과 공급량을 변화시킨다는 것을 의미한다.

시장에서는 수요공급의 변동에 따라 가격이 신축적으로 변동해야 균형에 신속하게 도달하고, 자원이 효율적으로 배분된다. 동시에 개인이 가격에 예민하게 반응해서 효용과 이윤을 극대화하는 적정한 선택에 이른다. 규범적으로는 가격이 신축적이고 탄력적이어야 시장 균형과 적정한 선택에 쉽게 도달할 수 있다. 시장과 개인이 상호의존적이듯이, 가격 신축성과 가격 탄력성도 상호의존적이다.

가령, 온도가 변하면 외출할 때 복장을 바꾸는 등 사람들이 이에 반응한다는 점에서 온도는 가격과 비슷하다. 그렇지만 사람들의 반응이나 행위가 온도를 결정하거나 온도를 변화시키지 않는다. 이 점에서 온도는 가격과 다르다. 반면에 후보자 행동이나 입장은 유권자의 지지도에 영향을 미칠 뿐만 아니라 지지도에 반응해 선거운동 기간중에 (어느 정도) 변한다. 이 점에서 후보자 지지도는 가격과 비슷하다. 후보자가 지지도와 관계없이 자신의 입장을 고수한다면 그(녀)는 가격에 반응하는 소비자나 생산자와 다르다.

물론 가격 신축성이나 탄력성은 산업, 재화와 서비스, 그리고 행위자마다 양적으로 다를 수 있다. 중요한 것은 대부분의 산업, 재화, 행위자에 대해 경제학이 포괄적으로 신축성이나 탄력성을 상정한다는 점이다.

이에 따라 시장 차원에서는 효율시장가설efficient market hypothesis이 성립하고, 개인 차원에서는 합리적 선택이론rational choice theory이 성립한다. 효율시장가설은 경제 상황이 변하면, 즉각 가격에 반영된다고 말한다. 합리적 선택이론은 행위자가 자신의 이익을 위해 가격변동에 따라 즉각 자신의 선택을 바꾼다고 말한다. 이러면서 주어진 부존자원endowment, 선호와 기술이라는 조건 하에서 최상의 상태에 도달한다는 후생의 정리welfare theorem가 성립한다.

이 체계는 재화와 화폐가 모두 효용으로 전환되기 때문에 생산자의 이윤극대화보다 소비자의 효용극대화에 방점을 둔다.[23] 전통적인 시장주의에 의하면, 시장경제는 소비자주권consumer sovereignty에 의존했다. 이것은 민주주의가 주권재민에 따라 국민이나 시민에 의존하는 것과 비슷하다. 그런데 경제학은 약간 달리, 소비자의 합리적 선택 및 행위가 시장의 효율성을 낳는 근거라고 주장한다.[24] 따라서 소비자의 합리성에 문제가 생기면 시장의 효율성도 흔들린다.

경제이론은 효용극대화를 목표로 한 경제주체의 자유로운 선택을 허용하기 위해, 재화들 사이의 연속적인 대체가능성substitutability과 화폐의 전용가능성fungibliity을 가정한다. 대체가능성은 한 재화를 미세하게 쪼개서 다른 재화를 대신할 수 있음을 의미한다. 전용가능성은 피자든 자동차든 선택된 재화에 거침없이 화폐를 지출할 수 있음을 의미한다.

재화의 대체가능성과 화폐의 전용가능성은 효용극대화를 위해 필요한 조건들로, 동전의 양면과 같다. 이들 가정하에서 객관적으로 동질적인 화폐가 이질적인 재화들(피자와 자동차)로 전환되고, 다시 재화들은 개인 차원에서 동질적인 효용으로 환원된다. 즉, 대체가능성은 [화폐→재화→효용]의 과정을 거쳐 피자가 밥을 대신하고 집이 자동차를 대신할 수 있음을 의미한다. 대체가능성으로 재화들은 **이질적인 기능들**로 존재하기보다 **동질적인 효용**으로 전환된다.

집, 자동차, 컴퓨터는 주거, 이동, 작업이라는 다양한 기능이 아니라 특정 수량이나 순위의 효용을 지닐 뿐이다. 경제학에서 재화는 효용의 크기로 존재하므로, 재화의 기능적인 이질성은 부차적이다. 이에 따라 재화를

---

23 Sugden, 2018, 5
24 1930년대에 소비자주권이라는 표현을 처음 제시한 사람은 영국 경제학자 허트William Harold Hutt로 알려져 있다. 그런데 허트는 효율성보다 자유를 염두에 두고 경험적인 현실에 대한 서술이 아니라 규범으로서 소비자주권을 내세웠다(Desmarais-Tremblay, 2020, 1061).

[집, 자동차, 옷 ...]으로 구분하지 않고 [1 ... n]이라고 익명화하고, 재화, 노동, 금융의 이질적인 시장들은 n개의 익명적 시장으로 정의할 수 있게 된다.

동시에 기능적인 이질성에 대한 무관심에 개인주의 및 개체주의라는 본바탕이 겹쳐 경제학은 재화들을 세분화한다. 사과, 핸드폰, 자동차가 서로 다른 재화일 뿐만 아니라 오늘 먹을 사과와 내일 먹을 사과가 다른 "재화"이다. 또한 같은 회사의 같은 제품이더라도 올해에 구입할 핸드폰과 내년에 구입할 핸드폰이 서로 다른 "재화"이다.

그런데 이렇게 재화를 세분화하는 기준도, 기능적이거나 질적인 차이가 아니라 효용의 수량이나 순서라는 양적인 차이이다. 즉 모두 효용의 크기로 규정되기 때문에 사과와 피자의 차이, 즉 재화의 기능 차이, 오늘의 피자와 내일의 피자 사이의 차이, 즉 시간의 차이, 그리고 50% 확률의 피자와 100% 확률의 피자의 차이, 즉 확률의 차이가 질적인 차이나 범주상의 차이를 낳지는 않는다.

여기서 대체가능성과 상호배타성 mutually exclusive을 구분해야 한다. 대체가능성은 피자를 늘려 줄어든 콜라를 수량적으로 대신하고, 콜라를 늘려 줄어든 피자를 수량적으로 대신하는 것을 뜻한다. 이때 피자와 콜라 중 하나를 선택하는 상호배타성이 개입하지 않는다. 이에 비해 컴퓨터가 필요해 경쟁적인 몇 개 제품 중 하나를 선택하는 상황에서 제품들은 서로 배타적이다. 혹은 확률적인 상황과 게임이론에서처럼 여러 상태 중 한 가지만 실현되는 경우, 여러 상태들은 서로 배타적이다.

> **배제성과 경합성**
> 가격 등을 통해 특정인의 소유나 소비를 제한할 수 있으면 해당 재화는 배제성 excludable을 지닌다. 이에 비해 특정인의 소비가 다른 사람들의 소비를 줄이면 경합성 rival을 지닌다. 양자 모두 충족시키면 사적 재화이고, 어느 것도 충족시키지 못하면 공공재이다. 대체성과 배타성이 특정 행위자와 관련된다면, 배제성과 경합성은 여러 행위자와 관련해 재화를 구분한다. 여기서 배타성과 배제성, 경합과 경쟁 등이 뒤섞여 경제학이 개

> 념을 규정하는 데 느슨하다는 사실이 드러난다. 또한 이때 배타성은 경제행위자들의 관계와 관련되므로 한 행위자의 선택과 관련된 배타성과도 구분해야 한다.

경제학이 말하는 재화의 대체와 보완도 기능적이거나 객관적으로 결정되는 것이 아니라, 가격과 소득을 고려한 개인의 선택으로 정의된다. 가격, 그리고 소득수준이 달라지면서 효용을 극대화하는 행위자의 선택을 통해 두 재화의 관계가 대체에서 보완으로, 혹은 그 반대로 변할 수 있기 때문이다. 또한 같은 대체관계라도 그 비율이 바뀔 수 있다.

행위자도 소비자나 생산자 등으로 이질적이라기보다 모두 이익이나 효용을 추구하는 선택과 교환의 주체가 된다. 특히 신고전학파는 스미스가 강조한 분업과 시장의 교환이 아니라, 선택과 한계원리에 근거한 개별행위자의 선택과 교환을 강조한다. 프리드먼에게 재화의 구입은 재화에 대한 선택이고, 인간이 누리는 자유는 선택의 자유이다. 가령, 거주이전의 자유는 주거와 지역을 선택할 자유이고, 종교의 자유는 종교를 선택할 자유이다. 시장경제가 우월한 이유는 바로 이런 선택의 자유를 보장하기 때문이다.

선택은 두 개 이상의 대안을 전제로 하고, 특정 대안의 선택이자 다른 대안의 포기이다. 이 때문에 경제이론은 지불한 돈의 액수가 아니라, 지불로 인해 포기한 대안을 비용으로 삼아 기회비용을 내세운다. 사실 경제학은 민주주의와 시장경제의 전제인 '기회균등'보다 '기회비용'을 더 강조한다. 이와 비슷하게 사람들에 대한 '무차별'보다 재화들 사이의 '무차별'(곡선)을 더 중시한다.

자연과학이든 사회과학이든 대상이나 현상을 파악하기 위해 체계나 질서 혹은 최소한 규칙성을 찾으려고 노력한다. 이와 비슷하지만 다르게 일반균형체계는 시장을 균형으로 파악한다. 이런 이유로 경제학에서 일상적으로 만나는 용어가 균형이다. 심지어 균형을 말하면 경제학자이고, 경제학자면 균형을 말해야 한다.

경제학의 균형은 물리적인 유추에 근거한다. 균형은 물의 흐름을 막았던 벽을 트면 서로 달랐던 두 군데의 수위가 같아지는 것과 같다. 물리적인 유추이지만, 물리적인 균형과 달리 시장의 균형은 이기적이고 합리적이며 행위자들의 경쟁에 근거한다. 경쟁과 차익거래를 통해 하나의 재화나 생산요소에 하나의 가격이 형성되는 일물일가가 이런 균형을 표현한다.

초기 경제사상은 생물학적인 유추에 근거한 재생산이나 진화 등도 내세웠다. 이는 물리학적인 유추에 근거한 균형과 대비된다. 또한 인문학이나 여타 사회과학에서는 균형이라는 용어를 쓰지 않거나, 쓰더라도 그 의미가 다르다. 국제정치에서 'balance'는 힘이나 세력에 근거한다는 점에서 'equilibrium'과 다르다. 나아가 한국에서 흔히 말하는 경제나 국토의 균형 발전에서 '균형'은 시장의 외부에 있는 힘에 의한 사후 조정을 시사해 오히려 경제학의 균형과 반대에 가깝다.

그렇다면 경제학이 시장을 균형으로 파악하는 이유는 무엇일까? 균형은 시장(경제)을 설명하는 원리이자 시장을 정당화하는 이념이다. 경제학은 과학성을 내세우며, 균형이 설명일 뿐 정당화가 아니라고 주장한다. 그렇지만 균형이 성립하려면 많은 가정이 요구되기 때문에 이념이 개입되어 있다고 판단해야 한다.

구체적으로 시장 균형은 시장이 ① **효율적**이고, ② **안정적**이며, ③ **자율적**이고, ④ (장기적으로) **불가피하다는** 것을 보여주려는 의도를 담고 있다. 뒤집어 말하면 시장의 불균형은 비효율적이고, 불안정하며, 외부 요인에 의한 것이고, 시장에 맡기면 피할 수 있다. 혹시 시장에 불균형이 발생해도 곧 스스로 해소되어 불균형은 단기적으로 존재할 뿐이다.

이 가운데 효율성 efficiency과 안정성 stability은 경제학이 명시적으로 내세우지만, 자율성 self-regulation과 불가피성, 필연성 necessity은 묵시적으로 전제한다. 또한 효율성은 가장 포괄적인 시장경제의 특징으로, 거시경제의 경기변동 등에 국한해 등장하는 안정성까지 포괄한다. 이에 대해 설명해 보자.

첫째, 시장의 균형은 선호, 기술, 제도 등 제반 여건에 대한 정보와 행위자 선택 등을 통해 알려진 정보를 완벽하게 담고 있어, 더 이상 개선할 수 없는 최상의 상태, 즉 파레토 최적 Pareto optimum을 나타낸다. 균형에서 성립되는 후생의 법칙들이 이를 표현하고 있다. 이 점에서 시장은 효율적이다.

효율성은 최상의 자원 배분을 통해 주어진 생산과 효용에 도달하는 것을 뜻한다. 이는 주어진 자원, 선호, 기술 등의 조건 하에서 시장을 통해 경제가 최상의 상태에 이름을 뜻한다. 이것이 시장에 대한 시장주의의 가장 흔한 주장이고, 사실상 미시경제학 전체가 이 주장을 내세우는 데 봉사한다. 이런 믿음은 대부분 경제학자들이 가지고 있을 뿐 경제행위자나 여타 사회과학자들은 이에 대해 반신반의한다.

시장의 효율성과 후생의 극대화는 일차적으로 사람들의 수요에 가장 가깝게 재화의 종류와 수량을 생산해 공급하도록 시장이 토지·노동·자본 등 자원을 배분하는 것을 의미한다. 즉, 원하는 물건을 부족하게 생산하거나 원하지 않는 물건을 너무 많이 생산해 발생하는 자원 낭비가 시장경제에서는 최소화되는 셈이다.

이런 의미의 효율성은 자원배분, 선택, 맞춤matching 등과 연결되어 흔히 적정성optimality으로 불리기도 한다. 이런 효율성이나 적정성은 경제가 효용함수나 무차별곡선, 그리고 생산함수나 생산가능곡선의 안쪽이 아니라 이들 선상에 놓이는 것을 의미한다.

효율성에는 완전한 정보 제공뿐만 아니라 정보 활용 및 처리와 관련된 효율성이 포함되어 있다. 즉, 시장가격이 경제 정보를 제대로 반영하고, 경제주체들이 주어진 정보를 받아들이거나 변동하는 정보를 즉각적으로 갱신하며, 이 정보를 효율적으로 처리해 활용한다는 것이다. 정보처리가 중시되는 상황에서는 합리성 개념이 합리적 기대로 나타난다.[25] 특히, 주식시장에서 효율성은 주로 정보처리의 효율성을 의미한다. 이런 설명은 식품 구입보다 부동산이나 주식투자, 그리고 경기예측에 더 잘 맞는다.

한 식당을 소비자가 선택하면, 그것은 그간 음식 가격에 반영된 정보를 이용하는 것이다. 동시에 이 선택은 다른 식당의 음식과 가격 및 질을 비교한 결과이다. 이런 과정을 통해 비슷한 음식을 값싸게 또는 같은 가격에 더 나은 음식을 제공하는 식당이 나타나면 그 식당에 손님이 넘치거나 가격이 오르게 된다. 이런 과정을 거쳐 음식과 음식점에 대한 정보가 수정되고, 이런 정보는 손님 숫자로 나타났다가 결국 음식 가격의 변동으로 전환된다.

이는 개별행위자의 합리성, 특히 시장의 효율성이 지닌 또 다른 측면을 드러낸다. 개별행위자가 지닌 합리성은, 일차적으로 자신의 이익을 위해 가장 적절한 대안을 선택함을 의미한다. 그런데 합리적 선택은, 선택 대상에 대해 가격을 비롯한 정보를 올바로 수집하고 처리해 활용함을 전제한다.[26] 이것이 정보의 활용 및 처리와 관련된 개별행위자의 합리성이다.

이때 시장의 효율성은, 시장에서 정보가 즉각 현시되거나 노출되어 신속하게 가격에 반영된다는 의미의 효율성이다. 시장주의 입장에서 이런 정보의 활용/처리/노출/반영은 모든 선택과 모든 시장에 적용된다. 이것이 효율시장가설에 담긴 내용이다. 이 가설에서 '효율성'은 합리적 선택과 자원배분 자체보다 이에 수반된 정보처리를 나타낸다.

따라서 정보가 가격에 반영되는 것은 선택이나 매매의 합리성 또는 자원배분의 효율성 자체라기보다 그와 관련된 정보의 탐색과 수집, 활용, 처리, 노출, 그리고 반영과 관련된 합리성이자 효율성이다.

물론 시장에 따라 이 가설이 적용되는 정도의 차이가 있다. 재화시장이나 노동시장보다 차익거래가 신속하게 진행되는 금융시장, 특히 주식시

---

25 Fama, 1984, 320
26 모두 도구적인 합리성에 포함되지만 행위 자체와 달리 정보에 대한 처리는 인식적인 합리성 epistemic rationality으로 규정할 수 있다.

장에서 이 가설이 더 타당할 것이다. 또한 경제학은 완전정보를 가정해 가격 등을 통해 이미 많은 정보가 공개되어 있다고 간주하므로, 정보 탐색과 수집에 일차적인 중요성을 부여하지는 않는다.

둘째, 일반균형체계가 시장경제를 방어하는 또 다른 방식은 시장의 안정성을 내세우는 것이다. 경제뿐만 아니라 정치·사회·자연 등 다양한 영역에 적용되는 상식적인 수준의 안정성은, 특정 체계가 내외의 요인을 맞아 커다란 변동 없이 유지되어 급격한 변동·붕괴·파국·공황이 없음을 뜻한다. 여기서 안정성이나 불안정성은 균형을 반드시 전제하지 않는다. 가령, 소득이나 재산의 불평등이 과도하다고 말할 때도 어떤 수준의 지니계수가 균형을 나타내는지 말할 수 없다.

이에 비해 일반균형이 말하는 안정성은 균형을 상정한다. 그리고 그것은 균형으로의 복귀 여부나 복귀의 속도를 조건으로 삼는 제한적인 안정성이다. 또한 시장 균형이 내부요인에 의존하므로, 일반균형의 안정성은 내부요인이 아니라 외부요인(의 변동)에 대해 시장이 격변 없이 적응하는 것을 뜻한다. 이와 관련해 균형과 안정성이 모두 물리학에서 온 개념임을 기억할 필요 있다.

넓게 보면 시장의 안정은 시장의 효율에 포함되지만, 좁게 보면 효율과 일치하지 않는다. 경제이론에서 효율성이 주로 자원배분 등 미시적인 문제에 대한 시장의 요건이자 강점이라면, 안정성은 경기변동 등 거시적인 문제에 대한 시장의 요건이자 강점이다. 또한 효율성이 주로 생산함수나 생산가능곡선을 통해 상대적인 비율로 표현된다면, 안정성은 경기변동 등 변동의 폭이나 분산과 관련된다. 거시적으로는 1929년의 대공황, 1997년의 아시아 금융위기, 2008년의 미국 비우량주택담보대출 위기, 즉 대침체The Great Recession 같은 것이 발생하지 않는 것이 안정이다. 물론 여기에 미시적인 차원에서 가격 안정성에 근거한 시장 안정성을 포함시킬 수 있다.

나아가 효율성이 합리적 선택과 연결된다면, 변동의 안정성은 합리적 기대와 연결된다. 통상 소비자는 재화에 대한 고정된 정보를 활용해 소비재를 선택하므로 예측이 필요없다. 반면에 주식투자 등에 있어서는 계속 변하는 정보를 활용해 경제와 주가를 예측할 필요가 있어서 합리적 기대가 요구되므로, 합리적 기대는 좁은 의미의 합리적 선택과 차이가 있다.

이런 차이에도 불구하고 합리적 기대 역시 합리적 선택을 낳으므로, 넓은 의미의 합리성이나 합리적 선택에 포함된다. 이것은 넓은 의미의 효율성이 좁은 의미의 효율성과 안정성을 포괄하는 것과 평행을 이룬다. 합리적 기대가 합리적 선택에 포함된다는 것은 기존 경제학이 아니라 오히려 경제학의 합리성에 비판적인 행동경제학behavioral economics이 선명하게 밝혀준다.

먼저 미시경제학은 균형의 존재나 균형의 숫자뿐만 아니라 안정성을 논의한다. 미시적인 차원의 안정성은 특정 재화나 금융상품 가격과 수요 공급 사이의 관계와 관련된다. 안정성은 수요의 법칙이나 공급의 법칙으로 알려진 부(-)의 환류negative feedback로 나타난다. 이는 아파트의 가격이 오르면(내려가면), 수요가 줄고(늘고) 공급이 느는(주는) 것을 말한다. 수요는 가격과 반대 방향으로, 공급은 같은 방향으로 움직여 가격의 상승이나 하락을 **둔화**시킨다.

부의 환류에서는 수요자와 공급자의 선택을 통해 재화들이 최상의 용도와 '가치'를 찾게 되고, 일시적으로 '근본가치fundamental value'로부터 벗어났던 가격이 '가치'로 되돌아온다. 반면 (아파트나 주식에 대한) 투기수요와 같이 수요량이 가격과 같은 방향으로 움직이거나 공급량이 가격과 반대 방향으로 움직여 정(+)의 환류positive feedback가 나타나면, 가격상승이나 하락을 강화시켜 시장이 불안정해진다. 안정성에는 변동의 방향뿐만 아니라 변동 폭도 중요하다. 예를 들어 가격·물가·주가의 안정은 일정 기간 동안 일정 범위 이내의 변동폭을 요구한다.

균형개념에는 정의 환류가 아니라 부의 환류가 생겨 스스로 교정하는 힘이 시장에 내재되어 있다는 시장주의 입장이 담겨 있다. 시장주의는 부의 환류가 일반적이고 정의 환류는 예외적이어서, 시장이 안정적이라는 것을 논증하려고 노력해 왔고 또한 이것을 믿고 있다. 이같이 효율성과 마찬가지로 안정성도 가격기구와 개인의 합리적 선택에 의존한다.

거시적인 안정성에 대해 통화주의 및 새고전학파(시카고학파)와 케인스주의 및 새케인스주의(케인스주의)는 견해를 달리한다. 시카고학파와 케인스주의는 모두 시장경제의 균형을 인정하므로, 외견상 가격기구 및 자원배분이 관련된 미시경제에서는 대립하지 않고, 고용 및 물가와 관련된 거시경제에서만 대립하는 것으로 보인다. 이에 따라 둘은 미시적인 시장경제의 효율성에는 합의하고 거시경제의 안정성에서는 이견을 보이는 것으로 알려져 있다.[27]

시장근본주의를 표방하는 시카고학파는 경기변동, 소득분배, 복지 등과 관련된 정부의 정책과 재량을 반대한다. 특히, 경기변동과 관련해 재정정책이나 통화정책을 통해 시장에 개입하면, 정부가 시장 균형을 교란하는 것으로 비효율성을 낳는다고 주장한다. 균형 수준의 상대가격이 구현되려면 화폐가치가 안정적으로 유지되어야 한다고 보아, 통화량에 대한 정부의 재량discretion도 배제한다. 대신 이 학파는 법이나 규칙rule을 강조한다.[28]

통화정책이 정치적인 힘이나 행정부의 재량에 휘둘리지 않고 물가안정에 봉사하도록 만들기 위해 프리드먼은 기계적인 k퍼센트 규칙을 내세우기까지 했다.[29] 이것은 경제성장률을 고려해 연간 통화량 증가율을 미리

---

[27] 이에 따라 경기침체에 대한 팽창적인 재정정책이나 통화정책, 그리고 (누진소득세 등) 자동안정장치built-in stabilizer가 케인스주의를 표현한다.
[28] Friedman, 1968, 1977
[29] Friedman, 1962

정해서 연초에 선언하고, 이를 변경없이 준수하는 것이다. 이 규칙은 실현되지는 않았지만 통화정책에 대한 의심과 규칙에 대한 집착을 드러낸다.

최근에는 통화량 통제가 어렵다고 보아, 통화량 대신 성장률을 고려하면서 이자율을 정책 목표로 삼는데, 이것이 테일러 규칙(Taylor rule: 목표 물가상승률과 성장률을 고려해 이자율을 조정하는 통화정책의 규칙)에 담겨 있다. 이 입장에서는 재량보다 규칙이 중요하므로 행정부가 약화되고, 법과 규칙에 근거해 사유재산과 계약을 보호하는 사법부와 변호사의 역할이 강화된다.

경제학은 시장경제의 강점으로 효율성을 앞세우므로, 넓은 의미에서 시장의 효율성은 시장의 안정성을 포함한다. 거시차원에서 실업률과 물가변동의 안정성이 자원을 낭비 없이 활용하므로 효율성으로 이어진다. 이런 이유로 시장경제의 효율성은 미시적 차원에서 자원의 적정한 배분뿐만 아니라 거시적 차원에서 자원의 고용을 최대화하고 실업을 최소화하는 것을 의미한다. 자원배분의 부적절함뿐만 아니라 자원의 유휴상태도 자원의 낭비이자 비효율성을 낳기 때문이다. 또한 실업으로 인한 비효율성이, 미시적인 자원배분의 비효율성보다 더 심각할 수 있다.

그런데도 경제학은 효율성을 오로지 자원배분과 연결해, 고용이나 실업과 무관하게 만드는 경향을 보이고 있다. 시카고학파가 자연실업률 natural rate of unemployment 등을 통해 시장이 스스로 만들어내는 실업문제를 최소화하면서 시장경제의 효율성을 앞세우기 때문이다. 이에 비해 케인스주의와 새케인스주의는 시장이 스스로 실업을 낳는다고 보아, 이로 인한 비효율성을 지적하면서 거시경제정책을 내세운다. 이렇게 케인스학파는 시장주의에서 벗어나는 반면, 시카고학파는 시장주의를 일관되게 유지하게 된다.[30]

---

[30] 시장경제 속에서 효율성이나 안정성이 물체인 재화에는 적절한 기준일 수 있지만, 노동자의 고용과 관련해서는 그렇지 않다는 생각이 케인스학파에 깔려 있다. 한국에서 고용이나 취업이 아니라 '일자리'라는 표현에 집착하는 것은 이같이 노동을 특별히 취

셋째, 경제이론이 내세우는 균형은, 개별행위자들이 가격을 고려하면서 각자의 이익을 극대화하기 위해 재화와 자원을 합리적으로 선택한 결과이므로 시장에서 자율적으로 형성된다. 당연히 균형과 균형이 낳는 효율성은, 시장이 경제문제를 스스로 해결하고 불균형이나 불안정을 교정한다고 전제한다. 달리 말해, 시장주의에서 효율과 안정은 모두 시장의 자율이나 자기규제에 근거한다. 일반균형체계도 시장의 자율성을 명시하지 않지만 묵시적으로 이를 전제한다.

균형에 근거한 시장의 자율성은 정부의 법, 규칙이나 행정명령, (관료)조직, 계획, 윤리 등 시장 외부의 힘에 의존하지 않고, 시장이 스스로 경제문제를 결정하고 해결한다는 입장으로 이어진다. 또한 경제에 어려움이 발생하면 이를 스스로 교정해서 관리하고 규제하는 힘을 지니고 있음을 의미한다. 자기규제self-regulation가 가능하므로 소위 (외부의) '규제'가 필요없다. 이에 따라 경제학은 시장외적인 요인이 시장의 흐름을 방해하는 것에 예민하고, (무작위적이지 않은) 외적인 힘이 시장에 개입하는 것을 최소화하려고 노력한다.

경제학이 내세우는 시장의 자율성도 효율성이나 안정성과 마찬가지로, 가격기구와 개인의 이기적이고 합리적 선택에 대한 믿음에 근거한다. 즉, 가격이 신축적으로 움직이고 이런 가격에 근거해 개인들이 합리적으로 선택하면서, 시장이 경제를 스스로 관리할 수 있다는 것이다. 이 때문에 경제학은 가격기구와 개인의 이익추구를 일관되게 방어한다. 이 점에서 균형 개념은 (나중에 설명하는 것으로) 시장의 질서가 자생적이고 자연스럽다는 생각과 일치하지는 않지만 맞닿아 있다.

시장이 내적으로 정합적이고 자율적이라고 생각하는 시장주의 이론은, 시장에 불균형이나 불안정이 발생하면 그 원인을 일반균형체계가 상정하

급하는 경향에서 비롯된 듯하다.

는 시장 안이 아니라 시장 밖에서 찾게 된다. 혹은 외부는 아니더라도 일반균형체계 내에 안정적으로 주어진 선호와 기술의 예상치 못한 변동, 즉 충격shock에 따른 것이라고 본다. 거시경제학에서 실물경기변동Real Business Cycle이나 동태적이고 확률적인 일반균형Dynamic Stochastic General Equilibrium이 말하는 선호충격이나 기술충격 혹은 통화정책의 예상치 못한 변동이 경기변동의 이런 외생적인 성격을 표현한다.

경제학, 그리고 시카고학파조차 여러 가정을 전제하는 일반균형체계가 완전히 현실 자체라고 생각하는 것은 아니다. 그러나 시카고학파는 (케인스학파가 상정하는 것만큼) 이상과 현실의 차이가 크지 않다고 생각한다.[31] 이 학파에게 일반균형체계와 시장 사이의 괴리나 시장의 불균형은 **부분적이고 일시적이어서** 부차적이다.

시간에 있어 일시적이라는 것은, 불균형이 발생하면 시장 스스로 이를 교정해 균형으로 되돌아가므로 불균형이 지속되지 않음을 뜻한다. 이는 시장의 자율성, 자기교정self-correction, 자기규제self-regulation, 자기조정self-adjustment, 자기관리, 자기안정화 등 여러 유사어들로 표현된다. 스스로 조정하므로 시장은 국가나 집단 등 여타 장치를 필요로 하지 않는다.

공간에 있어 부분적이라는 것은, 불균형이 경제 전체가 아니라 일부분에서 나타나 예외적임을 뜻한다. '일반' 균형이자 '부분' 불균형인 셈이다. 이 때문에 정부의 개입이 필요하더라도 정부가 다른 방법 대신 시장을 활용해 불균형을 균형으로 만드는 것이 최선의 방법이라고 주장한다. 이런 방법 역시 가격과 합리적 선택에 의존하므로 결과적으로 시장의 자율성을 유지하거나 심지어 확장시키는 데 기여한다.

---

31 나이트Frank Knight는 프리드먼의 스승이지만, 시장·가격·경쟁에 대해 윤리라는 외적인 척도를 들이대고 균형이 아니라 질서를 언급하고 있다(Knight, 1922, 1923). 이 때문에 나이트는 시장주의자로 보기 어렵고, 일반균형체계에 근거한 이후의 시카고학파와도 차이를 보인다.

예를 들어 국제무역이론에 따르면, 특정 국가의 흑자나 적자가 발생하면 환율과 수출입의 변동을 통해 이것이 저절로 교정된다. 또 경제학의 경쟁이론에 따르면, 견고해 보이는 독과점도 시장의 경쟁으로 언제든 붕괴될 수 있다. 혹은 시장이 스스로 경기침체나 경기과열로부터 균형으로 경제를 복귀시킨다.

시장에서 불균형이 나타나는 일부 영역으로 외부효과나 공공재 및 공유자원을 들 수 있다. 외부효과는 교육, 기술, 환경, 전염병 등으로 예시할 수 있다. 시장에 반영되는 대부분의 효과는 내부효과internality이고, 일부분만 외부효과exernality인 셈이다. 내부와 외부를 가르는 기준 역시 시장이다.

물론 시장의 경계는 가격에 반영되는지 여부와 개인의 선택에 고려되는지 여부로 결정된다. 결과적으로 외부효과를 해결하는 주체는 주로 정부지만, 정부가 이것을 해결하는 방법은 다시 시장이다. 즉, 가격기구와 합리적 선택을 통해 외부효과를 시장으로 내부화하는endogenize 방식을 취한다.

공해를 해결하기 위한 피구세나 거래가 가능한 공해 배출권이 그런 방법이다. 이런 방법들은 공해를 비용으로 환산해 가격에 반영함으로써 개별 행위자가 선택할 때 고려하도록 만든다. 따라서 이것은 시장의 문제를 시장을 통해 해결하는 것으로 '**시장에 의한 시장**'을 낳는다. 여기서 시장주의가 시장의 자율성이나 '자족성'을 내세운다는 점을 분명히 확인할 수 있다.

재화도 대부분 사적인 재화이고 일부만 공공재나 공유자원이다. 공공재는 국방·경찰·사회간접자본 등이고, 공유자원은 생태계나 어족 등 자연자원이다. 이런 일부의 경우 정부가 개입할 필요가 있다. 그런데 정부가 국유화하거나 국영기업으로 만들기보다 가격과 선택을 존중하는 시장에 내부화함으로써 문제를 해결할 수 있다고 본다. 가령, 공유자원은 되도록 사유재산으로 만들고, 국영기업은 민간기업에 매각해 시장에 맡기자고 주장한다.

넷째, 균형은 경제의 기본적인 여건들을 담고 있어 그 시점에서 경제가 피할 수 없는 상황이다. 불가피하다는 것은 만약 시장의 균형을 억압하면 그 압력이 다른 데로 전가되고, 많은 경우 비공식부문이나 암시장의 파생 등 부작용이나 경제의 이중구조가 생긴다는 것을 뜻한다. 1970년대 한국의 경제성장기에 곡가(穀價)와 임금뿐만 아니라 이자율이나 환율을 억제한 금융억압 financial repression은 사채시장이나 달러시장 등을 낳아 이원적인 시장구조를 초래했다.

시장 균형이 가격과 행위자 선택에 의존하므로, 균형에 대한 억압은 이 두 가지에 대한 억압이다. 이와 대조적으로 가격이나 개인의 선택 이외의 관계, 집단, 계층, 정부에 대한 억압이나 규제는 균형에 대한 억압이 아니므로 시장주의자에게 문제가 되지 않는다. 집단에는 노조나 독과점, 재벌 등이 포함된다.

가격에 대한 억압과 관련해 특정 재화의 가격을 균형가격 이하나 이상으로 억제하면, 행위자들이 이에 반응해 과잉 수요이나 과잉 공급이 생긴다. 또한 균형에서 여러 시장과 가격의 상호의존성과 행위자의 대체보완 관계 때문에, 특정 재화 시장에서 가격을 억압하면 다른 방식으로 다른 시장에 왜곡되어 나타난다. 경제학에 의하면 이같이 재화의 균형가격은 피할 수 없으므로 받아들여야 한다.

경찰력이나 과세를 통한 마약 단속이나 아파트 거래에 대한 단속 및 억제로 생기는 '풍선효과'가 대표적인 예이다. 여기서 개별행위자들은 서로 고립되어 있지만, 개별시장과 개별재화의 가격들은 서로 의존적이라는 경제학의 견해를 확인할 수 있다. 가격의 상호의존성은 일반균형에 대한 입장을 떠나서 시장에 관해 인정해야 할 사실이다. 그리고 경제학에서 직접적으로 교류하는 것은 "사람들"이 아니라 "재화들"이다.[32]

---

32 이 지점에서 경제이론은 일견 마르크스 정치경제학이 내세우는 상품물신성과 비슷

일반균형체계에서 생산요소시장(토지, 노동, 자본)은 재화시장(쌀, 옷, 집)과 다르지 않다. 임금, 이윤/이자, 지대 등 소득도 생산요소의 서비스에 대한 가격으로 재화의 가격과 다르지 않다. 재화시장에서 한계효용이 작동하는 것과 대칭적으로, 요소시장에서 한계생산성이 작동한다. 따라서 재화의 가격 뿐만 아니라 함께 균형 임금, 이윤, 이자 등도 피할 수 없으므로 받아들여야 한다.

물론 양자 사이에 차이도 있다. 재화는 유량(流量)으로, 한번 소비되면 소멸하므로 그 자체가 교환의 대상이고 여기에 가격이 붙는다. 이에 비해 생산요소는 저량(貯量)으로, 여러 차례 생산에 동원되므로 그 서비스가 주로 거래 대상이고 이에 대해 가격이 붙는다. 그렇더라도 토지와 자본재는 저량으로서도 거래 대상이 되고 별도의 가격이 붙는다. 다만, 시장주의도 받아들이는 노예제나 인신매매에 대한 금지로, 노동자는 거래 대상이 되지 않고 가격이 붙지 않는다.

시장주의 입장에서 균형가격뿐만 아니라 균형수량도 피할 수 없다. 거시경제에서 대다수 경제학자들이 활용하는 자연실업률은, 거시경제정책으로도 피할 수 없는 수준의 실업률이다. 따라서 이 개념의 '자연'은 자연스럽다는 의미보다 불가피하다는 의미를 지니고 있다. 만약 거시정책으로 이보다 실업률을 낮추려고 노력하면, 물가가 가속적으로 상승하게 된다. 이로부터 가속적인 물가의 상승을 초래하지 않는 실업률, 즉 NAIRU (Non-Accelerating Inflation Rate of Unemployment)가 자연실업률이 된다. 여기서 개별주체의 합리성은 대표행위자 representative agent의 합리적 기대로 나타난다.

해진다. 물론 물적인 존재가 어느 정도 개인 통제 하에 있는가에 있어 근원적인 차이는 있다.

다섯째, 일반균형체계가 그려낸 시장에는 **이상**이 담겨 있다. 이 체계는 가격신축성, 가격탄력성, 완전한 합리성, 완전정보, 완전경쟁 등을 가정하므로, 그것이 낳는 균형과 균형가격은 현실 시장이 아니라 이상적인 시장을 나타낸다. 그리고 시장주의의 입장에서 이상적인 시장은 비현실적이어서 비판의 대상이 되는 것이 아니라, 현실 경제와 시장을 평가하는 기준으로 기능한다. 그리고 균형이 내생적이고 내재적이므로 이 기준도 내생적이고 내재적이다.

구체적으로 거시경제학에서 논쟁거리였던 가격신축성은 현실 시장에서 완벽하게 실현된다고 보기 힘들다. 또한 행동경제학이 문제 삼는 소비자 선택의 합리성 혹은 일관성을 확보하는 완전성completeness이나 이행성 transitivity과 같은 가정은 (나중에 설명하는 바와 같이) 현실이라고 보기에는 너무 엄격하다. 그렇지만 시장주의는 완벽한 가격신축성과 이행성이 비현실적이라는 것을 인정하는 대신, 이것이 현실 가격과 행위자가 지향해야 할 기준이나 규범임을 내세운다.

다른 예로 경제학에 의하면, 시장에서 균형이 형성되면 한계생산성이 임금을 위시한 생산요소에 대한 보수를 결정한다. 그런데 독과점, 외부효과나 공공재가 존재해 시장이 완벽하지 않으면, 한계생산성에 따라 소득이 결정되지 않는다. 이런 상황에서 경제학은 한계생산성이 비현실적이라고 판단하는 것이 아니라 이것이 보수에 대한 규범이나 기준이라고 판단한다.

이러면 현실경제가 균형에서 벗어날 때 시장주의자는, 균형이나 균형을 위한 가정이 현실에 맞지 않는다고 판단하기보다 거꾸로, 현실이 잘못되어 이를 교정해야 한다고 판단하게 된다. 물론 현실 시장에 대한 서술뿐만 아니라 이상적인 시장의 제시도 시장주의의 핵심요소인 가격과 개인의 선택에 근거한다. 그리고 균형은 가격기구와 개인의 합리성이 충분히 작동하도록 만드는 제도적인 개선의 지침을 제공한다.

여섯째, 시카고학파의 시장주의는 국가나 정부의 개입에 대한 의심과 적대를 갖지만 무정부주의를 표방하는 것은 아니다. 다만 시장주의는 국가의 역할을 최소화하려고 노력한다. 정부는 소유권의 보호와 계약의 이행 등을 규정한 법과 규칙을 준수하도록 보장하는 데 그쳐야 한다. 이때 정부는 운동경기에서 규칙을 준수하도록 감독하는 심판관과 같다. 심판이라는 것은 선수가 아니라는 뜻이다. 정부가 국영기업을 운영하면 심판관이 아니라 선수가 되는 것이므로 이를 삼가야 한다.

법과 규칙을 제정하는 입법부와, 이를 사후적으로 감독하는 사법부는 불가결하다. 그런데 법, 명령, 규칙은 공평무사하게 시행되더라도 너무 많으면 시장에 대한 개입을 늘리는 결과를 낳으므로 최소한이어야 한다. 무엇보다 법과 규칙은 행정부의 재량이 개입된 정책과 부합되기 힘들다. 이에 따라 시장주의는 법/규칙보다 재정정책이나 통화정책을 위시한 행정부의 경제정책에 훨씬 부정적이다. 결과적으로 시카고학파는 입법부·행정부·사법부로 구성된 삼권분립을 옹호하지만, 전반전으로 정부의 역할을 경계하고, 그중에서도 행정부의 역할에 부정적이다.

물론 일반균형체계에 대해서는 오랫동안 많은 비판이 있었다. 그중에서도 그것이 제시하는 시장의 그림이 현실과 동떨어져 있다는 비판이 중심을 이루었다. 시장주의 이론이 시장을 제대로 설명하지 못한다는 것이다. 이 체계는 시장수요와 시장공급을 관찰하고 이에 따라 가격을 조정하는 경매인의 호가와 이를 통한 모색과정을 설정했다. 그런데 이 모색 과정이 끝나 균형에 이르러야 비로소 실제 거래가 이루어진다. 현실의 경매(고려청자)에서도 실제로 경매인이 등장하고 낙찰이 되기 전까지는 거래가 이루어지지 않는다. 이런 점에서 경매는 일반균형체계의 현신이다.

그렇지만 이는 시장의 일부분에 불과하다. 이런 이유로 시장 전체 수준의 경매인이 가상적이고, 모색 과정이 현실의 구체적인 경매가 아니라 가상적인 시간 속에서 진행되는 허구라는 비판이 지속되었다. 심지어 이 체계가 설명하는 것은 자본주의가 아니라 사회주의라는 지적까지 나왔다.

2.2. 동시결정과 상호의존

일반균형체계는 시장경제를 다룬다고 하나, **경제**보다 **시장**에 초점을 맞춘다. 이 체계는 의식주의 해결이라는 경제의 실체나 내용을 다룬다기보다, 시장에서 가격을 비롯한 수량들과 비율들 사이의 형식논리적인 정합성을 보여준다. 이런 정합성은 모든 시장과 모든 경제주체가 동시에 균형에 이르고, 모든 가격이 동시에 결정된다는 동시결정simultaneous determination에 근거하고 있다. 시간이 정지된 상태에서 여러 시장에서 동시에 수요공급의 균형이 형성되는 것이다.

일반균형의 동시결정은 여러 시장 사이에 성립할 뿐만 아니라 시장과 개인 사이에도 성립해, 시장의 균형과 여러 경제주체의 균형인 적정화가 동시에 달성된다. 이것이 가능하려면 다양한 시장에서 가격을 매개로 수요공급과 경제주체들의 선택이 영향을 주고받는 동시에 즉각적으로 조정되어야 한다. 이같이 시장의 동시결정을 강조하므로 일반균형체계는 과정이나 시간의 흐름을 배제한다.

또한 동시결정은 상호의존과 친화력을 지닌다. 일반적으로 상호의존은 개별시장과 개별가격이 서로 고립되어 있지 않다는 것을 의미할 뿐 동시결정을 전제하지 않는다. 하지만 동시결정을 시간적 상호의존으로 보면 공간적인 상호의존과 상통한다. 이에 따라 동시결정을 시장들, 가격들, 재화들, 행위자들 사이의 상호의존으로 이해할 수 있다.

세부적으로는 여러 시장의 균형 사이의 관계, 시장의 균형과 개별주체의 선택 사이의 관계, 가격과 수량 사이의 관계라는 세 가지에 이 해석을 적용할 수 있다. 결과적으로 동시결정과 더불어 상호의존성을 강조하면서 일반균형체계는 지배나 우열, 시간적인 선후의 인과, 그리고 불확실성을 배제한다. 이에 대해 구체적으로 검토해 보자.

(1) 여러 개별시장의 균형이 동시에 결정된다

어느 하나의 가격이 다른 가격보다 먼저 결정되거나 나중에 결정되지 않는다. $p = f(p)$. 이에 따르면 하나의 가격이 다른 가격과 의존적이므로, 하나의 가격이 변하면 다른 가격도 변한다. 다시 말해, 가격들이 영향을 주고받는다. 동시에 이런 가격이 대표하는 하나의 시장과 다른 시장이 서로 영향을 주고받는다.

개별행위자가 효용함수나 생산함수와 예산제약뿐만 아니라 가격을 고려해 재화와 요소를 선택하므로, 가격들도 서로 연관되어 모두가 동시에 균형에 이르게 된다. 또한 효용을 극대화하는 개별 소비자 수준에서는 대체보완관계에 있는 재화에 대한 수요가 서로 영향을 주고받는다. 이 때문에 어떤 이유로든 한 재화의 수요가 변하면 다른 재화 수요도 변할 수 있다.

이같이 동시결정은 시장들과 가격들의 쌍방적 의존적 관계를 내세우면서 일방적 인과관계를 부정한다. 가령, 원유가격이 올라 이를 원료로 하는 화학제품 가격이 오를 수도 있지만, 거꾸로 화학제품에 대한 수요가 늘어 원유에 대한 수요가 늘면서 유가가 오를 수도 있다. 많은 경우 유가→제품가격인지 제품가격→유가인지 확실치 않다. 다른 예로 대학 등록금이 오르면 대졸자 임금이 오를 수 있지만, 그 역도 가능하다. 또 경제학은 비료가격이 올라 과일 가격이 오르는 상황보다, 사과 가격이 오르면 사람들이 바나나를 더 소비해 바나나 가격도 오르고 그 역도 성립하는 상황을 더 자주 떠올린다.

투입(가격)→산출(가격)과 같은 일방적인 인과는 경제학을 배우지 않아도 알만한 상식에 속한다. 경제학의 특징적인 모습은 **가격이 개입되지 않은**

기술적인 인과가 아니라, 개인의 선택과 가격이 개입된 상호의존이다. 다만 시장주의 이론에 비해 (나중에 설명하는) 시장주의 사상은 동시결정이나 상호의존에 그다지 집착하지 않는다.

일반균형체계의 동시결정은 경제를 시간의 흐름 속에서 생산→분배→교환→소비로 진행되는 과정으로 여기는 전통적인 견해와도 대비된다. 또한 산업들에 사전적으로 우열이나 선후를 부여하는 과거 경제사상이나 상식에서 벗어난다. 나아가 공급이나 생산을 수요와 대등하게 만들기 때문에 수요의 중요성을 약화시키는 경향이 있다. 이는 수요가 시장주의의 핵심고리라는 시장주의의 전통적인 생각과 마찰을 일으킬 수 있다.

가령 동시결정은, 철강산업이 기간산업으로 다른 산업의 기반이 된다는 생각과 친하지 않다. 또한 원료와 자본재가 투입되어 시간이 걸리는 생산과정을 거쳐 제품이 시장에 나온다는 착상과도 거리가 있다. 이 때문에 일찍부터 일반균형체계가 결과에 집중해 과정을 경시한다는 비판이 일었다.

이렇게 된 이유는 일반균형체계에서는 원료와 제품이든, 철강산업과 자동차산업이든 모두 시장을 통해 구분되고 가격을 통해 연결되어, 가격이나 개별주체의 행위와 무관한 과정이나 우열, 선후를 지니지 않기 때문이다. 그리고 여러 시장의 동시결정과 상호의존을 통해 경제학은 경제주체들의 동등성과 함께 재화/생산요소들 및 이런 시장들의 동등성을 시사한다.

시장과 가격은 개별행위자뿐만 아니라 개별산업에 대해서도 무차별적이다. 이는 여러 시장, 가격, 재화, 경제주체의 차이를 약화시키고 익명성을 강화한다. 모든 재화를 [1 2 ... n]으로, 모든 생산요소를 [1 2 ... m]으로, 모든 행위자를 [1 2 ... k]로 표시하는 것이 이를 보여준다. 이런 그림에서는 투입과 산출의 구분이 없고 쌀시장, 노동시장, 주택시장, 주식시장, 외환시장이 뒤섞여 명확히 구분되지도 않는다. 이들의 가격 역시 임의의 가격들로 간주한다.

시장 차원에서 동시에 결정된다는 생각뿐만 아니라, 개별 경제주체 차원에서 모든 재화나 생산요소가 효용이나 이윤 등 이익을 낳는다는 생각도 이들의 차이를 약화시킨다. 재화나 생산요소가 서로 다른 용도나 기능을 지니는 존재가 아니라 모두 효용을 주는 존재 혹은 수량으로 동질화되므로 식량, 옷, 주택 등의 구분이 약화된다. 나아가 경제주체들이 수시로 여러 시장에 진입하거나 퇴출하므로 이들이 시장별로 격리되어 있지도 않다.

재화뿐만 아니라 생산요소(가 제공하는 서비스)는 모두 선택, 교환, 거래의 대상이다. 또한 재화시장과 요소시장은 다 같은 시장으로서 근원적인 차이를 지니지 않는다. 재화의 가격과 마찬가지로 소득분배도 요소의 서비스에 대한 가격을 결정하는 데 불과하므로 요소시장의 가격결정으로 바꾸어 생각할 수 있다.

나아가 토지·노동·자본이라는 생산요소들의 이질성이 약화되면서, 이들을 활용해서 발생하는 소득인 지대·임금·이윤 및 이자 사이의 차이도 약화된다. 이들 소득은 모두 한계생산성의 결과로 동질화된다. 더구나 일반균형체계에서 이윤율과 이자율이 시장에서 동시에 결정되므로, 적어도 균형상태에서는 이윤과 이자가 개념적으로나 수량적으로 명확히 구분되지 않는다. $r = f(r, i) \quad i = g(r, i)$, r:이윤율 i:이자율.

그리고 개별행위자 입장에서도 주식, 예금, 채권, 부동산, 금, 달러 등이 모두 투자 대상이니, 이들이 낳는 소득의 범주가 중요한 것이 아니라 이들이 낳는 수익(율)이 중요할 뿐이다. 다만, 경제이론이 위험risk을 고려하면서, 개념적으로는 아니더라도 수량적으로 이윤이나 수익과 이자를 어느 정도 구분할 수 있게 된다.

(2) 시장의 균형과 경제주체의 선택이 동시에 결정된다

일반균형체계는 균형에 이르는 시장의 조정과정을 상정하지만, 달력상

시간calendar time의 흐름을 배제해, 시장의 조정은 가상적인 시간hypothetical time 속에서 진행된다. 가상적 시간이지만, 이 시간 속에서 모든 시장이 균형으로 가는 조정과 모든 개인이 적정한 선택에 이르는 조정이 함께 진행된다. 즉, 이를 [시장가격 → 개별경제주체의 선택 → 시장가격]의 조정과 함께 [개별경제주체의 선택 → 개별수요·공급 → 시장의 수요·공급 → 시장가격 → 개별경제주체의 선택]의 조정으로 명시할 수 있다.

이같이 시장⇌개인으로 시장의 균형과 개별주체의 선택이 상호작용함과 동시에 결정되므로, **시장과 개인**, **시장의 효율성**과 **개인의 합리성**은 밀착되어 있다. 개인과 시장이 붙어 다니므로 경제학자들은 행위자가 효율적이고 시장이 합리적이라고 바꾸어 말하기도 한다.

이것은 (가격을 잠시 논외로 한다면) 시장이 개별 경제주체들의 단순한 합이라는 경제학의 생각에서 비롯한다. 이에 따르면 개인의 경제활동이 단순히 합해 경제현상을 낳거나, 개인의 속성이 합해 시장 전체의 속성이 된다. 개별수요/공급이 합해 시장수요/공급을 형성할 뿐만 아니라, 개별 기업이나 은행의 위험이 단순히 합해 경제 전체의 위험을 이룬다. 이 때문에 경제학이 개념화하는 시장과 개인 사이에 다음과 같은 대칭을 그려볼 수 있다.

	단위	균형	효용/가격	현상	조건	결과
개체	소비자	소비자균형	한계대체율	재화대체	가격탄력성	재화의 합리적 선택
전체	시장	시장균형	상대가격	자원이동	가격신축성	자원의 효율적 배분

문제는 경제학이 자신의 개념에 철저하지 않기 때문에 이런 대칭을 유비로 삼고 다시 유비를 동일성과 혼동한다는 것이다. 구체적으로 경제학은 개인을 시장과 비슷하게 처리하는 한편 시장을 개인과 비슷하게 취급한다. 전자는 시장을 개인에게 투사한 것이다. 즉 [시장→개인]. 후자는

개인을 시장으로 확장한 것이다. 즉 [개인→시장]. 결과적으로 시장과 개인을 수시로 동일시한다. 즉 [시장=개인].[33]

[시장→개인]의 예는 시장의 여러 가격에 상응하는 여러 대체비율을 각 개인에게 부여하는 것이다. 소비자 개인이 모든 재화 사이에 대체비율을 가지고 있다는 것은, 시장이 모든 재화들 사이에 가격 혹은 교환비율을 낳는 것과 닮았다. 또한 선호의 완전성이나 이행성 등 여러 가정을 통해 개인을 시장과 비슷하게 만든다.

[개인→시장]의 단적인 증거는 경제 전체를 한 명의 경제주체가 대표하는 대표행위자이다. 경제이론이 상정하는 바와 같이 한국경제가 경제활동인구의 합과 동일하다고 전제하자. 그런데 거시경제학에서는 한국의 경제활동인구가 2023년 현재 2천 8백만 명일 경우 이들 모두를 한 명의 행위자로 대신한다. 이에 따라 대표행위자의 합리적 선택 및 적정화가 경제 전체의 사회적 선택 및 적정화와 동일해진다.

미시경제학도 흔히 특정 재화를 거래하는 특정 시장이나 특정 산업 전체의 반응을 가격변동에 따른 평균적인 경제주체의 반응으로 대신한다. 대표소비자가 그 예나.[34] 주식시장 등에서 누구도 시장을 능가할 수 없다는 효율시장가설도 시장과 개인을 동일시하고 있다. 수익성이나 위험에 비해 가격이 낮은 금융자산이 있으면 투자자, 특히 기관투자자가 순식간에 매수해 수익성에 부합되는 주가가 형성된다. 이 과정에서는 개인의 정보와 시장의 정보, 그리고 개인의 합리성과 시장의 합리성이나 효율성이 구분되지 않는다.[35]

시장을 경제행위자들의 단순한 합으로 간주하는 것은 경제행위자들 사

---

[33] Kirman, 1992
[34] Mas-Collel et al., 1995, 20, 106, 116
[35] Fama, 1984, 319

이의 우열이나 이질성, 상호의존이나 상호작용을 배제하는 것과 같다. 나아가 이것은 경제행위자들이 모여 나타나는 출현적(혹은 발현적) 성격 emergence 이나 수반적인 성격 supervenience, 그리고 이들이 형성하는 관계나 집단, 나아가 이들이 낳는 총체성을 배제하는 것이다. 시장주의는 이런 것들이 모두 시장의 가격에 용해되어 있다고 보는 셈이다.

우선 행위자는 선호, 소득, 기술, 기대 등으로 규정되므로 행위자들의 이질성은 이들의 차이로 나타나는데, 경제이론은 이런 이질성을 중시하지 않는다. 또한 활용하는 정보에 있어서 행위자들이 동등하다고 보아 이들 사이의 우열도 인정하지 않는다. 나아가 행위자들의 장기적인 관계나, 이들이 형성하는 집단 또는 조직에 중요성을 부여하지 않는다. 이렇게 되면서 (가격을 논외로 한다면) 시장이 행위자의 단순한 합이 된다. 나아가 시장을 평균적인 경제행위자와 동일시하고, 시장의 균형을 개인의 균형과 동일시한다. 이것이 경제학의 특징이자 문제점이다.

이같이 시장과 개인이 일치되면, 개인의 선택에 고려하느냐와 시장의 가격에 반영되느냐가 동일해지고 양자가 동시에 발생하게 된다. 즉, 개인이 선택할 때 고려하는 것이 시장의 가격에 반영되는 것이 되고, 개인이 고려하지 않는 것은 가격에 반영되지 않는 것이 된다. 이런 논리가 [개인→시장]의 방향뿐만 아니라 [시장→개인]의 방향으로도 성립한다. 그리고 이에 따라 내부효과와 외부효과가 구분된다.

구체적으로 개인이 고려하고 가격에 반영된 것은, 개인과 시장 안에 있으므로 내부효과이다. 반면 선택에 고려되지도 않고 가격에 반영되지 않는 것은, 개인과 시장의 밖에 있으므로 외부효과이다. 상식적으로는 특정 개별단위의 행위가 다른 단위에 영향을 미치면 외부효과라고 부를만하다. 그렇지만 경제학은 시장을 기준으로 삼기 때문에 이런 영향이 가격에 반영된다고 생각한다. 따라서 외부효과는 가격의 바깥에 존재한다. 동시에 가격에 반영되면 모두 내부효과이다.

같은 이유로 과세 등을 통해 외부효과가 가격에 반영되어 행위자가 의사결정에 고려하도록 하는 정부의 조치는 내부화하는 것이다. 물론 경제학 입장에서는 내부효과가 대부분이고 외부효과는 일부에 불과하므로 대부분의 경우 정부의 "인위적인" 내부화가 필요없다. 이로부터 시장경제를 내세우는 경제학이 안과 밖을 구분하는 기준이 가정, 부족, 도시, 국가가 아니라 시장, 즉 가격과 합리적인 개인이라는 점을 보다 명확히 확인할 수 있다.

이 때문에 경제이론에서는 많은 경우 시장이 알고 있는 것이 개별행위자들이 알고 있는 것과 동일하다. 이렇게 되려면 신속하고 수월하게 시장의 정보가 개인에게 전달되고, 반대로 개인의 정보가 시장에 공개된다고 전제해야 한다. 그리고 양방향으로 이렇게 정보를 전달하는 기제는 가격이다.

이런 정보 전달자는 일차적으로 정부나 정보기관이 아니라 경제행위자이다. 한편으로 개인이 가격을 고려해 선택함으로써 그때까지 가격에 반영되어 누적된 시장의 정보를 고려하게 된다. 다른 한편으로 이런 선택을 통해 개인이 지닌 재화에 대한 정보가 시장의 수요와 공급을 변동시키고, 이런 변동이 신축적으로 균형가격의 변동을 낳는다. 이같이 정보가 합리적인 선택과 매매를 통해 시장에서 노출되므로, 가격이 시장과 경제의 상황을 신속하게 반영한다. 나아가 시장의 경쟁 속에서 자신의 이익에 따른 선택과 이동이 낳는 균형을 통해 일물일가가 성립한다.

이런 기제는 모든 시장에 적용되지만 개별시장들 사이에 차이도 있다. 재화시장과 노동시장에서는 정보가 어느 정도 주어져 있고 안정적인 데 비해, 주식시장에서는 주가를 위시한 정보가 계속 변한다. 재화의 성분이나 품질, 그리고 가격과 노동자의 생산성과 가격은 안정적인 데 비해, 주식의 가격과 수익률은 수시로 변동한다. 이것은 재화 및 노동시장보다 주식시장에서 정보가 더 중요하다는 것을 의미한다.

먼저 지속적인 가격변동과 모든 상황변동에 민감한 주식시장에서 합리적 기대에 근거해 미래의 가격변동을 예측할 때 정보의 활용/처리가 더 중요하다. 개별행위자의 정보 활용/처리가 신속하게 이루어지는 것과 평행으로 주식시장에서는 이런 정보가 신속하게 주가에 반영된다. 그리고 주가가 시장과 경제의 상황을 반영하는 속도는 재화의 가격이나 임금이 시장의 상황을 반영하는 속도보다 빠르다. 이런 이유로 재화가격이나 임금이, 재화나 노동력에 대해 제공하는 정보보다 주가가 주식에 대해 제공하는 정보가 우월할 수 있다.[36]

같은 이유로 이 모든 것을 반영한 일물일가가 다른 시장에서보다 주식시장에서 더 빨리 형성된다. 또한 시장주의에 따르면 개별 소비자나 노동자가 재화시장이나 노동시장을 능가할 수 있는 여지보다, 개인 투자자가 주가를 타고 넘어 이익을 챙길 수 있는 여지가 더 적다. 주식시장에서 차익을 얻기 위해 움직이는 속도, 규모, 빈도가 더 크고 잦아 많은 정보가 즉각 주가에 반영되어 있기 때문에, 역설적으로 주어진 시점에서 차익거래의 여지가 별로 없다는 것이다.

일반균형체계에서 여러 시장과 여러 재화의 가격이 의존적이라고 해서 시장의 행위자들이 직접적으로 서로 의존적인 것은 아니다. 오히려 이와 반대로 행위자들은 개인으로서 서로 독립적이다. 이런 독립성은 행위자 사이에 교환이나 교류가 직접 이루어지지 않고 가격과 화폐를 매개로 이루어지는 익명성을 근거로 삼는다.

그렇지만 시장의 행위자는 가격을 통해 매개되므로 흔히 생각하는 것처럼 로빈슨 크루소Robinson Crusoe와 같이 완전히 고립된 인간은 아니다. 몰이나 식당에서 처음 보는 종업원과 손쉽게 대화를 나누는 미국인은 로빈슨 크루소와 같이 완전히 고립되어 있지 않다. 이들은 인간관계를 통해 직

---

36 Preda, 2004, 379.

접 만나지는 않지만, 화폐가격을 통해 간접적으로 연결된다. 이들에게는 가격이 유일한 매개고리이다.

시장이 개별행위자들의 단순한 합이라는 명제도 가격을 매개로 성립한다. 이런 이유로 시장수요가 개별수요들의 단순한 합이라는 것은, 장작더미가 장작 다발의 단순한 합인 것과는 다르다. 종합하면 가격들은 서로 의존적인데, 이런 가격의 매개를 통해 인간과 인간의 선택 및 활동은 영향을 주고받으면서도 독립성을 유지하고 있다.

(3) 개별시장의 균형으로 가격과 거래량 혹은 수량이 동시에 결정된다

일반적으로 시장 상황은 가격(p_i)과 수량(q_i) 혹은 거래량으로 축약되고, 시장의 균형은 균형가격과 균형거래량으로 규정된다. 그런데 경제학에서 가격과 수량은 독립적이지 않고 연관되어 있으며, 균형점에서 동시에 결정된다. 이렇게 되는 이유는 개인의 선택과 시장의 수급이 가격에 의해 조정되기 때문이다. 이같이 가격은 여러 시장과 산업, 그리고 여러 경제행위자를 매개할 뿐만 아니라 여러 시장의 수량들을 매개한다.

구체적으로 시장의 수준에서는 수요량과 공급량이 가격을 결정하고, 개별주체의 수준에서는 가격이 선택되는 수량을 결정한다. 이같이 개별행위자 수준에서는 가격이 독립변수가 되고 공급량, 수요량, 거래량 등 재화의 수량이 종속변수가 된다. 즉, $p \rightarrow q$. 반면 시장 수준에서는 공급량과 수요량 등 재화의 수량이 독립변수가 되고 가격이 종속변수가 된다. 즉, $q \rightarrow p$. 이런 의미에서 가격과 수량은 일방적인 인과관계라기보다 상호의존관계에 놓여 있다.[37]

---

[37] 개별행위자의 수준에서 수요곡선과 공급곡선에서 독립변수인 가격을 y축에, 종속변수인 수량을 x축에 그리는 것은 이례적이다. 그렇지만 시장 수준에서는 가격이 종속변수이므로 y축에 놓이고 수량은 독립변수이므로 x축에 놓이는 것이 당연하다. 논의의 수준이 개별행위자인지 시장인지에 따라 가격과 수량 중 어느 것이 종속변수인지

만약 주어진 가격하에서 행위자들이 마음대로 선택할 수 없다면, 이것은 불완전한 시장이다. 이 경우 시장주의자는 윤리나 도덕 혹은 관습이 개입되어 시장의 작동을 방해한다고 추정한다. 만약 행위자들이 자유롭게 선택할 수 있더라도, 이들의 선택이 시장의 수요와 공급으로 전환되지 않거나 시장의 수요공급이 가격으로 전환되지 않으면, 이 역시 불완전한 시장이다. 이 경우에는 정부의 규제나 노조, 독과점이 원인일 수 있다. 만약 가격→선택이나 선택→가격이 진행되더라도 신속하게 진행되지 않으면, 시장은 불완전하다. 이 경우 가격탄력성이나 가격신축성의 정도가 문제일 수 있다.

이같이 경제학에서 가격과 거래량은 개별주체의 선택에서 얽혀 있고 시장에서 동시에 결정되어, 가격은 재화의 수량에 의존하고 재화의 수량은 가격에 의존한다. 즉, $p = p(q) \quad q = q(p)$. 따라서 p와 q가 의존적이어서 명확히 분리되지 않는다. 그렇다면 $p(q)$와 $q(p)$ 혹은 $p(q)q(p)$는 단순한 p와 q 혹은 pq와 어떻게 다른가?

$p(q)$와 $q(p)$에서 수량은 시장에 등장하는 수요량과 공급량이므로 시장의 가격과 밀접하게 연결된다. 가격에 지배된다는 점에서 수요량과 공급량은 가격 이외에 기술조건이나 소비여건으로부터 영향을 받는 생산량이나 소비량과 다르다. 무엇보다 경제이론의 관점에서 p와 q와 달리 $p(q)$와 $q(p)$는 **가격과 수량이 서로를 대신하고 한 재화를 다른 재화가 대신할 수 있음**을 의미한다.

구체적으로 개별행위자 차원에서 재화들 사이의 대체와 보완을 통해 특정 재화의 수량 혹은 거래량을 가격으로 대신하거나 거꾸로 가격을 거래량으로 대신할 수 있다. 예를 들어, 원래 쌀 네 가마를 살 수 있는 돈으로

독립변수인지를 명확히 할 필요가 있다. 그런데 동시결정인 일반균형체계에 이르면 이런 구분이 무의미해진다.

가격이 올라 세 가마밖에 살 수 없다면, 수량의 감소를 증가한 쌀의 "가치"로 대신하는 셈이다. 또한 값이 오른 한 재화나 제품을 다른 재화나 제품으로 대체한다. 예를 들어, 쌀값이 오르면 밀이나 보리로 대체하거나 특정 회사 컴퓨터 값이 오르면 다른 회사 컴퓨터로 대체한다.

이에 비해 p와 q에서는 가격과 재화의 수량이 서로 독립적이다. 이 경우 수량은 가격보다 생산조건이나 소비여건에 좌우된다. 또한 가격이 수량을 대신하고, 수량이 가격을 대신하는 데 한계가 있다. 가령 쌀이 식량으로 일정량 이상 필요해 다른 것으로 대체할 수 없고, 일정량 이상은 필요없지만 다른 것으로 대체할 수 없으면, 쌀의 가격이 변동하더라도 수요량이나 공급량이 변동하지 않는다.

경제이론이 예외적으로 인정하는 완전비탄력적인 경우가 이에 해당한다. 무엇보다 고전학파 경제사상에서는 가격과 거래량이나 생산량은 교환가치exchange value와 사용가치use value로 명확히 분리되어 있었다. 교환가치는 경제주체들 사이의 관계에 근거해 경제적이고 사회적인 것으로, 사용가치는 경제주체와 자연 사이의 관계에 근거해 물리적인 것으로, 규정하였다.

경제학에서 가격이 수량을 대신하거나 수량이 가격을 대신하는 것은, 대체가 광범위하게 인정됨을 의미한다. 경제이론이 중시하는 대체는, 가격에 따라 재화를 미세하게 쪼개 그 수량을 변동시키고 다른 재화와 결합할 수 있다는 의미를 담고 있다. 이런 관점에서는 대체를 구사할 수 있어야 비로소 행위자가 합리적이다. 대체는 다양한 선택을 통해 흔히 재화나 생산요소의 볼록형 혼합convex combination을 낳는다.

대체의 범위는 재화나 생산요소에 국한되지 않는다. 주식, 도박, 보험, 복권에 적용되는 기대효용이론에서는 상금과 확률, 상금과 (할인되는) 기간 사이에 대체가 이루어진다. 이에 따라 많은 상금이 낮은 확률이나 먼 기간의 할인을 대신하거나, 높은 확률이 적은 상금이나 먼 기간의 할인을 대신할 수 있다. 이렇게 하려면 상금, 확률, 시간이라는 개념의 차이를 약화시켜야 한다.

경제학의 이런 대체나 혼합은 개념, 범주, 질적인 차이가 중요치 않다고 전제한다. 이런 전제가 충족되기 힘들면 대체나 혼합은 가능하지 않다. 예를 들어, 선거에서는 두세 명의 후보자 중 한 명을 선택해야 하고, 이들을 양적으로 혼합할 수 없다. 그런데 만약 후보자들이 득표를 위해 입장이나 정책을 수정한다면, 양자의 거리가 줄어든다. 그리고 실질적으로 두세 후보의 블록형 혼합이 형성되어 이것이 선택의 대상이 될 수 있다.[38]

그렇지만 객관적으로 보면 후보나 정당의 이념이나 가치가 이런 혼합에 제한을 가한다. 따라서 경제학의 입장과 달리 유연한 양적인 혼합이 가능하지 않은 선택의 대상들이 존재한다는 것을 부인할 수 없다.

2.3. 수요(곡선)와 공급(곡선)

경제학에서 가격과 함께 따라다니는 수량이 수요량과 공급량이다. 시장이 여럿이고 가격이 여럿이므로 수요량과 공급량도 여럿이다. 수요량과 공급량은 식료, 집, 자동차, 노동시간, 주식 등 재화와 생산요소를 비롯한 각종 수량을 포괄한다. 이런 이유로 경제학자가 가장 많이 활용하는 개념이 수요와 공급이고, 경제학을 배우면 처음부터 끝까지 따라다니는 것이 수요곡선, 수요함수, 수요의 '법칙'과 공급곡선, 공급함수, 공급의 '법칙'이다.

수요량과 공급량은 물체의 수량이므로 화폐로 표시된 가격보다 자명한

---

[38] 두 후보의 원래 입장을 x, y로, 나중 입장을 x'와 y'로 표시하면, $x'=\alpha x+(1-\alpha)y$ $y'=\alpha y+(1-\alpha)x$ $d(x,y)>d(x',y')$, $1>\alpha>0.5$. d:거리

것처럼 보인다. 그러나 따져 보면 이 개념들이 충족해야 할 요건이 여러 가지이다. 또한 경제학이 이를 명확히 하지 않아 수시로 혼란이 발생한다. 특히, 수요공급은 기본적으로 경제학이 시장 위주로 경제를 파악하는 데 필요한 개념이므로 시장, 가격, 그리고 개인과 연결되어 있다.

이런 특징들을 일단 요약하고 수요공급개념의 내포와 외연을 검토해 보자.

① 수요(량)/공급(량)은 소비(량)/생산(량)이나 구매(량)/판매(량)와 동일하지 않다.
② 수요(량)과 공급(량)은 동질적이어서 양(음)의 수요가 음(양)의 공급이다.
③ 수요(량)과 공급(량)은 (소득 등) 다른 요인보다 가격에 따라 변동한다.
④ 수요곡선과 공급곡선은 가격을 결정하는 데 있어 동등하고 대칭적이다.
⑤ 개별수요와 개별공급은 안정적인 선호와 주어진 기술에 근거한다.
⑥ 수요는 욕구나 필요와 다르며 유효수요와도 동일하지 않다.
⑦ 미시경제의 시장수요/시장공급과 거시경제의 총수요/총공급은 동일하지 않다.

2.3.1. 왜 생산/분배/교환/소비가 아니라 수요/공급인가?

초기 경제사상은 경제를, 자원을 활용해 재화와 서비스를 생산하고, 이를 분배·교환·소비하는 반복적인 과정으로 이해했다. 그리고 생산·교환·분배·소비의 경제활동을 시간의 흐름 속에서 재화나 자원들이 거쳐 가는 단계들로 간주했다. 기업이나 공장에서 자원들이 모여 재화를 생산하면, 그것이 사회에서 분배되고, 시장에서 교환되며, 가계에서 최종적으로 소비된다. 사람들은 소비해 생계를 유지하며, 이에 근거해 정치에 참여하고 문화생활을 영위한다. 교환과 분배는 시장을 통해 이루어질 수도 있고 그렇지 않을 수도 있다.

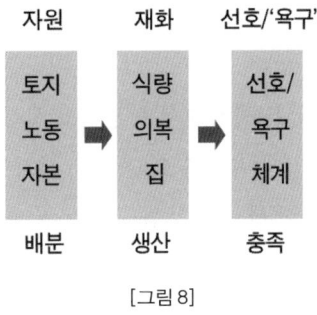

[그림 8]

그러나 현대 경제학 교과서에는 이런 용어들보다 수요, 공급, 선택 등이 더 빈번하게 등장한다. 영국 케임브리지 대학 앨프리드 마셜Alfred Marshall 의 『경제학 원리』(Principles of Economics, 1890)가 등장한 이래 신고전학파 경제학이 시장 위주로 경제를 파악해 왔기 때문이다. 교환 이외에 생산, 분배, 소비가 시장과 직접 연결되지 않으므로, 이런 활동보다 수요와 공급에 의존하게 되었다. 또한 시장의 수요와 공급으로도 경제현상을 포괄할 수 있다고 생각하게 되었다.

이에 따라 더 이상 생산/분배/교환/소비(이후 소비/생산)를 구분할 필요가 없다고 생각해 이것을 수요공급 그리고 선택으로 바꾸었다. 그렇지만 현재도 다수 경제행위자들이 상식적으로 생각하는 경제는 소비/생산의 관점에 가깝다. 이 때문에 수요/공급곡선의 성격을 분명히 하려면 소비/생산의 관점과 수요/공급의 관점 사이의 공통점과 차이점을 검토할 필요가 있다.

일단 수요공급곡선과 수요공급함수에서 '곡선'과 '함수', 그리고 수요'량' 이나 공급'량'이라는 수량적인 측면을 떼어내고, 수요와 공급에 집중하자. 그리고 수요와 공급을 논할 때 자원을 대상으로 할 수도 있는데, 일단 재화에 집중하자.

우선 수요/공급은 소비/생산과 동일하지 않다. 소비/생산은 시장과 독

2장 시장주의 경제이론 **79**

립적으로 이루어질 수 있으나, 수요/공급(곡선)은 가격에 따라 변동하므로 시장과 불가분의 관계에 있다. 또한 소비/생산이라는 활동은 시장에서 진행되지 않으나, 수요/공급은 시장에서 형성되고 시장에서 나타난다. 이같이 소비/생산은 보편적인 데 비해 수요/공급은 시장에 특화되어 있다.

이런 이유로 특정 시장에서 수요와 공급은 동질적이므로 양의 (초과)수요는 음의 (초과)공급이고, 양의 (초과)공급은 음의 (초과)수요이다. 아파트의 초과공급은 아파트에 대한 수요부족이다. 나아가 한국의 외환시장에서 달러화에 대한 수요는 원화의 공급이고, 원화에 대한 수요는 달러화에 대한 공급이다. 이렇게 수요와 공급이 손쉽게 뒤바뀔 수 있는 이유는 양자를 가격과 개인의 선택이 매개하기 때문이다.

이와 대조적으로 양의 소비는 음의 생산이 아니고, 양의 생산은 음의 소비가 아니다. 또한 소비의 증감과 생산의 증감은 대부분 서로 독립적이다. 소비와 생산은 반드시 가격이나 선택으로 매개되지 않기 때문이다. 식료품을 보관할 수도 있고, 집을 구매해 소비하지 않을 수도 있다. 주택 소유자는 그 집을 생산하지 않았지만 자신의 집을 시장에 내놓을 수 있으므로, 생산량과 공급량은 일치하지 않는다. 또한 생산량 중 일부는 재고로 전환되므로, 생산량과 수요량이나 판매량은 동일하지 않다.

같은 이유로 생산자와 소비자는 이질적인 데 비해 수요자와 공급자는 동질적이다. 시장의 수요자를 뒤집으면 공급자이고 그 역도 성립하지만, 가정의 소비자와 공장의 생산자는 이런 관계에 있지 않다. 신축 아파트가 아니라 이미 분양되어 소유된 아파트 시장에서는, 아파트 소유자가 수요자였다가 공급자로 전환하고, 수요자와 공급자가 순식간에 뒤바뀔 수도 있다. 주식 발행시장이 아니라 유통시장에서도 상황은 마찬가지이다. 반면 아파트 건설업자가 아파트의 소비자가 되거나, 소비자가 건설업자가 될 수는 없다.

생산자와 소비자는 시장에서 만날 필요가 없지만, 수요자와 공급자는 거래가 성사되는 경우 시장에서 간접적으로라도 만나야 한다. 이같이 수요자와 공급자는 소비나 생산보다 시장의 교환에 밀착되어, 동등하고 비슷한 행위자가 된다. 또한 수요자들의 관계, 공급자들의 관계, 그리고 수요자와 공급자의 관계가 모두 경쟁관계로 통일된다. 소비자와 생산자의 경쟁보다 수요자와 공급자의 경쟁이 더 치열해서, 이들의 경쟁은 '만인에 대한 만인의 경쟁'에 가깝다.

소비자와 생산자를 비슷하게 취급하려면 소비와 생산이 지닌 특징을 추상화해, 소비(자)와 생산(자)을 수요(자)와 공급(자)로 취급하는 수요곡선과 공급곡선이 필요하다. 이것이 수요곡선과 공급곡선을 가위의 양날에 비유해 대칭적으로 제시한 마셜이 원했던 바이다. 마셜 이전에 애덤 스미스를 비롯한 초기 경제학자들은 분업 등 생산체계에서 교환이 파생된다고 생각했다. 그 이후 분업과 교환의 연계가 느슨해지면서 분업이 특화specialization로 변형되고 교환이 더 자율적으로 움직이게 되었다. 이렇게 해서 마셜의 수요와 공급은 보다 자율적인 교환에 상응하게 된다.

가령, 노동과 생산의 분업에 국한된 교환은 자신이 생산하지 않은 것을 구입해야 하므로 행위자가 선택하거나 교환할 폭이 좁다. 농부는 농기구 등 공산품을 구입해야 하고, 수공업자는 식량을 구입해야 한다. 이에 비해 분업에 얽매이지 않은 교환은 선택을 폭넓게 허용한다. 아파트나 주식에 대한 선택과 매매의 주체는 생산자나 소비자에 국한되지 않는다.

소비/생산은 재화와 요소들의 이질적인 기능들을 강조한다. 이에 비해 시장은 모든 것을 가격으로 환산해 가격을 공통분모로 동질화homogenization 하거나 통약commensuration한다.[39] 이에 근거해 경제학은 여러 이질적인 재

---

[39] Hoover, 2001, 75-6; Beckert, 2011b, 759; Rodrigues, 2013, 1005. 나중에 설명하는 바와 같이, 공장이나 기업, 선거장이나 유세장, 시험장, 공연장, 운동장, 전시장, 전장 등 모든 장에서 동질화나 통약이 일어나는데, 각기 그 기준이 다르다. 시장에서는 그 기준이 가격이다.

화들과 토지, 노동, 자본 등의 이질적인 생산요소들도 비슷하게 취급한다. 이들의 익명성은 [1 … n]으로 표현된다. 생산요소들도 모두 한계생산성으로 환산되어 비슷해진다.

가격이 개입되지 않은 가정의 소비와 공장의 생산은 서로 이질적이고 차등적이며 비가역적인 데 비해, 가격이 개입하는 시장의 수요와 공급은 동질적이고 동등하며 가역적이다. 이 때문에 경제학은 소비 영역과 생산 영역도 명확히 구분하지 않는다. 베커 Gary Becker 등에 의하면 개인의 독서 능력이나 음악감상 능력도 인적자본이라는 일종의 자본이고, 집에서 김치를 만드는 것도 가계의 생산이라는 일종의 생산이다.

그렇지만 경제학의 생각과 달리 여러 요소와 성분을 결합하고 변형시켜 재화를 만드는 생산과, 거꾸로 재화를 해체하는 소비는 서로 이질적이다. 또한 소비자가 선택할 수 있는 재화들의 집합 자체를 생산자가 결정한다는 점에서, 생산이 소비보다 우위에 있다. 나아가 재화가 공장에서 생산된 후 가정에서 소비될 뿐, 그와 반대 순서로 진행될 수 없다는 점에서 생산과 소비 과정은 비가역적irreversible이다.

경제학은 통상 기업을 일인 기업이나 생산자 개인으로 취급한다. 이에 따르면 삼성이나 애플과 동네 구멍가게가 구분되지 않는다. 또한 이만큼 비현실적이지 않지만, 가계를 소비자 개인과 동일시한다. 이같이 기업과 가계를 생산자나 소비자 개인으로 취급하면, 이들을 더 손쉽게 동등한 수요자와 공급자로 간주할 수 있다. 이렇게 되면 소비자가 지닌 선택의 자유도 존중되면서 수요와 공급, 수요곡선과 공급곡선이 동등하고 동질적으로 된다.

경제학은 보편적인 의미의 **소비/생산을 시장의 수요/공급으로** 변형시킬 뿐만 아니라 다시 **수요/공급을 선택으로** 분해한다. 소비(자)와 생산(자)보다 수요(자)와 공급(자)는 동질적이고, 수요량과 공급량은 균형 하에서 거래량으로 통일된다. 이에 더해 수요와 공급은 이보다 더 동질적인 선택으로 종합된다. 그래서 개별행위자 수준의 수요와 공급은 모두 (생산이나 소비를 위한) 선택이 되고, 수요자와 공급자는 생산이나 소비의 주체이기에 앞서 선택의 주체가 된다.

경제학에서 상인, 노동자, 사업가, 투자자, 주주 모두 선택의 주체이다. 생산자와 소비자가 수요자와 공급자로, 다시 수요자와 공급자가 모두 교환의 주체로, 궁극적으로는 선택의 주체로 재구성된다. 결국 [소비/생산]→[수요/공급]→선택이 되고, [소비자/생산자]→[수요자/공급자]→선택의 주체가 된다.

뒤집어서 시장주의 이론이 수요/공급과 생산/소비를 흔히 혼동하는 이유는 경제사상이나 상식과 달리 경제학은, 경제가 소비/생산과 연결되어 있음을 진지하게 고려하지 않기 때문이다. 또한 경제학 교실에서는 모두가 수요/공급의 개념 자체가 아니라 수요/공급의 수량, 곡선, 함수에 집중하기 때문이다. 달리 보면, 이런 혼동은 신고전학파조차 경제에 대한 전통적인 견해로부터 완전히 벗어날 수 없기 때문에 생기는 문제일 수 있다.

소비/생산과 수요/공급의 차이가 시장의 개입 여부와 관련된다면, 수요/공급과 구매/판매의 차이는 경제학이 상정하는 시장의 균형과 관련된다. 수요/공급이 균형과 불균형을 포괄하고, 우리가 관찰하는 구매/판매는 균형 하의 수요와 공급이다. 구매(자)와 판매(자)도 수요(자)와 공급(자)과 마찬가지로 이런 차이에 따라 구분할 수 있다. 또한 우리가 관찰하는 (판매량=구매량)이 균형 하에서 거래된 [수요량=공급량]이다. 이에 비해 균형가격이 성립하지 않는 경우, 수요량이나 공급량과 달리 판매량/구매량은 상정할 수 없다.

요약하면 가격의 매개와 선택의 결과임을 염두에 둘 때 수요/공급은, 시간의 흐름 속에서 진행되는 보편적인 의미의 소비/생산(이나 구매/판매)과 구분된다. 또한 수요량/공급량은 소비량/생산량과 구분되며, 수요자/공급자를 소비자/생산자와 구분한다. 경제학은 소비/생산을 수요/공급으로 바꾸고, 수요/공급을 가격에 따라 변동하는 개인의 선택들로 분해했다. 이같이 수요/공급은 관찰되는 바를 그대로 복제한 것이 아니라, 시장주의 입장에서 소비와 생산 혹은 구매와 판매를 가격과 연결시켜 시장에 밀착되게 파악하는 개념이다.

소비/생산을 설명하려면 욕구와 욕망, 그리고 기술에 대해 설명해야 한다. 이에 비해 경제학의 수요와 공급은 일반균형체계에서 선호와 기술이 주어져 있다는 가정 아래 형성된다. 이런 수요와 공급은 이미 표준화되어 신제품이 나오지 않는 산업에는 적절하다. 그렇지만 소비자를 끌어들이기 위해 광고와 홍보가 끊임없이 쏟아지고 핸드폰과 컴퓨터 등 신제품이 계속 나오는 현실 속에서, 주어진 선호와 기술을 상정하는 수요와 공급이 어느 정도 소비와 생산을 설명할 수 있을지 고민해 보아야 한다.

수요와 공급이 가격에 따라 변동하므로 수요와 공급의 곡선과 함수가 필요하다. 개별수요곡선과 개별공급곡선은 개인이 가격을 고려해 합리적으로 선택한 결과이고, 시장수요곡선과 시장공급곡선은 개별수요곡선과 개별공급곡선의 단순한 합이다.

이론이 집중하는 수요와 공급은 보편적인 욕구desires나 필요needs를 전제로 한다. 이에 따라 수요/공급은 자연의 제약이나 물리적인 법칙, 기술 수준, 그리고 역사적·사회적·문화적 요인의 영향을 받는다. 그렇지만 경제 이론은 시장에서 이루어지는 재화의 선택과 자원의 배분에 있어 이를 주요 요인이 아니라 주어진 환경이나 조건으로 간주한다.

이에 따라 수요/공급(량)은 생물학적으로 필요한 수량이나 자연적·물리적 혹은 기술적으로 주어져 활용이나 처분이 가능한 수량이 아니다. 수요는 가격을 고려하고 소득의 제약 하에서 합리적으로 선택한 결과이므로 제한적으로 충족되는 욕구나 필요이다. '자연이 태어나는 생명체에게 먹을 것을 제공한다.'는 아리스토텔레스의 생각이나, '누구나 먹을 것을 가지고 태어난다.'는 한국 속담은 시장주의가 상정하는 선호에 부합되지 않는다.

　이런 의미에서 수요는 식량이나 물 같은 인간의 가장 기본적인 생물학적인 필요와 동일하지 않다. 성인 한 명이 한 달 동안 필요로 하는 식량이 얼마라든지, 4인 가족의 한 달 생계를 위해 필요한 의식주가 쌀, 옷, 전셋집, 지하철 얼마만큼씩이라든지 하는 논리는 상식이나 일상의 필요와 통한다. 그렇지만 어떤 재화를 '필요'로 하더라도, 개인 차원에서 가격과 소득을 고려하지 않으면, 경제학의 '수요'로 전환되지 않는다. 이런 생각은 재화, 노동, 주식 등 모든 시장에 일관되게 적용된다.

　과거 고전학파가 주장했던 임금생계비설이 상정하는 고정된 종류와 수량의 임금재 묶음 혹은 소비재 묶음이 필요에 가깝다. 반면 신고전학파에서는 재화의 종류와 수량은 고정되어 있지 않고, 가격과 개인의 선택에 따라 민감하게 변동한다. 식품에 대한 수요량은 단순히 소비자들이 한 달 동안 생계나 생활을 위해 필요한 식료가 아니라, 이들이 식품 가격과 자신들의 소득을 고려해 선택한 결과이다.

　그리고 경제학은 시장을 가격기구와 개인의 합리적인 선택에 부합되도록 인간의 욕망과 필요를 선호preference(選好)나 기호taste(嗜好)로 바꾸었다. 따라서 경제이론에서 소비자 선택과 수요는 욕망이 아니라 (예산제약 하에서) 각자의 선호를 따른다. 원점에서 볼록한 무차별곡선이 연속적인 수요함수를 낳는다는 미시경제학의 주장이 이를 말해준다.

　프로이트Sigmund Freud의 『꿈의 해석』이나 윌리엄스Tennessee Williams의 『욕망이라는 이름의 전차』에서 보듯이, 인문학에서 인간의 욕망과 욕구에는 본능이나 **비합리적인** 요소가 개입되어 있다. 이에 비해 경제학을 대표하는 현시선호이론revealed preference theory은 본능이나 비합리성을 제거하고 **합리적** 선택, 서수적 효용, 관찰이 가능한 것을 내세운다. '무엇을 좋아하는지'를 그 자체로 관찰하기는 힘들지만, '무엇을 선택했는지'는 관찰이 가능하며, 최근에는 빅데이터가 이에 대해 많은 자료를 제공한다.[40]

초기 시장주의 사상은 시장 위주로 교환에 중점을 두면서, 소극적으로 생산·소비·분배를 시장이나 경제 외적인 것으로 간주해 다루지 않았다. 그런데 경제학은 적극적으로 생산·소비·분배 등을 교환과 비슷하게 취급해, 최소한 경제영역 전체를 시장으로 포괄하려고 노력한다. 이를 위해 이 모든 것을 수요와 공급, 그리고 가격과 합리적 선택으로 규정하려고 노력한다. 따라서 이런 노력이 어느 정도 타당한지 검토할 필요가 있다.

우선 상식적으로 생산은 인간의 목적을 달성하기 위해 자연법칙과 기술을 활용해 특정 투입물을 특정 산출물로 변형하는 활동이다. 19세기 경제사상은 이런 변형이 의존하는 기술의 변화가 빈번하지 않다고 생각해, 기술이 주어져 있다고 보거나 설명하지 않는 경향이 강했다. 이런 이유로 밀John Stuart Mill은 생산과 기술을 경제학의 대상으로 삼지 않았다.

신고전학파 경제학은 이보다 적극적으로 기술을 주어진 것으로 가정하면서도 생산을 가격과 선택의 대상으로 만든다. 일반균형체계에서 재화의 공급곡선으로 이어지는 생산함수는 생산을 교환과 비슷하게 만들고 선택으로 변환한다.

먼저 경제학의 소비가 소비행위 자체가 아니라 소비를 위한 교환과 선택이듯이, 경제학의 생산은 생산행위 자체가 아니라 생산을 위한 교환이자 선택이다. 생산은 주어진 가격으로 환산된 투입물과 산출물의 여러 관계나 비율, 즉 여러 기술technique 중에서 하나를 이윤극대화를 위해 선택하는 것이다.[41]

---

[40] 상식적으로는 기호를 말하고, 경제학에서는 선호를 말하며, 경제학자들도 기호와 선호를 구분하지 않는다. 그렇지만 번역어로 선호가 선택에 대한 의존을 명시했다는 점에서 기호보다 경제학에 근접해 있다. 최근 경제학이 다시 '심층 선호'deep preference를 말하는 것은 선호 개념에 대한 확신이 흔들리고 있어 과거로 회귀하는 것이다. 폴라니를 위시한 사회학자들은 이를 현실의 경제적인 삶과 무관하게 합리성을 내세운 형식논리적인formalist 경제라고 비판했다. 대신 이들은 생계를 위한 실체주의적인substantivist 경제를 내세웠다.

소비자 선택이 효용함수로 주어진 선호 하에서 재화들의 대체를 상정하듯이, 생산자 선택은 생산함수로 주어진 기술 수준 하에서 노동과 자본 등 생산요소들의 수량적인 대체를 설정한다. 그리고 소비자가 효용을 극대화하기 위해 소비재묶음을 선택한다면, 생산자는 이윤을 극대화하는 생산물과 생산요소의 수량을 선택한다. 모두 합리적인 선택이다. 상식적인 의미의 생산이 투입물을 산출물로 변형시키는 과정이라면, 신고전학파의 생산은 생산을 위한 선택이고 교환이다.

생산함수가 생산 자체와 무관하므로 생산함수의 성격을 익히더라도 철강·자동차·반도체·핸드폰의 생산과정에 대해 전혀 알 수 없다. 경제학이 **경제**가 아니라 **선택과 시장**에 초점을 두고 있기 때문이다. 또한 개별공장이나 개별기업이 일상적으로 어떻게 돌아가는지를 파악하는 데 도움을 주지도 않는다. 이미 지적한 바와 같이 기업을 개인으로 취급하는 것이 생산함수의 의미를 더욱 제한한다.

최근에는 경제학도 기술과 제도의 변동에 관심을 기울이고 있다. 그렇지만 이들에 대해서도 기존 시장주의를 연장해, 가격과 개인의 유인 및 선택이라는 기존 틀에 근거해 설명하려는 경향이 강하다. 기업이 거래비용 때문에 발생한다는 코스Ronald Coase와 윌리엄슨Oliver Williamson 등 신제도학파의 주장이나 기업의 내부노동시장이나 내부자본시장 등은 이런 생각을 보여준다.[42]

---

41 Sugden, 2018, 124-5
42 특히, 최근 수십 년 동안 경제학 부근에서 코스와 윌리엄슨이 시장에 대비되는 기업의 위계hierarchy와 지배구조governance를 본격적인 경제문제로 정착시켰다. 위계적인 기업조직을 지배하는 것은 가격기구가 아니라 명령, 규정, 의사결정이다. 또한 기업에는 루틴routine, 자산특정성asset specificity, 물림lock-in 등이 체현되어 있어, 경제학이 상정하는 합리적 선택에 제약을 가한다. 나아가 경제를 설명하는 데 생산영역을 무시할 수 없고, 이 영역을 가격과 합리적 선택으로 설명하는 데 부담을 주고 있다.

둘째, 분배는 경제구성원들 사이에 생산물을 나누는 것이어서 깊게 검토하지 않더라도 경제적일 뿐만 아니라 정치적이고 사회적이라는 것에 누구나 동의할 수 있다. 이 때문에 생산처럼 분배를 자연법칙의 소산이라고 규정해 이를 설명할 필요가 없다고 주장하는 학자는 별로 없었다. 그래서 고전학파에서부터 분배는 지속적인 경제의 문제이자 경제학의 문제였다. 밀도 생산과 대비시키면서 분배가 대표적인 사회경제문제라고 주장했다.

그렇지만 신고전학파는 분배문제를 회피하는 경향이 강하며, 설명하더라도 교환이나 선택과 비슷하게 설명한다. 사상적으로는 각자가 효용(이나 이윤)을 극대화하는 것이 정당하다는 개인주의가, 분배와 관련된 정치나 사회를 거부하는 근거이다. 이론적으로는 분배가 교환·선택·가격에 의존하는 시장원리에 따라 결정된다고 주장하면서 분배의 사회성을 회피한다. 이것은 분배가 생산의 자연법칙이 아니라 시장의 '자연법칙'에 따라 결정된다고 주장하는 것과 같다.

구체적으로 소득은 생산요소가 제공하는 서비스에 대한 가격으로서, 재화의 가격과 마찬가지로 시장에서 수요공급과 합리적 선택에 의해 결정된다. 합리적 선택을 지배하는 것은 한계원리이다. 이것은 재화시장의 한계효용, 그리고 요소시장의 한계생산성이다. 후자에 따르면 모든 생산요소의 보수가 이들의 마지막 한 단위가 공헌한 바, 즉 한계생산성에 의해 결정된다.

한계생산성이론은 원래 클라크John Bates Clark가 마르크스의 착취이론에 대항해 제시한 대안이었다. 이 이론은 시장에서 각자 생산에 공헌한 만큼 보상을 받는다고 주장해, 시장에서 주어지는 보수를 정당화한다. 심지어 대표적인 시장주의 이론가인 루카스Robert Lucas는 분배를 논하지 않는 경제학이 '좋은' 경제학이라고 주장했다.

이것은 경제이론과 나중에 설명할 경제사상의 완벽한 공통분모이다.

시장경제사상에서는 하이에크Friedrich Hayek가 이 논리를 대표한다. 자유지상주의libertarianism는 시장에서 결정되는 분배의 결과를 따지지 말고 그대로 받아들여야 한다고 주장한다. 만약 경제정의economic justice나 분배적 정의distributive justice를 부르짖으며 정부나 시민단체가 개입하면, 시장경제가 유지되기 힘들다는 것이다.

셋째, 경제학은 소비를 사적인 영역이자 많은 경우 개인의 영역이면서, 동시에 경제외적인 영역으로 간주해 왔다. 경제학은 부족이 대가족이 되었고, 대가족이 근대 들어 핵가족이 되었으며, 다시 낮은 결혼율과 높은 이혼율로 핵가족이 개인화되는 것을 역사적 흐름으로 전제하고 있다. 소비에 대한 이런 해석은 생산이나 분배를 논외로 하는 것보다는 문제가 적어 보인다.

그런데 최근에는 경제학 자체가 가계를 경제분석의 대상으로 삼고 있다. 또한 가계가 단순히 소비의 단위가 아니라는 점을 인정하고 있다. 가정 내에서 소비뿐만 아니라 교환, 자원배분, 분배가 이루어지고 심지어 생산도 진행된다는 것이다. 가계에서는 배추로 김치를 생산하고 김치로 김치찌개를 끓여 '가치'를 증대시킨다. 다만, 여기서는 기업의 생산함수가 아니라 가계생산함수household production function가 등장한다.

더구나 개인이 고전음악을 자주 들으면 감상능력이 고양돼 동일한 음악으로부터 더 많은 효용을 얻는다. 책을 읽는 경우에도 이와 비슷한 능력이 작동한다. 기업에서 요구하는 것과 약간 다른 의미를 지니지만, 이것이 베커가 생각하는 인적자본human capital이다. 그렇지만 경제학은 여전히 개인의 합리적 선택과 효용, 그리고 가격과 비슷한 것을 가정 내에서도 찾으려고 노력한다.

2.3.2. 왜 수요공급이 아니라 수요/공급곡선(함수)인가?

경제학을 배우면 처음 마주치는 것이 수요곡선과 공급곡선, 그리고 수요함수와 공급함수이다. 이론에서 수요와 공급은 가격에 따라 변동해 곡선이나 함수로 나타난다. '수요'와 '공급'이 등장하는 것은 앞서 논의한 바와 같이, 소비량이나 생산량과 구분해 시장에 등장하는 물량을 중시하는 것으로 이해할 수 있다. 그런데 '곡선'과 '함수'는 별도의 해명을 요구한다.

경제학 교과서의 설명은 수요곡선이나 공급곡선이 지닌 기울기의 방향이나 크기에 집중한다. 그렇지만 수요/공급이 왜 수요/공급곡선으로 등장하는지 규명하는 일이 더 근원적이다. 그 이유는 수요량과 공급량은 고정되어 있지 않고, 가격 변동에 따라 연속적으로 그리고 수시로 변하며, 다른 요인에 앞서 가격에 따라 변한다고 보기 때문이다.

구체적으로 어떤 재화가 얼마만큼 생산되고 어떤 자원이 어떤 산업에 얼마만큼 투입되는지, 그리고 생산물 중 누가 얼마만큼 가져가는지가 시장의 수요곡선과 공급곡선이 만나서 형성하는 균형에 의해 결정된다. 여기서 경제학은 수요공급의 차이에 따른 신축적인 가격변동과 가격변동에 따른 탄력적인 선택의 변동을 상정하므로, 단순히 수요, 공급, 가격, 선택이 아니라 수요공급량, 수요공급곡선, 수요공급함수, 가격, 선택의 수량 등을 필요로 한다.

수요와 공급의 함수와 곡선은 빈 구간이나 굴절 없이 연속적이며, 급격한 기울기의 변동을 겪지 않는다. 또한 수요공급곡선은 선호와 기술이 주어져 있다는 가정하에서 성립하므로 안정적이다. 나아가 함수나 곡선이 표시하는 일련의 변하는 수량, 즉 변량(變量)이나 변수(變數)는 질적인 개념을 대신할 정도로 중요하다. 경제학은 관찰되는 가격, 수요량, 공급량이 가격개념과 수요, 공급개념을 대신할 수 있다고 생각한다.

이처럼 수요공급개념이 경제학에서 수요공급함수, 그리고 수요공급곡선으로 등장하는 것은 주어진 선호와 기술하에서, 시장에서 수요공급량과 개인의 선택이 가격변동에 따라 변하기 때문이다. 압축하면, 수요공급곡선(함수)은 시장경제의 수요/공급을 시장의 일반균형에 부합되게 개념화한 것이다. 다만 후에 지적하는 바와 같이, 오스트리아학파는 시장주의를 공유하면서도 균형과 곡선에 대해 비판적이기 때문에 이런 해석은 일반균형에 한정해야 한다.

구체적으로 일반균형체계는 '다른 모든 것이 동일하다ceteris paribus'는 조건을 통해 선호나 기술, 나아가 제도나 인구 등이 변동하지 않는다고 가정한다. 이 가정을 통해 수요의 결정요인들 중 가격을 특화해 수요량과 연결한다. 이 때문에 수요곡선의 안정성이 확보되면서 수요곡선상의 이동과 수요곡선 자체의 이동shift을 구분한다. 공급곡선도 이와 마찬가지로 규정한다. 나아가 경제학에 등장하는 대부분 함수과 곡선은 이런 가정을 통해 존재와 안정성을 확보하고, 곡선상의 이동과 곡선 자체의 이동을 구분한다.

이같이 가격에 따라 변동한다는 점이 수요공급곡선에 담긴 선택을 다른 선택(삶의 가치, 대통령선거)과 구분한다. 이것이 상식적으로 말하는 수요공급과, 경제학의 수요공급곡선(함수)의 차이이기도 하다. 이는 수요가 가격뿐만 아니라 소득·선호·날씨 등 여러 요인으로부터 영향을 받는데, 이 중에서 가격을 우선시함을 의미한다.

보다 근원적으로, 시장주의 이론은 가격기구가 자원배분 등 경제문제를 해결한다고 여겨 가격에 따라 수요(와 공급)가 변한다는 데서 출발한다. 이같이 수요공급곡선에는 가격변동에 따라 시장수요가 변동한다는 경험적인 사실, 시장수요의 변동이 개인들의 선택변동에서 비롯된다는 추론, 가격이 경제문제를 해결한다는 믿음이 담겨 있다.

이로부터 수요공급곡선이 제대로 작동하려면 가격탄력성과 가격신축성이 전제되어야 한다는 점을 확인할 수 있다. 수요와 공급 사이에 격차가 지속되면 가격이 변하고, 가격이 변하면 행위자들이 자신의 선택을 통해 수요와 공급을 변화시킨다. 이런 가격변동과 선택의 변동이 반복해서 영향을 주고받아, 모두 동시에 균형에 도달한다고 가정한다. 뒤집어서 만약 이런 조건들이 충족되지 않으면 수요공급곡선이 제대로 작동할 수 없다.

2.3.3. 시장수요곡선은 개별수요곡선의 합인가?

일반균형체계에서 개별경제주체들의 선택은 개별수요(공급)곡선을 이루고 재화시장별로 분류되어서 각기 시장수요(공급)곡선을 이룬다. 가령 갑과 을이 각기 선택한 쌀, 우유, 배추 등이 재화와 산업별로 합해진다. 개별경제주체의 수요(공급)이 이렇게 합해져 시장수요(공급)를 이룬다. 그런데 수요공급곡선의 합산가능성additivity은 경제학이 명시하지 않는 두 가지 가정을 내포하고 있다. 이 가정들이 시장과 개인의 연결고리이다.

합산된 시장의 수요공급곡선이라는 존재는 최소한 국가 수준의 통합된 시장을 가정한다. 합산된 시장수요의 존재는 여러 지역에 흩어져 있는 수요자나 공급자와 무관하게 재화들이 표준화되어, 같은 종류의 재화들이 농질적으로 취급된다는 것을 뜻한다. 이런 동질성은 각 재화의 시장별로 일물일가를 낳는다. 시장별로 재화가 균형가격을 획득해 행위자와 관계없이 동일한 균형가격이 지배한다는 것은 이런 동질성과 일물일가를 전제한다.

물론 모든 상황에서 이런 동질성을 내세울 수 없다. 국가 수준의 시장이 형성되지 않아 개별수요(공급)들이 지역에 분산되어 있으면, 특정 재화를 전국적으로 동질적인 존재로 취급할 수 없다. 조선시대에도 경제 전체의 수요와 공급은 계산할 수 있을 것이다. 그렇지만 시장이 통합되어 있지 않으면, 경제학이 말하는 시장수요(공급)곡선과 균형가격을 내세울 수 없다.

동시에 경제학은 개인들의 수요와 공급이 영향을 주고받지 않고 독립적이라고 가정한다. 예를 들어, 사과에 대한 갑의 수요(공급)와 을의 수요

(공급)는 서로 영향을 주고받지 않는다. 만약 두 사람의 수요가 상호 영향을 미친다면 개인의 수요들을 합할 수 없다. 경제이론은 개별수요가 서로 독립적이라고 전제하므로 (가격에 따라) 개별수요들을 단순히 합해서 시장수요를 구할 수 있다. 더 근원적으로는 시장이 서로 독립적인 개인의 모음이라는 것이다.

그런데 개별수요함수나 공급함수의 합이 시장수요함수나 시장공급함수가 아니라는 강력한 증명이 있다. 일단 수요함수와 공급함수를 모두 고려해 초과수요함수로 만들자. 익히 알려진 바로서, 연속성(부드러운 곡선), 영차 동차의 성격(물가변동과 무관), 발라스 법칙(예산 제약)을 충족시키기만 하면 시장수요함수를 얻을 수 있다.

이는 개별초과수요함수들이 시장초과수요함수를 규정하지 않음을 말한다. 개인 사이의 선호도 차이나 가격변동으로 인한 분배상의 변동 때문에 시장(초과)수요곡선이 개별(초과)수요곡선들의 단순한 합이라고 말할 수 없다는 것이다.

따라서 개별수요곡선과 개별공급곡선을 단순히 합하면 시장수요곡선과 시장공급곡선이 된다는 교과서 주장에 문제가 있다. 이것은 개인의 합리성이 시장의 합리성이나 효율성으로 이어지지 않는다는 해석도 낳는다. 시장경제의 비판자들이 아니라 최고의 미시경제학자들인 손넨샤인 Hugo Sonnenshein, 만텔 Rolf Mantel, 드브뢰 Gérard Debreu가 이를 증명했다.[43]

이 정리는 경쟁적인 균형의 존재와 안정성에 관한 문헌에 지속적으로 존재했던 놀라운 이원성을 설명한다. 이 문헌은 사회수요가 발라스 법칙과 연속성 이외에, 행위자들의 극대화 행위를 합해서 도출되는 것이라는 사실을 전혀 활용하지 않고 있다(Sonnenshein, 1973, 353).[44]

---

[43] Sonnenshein, 1972; Sonnenshein, 1973, 353; Mantel, 1972, 349; Debreu, 1974;

나아가 개인주의가 신고전학파에 이르러 강화되었기 때문에, 이 문제는 미시경제학뿐만 아니라 거시경제학의 미시적인 기초에도 적용된다. 거시경제학에서 합리적 기대와 함께 (통화주의와 새고전학파의) 미시적 기초를 이루는 것은 대표행위자이다. 이 개념에 의하면, 적정화를 추구하는 경제 전체를 한 명의 개인인 행위자가 대표한다. 대표행위자는 과거의 일반균형체계에 그나마 남아 있던 경제주체들의 이질성에 대한 고민을 없애버린 착상이다. 이질성은 경제주체의 선호나 기호와 그것으로 인한 분배상의 변동과 관련된다. 이것을 없애버린 대표행위자는 진정한 의미의 미시적 개념이 아니다.[45]

2.4. 화폐와 금융의 부차적인 성격

경제학이 보는 시장경제는 가격, 시장, 개인을 주축으로 삼는다. 상식적으로 가격이나 시장, 그리고 교환을 논하면 화폐를 논하는 것이 당연한 수순일 것 같다. 그런데 경제학은 그렇게 진행되지 않는다. 경제학은 화폐를 논하는 데 인색하고, 화폐를 박대하며, 심지어 화폐를 없애려고 노력한다.

그래서 놀랍게도 경제학에서 화폐에 대한 논의는, 화폐가 존재하지 않는다는 혹은 존재하지 않아야 한다는 방향성을 지니고 있다. "돈은 중요치 않다 Money does not matter."라는 거시경제학의 오랜 구호는 이를 말해준다. 이런 이유로 화폐에 대한 경제학의 논의는 화폐 부재에 대한 논의라고까지

---

[44] This theorem accounts for a striking dichotomy, that has persisted in the literature, on the existence and stability of competitive equilibrium. Beyond Walras' Identity and Continuity, that literature makes no use of the fact that community demand is derived by summing the maximizing actions of agents.

[45] Kirman, 1992, 2006, 2016, 90-91; Hoover, 2001, 77-79; Wade Hands, 2010, 2013, 2017a, 2017b

말할 수 있다. 이같이 일반균형체계에서 화폐/금융부문은 적어도 부차적이다.

(1) 재화와 다르지 않은 화폐

시장주의가 이해하는 시장에 재화와 구분되는 화폐는 존재하지 않거나, 재화와 화폐의 차이는 사소하며, 심지어 양자는 동일하다. 미시경제학에서 화폐는 재화로 환원되고, 어떤 재화라도 화폐가 될 수 있다. 이 때문에 물건을 사고파는 일상의 '미시'경제에서 매일 만나는 화폐를 미시경제학에서는 발견하기 힘들다. 나아가 미시경제학에는 은행도 없고 중앙은행도 없다.[46] 이같이 화폐는 그 존재 자체가 최소한 부차적이다.

시장주의 이론에서 화폐는 교환의 수단이지, 가치저장이나 축재의 수단이 아니다. 경제활동의 궁극적인 목표가 효용극대화이므로, 사람들은 화폐를 그 자체로 원하기보다 재화의 효용을 얻기 위해 일시적으로 보유하는 데 불과하다. 사람들은 투자를 통해 금전적인 이익을 추구하는 것이 아니라 그것으로 얻을 재화와 효용을 추구한다. 이 때문에 화폐는 자유로운 소비나 투자를 도와주는 유동성 liquidity에 불과하다.

또 화폐는 동질적인 덩어리로서 언제라도 손쉽게 재화로 전환되는 전용가능성 fungibility을 지닌다. 이는 화폐가 그 자체로 존재한다기보다 재화로 존재한다는 것을 뜻한다. 그래서 화폐도 재화와 같은 수준에서 효용을 낳는 선택의 대상이 되고, 재화와 같은 수준에서 수요/공급곡선을 낳는다. 즉, [화폐→재화].

나아가 화폐는 계산의 단위 혹은 뉴메레르 numéraire이다. 미시경제학에 등장하는 뉴메레르는 임의의 재화이다. 이것은 화폐가 재화와 다르지 않아 화폐가 독자적인 존재가 아님을 뜻한다.[47] 이 때문에 미시경제학에서

---

46 Mehrling, 2010

화폐가 매개하는 교환과 물물교환 사이에도 차이가 없다. 결국 화폐를 뉴메레르로 규정하면 화폐를 인정하지 않게 된다.

전통적으로 화폐는 상품이나 재화의 가치를 평가하고 측정한다는 의미에서 가치척도로 불렸다. 이를 개별행위자의 합리성에 부합되게 만들면 계산 단위가 된다. 화폐가 재화와 구분되지 않고, 화폐의 기능이 뉴메레르로 축소되면서 임의의 어떤 재화도 계산의 단위가 될 수 있다. 따라서 [재화→화폐].

이같이 시장주의 이론에서 [재화→화폐]이고, [화폐→재화]이므로, [화폐=재화]이다. 좀더 복잡하게 말하면, 화폐는 재화와 어떤 때는 구분되었다가 또 다른 때는 구분되지 않는다. 이 때문에 화폐는 개념이나 범주가 아니라 순전히 수량(물가나 이자율)으로 존재한다. 또한 화폐의 가치는 재화의 가치를 반영하는 피사체가 된다. 결국 경제학에서 화폐는 질적인 범주로 존재하지 않고 오로지 양적으로 관찰되는 피사체이다.

화폐의 기원
신고전학파의 관점을 재화화폐론이나 심지어 상품화폐론으로 규정하는 사람도 있다. 그렇지만 재화화폐론은 화폐의 발생에 대해 관심이 크지 않고, 재화와 화폐를 동일시하는 신고전학파가 아니라 재화와 화폐를 구분하는 멩거Carl Menger나 미제스Ludwig Mises에게 부여할 만하다. 나아가 금과 같이 화폐가 내재적인 가치를 갖는다고 보는 상품화폐론은 신고전학파와 어울리지 않는다. 따라서 신고전학파를 상품화폐론으로 규정하는 잉햄의 주장은 과도하다(잉햄, 2022). 오스트리아학파의 멩거와 미제스의 자생적인 화폐론은, 재화를 상품으로 만들고 다시 상품을 화폐로 만드는 '재화화폐론'이다. 이들 이론은 화폐를 재화와 구분하면서도 근원적으로는 역시 화폐를 재화로 환원할 위험을 안고 있다. 반대편에 있으면서 자생적인 화폐론을 내세우는 마르크스의 상품화폐론도 근원적으로는 화폐를 상품으로 환원하는 위험을 안고 있다(홍 훈, 2000; Hong, 2000). 이들과 달리 크나프Georg Knapp의 국정화폐론은 화폐를 경제외적인 존재로 만드는 문제를 안고 있지만 이런 위험을 안고 있지는 않다.

---

47 Pryke & Allen, 2000, 276

(2) 상대가격과 실질가격

일상에서 만나는 가격은 화폐로 표현된 화폐가격인데, 경제학은 이것을 상대가격과 실질가격으로 바꾸어 화폐적인 측면을 제거한다. 미시경제학에 등장하는 상대가격은 화폐가격을 두 재화의 교환비율이나 교역조건으로 만든다. 사과 하나와 피자 한 조각의 가격은 각기 1천 원과 2천 원이 아니라 2대1이라는 교환비율로 표현된다. 이것은 임의의 재화가 뉴메메르라는 주장과 합치된다.

상대가격은, 화폐의 차원을 지니지 않은 영차원의 비율이다. 이렇게 되면 화폐교환은 물물교환과 구분되지 않는다. 그리고 화폐가 개입되지 않은 비율로서 상대가격은 행위자의 주관적인 평가, 즉 대체율과 비슷해진다. 이를 통해 시장의 객관적인 가격과 행위자의 주관적인 평가비율이 동질화된다. 이같이 상대가격은 효용극대화라는 목표 및 대안들에 대한 합리적 선택과 밀접하게 연관되어 있다.

상대가격이 교환에서 화폐를 배제한다면, 경제학의 특징 개념인 **기회비용**은 선택에서 화폐를 배제한다. 기회비용은 효용과 선택을 강조하면서, 비용을 포기한 재화의 종류와 그 숫자로 표시한다. 1천 원짜리 사과 두 개를 2천 원 주고 사면, 사과구입의 진정한 비용은 2천 원이 아니라, 사과를 구입하면서 포기한 피자 한 조각이다. 이같이 기회비용은 고전경제학이나 상식이 당연시하는 '실제비용 real cost'에서 벗어나 철저하게 화폐가격과 화폐를 배제한다.

교과서에 따르면 개별 소비자는 임의의 두 재화에 대한 대체비율을 가지고 있다. 이 대체비율은 무차별곡선을 통해 상충 tradeoff의 비율을 낳는데, 이것은 자신과 '교환 trade'하는 비율로 시장의 상대가격에 상응한다. 이에 따라 각자의 선택은 각자의 내부에서 진행되는 자신과의 교환이 된다. 이같이 경제학에서 수시로, 교환은 선택이 되고 선택은 교환이 된다.

달리 보면, 교환의 내부화가 선택/대체/상충이고, 선택/대체/상충의 외부화가 교환이다.⁴⁸ 이같이 화폐를 배제하면서 개인의 선택과 시장의 교환은 더욱 밀착된다. 더구나 경제학이 상정하는 완전경쟁에서는 생산자가 가격에 순응적이어서, 협상이나 흥정, 그리고 실질적으로 경쟁이 없으니, 행위자의 선택이 곧 교환이 된다.

주로 거시경제학에서 등장하는 실질가격은, 화폐가격 혹은 명목가격에서 물가(변동)를 제거한 것이다. 행위자는 명목가격과 그 변동에서 물가변동을 제거하고, 실질가격과 실질변동을 추출해 합리적으로 선택하며 합리적인 기대를 형성한다. 이에 따라 합리적인 행위자는 화폐의 명목적인 크기에 집착하는 화폐환상money illusion을 가지고 있지 않다고 본다.

요소시장도 재화시장과 마찬가지 의미의 시장이다. 이런 이유로 요소소득, 가령 임금을 재화의 가격과 똑같이 상대적이고 실질적으로 개념화한다. 물가를 기준으로 실질임금과 명목임금을 구분하고 실질임금을 합리적 선택과 합리적 기대의 근거로 삼는다. 또한 임금을 실제비용이 아니라 기회비용으로 간주한다. 나아가 임금을, 수요를 창출하는 소득이라기보다 기업의 공급과 관련된 비용으로 취급한다.

(3) 고전적 이분법과 화폐의 중립성

일반균형에서 거시경제는 실물부문과 화폐/금융부문으로 구성되어 있는데, 실물부문이 경제를 지배하고 화폐/금융부문은 실물부문을 반영하는 데 그친다. 파틴킨Don Patinkin 등을 거쳐 형성된 이런 생각을 고전적인 이분법classical dichotomy이라고 부른다. 고전적 이분법에 따르면 실물부문은 실물여건에 따라 결정되고 이것이 화폐/금융부문에 반영된다.⁴⁹

---

48 이것은 나중에 설명하는 푸코Michel Foucault의 생명관리정치학Biopolitics에 부합된다.
49 그렇지만 경제학이 '실물주의'라고 단언하기는 어렵다. 개인의 선택에 의존해 생산요소와 재화를 모두 효용으로 환원하기 때문이다. 이에 비해 사용가치와 교환가치를 구분하면서도 효용을 내세우지 않고 화폐베일관을 내세웠던 고전학파를 실물주의라고

구체적으로 자원 배분이나 고용 등은 실물여건을 반영한 상대가격, 실질임금, 실질 이자율, 실질환율 등 실질변수에 의해 결정된다. 또한 주식시장에서는 다른 가격보다 더 신속하게 기업이 생산하는 제품의 품질과 수익성, 경제여건을 반영한 주가가 자금을 배분한다. 반면 화폐금융부문은 상대가격이나 실물에 영향을 미치는 것이 아니라, 통화량과 이자율을 통해 물가를 결정하는 데 그친다. 물가는 상대가격의 비례적인 증감에 불과하므로, 즉 일차동차의 성격을 지니므로, 실물에 영향을 미치지 않는다. 화폐의 역할을 최소화하는 이런 생각을 화폐의 중립성 neutrality of money이라고 부른다.

화폐의 중립성에 따르면 가령, 중앙은행이 통화량을 늘리거나 이자율을 낮추어 물가가 변동하는 경우 이것이 즉각 명목임금, 이자, 환율 등에 반영된다. 또한 피셔 효과 Fisher effect에 따르면, 물가가 1% 오를 때 이를 반영해 3%였던 명목이자율이 4%로 오른다. 이런 물가변동은 행위자들의 합리적 기대를 통해 발생하므로, 합리적 선택을 통해 수요와 공급이 변하고 이를 통해 상대가격이 변동하는 것과 다르지 않다.[50]

실물부문을 구성하는 산업들은 상호의존적이지만, 실물부문 전체는 화폐부문과 상호의존적인 관계에 있는 것이 아니라 일방적인 관계에 있다. 실물부문은 화폐부문으로부터 독립적인 데 비해, 화폐부문은 실물부문에 의존적이다. 실물에 영향을 미치지 못하며 물가를 결정하는 데 그치므로 화폐는 부차적이다. 경제학에 따르면, 고전적 이분법과 화폐의 중립성이 현실에서 유지되면서 화폐/금융이 실물에 봉사한다. 일반균형체계에 은행도 중앙은행도 없다는 것이 이를 보여준다.

판정하는 것은 타당해 보인다. 그래서 신고전학파의 거시경제학은 묵시적으로 고전학파로 회귀하는 경우가 많다.
[50] Krippner, 2007, 488

현실경제에서 행위자들은 임금, 이자율, 환율, 국민소득 등의 명목변수에서 물가(변동)를 제거해 실질변수를 구하고, 이에 근거해 선택하고 행동한다. 이것은 합리적 선택의 근거가 명목변수가 아니라 실질변수라는 것을 의미한다. 또한 경제에서도 이자율에 대해 피셔 효과 등이 나타난다.

팽창적인 통화정책에 따른 총수요의 증가는 개별행위자들의 합리적 기대로 인해 실질소득이 아니라 물가변동으로 전환된다. 특히, 총수요의 증가는 적어도 장기적으로, 또한 적어도 대부분, 물가상승으로 전환된다. 만약 화폐/금융이 실물여건을 반영하는 데 그치지 않으면 실물을 교란하게 된다.

예상대로 시카고학파가 가장 일관되고 굳건하게 고전적인 이분법을 믿고 있다. 이 문제를 비롯한 거시분야에서 시카고학파는 통화주의나 새고전학파로 등장한다. 나중에 설명하는 오스트리아학파나 질서자유주의는 고전적인 이분법이나 화폐의 중립성을 명시적으로 내세우지 않지만, 물가안정에 대해서는 똑같이 집착한다.

(4) 물가안정과 중앙은행의 독립성 및 중립성

시카고학파에 의하면, 실물부문에서 자원배분과 고용이 적정하게 결정되므로 물가만 안정시키면 경제가 제대로 굴러간다. 또한 통화정책이 물가를 안정시킬 수는 있지만 고용을 증가시킬 수는 없다. 따라서 시장주의 이론에서 통화정책은 고용증대가 아니라 물가안정을 유일한 목표로 삼는다. 통화정책을 담당하는 중앙은행의 기능도 물가안정에 한정된다. 중앙은행의 목표를 물가안정에 한정하는 것은 그것의 역할을 수요, 고용, 생산의 증대와 무관하게 만드는 것이다. 이에 따라 통화정책은 금융정책이나 재정정책으로부터 분리된다.

시장주의의 입장에서 무엇보다 중앙은행은 독립적이고 중립적이어야 한다. 이것은 선출직 지도자의 정치적 영향력이나 행정부의 재량적인 정책목표로부터 중앙은행을 자유롭게 만들려는 의도를 지니고 있다. 나아가 (통화정책이 이자율이 아니라 통화량을 정책변수로 삼았던 과거의 상황에서) 프리드먼의 k 퍼센트 규칙은, 통화량의 증가를 규칙으로 정해 정부의 재량뿐만 아니라 연준의 재량을 배제하는 데 목표를 두고 있다. 결과적으로 시장주의는 화폐의 중립과 함께 중앙은행의 독립성이나 중립성을 추구하게 된다. 그러면서도 은행이나 기업에 대한 중앙은행의 중립성은 내세우지 않는다.

무엇에 대한 중립성인가?
가령 쌀, 노동력, 집의 가격이 모두 10% 오른다면, 이런 재화나 생산요소와 이들 소유자에 대해 화폐는 중립적이다. 그런데 이것이 가진 자와 가지지 않은 자에 대한 중립성을 뜻하지는 않는다. 재화나 요소를 가진 자와 가지지 않은 자, 재화/요소를 가진 자와 화폐를 가진 자, 채권자와 채무자 사이에 화폐는 중립적이지 않다. 이들 사이에는 물가변동으로 부가 이전된다. 따라서 무엇에 대한 중립인지를 분명히 할 필요가 있다. 실물 위주로 파악하는 경제학은 재화와 요소에 대한 '화폐'의 중립성을 내세울 뿐 거꾸로 화폐에 대한 '재화'의 중립성을 내세우지 않는다. 가령, 가격변동이 물가에 미치는 영향은 재화(곡물, 석유, 아파트)에 따라 다르므로, 재화는 화폐에 대해 중립적이지 않다. 나아가 화폐가치나 화폐소유 여부 및 소유량에 대해 화폐는 중립적일 수 없는데 이에 대해 경제학은 무관심하다. 중앙은행의 독립성과 관련해서도 정부, 기업, 상업은행, 연방준비이사회나 금융통화위원회를 포함해 무엇으로부터의 독립인가가 중요하다.

2.5. 경제이론이 보여주는 시장주의의 특징

시장주의의 명시적인 특징은 시장·개인·가격·선택·교환·경쟁 등에 담겨 있다. 이 중에서 시장·개인·가격에 대해서는 시장주의자들 사이에 이견이 없지만, 선택·교환·경쟁의 내용과 중요성에 대해서는 시장주의자들 사이에 이견이 있다. 또한 이런 것들이 시장주의가 명시하는 특징이라면, 시장주의가 스스로 명시하지 않는 특징도 있다. 이것은 주로 경제학의 가정과 전제에 해당한다.

누구나 자신이 당연시하는 것은 말하지 않고, 당연시하지 않은 것을 말한다. 이 때문에 말하는 것보다 말하지 않는 것이 그 사람에게 더 중요할 수 있다. 이런 것들이 각자의 입장을 반영하는 가정이나 전제이다.

경제학에서도 전제와 가정이 경제학의 웅변과 침묵을 가른다. 특히 경제학은, 자신의 사회철학적인 기반이나 인식론적인 기반에 대해 별로 말하지 않는다. 그렇지만 이런 기반들이 입장이나 논리 전개의 방식을 결정한다. 그러므로 이에 대해 명확히 할 필요가 있다.

시장주의는 태생적으로 영국적이고 발전과정에서도 주로 영미철학에 기반을 두고 있다. 시장주의는 18세기 말 영국에서 등장한 스미스의 시장경제 사상, 흄의 경험주의, 그리고 벤담의 공리주의utilitarianism를 바탕으로 삼는다. 이에 따라 시장경제라는 골격 외에 경제와 사회에 대한 입장이 담긴 사회철학으로 개인주의와 공리주의 혹은 효용주의를 깔고 있다. 그리고 논리전개 방식을 결정하는 인식론적인 기반으로 경험주의, 분석주의, 수량주의를 드러낸다.

(1) 가격과 수량주의

시장에서 가장 먼저 눈에 띄는 것은 가격이다. 가격은 재화에 대한 시장 참여자들의 평가로서 거래를 통해 주고받는 화폐의 수량이다. 경제행위자들이 모여 시장의 수요와 공급을 통해 결정된 것이 가격이다. 또한 개별행위자는 가격을 지불하지 않고서는 시장에 참여할 수 없으므로, 개별행위자에게 강제력을 지니는 것이 가격이다. 나아가 (가격차별이 없다면) 특정 재화에 대해 모두 동일한 가격을 지불할 의무와 권리를 지닌다.

시장주의는, 유권자들이 후보자들을 평가, 투표해서 득표수를 따지는 선거를 시장의 가격형성과 비슷하게 취급한다. 재화에 대한 평가가 가격이라면, 후보자에 대한 평가는 득표수이다. 또한 가격은 점수와도 비슷하다. 가격이 재화에 대한 평가라면, 입시 등에서 학생에 대한 평가가 점수이다. 가격을 지불해야 하듯이 득표수에 따른 선거의 결과와 점수에 따른 입시의 결과에 승복해야 한다.

그렇지만 가격과 득표 및 점수 간에는 차이도 있다. 가격은 득표나 점수보다 더 일상적이고 광범위하다. 투표와 입시는 몇 년에 한 번 혹은 일생 한 번 벌어지는 일이다. 반면 시장의 매매와 가격 지불은 수없이 많은 재화를 대상으로 매일 벌어진다. 이러한 가격의 일상성과 포괄성 때문에 가격의 힘은 압도적이다.

이로부터 시장에서는 재화의 가격을 중시하는 반면, 가격으로 표시되지 않은 재화의 다른 차원들을 경시하는 경향이 생긴다. 직장인이나 노동자를 만나면 무엇보다 먼저 월급이 얼마인지 궁금해하는 것이 그런 경향이다. 이에 대해 시장주의는, 재화 및 노동자의 질적인 여러 속성이 모두 시장의 가격으로 환산되어 있다고 변호한다. 혹은 사과의 맛, 빛깔, 신선도, 영양 등 모든 속성이 사과의 가격에 반영되어 있다는 것이다. 양보해서 현재는 그렇지 않더라도 시간이 지나면 시장을 통해 이런 것들이 모두 가격에 반영될 것이라고 시장주의는 장담한다.

시장주의는 시장의 무한한 확장을 지향하면서, 가격이 붙지 않은 물건에 가격을 매겨 상품으로 만들려는 상품화 경향도 지니고 있다. 시장 하면 가격이고, 가격이 붙으면 상품이 되는 것이다. 아기, 장기, 애정, 우정, 친절, 관계, 고려청자, 지리산, 복원된 청계천 등이 모두 그런 존재이다. 다만, 경제이론은 개인 선택에 의존해 특정 재화를 상품화하는 것은 각자가 선택한 결과라는 점을 강조하면서 상품(화)이라는 말을 별로 사용하지 않는다.

이 때문에 시장주의는 현재 가격뿐만 아니라 잠재적인 가격, 정부나 윤리가 억압한 가격, 숨은 가격 등을 상정하고, 이들을 찾아내려고 노력한다. 임대료 규제나 최저임금 등 가격상한제나 가격하한제 하에서 균형가격을 확인하는 것이 그런 예이다. 유보임금이나 암묵적인 가격 역시 또 다른 예이다. 이것은 잠재적인 시장이나 암시장 등 여러 시장을 찾아내는 것과 평행을 이룬다.

현실의 시장에서 가격은 화폐가격이다. 그런데 화폐에 대한 시장주의의 입장은 이중적이다. (앞서 지적한 대로) 시장주의 이론은 화폐를 배제하고 경시한다. 반면 (나중에 설명한 것처럼) 시장주의 사상은 화폐를 매개로 한 연계cash nexus를 중시한다.[51] 그리고 이것이 시장경제에 대한 상식적인 판단과도 통한다.

화폐에 대한 중시는 화폐로 환산되지 않은 것에 대한 경시로 이어진다. 이것은 마치 입시와 성적이 중요해지면서, 점수나 학점에 반영되지 않는 것을 경시하는 것과 비슷하다. "사랑은 돈으로 살 수 없다Can't buy me love."는 오히려 역설적으로 "돈만 있으면 무엇이든지 다 된다."는 현실을 반영하고 있다.

시장에서 우리가 일차적으로 관찰하는 것은 가격이나 거래량 등 수량이다. 그리고 경제행위자가 중시하는 것도 가격을 비롯한 수량이다. 이런 이유들 때문에 시장주의는 모든 경제현상을 수량 위주로 파악한다. 가격, 이자, 주식을 말하면 가격. 이자, 주식이라는 개념보다 그것들의 구체적인 수량을 떠올린다. 가격과 쌍을 이루는 교환이나 거래 대상에 대해서도 그것의 수량, 즉 물량에 집중한다. 미시적인 개별시장에서 수요량, 공급량, 판매량 등이 가격과 쌍을 이룬다면, 거시적으로는 실질국민소득이 물가와 쌍을 이룬다.

가령, 경험적으로 관찰되는 구체적인 수량들이 모여서 아파트 가격을 형성한다. 그리고 자신의 이익을 추구하는 개인에게는 경제현상을 표현하는 구체적인 수량, 특히 가격의 수량적인 차이나 수량적인 변동이 중요할 뿐이다. 거시적으로도 현실의 행위자는 GDP, 일인당 GDP, 성장률, 물

---

51 Rodrigues, 2013, 1007

가, 주가 등의 숫자에 주목한다. 1960년대 이후 한국에서는 성장률, 수출액, 일인당 국민소득, 이런 것에 근거한 국제적인 순위가 가장 중요한 숫자가 되었다.

경제학자도 경제행위자와 마찬가지로 관찰이 가능한 수량에 집착한다. 경제학자가 경제행위자와 다른 점은, 개별적인 수량에 집착하지 않고 수량들 사이의 관계나 정합성에 중점을 둔다는 것이다. 무엇보다 일반균형체계의 균형은 여러 수량들 사이의 정합성을 나타낸다. 가격을 비롯한 이런 수량의 차이와 변동은 대부분 연속적이어서 불연속적인 단절이나 임계치를 상정하지 않는다.

수량주의는 한계주의와 무차별곡선 상의 연속적인 이동에 근거하는 경제학의 선택과 통한다. 단적으로 경제학의 선택은 '이것이냐 저것이냐'라는 (이산형의) 선택이 아니라, '이것을 더하고 저것을 덜하느냐 아니면 그 반대이냐'라는 (연속형의) 선택이다. 가령, 불교냐 기독교냐의 선택 또는 죽느냐 사느냐의 선택보다, 피자를 **더(덜)**하고 콜라는 **덜(더)**하느냐의 선택이 경제학의 선택에 **더** 가깝다. 소비자는 고기인가 채소인가로 고민하는 것이 아니라, 고기를 얼마나 줄이고 채소를 얼마나 늘릴지로 고민한다. 혹은 성장이냐, 분배 또는 환경이냐가 아니라 더 높은(낮은) 성장률이냐, 더한(덜한) 불평등 혹은 더 많은(적은) 오염이냐의 선택이 더 현실적인 문제라는 것이다.

삶과 죽음

'삶과 죽음은 하나다.'라는 잠언뿐만 아니라 '죽느냐 사느냐 그것이 문제로다 To be or not to be, that is the question.'라는 고민은 모두 경제학과 함께 가기 힘들다. 전자는 변증법에 따라 삶과 죽음을 총체적으로 파악해 양자를 구분하지 않으므로, 경제학의 분석주의와 충돌한다. 경제학에서 삶과 죽음은 개념적으로나 질적으로 구분되지 않고, 양적으로나 정도로 구분된다. 유아기와 노년의 삶, 질병, 가사, 장기요양 등이 삶과 죽음을 연속적으로 만든다. 나아가 경제학에서는 '죽느냐 사느냐'가 아니라 '좀 더 사느냐 좀 더

> 빨리 죽느냐의 선택이 중요하다. 이것은 추가적인 삶에 수반된 소비, 쾌락, 효용과 더 빠른 죽음에 수반된 고통이나 비용을 비교해 수행하는 합리적인 선택이다. 술과 담배 소비에 대한 결정이 이에 근거한다. 우리는 소속 집단이나 사회적으로 제구실을 못 하는 경우 '죽어서 지낸다.' 혹은 '죽은 듯이 지낸다.' 또는 '살아도 산 것이 아니다.'라고 말하는데 이 역시 경제학과 잘 안 맞는다.

수량주의는 부분적으로 다른 사회과학과 비교해 경제학이 다루는 경제현상의 양적인 성격에서 비롯된다. 또한 이런 경향은 시장주의 경제사상의 경험주의나 (행동경제학과 구분되는) 행태주의behaviorism와 부합된다. 따라서 경제학은 미시차원과 거시차원에서 구체적으로 관찰된 일련의 구체적인 수량, 즉 **변수**가 추상적인 **개념**을 대신할 수 있다고 생각한다.

그런데 수량주의로 인해 경제학자들은 흔히 통계적인 유의미성significance을 경제적인 유의미성과 동일시하게 된다.[52] 또한 시장주의, 특히 시장주의 경제이론은 전반적으로 수량과 계산에는 강한 반면 질적인 분류나 개념에는 취약하다. 시장주의를 넓고 깊게 이해하려면 경제, 시장, 가격, 개인 등 기본개념을 파악하려고 가별히 노력해야 하는 이유도 여기에 있다.

수량주의에 따라 경제행위자도 최대의 효용(혹은 후생)이나 이윤(혹은 보수)을 목표로 특정의 양적인 비율로 혼합된 수단을 선택한다. 가령, 두 소비재 묶음의 볼록형 혼합이 더 높은 효용을 지닌다. 이런 생각은 현실경제에서 재화나 자원을 여러 방식으로 분할하는 경향을 낳는다. 예를 들어, 주식회사의 가치는 주식의 숫자로 분할된다. 또한 물리적으로 쪼갤 수 없는 콘도를 공동소유자들이 이용 시기별로 나눈다.

그런데 경제학의 이런 대체나 혼합은 개념, 범주, 질적인 차이가 중요치 않다고 전제한다. 이런 전제가 충족되지 않으면 대체나 혼합은 가능하지

---

52 McCloskey & Ziliak, 1996

않다. 예를 들어, 선거에서는 두세 명의 후보자 중 한 명을 선택해야 하고, 이들을 양적으로 혼합할 수 없다. 대통령이나 국회의원 후보뿐만 아니라 불교와 기독교, 대학이나 전공, 직장, 친구니 배우자를 이같이 적절한 비율로 결합해서 선택할 수 없다.

그렇지만 경제학자는 후보자들의 경우 선거운동 과정에서 상대방의 정책을 부분적으로 채택하면서 양적인 조정이 이루어진다고 해석한다. 다시 말해, 후보자들이 득표를 위해 입장이나 정책을 수정하면서, 실질적으로 두세 후보의 볼록형 혼합이 선택 대상이 될 수 있다는 것이다. 더구나 후보자와 유권자 모두에게 선거의 유일한 목표가 당선이라면, 선거운동 과정에서 이런 경향은 강화될 수 있다.

불교와 기독교도 신도를 늘리기 위해 서로 교리를 수정한다면 이에 가까워질 수 있다. 대학에서의 전과(轉科), 이중전공이나 협동과정도 이런 혼합을 가능케 한다. 전공에 관계없이 상위권 대학 진학과 성적 높은 학생의 유치가 유일한 목표가 되면, 이런 상황에 더욱 가까워질 수 있다. 돈 많이 주는 직장이 최고라고 생각하며 자주 직장을 옮기는 것도 이에 봉사한다. 부부로 서로 맞추어 살기 위해 노력해 조정하면서 이에 가까워질 수 있다. 나아가 손쉬운 이혼과 결혼, 혼인 후의 느슨함 등이 이런 가능성을 강화시킨다.[53]

이같이 여러 존재나 범주의 질적인 차이가 희석될 때 경제학의 대체가 가능해진다. 그렇지만 객관적으로 보면 후보나 정당의 이념이나 가치가 이런 혼합에 제한을 가한다. 또한 대학의 가치, 전공의 성격, 직장의 특성,

---

[53] 그래서 결혼한 사람들의 도덕적 느슨함이 아니라 도덕적 엄격함이 경제학에서 말하는 도덕적 해이(moral hazard)를 낳는다. 다른 남녀를 만나는 등의 느슨함이 서로를 당연시하지 않고 서로를 지키려고 노력하게 만드는 데 비해, 엄격함은 서로를 당연시해 이혼 등 파경으로 이어질 수 있다는 것이다. 후자는 자동차 피보험자가 조심하지 않고 운전하는 상황과 비슷하다. 한국과 일본에서는 도덕적 해이가 도덕성과 혼합되어 개념의 혼란을 낳고 있다.

배우자의 정체성도 이런 혼합을 억제한다. 따라서 경제학의 진행 방향과 달리, 유연한 양적인 혼합이 가능하지 않은 선택 대상들이 존재한다는 것을 부인할 수 없다.

(2) 개인주의

개인주의는 인간이 개인으로 존재하므로, 개인을 행위 단위이자 분석 단위로 삼는 것을 의미한다. 개인의 다양한 가치와 판단을 존중해야 한다는 사회철학의 규범적인 개인주의와 구분해, 이를 방법론적 개인주의라고 부른다.[54] 방법론적 개인주의는 집단·조직·계층이나 인간관계·사회관계 혹은 인간들의 상호성을 부정하거나 부차적으로 만든다.

이 점을 가장 중시하는 비판적 실재론자 로슨Tony Lawson에 의하면 신고전학파의 핵심은 시장주의나 실체적인 이론이 아니라 사회적 존재론이고, 그것은 개인을 고립된 원자로 간주해 이들 사이의 상관관계를 찾는 데 있다(Lawson, 2013, 954, 977). 이렇게 보지 않더라도 개인주의는 도구주의 및 균형(화)과 함께 신고전학파의 불가결한 기반이다(Arnsperger & Varoufakis 2006).[55]

시장주의는 개인주의와 동일하지 않지만, 개인주의(와 개체주의)를 근거로 삼는다. 그리고 시장주의에서는 규범적인 개인주의보다 방법론적인 개인주의가 더 강하다. 이미 로크John Locke에서 시작해 경제사상의 오랜 전통을 이루어 온 개인주의는 한계효용학파와 신고전학파에 이르러 더욱 강화되었다.

한계효용학파의 특징은 개인주의, 반(反)역사, 비(非)사회이다(Selwyn & Miyamura, 2014, 645). 그리고 코먼스에 의하면, 개인주의는 유난히 미국적이

---

[54] Vanberg, 2020
[55] 수학, 한계주의, 주관주의, 자원배분 등 신고전학파의 통상적인 특징을 넘어서 '다른 요인이 변하지 않는다는 조건'에 근거한 마셜 이후의 방법이, 그것의 과학적인 특징이라는 주장도 있다(Ekelund & Hébert, 2002).

다.⁵⁶ 시장의 개인주의는 개인의 이기적이고 합리적인 선택에 초점을 맞춘다.⁵⁷ (나중에 설명하는 바와 같이) 시장주의 사상이 주로 **이기심**을 강조한다면, 시장주의 이론은 주로 **합리성**을 강조한다.

그런데 시장에서 개인들은 동떨어져 있는 것이 아니라 가격을 통해 매개된다. 시장에서 개인은 일차적으로 타인과 관계를 맺는 것이 아니라 가격과 관계를 맺는다. 혹은 시장에서 개인은 타인과 직접 관계를 맺는 것이 아니라 가격을 매개로 간접적으로 타인과 관계를 맺는다. 시장주의는 부모, 부부, 형제, 친구 사이에도 가격이 개입하고 있거나, 그렇지 않은 경우 점차 가격이 개입하게 될 것이라고 장담한다.

호형호제呼兄呼弟가 호가呼價로 변한다는 것이다. 호가(가격을 부름)라는 말이 나타내듯이, 가격은 모종의 의사소통체계이다. 이에 따라 시장주의는 가격을 통해 의견을 주고받는 개인들을 전제한다. 민주주의의 행위자인 시민들도 개인주의 측면을 지니지만, 시민들은 가격이 아니라 언론보도나 여론조사 같은 것을 매개로 소통한다.

정치경제학과 달리 시장주의는 19세기 중엽부터 현재까지, 고립된 개인인 로빈슨 크루소를 경제인 homo economicus으로 간주해왔다. 이것은 시장주의에 가장 비판적이었던 마르크스와 가장 방어적이었던 루카스가 모두 지적한 바이다. 다만, 로빈슨 크루소는 프라이데이나 다른 인간과 가격을 통해 연결되어 있지 않았다는 점에서, 시장주의가 상정하는 개별행위자와 완전히 일치하지 않는다. 물론 로빈스 크루소가 지닌 한계대체율이 가격에 준한다고 말할 수는 있다.

---

56 '나아가 미국인의 지배적인 심리는 언제나 개인주의적이었고 지금도 고집스러울 정도로 개인주의적이어서, 사회적 책임은, 그것이 *유효하게* 존재하는 한, 오로지 조각들로 다가왔다.'(Further, the dominant psychology of the American people has always been, and now is, so stubbornly individualistic that social responsibility, in so far as it exists effectively, has come about only piecemeal(Commons, 1959, 844)).

57 Buchanan, 1987

시장주의는, 경제행위자가 이기적이고 합리적이어서 어떻게든 자신의 이익을 얻는 방법을 강구한다는 점을, 법이나 정책을 마련하고 시행할 때 고려해야 한다고 주장한다. 그리고 경제행위자의 이런 세속적인 모습에 실망하거나 이것을 교정하려고 노력하기보다, 그것이 현실임을 인식하고 수용해야 한다는 점을 반복해서 역설한다.

그러지 않으면 법이나 정책은 현실과 동떨어져 쓸모없게 되거나, 심지어 경제에 해를 끼치게 된다. 이런 입장이기 때문에 경제학자들은 예를 들어, 강남의 부동산 문제와 관련해 정부 정책, 특히 진보적인 정책에 대해 거의 본능적으로 비현실적이라는 비판을 쏟아낸다. 시장주의의 뿌리깊은 이런 생각은 객관적으로도 무시할 수 없는 지적 중 하나이다. 그렇더라도 본능적으로 반응한다는 것이 문제이다.

개인주의를 표방하는 시장주의에서는 시장 자체도 개인들의 모음이어서, 개인들과 별도로 존재하는 시장은 이 세상에 없다. 나아가 시장주의는 시장뿐만 아니라 사회나 국가 등도 개인의 모음으로 파악하는 과감한 일관성을 보인다. 시장주의는 개인이 아닌 사회적 존재를 부정하거나, 해당 사회적 존재 안에서 개인을 발견하거나 이것을 개인으로 분해할 수 있다고 생각한다. 동시에 가격이 국가, 사회, 집단, 인간관계 등을 대신해 개인들을 연결할 것이라고 속단한다.

우선 시장주의는 인간이 개인으로 존재한다고 생각해, 인간관계, 노동조합과 같은 집단, 기업과 같은 조직, 공동체와 같은 사회를 인정하지 않는다. 시장주의 입장에서 이런 것들은 허구이다. 이렇게까지 생각하지 않더라도 관계, 집단, 조직, 사회를 개인들이 모여 파생된 이차적인 존재로 간주한다. 이 때문에 집단이나 사회는 수시로 개인들로 분해되었다가 다시 합해져 등장한다. 따라서 시장주의는 집단이나 사회 안에서 개인을 발견하고, 이들을 개인의 단순한 모음으로 재구성한다.

> **시장과 사회**
>
> 시장주의 사상과 이론에 의하면 이 세상에 사회란 없다! 시장주의가 개인에 집착해, 구조를 부정하고 사회까지 부정한다는 것은 익히 알려진 바이다. 사회학자들은 잘 모르면 '사회구조'를 말한다고, 시카고대학의 원조 경제학자 바이너 Jacob Viner가 일찍이 지적한 바 있다. 경제학자가 **잔차**(殘差)[58]로 규정하는 것을, 사회학자는 거창하게 **구조**라고 부른다는 것이다. 그 이전에 신으로 규정되었던 것이 사회구조가 되었다가 다시 잔차로 전락한 것이다. 더 노골적인 부정은 하이에크 Friedrich Hayek나 포퍼 Karl Popper에 등장한다. 하이에크에 의하면, 이 세상에 사회란 존재하지 않는다. 그리고 (나중에 설명하는 바와 같이) 현실에서는 1980년 이후 이런 주장에 따라 신자유주의가 전개되었다.

노동조합은 노동자 개인들의 모음이고, 파업은 개인들이 자신들의 이익을 고려해 투표로 선택한 결과이다. 그렇지 않다면 노동조합은 노동시장 유연화에 장애가 될 뿐이다. 기업도 개별행위자들이 선택한 계약들의 묶음이다. 동시에 자본이나 자본가에 국한되지 않고 노동자와 지주가 자유롭게 주식시장에 참여할 수 있다는 점을 강조하면서, 시장주의는 계급을 부정한다. 주식에 투자하는 노동자도 있고, 노동하는 자본가도 있다는 것이다.

이 때문에 경제학자는 유물론, 변증법, 혁명, 투쟁은 말할 것도 없고, 자본주의, 계급, 사회, 구조, 이념 등의 용어를 들으면 긴장한다. 이에 비추어 보면 프리드먼이 『자본주의와 자유 Capitalism and Freedom』(1962)라는 제목으로 책을 출판한 것은, 대중성을 고려한 비장한 '선택'이었다고 생각된다.

이 입장에서는 시장에서 결정되는 소득이나 재산도 개인별로 쪼개지고 귀속된다. 한계생산성 이론은 이를 반영하고 있다. 이 때문에 국유재산이나 공유재산, 정부의 과세와 예산 규모, 그리고 이에 근거한 재분배나 복지정책에 예민하다. 또한 조합과 같은 집단이나 플랫폼과 같이 상호관계

---

[58] 잔차(殘差, residual)는 어떤 모형이 현상 중 설명할 수 없는 부분으로 모형의 예측값과 실측값의 차이로 나타난다.

에 귀속되는 재산이나 기금의 형성에 부정적이다. 나아가 플랫폼에서 등장한 프로슈머prosumer에 주목하지도 않는다.

(3) 분석주의

개인주의와 함께 가는 방법론이 개체주의, 원자주의 혹은 분석주의이다. 분석주의는 현상과 사물의 총체적 성격을 부정하고, 상호의존이나 상호작용을 중시하지 않으며, 이들을 모두 개별 구성요소로 쪼갠다. 이것은 경제학이 흔히 내세우는 가합적 분리가능성additivie separability, 비확률적이면서 한 재화만을 고르는 상호 배타적인 선택 상황(주택, 자동차, 컴퓨터), 그리고 기대효용이론이 적용되는 확률적인 상황(주식, 보험, 도박)에서 상정하는 독립성independence과 밀접하게 관련되어 있다.

시장에서도 큰 덩어리로 가격을 붙여 사고팔거나 활용할 수 없을 때는 쪼개서라도 매매한다. 이런 분해는 공간적으로뿐만 아니라 시간적으로도 진행된다. 임대라는 형식을 통한 주택이나 자동차 등의 분할, 부동산에 대한 모기지와 역모기지, 콘도의 공동소유 및 활용, 비우량주택담보에 근거한 채권의 분할과 자산화 등이 그런 예이다. 이 점은 서양인의 샌드위치를 한국인의 비빔밥과 대비하면 더 명확하다. 샌드위치는 구성성분으로 분해되는 데 비해, (먹기 직전의) 비빔밥은 그렇게 할 수 없다.

시장에는 이와 반대 방향으로 결합이 일어나기도 한다. 짬짜면은 짜장면과 짬뽕이라는 두 재화의 결합이다. 더구나 핸드폰에 과거의 개별제품이었던 전화, 라디오, 텔레비전 등이 결합되어 있다. 그런데 경제학은 이런 경우에도 전체의 관점이 아니라 개체의 관점에서 이해한다. 짬짜면은 짜장면과 짬뽕의 볼록형 결합이 사람들의 선호로 정착된 것이다. 핸드폰은 여러 구성요소와 여러 제품의 결합으로 이해할 것이다.

개체주의를 통해 대체와 보완이라는 개념이 경제학에서 왜 복잡해지는지를 가늠할 수 있다. 대체/보완 개념을 보면, 경제학자들이 사소한 문제에 괜히 예리한 칼날을 휘두르고 있는 듯이 보인다. 그렇지만 합리적 선택과 개체주의를 중심축으로 삼는 경제학 입장에서는 이것이 사소한 문제가 아님을 알 수 있다.

> **대체와 보완**
> 대체와 보완이 단순하지 않다는 것은 'Complementarity'라는 '단순한' 제목을 지닌 새뮤얼슨Paul Samuelson의 '복잡한' 논문을 보면 확인된다. 그는 이 논문에서 비트겐슈타인 Ludwig Wittgenstein까지 거론하면서 이에 대한 자신의 의견이 바뀌었다고 고백한다(Samuelson, 1974). 원래 생각했던 것보다 보완성이 중요하다는 것이다. 수없이 많은 사람을 이끌어온 장본인이 자신과 모두가 함께 가던 길을 뒤집은 것이다. 물론 새뮤얼슨은 수학을 통해 문제를 더욱 복잡하게 만든다. 이런 목자의 배신에 대해, 양들은 인용하지 않는 침묵으로 저항했다. 양들의 침묵이다. 경제학은 개별 재화들(이나 자원들) 사이에 보완보다 대체를 부각시켜 재화의 개체성을 강조해 왔다. 물론 재화들이 완전히 독립적이라고 주장하지는 않지만, 결단코 재화들 사이의 상호의존성이나 관계성을 강조하지는 않는다.[59]

그런데 가격이나 소득 때문에 어떤 사람이 그동안 소비하던 한 재화를 포기하고 다른 재화를 구입한다면, 이는 대체인가 보완인가? 개체주의 입장에서는, 다른 재화가 원래 재화를 대신했으니 대체이다. 반면 재화들이 구성하는 소비재의 묶음 전체를 놓고 보면, 생활수준이나 후생을 유지하도록 다른 재화가 원래 재화를 보완한 것이 된다.

가격이나 소득과 무관한 예로, 어떤 사람의 시각이 약화되면서 동시에 청각이 예민해진다면 이것은 대체인가 보완인가? 개체주의 입장에서는 인간의 감각을 시각, 청각, 촉각, 후각, 미각 등으로 쪼개서 볼 것이다. 이와 달리 총체주의는 인간의 감각을 하나의 덩어리로 볼 것이다. 개체주의에서는 청각이 시각을 대신하므로 대체이다. 반면 총체주의에서는 전체 감각을 유지하기 위해, 청각이 시각을 보완하는 것이 된다.

---

[59] Lawson, 2013, 9장 9절, 619-27, 629-648.

이에 대한 폭넓은 생각은 의외로 제도학파의 코먼스에서 얻을 수 있다. 그는 대체와 보완을 제한과 보완으로 규정하고, 발현적 속성emergent properties 과 연결시켰다.[60] 출현적 속성의 단순한 예로, 물(H_2O)의 구성요소인 수소나 산소는 그것들이 결합해 만든 물의 성격을 가지고 있지 않다. 이에 따라 인간의 관계나 집단이, 관계나 집단 구성원들을 넘어서는 힘이나 문화를 지닐 수 있다.

분석주의는 사물의 발현적 성격을 부정하면서 전체를 부분의 단순한 합으로 간주한다. 그렇지 않더라도 일단 개별요인들로 설명하려고 노력한 후, 설명되지 않는 것을 잔여나 잔차라는 부차적인 존재로 추가한다. 경제학은 개별 재화나 생산요소의 수준에서 대체를 지적하며, 계량경제학은 흔히 잔차에 상호의존을 포함시킨다.

> **시장 속의 사랑과 꿈속의 사랑**
> 시장경제의 전형이라고 할 수 있는 미국 사회에서는, 이미 1960년대부터 사랑을 구하는 대중가요에도 수량주의와 분석주의가 두드러진다.
> - *I Love You More than I can Say* (1961) '말로 표현할 수 있는 것보다 더 너를 사랑한다. 내일은 오늘 너를 사랑한 것보다 두 배 사랑할게 I'll love you twice as much tomorrow.'가 그런 예이다.
> - *Be My Baby* (The Ronettes, 1963, the Baberis) '네가 내게 한 번 키스해 줄 때마다 나는 너에게 세 번 키스해 줄게 For every kiss you give me, I'll give you three.'라는 노랫말은 계산적이고 수량적이며 교환을 연상시킨다. 그리고 1:3의 교환비율을 시사한다. 이것은 키스하고 싶다는 것과 다르고, 키스해 주겠다든지 키스해달라는 것과도 차이가 있다.
> - *Every time You Go Away* (Paul Young, 1980) '네가 떠나갈 때마다 너는 나의 일부분을 함께 가지고 간다 Every time you go away, you take a piece of me with you.'라는 구절은, 자신의 부분을 말하니 분석적이다. 이는 베니스의 상인을 연상시킨다. 그리고 이것은 당신이 떠나서 가슴이 아픈 것과는 다르다.
> - 반면 한국 대중가요에서는 1980년대에 이르기까지 간절하지만 이룰 수 없는 사랑이 주류를 이루면서, 추상적이고 관념적인 상태에 머물러, 교환은 물론이고 수량에도 다

---

60 Commons, 1959

> 가가지 않는다. '꿈속의 사랑'(1956), '한동안 뜸했었지'(1978), '어쩌다 마주친 그대' (1982)
> 가 그런 예이다. '영원히', '끝없이' 등 한정된 숫자가 아니라 무한이 등장한다. 이것은 무
> 한대의 대체비율이다. 또한 떠나간 연인이 가져가는 것은 자신의 전체이지 일부분일
> 수 없다.

(4) 효용주의

18세기 말 벤담으로부터 시작한 공리주의는, 인간의 모든 행위 기준을 쾌락과 고통으로 환원한다. 이것은 아리스토텔레스나 칸트 등이 내세운 선험적인 윤리나 도덕 기준과, 사회계약론자들이 내세운 인간의 자연권을 부정한다. 윤리나 도덕이 공동체를 전제하는 데 비해, 쾌락과 고통을 느끼는 것은 개인이므로, 공리주의는 개인주의에 부합된다.

또한 공리주의는, 의도나 과정보다 (시장에서의) 결과와 실적을 강조한다. 결과에 대한 선호는 행위에 대한 선호나 윤리적인 선호, 심지어 규칙을 준수하는 행위와 대비된다.[61] 나아가 '쾌락과 고통의 산술'이라는 벤담의 표현에서 알 수 있듯이, 쾌락을 최대화하기 위한 수량적인 계산을 중시힌다.

공리주의는 제번스 William Stanley Jevons를 위시한 한계효용학파를 통해 1871년, 경제학에 본격적으로 도입되었다. 공리주의가 사회 전체를 염두에 둔 데 비해, 한계효용학파는 일차적으로 개인의 행위를 염두에 두고 있다. 이 때문에 하이에크 등은 공리주의를 경제학과 분리하고 있다. 이런 맥락에서 경제학의 특징을 공리주의라기보다 효용주의로 표현하는 것이 더 정확해 보인다.

이런 변화로 인해 경제학은 노동과 비용이 아니라 한계효용에 중점을 두게 되었다. 그리고 이로부터 효용극대화라는 경제학의 행동준칙이 형성되었다. 그 이후 한계효용은 한계생산성으로 확장되었고, 이와 함께 이윤극대화가 행동준칙으로 추가되었다. 또한 크기의 차이까지 고려하는

---

[61] Vanberg, 2008

기수(基數)적인 효용에서 순서만을 따지는 서수(序數)적인 효용으로, '효용'
보다 '한계'에 무게가 실리게 되었다. 무차별곡선을 거쳐 현시선호이론에
이르게 된 것이 이런 변화를 말해준다.

'한계'주의는 법이나 정책을 시행할 때 경제나 사회에 충격을 주지 않는
점진적이고 미세한 변동을 내세운다. 이 입장에서 인생과 사회에 대한 거
창한 가치나 의미는, 인식과 행위에서 고려할 필요가 없다. 시장경제와 경
제사상도 인간의 물적인 욕구를 충족하는 데 봉사할 뿐, 그것을 넘어서는
정신적인 가치나 의미를 자임하지 않는다. 이런 의미에서 경제학이 강조
하는 합리성에 개입된 인간의 이성은 도구적이다. 그리고 여러 재화에 부
여하는 가치나 선호는 모두 각자의 몫이고, 이에 대해 사전적으로 우열을
따질 수 없다.

수량주의뿐만 아니라 공리주의는 사물의 기원, 과정, 도덕성이나 정당
성보다 그것의 현재 상태, 유용성이나 효율성에 집중한다. 이런 이유로 경
제학은 국가, 화폐, 시장, 가격 등의 기원이나 발생에 관심이 없다. 미시적
으로도 어떤 사람의 재산에 대해, 그 사람이 어떻게 그것을 획득했는지보
다 그것을 어떻게 활용해야 효율적인지에 더 관심을 둔다.

(5) 경험주의

흄이 대표하는 영국의 철학, 경험주의는 대륙의 관념론과 대립한다. 경
험주의는 관찰에 근거하므로 형식논리에 의존한다. 무엇보다 관찰에 근
거한 사물은 A이거나 아니면 non-A이다. 어떤 경우에도 특정 사물이 A이
면서 non-A일 수 없다. 이것은 변증법에서 A와 non-A가 공존하거나 결합
되어 있는 것과 대비된다. 가령, 마르크스에서 시장의 평등과 공장이나 기
업 속의 불평등은 결합되어 있다.

흄에 의하면 과학은 인간의 인식능력에 버거운 인과관계 causation를 찾기
보다, 확률적인 상관관계 correlation를 찾는 데 그쳐야 한다. 예를 들어, 하늘

에 구름이 끼면 비가 내리는데, 구름이 비의 원인이라고 판단하기보다, 구름이 끼면 비가 올 확률이 높다고 판단하는 데 만족해야 한다는 것이다. 통계학과 경제학의 대표적인 방법인 계량경제학은 이런 입장을 대변한다.

이 입장에서는 관찰된 것을 중시하고 사변적인 것을 경시하게 된다. 개념이나 범주에 대해 경제학이 크게 관심을 두지 않는 것도, 경제학의 기저에 흄의 생각이 깔려 있기 때문이다. 한국 철학자들은 이런 이유로 영미철학이 경박하다고 생각해 독일철학을 우위에 놓는다.

시장에서 관찰 가능한 것은 가격이나 판매량 등이므로, 경제학은 수량과 비율에 중점을 두게 된다. 동시에 경제학은 질적인 속성을 양적인 속성으로 변환하려는 경향도 강하다. 따라서 시장주의 사상과 이론은 **수리적이고 수량적인 일반화**는 추구하지만, **개념적이거나 범주적인 추상화**는 추구하지 않는다.

예를 들어, u=f(x)라는 효용함수를 통해 경제학은, 특정 재화의 개체 수나 효용의 특정 수준을 x나 u로 표현하는 데 익숙하다. 그렇지만 효용, 재화나 서비스, 소비, 선택이나 의사결정 등이 무엇인지 이들을 개념화하는 데는 상대적으로 능숙하지 않다. 이런 이유로 경제학을 실증주의positivism로 규정하기도 한다.

또한 경제학은 미국에서, 스키너Burrhus Frederic Skinner의 행태주의behaviorism로부터 영향을 받았다. 행태주의는 관찰이 가능한 자극이라는 투입과, 반응이라는 산출에 집중한다. 이것은 자극과 반응 사이의 과정을 묻지 않은 채 '블랙박스'로 놓는다. 이에 따라 경제학은 개인의 행동에 대해 관찰이 가능한 것에 집중하게 되었고, 그 결과 심리학적인 근거를 포기하게 되었다.

현시선호이론은 이런 입장에 따라, 관찰 가능한 가격 변동과 수요량 변동을 추적해 수요곡선을 도출한다. 이런 경향은 경험주의와는 부합하지만, 원래 효용개념을 제공한 공리주의에서 벗어난 것이다. 이러면서 이론의 목적이, 설명이 아니라 예측이라는 프리드먼의 주장도 등장했다. 이와 함께 경제학이 벤담으로 되돌아가야 한다는 행동경제학자 카너먼Daniel Kahneman의 반박도 등장했다.

그런데 계량경제학은 통계학과 달리 인과에 대한 갈망을 저버리지 못했다. '그레인저 인과Granger causaiity'(여러 시점의 국민총생산과 물가상승률과 같은 시계열자료에서 과거 시점의 변수를 활용해 양자 사이의 인과를 규명하는 방식)가 그 증거이다. 무엇보다 최근에는 역사적인 경제학historical economics 등이 이런 갈망을 더 키워, 인과적인 추론causal inference을 추구하고 있다.[62] 또한 각종 정책 시행과 관련해 무작위 통제 시험randomized controlled trial에 의존해, 인과관계를 규명하려는 노력도 급증하고 있다.[63] 그렇지만 이것이 경제학의 대세는 아니다.

(6) 제국주의

경제학 제국주의economic(s) imperialism는 시카고학파가 중심이 되어 1970년대 이후 경제학의 논리를 경제외적인 대상에 확대 적용한, 일종의 경제학주의이다.[64] 신자유주의가 현실의 사상이라면 이론적으로 그것에 상응하는 것이 경제학 제국주의(이후 제국주의라 칭함)이다.[65] 제국주의는 신자유

---

[62] 최근 20여 년 동안 역사적인 경제학이 등장해 전 세계 주요 대학의 대표적인 학자들이 경제발전을 위시한 경제사회현상에 대해 그것의 기원이나 뿌리를 찾아내려고 노력하고 있다(Acemoglu et al., 2001). 이것은 기존 시장주의에서 벗어나는 것으로 경제학의 방향 전환이라고 진단할만하다.

[63] 이 때문에 계량경제학의 내생성endogeneity, 도구변수instrumental variable, 차이의 차이 difference in difference, 회귀 불연속regression discontinuity 등이 인과의 규명과 역인과 reverse causality의 회피라는 목표를 위해 동원되고 있다. 무작위 통제실험 외에 자연실험natural experiment, 유전자 경제학genomics, 뇌신경 경제학neuroeconomics 등 여타 방법들도 인과성을 지향한다. 이들은 모두 그레인저 인과성Granger causality의 수준을 넘어섰다고 보아야 한다.

[64] Lazear, 2000

[65] Vanberg &・Vanberg, 2012, 246

주의와 마찬가지로, 전통적인 시장주의보다 적극적이고 공격적이다. 이 때문에 이미 사회과학의 중요한 주제가 되었다.

제국주의는 전통적으로 다른 학문에서 다루는 출산, 결혼, 범죄, 투표, 법과 제도, 윤리, 종교 등 실로 다양한 주제를 대상으로 삼는다. 그러면서도 적용 논리는 시장주의 이론이므로, 비경제적인 대상에서 상품과 시장에 준하는 것, 즉 개인의 합리성과 가격을 찾으려고 노력하게 된다. 또한 가격과 선택에 근거해 경제문제를 넘어서 사회문제를 해결하려고 노력한다.

제국주의의 중심축은 합리적 선택이론rational choice theory이다. 가령, 베커에 의하면 출산이나 결혼, 범죄도 비용과 편익에 대한 계산에 근거한 선택의 결과이다. 나아가 대통령이나 국회의원 후보자, 배우자, 진학할 학교, 교회나 절 등도 모두 합리적 선택의 대상이다. 이는 이런 것에 대한 선택이나 의사결정이, 시장에서 냉장고를 구입하는 선택과 다르지 않음을 뜻한다. 그리고 이런 선택과 수요 및 공급에 따라 "아기의 질과 양에 따라 가격"이 결정되고 "결혼 시장"이 형성된다.

이와 비슷하게 코스Ronald Coase 등 신제도학파는, 인간의 이기심이나 합리성 관점에서 제도를 설명한다. 특히, 역사 속에서 제도의 중요성을 강조하는 노스Douglas North는, 제도를 효용극대화의 관점에서 유인이나 제약조건으로 파악한다.[66] 제도를 중시하면서도 제도를 의미, 가치, 윤리와 무관하게 파악한다는 점에서 시장주의의 성격이 강하다.

시장주의는 법적인 규정과 현실과의 괴리에서 시장을 읽어낸다. 고정환율을 법적이거나 공식적인 제도로 선언했더라도, 실제로는 이와 함께 변동환율에 준하는 것이 작동해 이중구조를 이루어왔다.[67] 그리고 흔히

---

[66] McCloskey, 2010
[67] Reinhart & Rogoff, 2004

알려진 바와 달리, 이런 현상은 개도국에 국한된 것이 아니라 유럽 등에서도 상당 기간 광범위하게 나타났다는 것이다.

이런 상황에서 일반적으로 시장의 환율이 앞서 변동하고, 공식 환율이 뒤따라간다. 이것을 시장주의자는 시장, 즉 가격과 이기적이고 합리적인 개인의 선택으로 설명한다. 법적인 규정과 현실 관행 사이의 괴리에서 법률가가 도덕이나 관습을 읽어낸다면, 시장주의자는 이같이 시장을 찾아낸다.

이 입장에서 시장은 경제내외로 확산한다. 우선 시장이 공장이나 기업으로 확산한다. 그리고 시장이 가정과 인간으로 진입해, 가정과 인간을 기업과 비슷하게 만든다. 동시에 경제학은 기업 안에서도 시장을 발견한다. 나아가 시장은 관청, 군대, 학교, 병원, 교회로 확산하여, 비영리조직에서도 기업과 경영자를 찾아낸다. 그 결과 광범위한 영역과 조직에서 자신의 이익을 위해 교환하는 합리적인 인간과 가격을 발견한다.

정치나 문화 등 사회현상을 모두 경제적인 관점에서 설명한다는 의미에서 이 흐름은 일견 마르크스의 유물론과 비슷해 보인다. 그렇지만 제국주의는 사회 모든 영역에서 자본과 계급투쟁이 아니라, 시장과 개인의 합리적 선택을 발견한다. 따라서 이것을 마르크스적인 유물론과 구분해 '경제주의'나 '경제학주의'로 규정하는 것이 타당해 보인다.

3장

시장주의 경제사상

시장주의 경제이론과 완전히 일치하지 않는 시장주의 경제사상으로 오스트리아학파, 질서자유주의, 공공선택이론, 신자유주의를 들 수 있다. 모두 시장주의 이념과 체제를 표방하지만, 시장주의 이론이 일반균형이라는 하나의 체계에 바탕을 두고 있다면, 시장주의 사상은 이보다 다양하다. 또한 시장주의 사상은 시장주의 이론만큼 논리적으로 엄밀하지 않으면서도, 이론보다 현실이나 행위자에 밀착되어 호소력을 발휘하고 있다. 그런데 그 안에서도 상대적으로 오스트리아학파와 공공선택이론은 이론에 가깝고, 질서자유주의와 신자유주의는 현실에 가깝다.

3.1. 오스트리아학파

오스트리아학파는 한계효용학파이면서도 제본스나 발라스와 달리 신고전학파 경제이론에 흡수되지 않았다. 특히 이 학파의 대표적인 사상가 하이에크는, 시장을 균형이 아니라 질서로 파악한다. 생태계나 우주 등 사물을 질서로 파악하려는 관점이나, 경제를 모종의 질서로 파악하는 견해는 과거에 적지 않았다. 하이에크는 이에 더해 시장의 발생과 변화를 말하면서, 시장이 오랜 역사 속에서 스스로 형성된 자생적인 질서spontaneous order라고 주장했다.[68]

애덤 스미스에 근거해 그는, 시장이 오랜 역사 속에서 자신에게 필요한 사유재산제도나 계약의 준수 등 규칙, 제도, 기술, 그리고 인간을 진화시키면서 스스로 형성되었다고 주장했다.[69] 이런 시장의 자생적인 질서가 물질적인 풍요와 인구 증가 등 인류 번영에 이바지했다는 것이다.

---

[68] Hayek, 1979
[69] Rodrigues, 2013, 1004

자생적인 질서는 사유재산 및 계약에 대한 기본 규칙과 가격기구로 구성된다. 자생적인 질서가 형성되고 변화하는 과정은 느리게 진행되는 진화이다. 시장이 진화했다는 것은 시장이, 국가나 여타 조직과 달리 법규나 약속을 통해 일거에 구성한 인위적인 질서가 아니라는 의미이다. 이 점에서 하이에크의 진화와 질서는 마르크스가 내세운 혁명이나 계획경제와 구분된다.

이같이 시장질서는 다윈의 진화로 설명된다.[70] 다윈에 의하면, 동식물 중 특정한 종의 기원이나 보존이 환경에 대한 적응과 이를 위한 진화, 그리고 자연선택natural selection을 거친 결과로, 적자생존the survival of the fittest에 지배된다. 이에 따라 공룡은 사라졌고, 개미·벌·매미는 번성하고 있다.

역사적으로 자연발생적이고 자생적이라는 점에서 시장은 언어와 비슷하고, 사람들이 만든 문법이나 구두법(句讀法), 과거시험이나 입학시험 등과 거리가 있다. 이런 생태계와 시장 사이의 유추는 이제 상당히 두터워졌다. 이에 따라 흔히 생태계에 시장경제를, 동식물에 기업을 비롯한 경제행위자를 대응시킨다.

그런데 경제와 사회에 관련된 진화는, 유전자gene에 근거해 학습이 불가능한 생물학적인 진화라기보다, 기억인자meme에 근거해 학습이 가능한 문화적·사회적 진화이다. 이런 의미에서 자생적 질서는 인간의 본성에서 나왔다기보다 자연과 인공의 결합이다. 한편으로 인간의 본성이 이기적이라고 보고, 시장에서 이런 이기심이 발현된다는 점에서 시장은 '자연적'

---

[70] 하이에크 이전에도 여러 이념을 지닌 여러 경제학자가 진화를 내세웠다. 신고전학파의 창시자인 마셜, 제도학파의 베블런Thorstein Veblen, 창조적 파괴creative destruction로 기술혁신의 선구자로 알려진 슘페터Joseph Schumpeter, 시카고학파 계열의 허시라이퍼 Jack Hirshleifer 등이 그런 예이다. 이들 중 마셜, 하이에크, 슘페터, 허시라이퍼 등은 자유주의나 시장주의에 속한다. 특히 슘페터는 기술혁신에 집중해, 진화경제학 학술지인 *Journal of Evolutionary Economics*의 기반을 제공했다. 다만, 슘페터가 마르크스로부터 많은 영향을 받았다는 점이 별로 기억되지 않고 있다.

이다. 이 점에서 시장은 동식물의 생태계와 비슷하다. 그렇지만 다른 한편으로 인간이 자신의 이익을 추구하기 위해 행동하는 데 규칙들과 가격체계가 필요하므로, 시장은 '인위적'이다. 이 점에서 시장은 동식물의 생태계와 다르다.

하이에크의 이런 생각은, 시장이 사람들의 경제활동으로부터 자생적으로 생긴 질서인 데 비해 정부, 특히 행정은 인위적인 질서라는 이분법에 근거하고 있다. 이 때문에 시장질서는 관습이나 영국의 관습법과 친화력을 지닌다. 이와 달리 행정부나 인위적인 조직은 연역적이고 인위적인 성격이 강한 대륙의 성문법, 그 중에서도 헌법이나 행정법과 친화력을 지닌다.

진화에는 미래를 장담할 수 없는 개방성이 수반되며, 작동과정에서도 자생적 질서가 지닌 경쟁의 동태적인 성격으로 불확실성이 수반된다. 이 점에서도 시장질서는 계획경제뿐만 아니라 시장주의를 공유하는 일반균형체계와도 구분된다. 시장은 참여하는 모든 사람에게 일정 범위의 기대를 가지게 하지만, 이들 모두에게 성공을 보장하지 않는다. 시장에 참여해 특정 시점에 어떤 사람은 성공하고 다른 사람은 실패할 수밖에 없다.

당연히 여기에는 운도 개입되므로, 시장의 결과를 정의롭다고 장담할 수도 없다. 시장은 규격화할 수 없을 정도로 동태적이기 때문이다. 그렇더라도 이런 성공과 실패를 각자 자신의 책임으로 받아들여야 한다. 가령, 생산성이 떨어지는 기업을 정부가 구제해 주어서는 안 된다. 왜냐하면 기대가 실패할 수 있다는 점이 시장의 역동성을 낳기 때문이다. 그리고 시장의 역동성은 더 많은 사람에게 장기적으로 더 많은 가능성을 제공하기 때문이다.

만약 사회정의, 경제정의, 분배적 정의 등 정의나 완전고용을 내세우며 정부가 개입해 시장의 결과에 대해 손을 대면, 시장은 역동성을 잃게 된다. 하이에크에서, 시장의 결과에 손을 대면 단순히 균형에 근거한 정태적인 효율성이 약화하는 데 그치지 않고 자생적인 질서의 동태적인 힘이 소멸된다. 이런 이유로 하이에크는 사회주의뿐만 아니라 케인스주의와도 대립한다.

> **질서와 진화**
> 초기 사상부터 등장하는 질서에 준하는 개념으로, 중농주의와 고전학파 등의 재생산reproduction, 다윈의 진화, 마르크스의 운동법칙 laws of motion, 케인스의 거시동학 macrodynamics, 비판적 실재론critical realism의 재생산 및 변형 등을 들 수 있다. 이런 것들에는 생물학적인 유추가 지배적이어서, 경제이론이 균형개념으로 물리학적인 유추에 지배되는 것과 대비된다. 하이에크와 나중에 설명하는 질서자유주의자 이외에 명시적으로 질서를 언급하는 학자로, 제도학파의 코먼스를 들 수 있다. 코먼스에 의하면, 행위자들이 지닌 기대들이 거래를 통해 상호의존적이 되고 상호작용하면서 발생하는 갈등과 충돌에서 제도와 질서가 생긴다.[71]

물론 하이에크는 시장의 자생적인 질서뿐만 아니라 시장의 자율적인 운행을 내세운다. 그리고 자율적인 운행과 관련해 시장주의 이론에 가까워진다. 그렇지만 그는 일반균형체계가 시장 현실을 설명하는 것도 아니고 이상적인 시장을 제시하는 것도 아니라고 비판했다.[72] 그는 정태적인 성격을 일반균형체계의 가장 큰 문제로 지적했다. 그리고 멩거나 미제스 등 오스트리아학파 전체가 이런 입장을 공유하고 있다.

구체적으로 일반균형체계는 '다른 모든 것이 동일하다'는 조건으로 선호나 기술, 인구 등이 변동하지 않는다고 가정하고 동시결정을 상정해, 현실 시장의 동태적인 성격과 불확실성을 반영하지 못한다. 이것은 시간이 정지된 상황을 상정하면서 시장이 균형에 도달한다고 주장하는 것이어서 정태적이다. 시장질서는 동태적이고 불확실하므로, 시간과 과정을 배제

---

71 Commons, 1959, 57-58
72 하이에크도 초기에는 일반균형체계를 자신의 근거로 삼았으나, 일반균형이 사회주의를 정당화하는 데도 활용될 수 있다는 것 때문에 사회주의 계산 논쟁 이후 이로부터 벗어나기 시작했다.

할 수 없다.

나아가 기호나 기술 등이 계속 변하는 시장에서 가격은, 주어진 조건들에 부합하는 균형가격으로 다가가는 것이 아니다. 또한 기호나 기술 등이 주어져 있다고 보는 일반균형체계의 완전경쟁perfect competition은, 시장의 현실도 아니고 이상도 아니다. 하이에크에게 경쟁은 지식과 정보를 발견하는 동태적인 과정이기 때문이다.[73]

비슷한 이유로 앞서 오스트리아학파의 미제스Ludwig Mises는 수요곡선의 존재를 부정했다. 수요곡선은 수요의 결정요인 중 가격을 특화시켜 수요량과 연결시키는데, 이것은 가격을 제외한 다른 요인들이 변동하지 않는다고 상정하는 것이다. 수요곡선의 존재와 안정성을 부인하는 이 학파에게, 수요곡선 상의 이동과 수요곡선 자체의 이동에 대한 경제학의 구분도 무의미하다. 공급곡선에도 비슷한 논리가 적용된다.

이렇게 되는 이유는 시간과 과정이 중요하기 때문이다. 같은 이유로 이 학파는 일반균형의 동시결정을 거부한다. 멩거에게서 경제활동은 소비를 목표로 생산→교환→소비로 이어진다. 또한 뵘바베르크는 자본이 우회생산을 통해 생산성을 높이며 자연과 노동이 결합되어 생산된다고 보아, 시간의 흐름이 수반되는 과정을 중시했다.

하이에크도 시장에서 결정되는 가격과 소득을 존중할 것을 역설한다. 이 때문에 경제정의나 사회정의를 이유로 조세 등을 통해 소득을 재분배하려는 노력에 극도로 비판적이다. 이 점에서 그는 프리드먼이나 루카스와 비슷하다. 그렇지만 시장이 동태적이어서 소득결정에는 운이 개입되므로 시장의 결과를 한계생산성이론이나 능력주의로 완전히 정당화할 수 없다. 이 점에서 하이에크는 일반균형체계와 구분된다.

---

[73] 하이에크에 근거해 일부 학자들은, 이질적인 행위자들의 상호작용으로 인한 출현적 속성을 중심에 놓는 동태적인 경제학Agent-Based Computational economics을 대안으로 내세운다(Bowles et al., 2017).

하이에크의 관점에서 경제주체들은 균형으로 다가가는 것이 아니라, 매 시점에서 상대적으로 더 나은 상황으로 나갈 뿐이다. 따라서 균형은 현실의 시장가격에 대한 준거일 수 없다.[74] 균형이 준거가 아니므로, 현재의 경제상황을 파악하는 기준이 될 수도 없다. 경제행위자도 완전정보나 완전한 합리성을 지니지 않은 보통의 정상적인 행위자이다.

오스트리아학파는 소비가 경제활동의 종착점이라는 견해를 멩거에서부터 하이에크에 이르기까지 일관되게 유지하고 있다. 이에 따라 시장경제가 소비자주권에 의존한다는 점을 확신한다.[75] 이 입장은 자본재는 소비재의 생산에 기여하고, 화폐는 소비재의 획득을 도와주어 모두 소비를 목표로 한다는 일방적인 관계에 의존한다. 일반균형체계도 소비자주권을 부정하지 않지만, 동시결정체계에 의존하므로 오스트리아학파만큼 일관되거나 명시적이지 않다.

하이에크도 프리드먼과 같이 케인스주의와 정부 개입에 본능적으로 반대한다. 물론 그 근거는 동일하지 않다. 프리드먼이 시장의 정태적인 일반균형이 가져다주는 효율적인 결과를 근거로 삼는다면, 하이에크는 시장질서의 자생적인 성격과 동태적인 성격을 근거로 삼는다. 시장질서의 자생성은 시장의 발생과 관련되므로, 시장균형의 효율성보다 근원적이다. 더구나 일반균형은 시장의 발생에 대해 관심이 없지만, 시장이 인류 역사 속에서 서서히 진화된 질서라면, 이것을 피할 수 없기 때문이다. 만약 어떤 시장을 정부나 집단이 인위적으로 구성했다면, 하이에크 입장에서 그것은 진정한 시장이 아니다. 또한 시장을 이런 식으로 만들어도 안 된다.

---

[74] 하이에크가 1946년경에 'Free Market Study'라는 연구조직 등을 통해 시카고학파 탄생에 산파 역할을 했음에도 불구하고 이런 차이는 남아 있다. 또한 나중에 하이에크는 시카고대학 경제학과 교수로 임명되지도 못했다(Van Horn & Mirowski, 2009).
[75] 홍 훈(2000) 참조. 오스트리아학파로부터 영향을 받은 영국의 로빈스에게서도 이 점이 두드러진다(이 규상, 2022, 18-19).

질서의 자생성은 넓은 의미의 효율성을 포함하지만, 거꾸로 균형의 효율성이 질서의 자생성을 전제하는 것은 아니다. 이것이 시장주의를 공유하면서도 오스트리아학파와 시카고학파가 지니는 차이이다. 그렇지만 시장이 스스로를 관리할 수 있다는 시장의 '자율성'이 시장의 '자생성'과 시장의 '효율성'을 연결시킨다. 다시 말해, 자율성이 하이에크와 프리드먼(을 위시한 미국의 경제학자들) 사이의 연결고리라고 판단할 수 있다.

하이에크는 사회주의뿐만 아니라 케인스주의에 대해서도 전체주의라는 『예종의 길』(Road to Serdom, 1944)로 들어서게 만든다며 비판했다. 그는 중도 노선도 결국 전체주의로 전락하게 된다고 주장한다. 이 점에서는 프리드먼도 비슷하다. 그런데 하이에크에게 국가는 공산주의·사회주의·파시즘·전체주의를 포괄한다. 그리고 국가에 대한 거부에 있어서도 그는 프리드먼보다 근원적이다.

우선 하이에크는 영국의 자생적인 관습법을 옹호하면서, 대륙의 인위적인 법체계와 헌법 및 행정법 등 조지법을 비판했다. 그는 1인 1표와 다수결에 의존한다며 의회까지 부정했다. 그래서 그는 의회민주주의를 대신할 새로운 정치체제를 구상했다. 이것은 정책 담당자인 행정부를 의심하는 데 그치는 프리드먼의 비판보다 근원적인 수준의 비판이다.

화폐에 대해서도 오스트리아학파는 시카고학파보다 더 근원적이다. 먼저 오스트리아학파의 시조인 멩거는, 제도로서 화폐에 대해 근원적으로 파고들어 화폐가 시장에서 발생하고 진화했다고 주장했다. 멩거를 계승한 미제스도 재화 혹은 상품으로부터 화폐를 도출하면서, 화폐의 내생적인 발생과 화폐가치의 내생적인 결정을 내세웠다. 이 입장에서 화폐는 시장과 마찬가지로 진화의 결과이며 시장의 불가결한 일부분이다.

이들을 좇아 하이에크도 화폐가 시장에서 자생적으로 발생한 제도라고 생각했다. 또한 그는 화폐의 수량이나 가치를 정부의 손에 맡겨두지 않는 수준을 넘어서, 화폐와 금융이라는 제도를 자유방임주의 혹은 시장주의에 부합하도록 만들기 위해 고민했다. 최종적으로 그는 은행들이 각기 화폐를 경쟁적으로 발행하는 자유경쟁적인 화폐발행체제free banking를 내세우는 수준에 이르게 된다.[76]

경쟁적인 화폐발행체제는 여러 기업이 상품을 생산하듯이 여러 상업은행이 화폐를 발행하도록 허용한다. 이는 시장경제에 '중앙기업'이 없듯이 화폐의 탈국유화로 중앙은행이 없는 상태이다. 이런 주장에는 과도한 지폐나 신용화폐의 발행을 막기 위해 금본위나 상품본위commodity reserve를 내세우는 경향도 수반되어 있다. 물론 이런 것들은 현대 경제에서 실현되지 않았다.

미제스와 하이에크를 추종하는 학자들은 20-30%의 지불준비율을 거부하고 100%의 지불준비율을 주장한다.[77] 이 주장은 부분지불준비제도가 모종의 사기이고, 이것이 신용의 과도한 팽창을 낳아 금융위기와 경기변동을 초래하는 원인이라는 판단에 근거하고 있다. 100% 지불준비는 상업은행이 부채에 근거해 화폐를 창출하지 못하게 통화승수를 '1'로 만드는 데 목표를 두고 있다.

이 제노는 예금보험을 불필요하게 만들며 중앙은행의 폐지로 나아갈 수 있다.[78] 이 주장도 현재까지 실현되지 않았다. 미국 등에서 2020년 전후로 0%의 준비율이 시행되고 있어 상황은 이와 정반대이다.

이런 근본주의적인 견해가 시장주의 전체를 대변하는 것은 아니다. 사

---

[76] 초기에 하이에크는 화폐의 특수성으로 인해 은행들의 융자가 이자율로 조정되지 않는다고 보아 화폐의 공급을 상품의 생산과 비슷하게 취급하지 않았다. 이에 따라 원래 그는 화폐제도를 자유방임주의에 대한 예외로 취급하면서 자유경쟁적인 화폐발행체제까지 내세우지는 못했다(Selgin & White, 1994; White, 1999).

[77] Fontana & Sawyer, 2016; Askari & Krichene, 2016

[78] Askari & Krichene, 2016. 전액지불준비가 오스트리아학파의 전유물은 아니다. 가령 'Positive Money'라는 운동은 전액지불준비를 통해 상업은행의 신용창출을 금지시키면서도, 예금과 통화의 주권화폐적인 성격을 강화해 금융위기, 소득불평등, 생태문제를 해결하자고 주장한다(Dyson et al., 2016).

실 화폐뿐만 아니라 화폐금융제도와 관련해서는, 시장주의의 입장이 일관되거나 정돈되어 있지 않다. 화폐나 금융이 지닌 공공성을 시장주의 입장에서도 부정할 수 없기 때문일 것이다. 또한 가치척도나 계산의 단위는 국가수준에서 일관되게 하나여야 한다는 상식이 압도하고 있기 때문이다. 이런 상태에서 현대의 시장주의가 도달한 모종의 타협책이, 중앙은행의 독립성을 내세우거나 중앙은행의 목표를 물가안정에 한정하는 것 등일 것이다.

일반적으로 화폐 발생의 근거로는 시장, 공동체, 국가가 대립하고 있다. 특히, 시장에서 자생적으로 생겨났다는 오스트리아학파의 주장과, 국가가 화폐를 결정했다는 20세기 초 크나프Georg Knapp의 국정화폐가 대립하고 있다. 전자는 시장의 자생성이나 자율성을 강조한다. 그렇지만 화폐 발생의 자생적인 성격에 대해서도 시장주의 내에 일관된 입장이 존재하지 않는다.

시카고학파의 프리드먼 자신이, 화폐가 시장에서 생겨나는지 국가가 만드는지에 대해 명확한 입장을 가지고 있지 않다. 더구나 대부분 경제학자들은 아예 화폐 발생에 대해 관심을 두지 않는다. 이런 요인들이 겹쳐 시장주의는, 화폐가 시장의 불가분한 일부가 아니라는 입장으로 기울어져 있다. 결국 시장주의자에게 화폐는 현재까지 난제이고, 중앙은행은 숙제로 남아 있다.

일반균형이 물리학적인 유추라면, 진화에 근거한 자생적인 질서는 생물학적인 유추이다.[79] 또한 시장주의 이론이 주로 경험적이며 시장을 양적으로 규정하고 정당화한다면, 시장주의 사상은 시장을 주로 개념적이며 질적으로 규정하고 정당화한다. 신고전학파는 일관된 방법론적인 개

---

[79] 최근에는 게임이론 등을 통해 '진화적으로 안정적인 전략evolutionarily stable strategy' 등에서 생물학적인 유추와 물리학적인 유추가 뒤섞이고 있으나, 그 성격은 아직 정립되지 않았다.

인주의, 교환에 대한 강조, 균형상태를 특징으로 삼는다. 이에 비해 오스트리아학파는 주관주의, 시장의 경쟁 과정, 경제학을 물리학과 구분해 이해와 해석의 학문으로 규정하는 방법론, 제도의 발생에 대한 관심 등을 특징으로 삼는다.[80]

멩거를 위시한 오스트리아학파는 법, 화폐, 언어, 기업 등 제도의 발생과 변동에 대해 지대한 관심을 기울이고 있다. 이 학파에는 제도에 대한 관심, 그리고 제도가 정부 간섭 없이 자생적으로 발생하고 진화한다는 입장이 깔려 있다. 그리고 시장과 개별행위자의 이익에 근거해 제도를 설명하므로, 이 학파는 근원적인 의미에서 시장주의자이다.[81]

이 점에서 오스트리아학파는 일반균형체계에 따라 선호나 기술뿐만 아니라 제도가 주어져 있다고 보는 시카고학파와 차이가 있다. 전통적으로 시카고학파는 주어진 제도 하에서 시장이 자율적이거나 효율적으로 작동한다는 점에 초점을 맞추어, 제도에 관심이 없고 제도의 자생적인 발생에 집착하지 않는다. 다만, 최근에는 경제학의 제국주의를 통해 시카고학파가 법과 제도로 점차 관심을 넓혀가고 있다.

3.2. 질서자유주의[82]

질서자유주의Ordoliberalismus는 하이에크보다 명시적으로, 시장과 경제를 질서Ordnung로 파악한다. 1920년대에 오이켄Walter Eucken을 필두로 뵘Franz Böhm, 뤼스토Alexander Rüstow, 뢰프케Wilhelm Röpke 등이 질서자유주의를

---

80 Baird, 1989, 203
81 Hülsmann, 2003, 399
82 질서자유주의는 오스트리아학파보다 덜 알려져 있지만, 한국경제의 발전과는 더 친화력이 있다고 판단해 이 책에서는 보다 상세하게 취급했다.

내세웠다. 또한 이 사상은 뮐러-아르마크Alfred Müller-Armack를 통해 2차 대전 이후 독일의 사회적 시장경제Sozialmarktwirtschaft에 근거를 제공했다. 현재는 독일이 주도하는 유럽연합의 사상적 기반으로 알려져 있다.

> 개별경제에서는 지도자의 머릿속에서 실현되는 일체성을, 여기서는 경제질서가 완결한다. 이로 인해 모든 경제정책적인 조치도 경제과정이 진행되는 전체 경제질서의 테두리 안에서만 의미를 지닌다(Eucken, 1959, 17).[83]

질서자유주의는 자유방임주의와 중앙집권적인 계획경제 사이의 중간 길을 표방한다. 오이켄을 중심으로 하는 프라이부르그 학파die Freiburger Schule는 자유와 경쟁을 중시하지만, 이를 위한 체제가 시장에서 스스로 제공되거나 유지될 수 없다고 본다. 이에 따라 자유와 경쟁을 위한 조건이나 제도를 제공하는 것을 국가의 역할로 삼는다. 경제주체가 제도에 부합되는 행위를 보이도록 육성하는 교육 등의 기능도 정부가 담당한다.

질서자유주의는 독일의 역사학파 전통에 자유주의에 대한 믿음을 결합시킨 사상이다. 현실의 시장이 불완전하다고 여겨 제도적인 틀을 국가가 제공해야 한다고 보므로 시장자유주의와 다르다. 그렇지만 시장을 이상으로 삼으며 경제의 과정에는 국가가 간여하지 않아야 한다고 주장하므로 시장주의이다. 같은 이유로 질서자유주의는 케인스적인 개입주의와 구분된다.[84]

질서자유주의에 의하면, 독과점으로 인해 특정 경제주체가 시장을 지

---

83 Die Einheit, die in der Eigenwirtschaft der Kopf des einen Leiters realisiert, vollzieht hier die Wirtschaftsordnung. Infolgedessen ist auch jede wirtschaftspolitische Maßnahme nur im Rahmen der gesamten Wirtschaftsordnung, in welcher der Wirtschaftsprozeß abläuft, sinnvoll.
84 Hien & Joerges, 2018, 3-4

배하면 자유와 경쟁이 사라지므로, 국가가 시장의 이상을 지켜야 한다. 사회구성원의 자유를 위해서는 국가의 폭력을 경계할 뿐만 아니라 사회구성원들 사이의 폭력을 관리해야 한다. 시장경제이론에서와 달리 이는 특정 개별주체의 '기회비용'보다 개별주체들 사이의 '기회균등'을 중시하는 것이 된다.

이런 기능을 수행하려면 법치국가Rechtsstaat가 필요하다. 오이켄에게서 여러 사회구성원의 자유를 지키는 법치국가는 경제질서, 정치질서 등 여러 질서의 상호의존성과 상호작용을 전제한다. 그리고 법치국가는 여러 이해집단의 힘을 제압할 수 있을 정도로 강력해야 한다. 이같이 질서자유주의에서는 국가나 기업 등 개별조직의 힘이 중요한 고려대상이다.

구체적으로 독과점 기업의 등장이 작은 기업들의 생산이나 투자를 구속한다는 점에서, 기업들 사이의 세력관계와 독과점이 중요하다. 질서자유주의가 관심을 두는 자유는 개인 차원의 기회균등이나 재화 등에 대한 선택의 자유를 넘어선다. 또한 국가는 개별주체의 활동에 간섭하지 않는 소극적인 수준을 넘어서, 개별주체들의 관계를 조정한다. 질서자유주의는 사유로운 경쟁을 이상으로 삼으면서도, 기업이 힘을 가질 수 있어서 국가나 정부가 이를 상쇄시킬 힘을 지녀야 한다고 본다.

영미의 경제사상과 달리 독일의 경제사상에서 힘이 중요했다는 것은, 독일의 역사학파 전통에서 오랫동안 계속된 '경제법칙과 힘'Ökonomisches Gesetz oder Macht에 대한 논쟁에서 확인할 수 있다. 이것은 경제영역에서 과연 법칙이라는 것이 있는지, 아니면 상황이나 세력관계에 따라 가격이나 소득이 결정되는지의 문제였다. 오이켄은 이런 전통과 무관하지 않다. 또한 이것은 힐퍼딩Rudolf Hilferding이 지적한 바와 같이 카르텔 및 콘체른으로 나타난 과거 독일의 조직화된 자본주의organizierter Kapitalismus에 대한 성찰을 담고 있다.

경제이론은 일반적으로 일반균형과 완전경쟁, 경제행위자의 동등성에 근거해 힘의 작용을 인정하지 않으며, 시장이 불완전할 때만 예외적으로 힘을 인정한다.[85] 이 때문에 경제학의 사전에는 힘이라는 단어가 거의 등장하지 않는다. 하이에크도 경제주체의 힘과, 이에 대한 국가의 관리를 고려하지 않는다.

질서자유주의는 독점관리의 목표이자 경제의 목표를 소비자의 필요 충족에 두기 때문에 소비자주권을 부각시킨다. 소비와 소비자를 경제활동의 중심에 놓는다는 점에서 질서자유주의는 오스트리아학파나 일반균형체계와 비슷하다. 그런데 소비자주권은 시민이 민주주의를 이끌듯이 소비자가 시장경제를 이끄는 힘을 보유함을 뜻한다. 이런 이유로 경제행위자를 권리, 힘, 의지의 관점에서 파악하는 질서자유주의가, 다른 학파보다 소비자주권에 더 확고한 믿음을 가진 것으로 보인다.

구체적으로 프리드먼도 경제에서 소비자의 역할을 중심에 놓지만, 소비자의 권리나 주권, 힘보다 소비자 선택으로 흐른다. 일반균형체계는 완전한 합리성에 근거해, 효용이나 후생의 극대화를 획득하고자 선택하는 소비자를 내세운다.[86] 더구나 수요와 공급을 모두 강조하므로, 이들은 소비자의 효용극대화와 생산자의 이윤극대화 사이를 왕복한다. 여기에 주주의 가치극대화까지 추가되어 소비자주권을 희석시킨다.

소비자주권을 금과옥조로 생각하면서도 질서자유주의는, 소비자의 선호가 완전하지 않다고 보아 이를 정부의 법이나 정책이 필요한 또 다른 근거로 삼는다. 이같이 소비자를 시민과 비슷하게 취급하고 시장경제를 민주주의와 비슷하게 취급하면서, 이 학파는 자유와 정의를 지향하는 경제민주의Wirtschaftsdemokratie를 표방하게 된다.

균형이 현실이 아니라고 생각해 질서를 강조한다는 점에서 질서자유주

---

85 Palermo, 2007, 2016
86 Gintis, 1972; Persky, 1993; Röpke, 1935, 35

의는 하이에크와 통하면서, 시장을 일반균형체계로 파악하는 프리드먼과는 구분된다. 그런데 오이켄은 질서를 내세워, 균형이 현실이 아니라고 생각하면서도 일반균형을 이상으로 생각했다. 질서가 균형을 낳는지 여부를 판단 기준으로 삼는다는 점에서 오이켄은 일반균형이 현실도 아니고 이상도 아니라고 보는 하이에크와 차이가 있다.

또한 일반균형을 준거로 삼았다는 점에서 오이켄은 프리드먼과 비슷하다. 그렇지만 오이켄은 프리드먼과 달리 현실의 시장과 이상적인 시장, 즉 일반균형 사이의 괴리를 부차적으로 취급하지 않는다. 그리고 이런 괴리를 시장 스스로 교정할 수 있다고 생각하지도 않는다. 그에게는 괴리와 교정의 성격이 모두 시장의 질서와 형태에 달려 있다.

질서자유주의는 시장의 현실과 이상을 메워서 시장질서를 형성하고 유지하는 데, 일견 시장과 대립되는 국가의 적극적인 역할이 필수적이라고 여긴다. 하이에크와 프리드먼에서 국가의 역할은 소극적이고 소극적이어야 한다. 특히 하이에크에서 시장은, '자생적인' 질서로 스스로를 유지한다. 또한 하이에크와 프리드먼이 주로 사회구성원에 대한 국가의 폭력을 경계하는 데 비해, 오이켄은 주로 사회구성원들 사이의 힘과 폭력을 경계한다.

법치국가가 수행하는 '경제정책'Wirtschaftspolitik은 포괄적이어서, 신고전학파가 생각하는 좁은 의미의 경제정책과 법 및 제도를 부분으로 포함한다. 그렇더라도 국가가 경제의 질서와 형태를 규정할 뿐 경제의 과정에 간여하는 것은 아니다. 오이켄에게 국가의 역할은 경쟁이 유지되도록 시장의 형태를 유지하고, 제대로 된 화폐제도를 제공하는 데 있다. 전자는 경쟁법과 경쟁정책으로 나타나고, 후자는 통화법과 통화정책으로 나타난다.

물가안정을 통해 상대가격을 유지해야 한다는 입장에 있어서 오이켄은, 하이에크나 프리드먼과 차이가 없다. 그렇지만 오이켄은 하이에크처럼 경쟁적인 화폐 발행으로 나아가지 않았다. 이보다 그는 신용창출로 인한 내생적인 화폐의 증가를 문제시하는 데 그쳤다.

경제적 과정에 국가가 개입하지 않는다는 점에서 오이켄은 하이에크 및 프리드먼과 일치한다. 그렇지만 질서자유주의는 법규와 같은 제도를 중시할 뿐만 아니라 그것을 제공하는 역할을 국가에 부여한다. 제도를 중시한다는 점에서 이 사상은 시카고학파와 다르고 오스트리아학파와 비슷하다. 그렇지만 제도를 국가가 제공한다고 보는 점에서, 자생적인 질서를 강조하는 오스트리아학파와도 구분된다.

넓게 조망하면 서양에서 인간이 자유를 누리려면, ① 자연과학과 기술을 통해 자연의 속박으로부터 벗어나고, ② 국가의 폭력으로부터 벗어나며, ③ 사회구성원들이 서로를 지배하지 않아야 한다. ①은 모든 사상의 공통분모이며 최소한의 생산성과 관련된다. ③은 구성원들의 평등과 관련된다.

밀 이래 영미 자유주의 전통은 ②를 강조하면서 ③은 부각시키지 않는 데 반해, 마르크스는 ②보다 ③을 부각시킨다. 하이에크니 프리드먼 등 시장주의는 대체로 밀과 같은 입장을 취한다. 이들은 ③을 기회균등이라는 형식적인 요건으로 해석해, 평등의 실질적인 의미를 축소한다.[87] 그리고 사상·집회·결사·거주이전 등의 자유는 개인 차원에서 규정한다. 이런 자유는 제도나 후보자뿐만 아니라 재화, 생산요소 등과 관련해 대안을 선택하는 자유가 된다.

이에 비해 당위적인 차원에서 시장주의를 공유하면서도 오이켄은 ②와 함께 ③을 강조한다. 하이에크와 프리드먼에서, 개인에게 자유는 선택의 자유이고, 정부는 이를 위한 경쟁의 규칙을 제공하는 데 그친다. 이와 달리 오이켄에게 자유는 선택의 자유를 넘어서고, 법치국가는 이런 소극적인 차원을 넘어서 행위자들의 세력관계를 조정해 적극적으로 자유를 수

---

[87] 홍 훈, 1994

호한다.

질서자유주의도 정치적으로 사회주의에 대항하고 계급투쟁을 억제하려는 의도를 담고 있다.[88] 특히, 오이켄은 대중이 프롤레타리아로 변하는 것을 막아야 한다고 주장한다. 이 때문에 그는 노동이 상품이 아니라는 점을 명시하면서, 노조가 세력집단이 될 수 있지만, 노동자를 자본가와 동등하게 만들어 사회에 공헌하게 만들 수 있다고 생각했다.

오이켄은 하이에크나 프리드먼과 마찬가지로, 중앙계획국에 속박되어 선택의 자유 등 자유를 잃게 된다는 이유로 계획경제에 반대하면서 시장이 자유를 제공한다고 주장했다. 질서자유주의는 시장경제를 중앙집권적인 계획경제와 대비시켜 교환경제로 규정한다. 또한 하이에크와 마찬가지로, 중간적인 경제질서는 집단적인 이기주의로 인해 불안정해지므로 지속되기 힘들다고 생각했다. 따라서 질서자유주의는 명목상 중간의 길일 뿐 실질적으로는 시장주의이다.

오이켄은 계획경제에 가격기구에 준하는 것이 없어서 희소성을 측정할 방법이 없음을 꼬집는다. 그런데 다른 시장주의자들과 달리 그는 시장의 교환경제에서 가격이 **강제력**을 지닌다는 점을 부각시킨다. 그는 가격에 대해서도 힘을 강조하고 있는 셈이다. 또한 시장경제가 교환경제를 이루는 이유는 노동의 분업 때문이다. 다 같이 교환을 중시하면서도, 교환의 근거에 있어서 오이켄은 시장주의 경제이론과 차이를 보인다. 경제이론은 분업에 근거한 교환이 아니라 한계원리에 따른 극대화와 이에 근거한 선택을 우선시하면서, 이에 근거해 교환을 도출한다.[89]

이 사상에서는 시장경제의 질서와 이에 수반된 경쟁이나 화폐 등과 관련된 법 등의 제도가 경제마다 다르고, 같은 경제에서도 시간이 지나면서

---

[88] Ptak, 2009
[89] 이 점에서 질서자유주의는 고전학파와 가까우며 신고전학파와는 거리를 두고 있다 (Röpke, 1937).

변동한다.[90] 따라서 시장질서의 여러 부문에서 수요·공급·경쟁이 다양한 형태로 나타난다.[91] 이런 다양성은 프리드먼이 의존하는 보편적인 일반균형뿐만 아니라, 하이에크가 의존하는 자생적인 질서와 인위적인 질서의 이분법과도 대비된다.

경쟁에 관해 오이켄은 동태적인 과정을 상정하고, 경제주체들의 힘과 이들이 각자 세우는 '계획Plan'을 강조한다. 질서자유주의가 과정을 중시하는 것은 프리드먼과 다르고 하이에크와 비슷하다. 그런데 경제주체의 계획을 부각시킨 것은 모든 경제학자를 통틀어도 찾아보기 힘들 정도로 독특하다. 시장은 동등한 행위자들이 개별적으로 계획을 세우도록 허용하고, 이들 사이에 수평적인 조정Koordination과 경쟁을 이상으로 삼는다.

법학자 뵘도, 인간에 의한 인간의 예속에 관심을 두면서 시장경제에서 경제주체들의 동등성을 강조했다.[92] 경쟁의 결과로 생기는 독과점으로 기업들이 힘을 가지게 되거나, 경쟁의 결과로 기업이 결합되어 집단이기주의가 등장하는 것을 우려했기 때문이다. 이런 것이 없는 상황을 그는 '정화된 경쟁질서bereinigte Wettbewerbsordnung'라고 불렀다.

뢰프케는 명시적으로 자생적 질서spontane Ordnung라는 표현을 사용하면서, 강제와 우연 사이의 내적인 사회적 법칙성을 내세웠다.[93] 그는 개별주체의 계획, 이런 계획에 근거한 선택, 그런 선택이 낳는 관계, 그리고 노동의 분업으로 인한 화폐의 필요성을 내세웠다. 그는 주관적인 효용과 객관

---

90 Eucken, 1959, 9-32.
91 Eucken, 1959, 29.
92 이에 따라 뵘은 소비자의 구매를 투표로 간주해 시장에서 일상적으로 민주주의가 실현된다고 생각했다. 그렇지만 그는 행위자의 소득이나 재산의 차이는 언급하지 않았다. 나아가 그는 시장에서 실수하면서 배우는 것을 학습으로 간주했다. 그렇지만 대중이 투표권이 아니라 돈을 쥐었을 때 달라지는 것은 당연하다고 보아 대중의 규율 상실을 운운하는 것이 비현실적이라고 생각했다(Böhm, 1950).
93 강제와 우연 사이의 법칙성은 필연과 우연 사이의 자연과 비슷하게 취급되는 것으로 보인다(Röpke, 1937).

적이면서 동질화된 화폐가격이 상응한다는 것을 강조했다. 또한 그는 사업이나 장사를 전쟁 및 해적행위 혹은 약탈적인 이기주의와 헌신 사이의 중간에 배치했다. 이에 따라 관습과 인륜Sittlichkeit을 강조하면서, 시장경제의 작동을 위해 화폐뿐만 아니라 윤리와 법이 필요하다고 주장했다.

밀러-아르마크는 질서자유주의에 근거해 전후에 사회적 시장경제를 내세워서 이른바 '라인강의 기적'을 이루었다. 사회적 시장경제도 조정된 경제와 시장경제 사이의 길이지만, 시장경제로 기울어져 있다. 오스트리아 학파의 미제스가 주장했듯이, 조정된 경제는 계속 경제활동에 대한 구속과 억압을 늘려가는 경향을 지닌다고 보기 때문이다.

밀러-아르마크에게서도 경제의 보편적인 목표는 소비인데, 무엇을 얼마나 생산할지를 결정하려면 재화의 희소성을 측정하는 계산이 필요하다. 시장경제는 가치와 가격이라는 계산체계를 제공하는 데 비해, 조정된 경제나 계획경제는 이에 준하는 체계를 제공하지 못한다. 그에게서 가격은 어떤 경제체제에서든 실질적으로 유일한 계산체계로, 이를 대신하는 다른 체계는 없다. 여기서 그는 가격이 효율성을 보장한다는 점이 아니라, 가격이 계산체계라는 점을 지적하고 있다.

> *시장경제에 결정적인 것은 모든 경제 과정이 소비를 목적으로 정돈되어 있다는 것인데, 소비가 가격에 표현된 생산활동에 대한 가치평가에 대해 결정적인 신호를 배정한다. 소비자가 처분할 수 있는 구매력은 그 자체가 시장에서 달성된 가격들이 소득으로 나타난 결과이므로, 시장경제의 교환을 통해 인정받은 앞선 생산활동의 표현이다.*[94]

---

[94] *Entscheindend für die Marktwirtschaft is die strenge Hinordnung aller Wirtschaftsvorgänge auf den Konsum, der über seine in Preisen ausgedrückten Wertschätzungen der Produktionsbewegung die bestimende Signale erteilt.* Die dem Konsumenten zur Verfügung stehende Kaufkraft ist selbst wieder das Einkommensergebnis der auf dem Markte erzielten Preise und damit der Ausdruck

뮐러-아르마크에 의하면, 시장경제는 자생적이고 보편적이어서 자유주의와 반드시 함께 가지는 않는다. 또한 시장경제는 보편적이면서도 그것의 역사적인 형태나 양식은 바뀐다. 이것은 질서자유주의의 역사학파적인 요소이다. 더불어 시장경제는 불가결하지만, 상호연관된 전체로서 사회의 부분에 불과하다.[95] 역사성과 전체성에 대한 이런 강조는 확연히 미국의 신고전학파 경제학자의 생각에서 벗어나는 점이다.[96]

시장질서가 다른 조정형태보다 낫지만, 시장에 완전히 맡길 경우 사회성을 보장하지 못하므로, 국가의 법과 정부 정책에 의존해야 한다. 여기서 사회성은 자유, 정의, 분배, 사회적 의지, 사회적 기준, 사회보장, 시민권, 공동의사결정에 의존하는 노사관계 등을 포괄한다. 특히 재화시장의 가격은 존중하지만, 요소시장의 소득분배는 보조금을 통해 조정할 필요가 있다. 이에 따라 경제질서와 사회질서의 조정에 의존하는 사회적 시장경제가 요구된다. 후기의 사회적 시장경제에는 생태계의 문제가 추가된다.[97]

> *그것(시장질서)은 단지 전적으로 목적에 합당한 조직수단에 불과하며 그 이상이 아니다. 그래서 만약 궁극적인 사회적 질서를 창출하고 국가적인 삶과 문화적인 삶을 스스로 돌보라는 과제를 시장의 자동조절장치에 부과한다면, 그것은 숙명적인 오류가 될 것이다.*[98]

---

der im marktwirtschaftlichen Austausch anerkannten produktiven Vorleistung(Müller-Armack, 1976, 90-91).

[95] Müller-Armack, 1976, 108-111

[96] 늦게나마 질서자유주의를 읽으면서 다시 느끼는 회한은 한국의 지적인 척박함이다. 60-70년대 한국의 경제발전을 바라보면, 중상주의, 역사학파, 질서자유주의가 중점적으로 논의되었어야 한다. 특히, 현실에 대한 설명과 이해의 관점에서 질서자유주의의 중요성이 두드러진다. 당시 한국의 경제학계에서는 이에 대한 논의가 거의 없었고 미국 경제학자의 책이나 이에 근거한 교과서가 교실과 도서관을 메웠다. 그리고 신고전학파와 정치경제학의 차고도 넘치는 이념대립이 필요한 논의를 대체했다.

[97] Müller-Armack, 1948, 1978, 280; van Suntum, 2019

우리에게 시장은 불가피하고 다른 경제적 조정형태보다 우월한 수단이다. 그렇지만 스스로에게 맡긴 시장은 사회적으로, 그리고 생태적으로 맹목적이다. 시장은 자신으로부터 적절한 범위로 공공재를 마련할 위치에 있지 않다. 긍정적인 효과를 전개하려면 시장은 규칙, 제재를 가할 수 있는 국가, 효과적인 법규, 그리고 공정한 가격의 형성을 필요로 한다.[99]

뮐러-아르마크의 핵심 요소는 질서, 정치 및 정책, 그리고 힘이다. 이에 근거해 그의 사회적 시장경제는 다양한 가치들에 대한 사회적 균형 sozialer Ausgleich을 내세운다. 여기서 등장하는 '균형'은 일반균형체계뿐만 아니라 하이에크의 자생석 질서보다 한국의 경제법규에 흔히 등장하는 '균형'이나 '조화'라는 표현에 가깝다. 경제와 사회, 그리고 시장과 국가를 포함하는 이런 포괄적인 질서를 뮐러-아르마크는 삶의 양식 Stil으로 규정했다.

질서자유주의가 언급하는 자유나 의지, 계획, 그리고 힘은 모두 신고전학파 이론에 생소하다. 질서자유주의는 경제이론과 마찬가지로, 소비자를 중심에 놓고 경쟁을 중시하면서도 추구하는 가치를 효율이 아니라 자유로 규정했다. 같은 이유로 효율과 형평이 아니라 자유와 형평 혹은 사회적 조정 사이의 갈등을 내세운다.

---

98 *Sie ist nur ein überaus zweckmäßiges Organisationsmittel, aber auch nicht mehr, und ea wäre ein vehängnisvoller Irrtum, der Automatik des Marktes die Aufgabe zuzumuten, eine letztgültige soziale Ordnung zu schaffen und die Notwendigkeiten des staatlichen und kulturellen Lebens von sich aus zu berücksichtigen*(Müller-Armack, 1976, 106)

99 Für uns ist der Markt ein notwendiges und anderen wirtschaftlichen Koordinierungsformen überlegenes Mittel. Der sich selbst überlassene Markt ist jedoch sozial und ökologisch blind. Er ist von sich aus nicht in der Lage, die öffentlichen Güter in angemessenem Umfang bereitzustellen. Damit der Markt seine positive Wirksamkeit entfalten kann, bedarf er der Regeln, eines sanktionsfähigen Staates, wirkungsvoller Gesetze und fairer Preisbildung (van Suntum, 2019, 292, 재인용).

> **사회적 시장경제와 가치**
> 시장의 가격으로 환원되지 않는 여러 가치를 내세우므로, 사회적 시장경제는 폴라니의 경제사회학과 비슷한 점이 있다. 그렇더라도 폴라니보다 시장에 더 친화적인 것으로 보인다. 영국 중앙은행 총재를 지낸 카니Michael Carney는 금융, 코비드, 환경에 대해 가격으로 환원되지 않는 사회적 가치와 '시장 감정'을 내세워 이에 가까운 생각을 보여준다(Carney, 2021). '시장 감정'은 애덤 스미스의 '도덕 감정'을 시장에 더욱 가깝게 파악한 것이다. 그의 사회적 가치와 시장 감정은 동태성, 투명성, 지속성, 책임감, 단합, 신뢰, 공정성, 인간관계, 사회자본, 애국심 등을 포함한다.

특히 의지는 경제인이 아니라 시민의 소양으로 대륙의 철학이나 법학에 부합된다. 이에 비해 영미경제사상과 공리주의는 의지가 아니라 이익이나 효용을 강조한다. 가령, 대륙의 루소가 사회계약을 개별의지와 일반의지로 설명한 데 비해, 흄과 스미스는 이를 개인의 이익과 공공의 이익으로 규정했다.[100] 전자가 개념적이고 근원적이며 도덕성이나 정당성을 강조한다면, 후자는 경험적이고 유용성이나 효율성을 강조한다.

의지가 계획으로 이어진다고 이해할 수 있다. 여기서 계획은 계획경제에서와 같이 국가나 사회가 아니라 행위자 수준에서 설정된다. 효용이나 이윤을 극대화하는 경제인은 선호나 이익을 가질 뿐, 의지를 지니거나 계획을 세우지 않는다. 경제이론에서는 행위자 수준의 계획이 등장하지 않으며, 계획은 언제나 계획경제를 연상시킬 뿐이다. 시장 안에서든 밖에서든 우리가 일상 속에서 수시로 계획을 세운다는 점을 고려하면, 신고전학파의 이런 선입견이 오히려 특이하다.

경제학은 계획을 선택이나 의사결정으로 대신한다. 개별행위자의 계획이 장기적이고 포괄적이라면, 선택이나 의사결정은 단기적이고 부분적이며 원자적이라고 볼 수 있다. 또한 계획이 소비의 의미와 과정을 중시한다면, 선택은 소비의 결과인 효용에 집중한다. 더불어 계획이 시장에 완

---

[100] Commons, 1959, 140-217

전히 노출되지 않은 두터운 소비와 생산을 상정한다면, 선택은 시장에 완전히 노출되어 가격변동 등에 즉각 반응하는 소비나 생산, 즉 수요와 공급을 강조한다.

행위자 수준의 계획은 미래에 대한 전망, 인내심, 자기규율, 미래재화에 대한 낮은 할인율을 시사한다. 그리고 이런 것들이 독일, 일본의 후발자본주의나 한국 등 동아시아의 경제발전과 연관되어 있음을 기억할 필요가 있다. 이것은 질서자유주의가 신고전학파와 달리 명확하게 교환으로부터 소비와 생산을 구분하고, 노동의 분업을 강조하며, 소비자주권을 내세운다는 점에 부합된다. 그리고 이것이 '자본주의 다양성 Varieties of Capitalism'의 논의에서 등장하는 독일형 자본주의에도 부합된다.

이런 특징들에도 불구하고 질서자유주의는 시장주의에 속한다. 이 입장 역시 교과서의 시장과 시장의 균형이 현실이 아니라고 주장하면서도 이것을 이상으로 삼기 때문이다. 오이켄이 수요와 공급, 경쟁이나 독과점을 중심 개념으로 삼아 경제질서를 구분하거나, 시장과 화폐의 다양한 형태를 허용하는 것도 이상적인 시장을 염두에 두기 때문이다.[101]

1980년대 남미의 외채 위기와 1997년 한국의 외환위기 등에서 IMF는 자신이 상정하는 이상적인 시장을, 각국 정부를 통해 강제로 실현해 왔다. 질서자유주의의 관점에서 보면 이것은 시장주의에 반하는 것이 아니라 오히려 이에 부합한다.

질서자유주의의 영향력에 대해서는 논란이 있다. 먼저 전후의 유럽통합이나 2008년의 위기에서 이 사상이 큰 힘을 발휘하지 않았다. 또한 독일

---

[101] 질서자유주의의 질서는 경제학의 균형과 달리, 역사학파가 내세우는 '단계'에 근접하고 외견상 마르크스의 생산양식, 조절학파의 조절양식, 사회적 축적학파의 사회적 축적구조, 그리고 자본주의의 다양성과도 비슷한 점이 있다. 그렇지만 질서자유주의가 시장중심으로 논리를 구축하는 데 비해 생산양식 등은 생산과정과 계급구조를 중시한다. 또한 생산양식 등은 하이에크의 자생적 질서보다 특수하지만, 질서보다는 보편적이다.

학계에서는 이 사상이 미국의 시카고학파나 공공선택이론에 이미 자리를 내주었다. 그래서 질서자유주의는 경제사상이라기보다 청교도 정신과 같이 검약, 근면, 자력갱생 등의 문화적 가치로 남아 있다는 것이다.[102]

그런데 현실에서는 이념에 관계없이 이에 대한 지지가 있는 것으로 보인다. 메르켈Angela Merkel을 위시한 정치인들은 여전히 오이켄 등을 칭송했다. 또한 사민당의 2007년 강령도 이를 수용하고 있다. 이것은 독일의 현실경제를 지배하는 사상과 학계의 경제이론이 괴리되어 있음을 의미한다. 그렇더라도 독일학계가 여러 세기에 걸쳐 이론과 현실의 관계에 대해 고민하면서 현실을 지배하는 사상을 하나의 체계로 제시해 구현했다는 것은, 우리 입장에서 부러운 점이다.

> **독일 경제사상과 오스트리아 경제사상**
>
> 독일은 경제학 역사에서 중심에 있지 않았고 현재도 마찬가지이다. 그렇지만 독일은 후발자본주의 국가 중에서 유일하게 영미의 주류 경제사상에 대안적인 경제사상과 체제를 제시해 왔다. 19세기의 역사학파와 2차 세계대전 이후의 질서자유주의 및 사회적 시장경제가 그와 같다. 이와 관련해 독일과 오스트리아의 경제사상이 외견상 차이에도 불구하고 내적으로 유사성을 지니고 있음을 주목할 필요가 있다. 19세기 슈몰러 Gustav Schmoller와의 방법론 논쟁에서 견해 차이에도 불구하고 멩거가 게르만적인 철저함을 공통분모로 지적했다. 또한 20세기에는 오이켄이나 뮐러-아르마크가 미제스나 하이에크를 거부감 없이 찬양했다. 더구나 하이에크는 프라이부르그 대학에서 오이켄에 이어 연구소를 맡았다. 시장주의를 내세우면서도 영미권의 사상이 수리적이고 분석적인 데 비해, 언어의 공유와 관련된 이런 유사성으로 독일어권의 사상은 범주와 개념에 충실하다. 이로부터 영국인 로빈스Lionel Robbins가 신고전학파의 성격과 대상을 규정하는 데 오스트리아학파의 독일어 문헌에 의존했던 것을 이해할 수 있다.

질서자유주의는 시장주의에 포함되지만 하이에크나 프리드먼의 시장주의와 동일하지는 않다. 이 때문에 이들을 모두 신자유주의로 규정하고,

---

102 Hien & Joerges, 2018

최근의 유럽연합 등과 관련해 유럽 전체의 신자유주의로 규정한 푸코 Michel Foucault나 미로스키 Philip Mirowski의 견해에는 유보가 따른다.

우선 질서자유주의를 프랑스 등에 적용하는 것과 관련해서는 독일과 프랑스가 역사와 문화에 있어 다르다는 점을 지적해야 한다.[103] 여러 차례 역사의 반전을 거쳐 2차 세계대전 이후 독일이 규칙을 준수하는 연방주의를 추구하게 되었다면, 프랑스는 중앙정부의 재량에 관용적인 국가주의를 따르게 되었다. 이런 이유로 독일이 중소기업 위주의 발전전략을 취했다면, 프랑스는 국가의 대표기업을 육성하는 방향을 택했다.

또한 질서자유주의는 하이에크와 마찬가지로 질서를 강조하면서도 독일의 역사학파로부터 영향을 받았기 때문에, 자생적 질서가 아니라 법치국가에 의한 질서를 내세웠다. 나아가 질서자유주의가 균형을 수시로 언급하면서도 (하이에크와 함께) 질서를 주축으로 삼는다는 점에서 프리드먼과 차이가 있다.[104]

3.3. 공공선택이론

뷰캐넌 James Buchanan과 버지니아학파의 공공선택이론 public choice theory은 선거, 정책, 입법, 사법 등을 경제적으로 설명한다. 비경제적인 대상을 경제학적으로 설명한다는 점에서 공공선택이론은 경제학의 제국주의에 포함될 만하다. 그렇지만 공공선택이론은 오스트리아학파와 공통점이 많고 사상적인 성격이 강하며, 시장 자체가 아니라 시장의 환경인 국가나 헌정(憲政)을 경제학적으로 논의하므로 별도로 취급할 필요가 있다.[105]

---

103 Brunnermeier et al., 2016, chapter 4
104 나중에 설명하는 바와 같이, 한국경제는 시장주의 중에서는 질서자유주의에 가장 가까운 것으로 판단된다.

이 이론의 대상은 구조화된 규칙인 헌정(질서)과, 주어진 헌정 하에서의 정치적인 과정으로 나뉜다. 전자를 다루는 분야가 헌정 정치경제학constitutional political economy이다. 뷰캐넌은 경제학적인 논리를 연장해 이 이론의 특징을 방법론적인 개인주의, 이기적인 경제인, 교환으로서의 정치로 규정했다.[106] 이에 따라 입법, 사법, 행정과 관련된 제반 행위를 모두 개인이 자신의 이익을 추구하고, 이를 위해 국가와 주고받는 행위로 개념화한다.

신고전학파는 교환을 쪼개서 선택과 이를 위한 적정화를 중심에 놓는다. 이에 비해 뷰캐넌은 타인과의 관계에 근거한 교환을 중시해 이것을 선택으로 쪼개서 파고들지 않는다. 이에 따라 하이에크와 마찬가지로 화폐가격에 의존하는 시장의 교환catallatics을 기본 단위로 간주한다. 뷰캐넌에 의하면, 경제학의 중심 주제를 자원배분과 선택으로 만든 것은 로빈스의 오류이다.

로빈스와 이후의 경제학은 교환이 지닌 사회적·제도적인 측면을 개인으로부터 세척해, 경제학의 문제를 기세적이거나 기술적인 것으로 만들었다. 이렇게 되면서 경제행위자의 정체성도 희박해졌다. 애덤 스미스로 되돌아가 선택이나 자원배분이 아니라 상호 이익에 따른 교환, 무역, 합의를 경제학의 중심 주제로 삼아야 한다고 뷰캐넌은 주장했다.[107]

선택이론은 경제학자의 사고 과정에서 그것이 차지하고 있는 높은 지위로부터 추방되어야 한다. 선택 이론, 자원배분 이론은… 다른 과학자와 대비해 경제학자에게 특별한 역할을 부여하지 않는다.[108]

---

105 공공선택이론에는 네 가지 정도 조류가 있다(Orchard & Stretton, 1997). 그런데 오스트리아학파나 질서자유주의와의 연계성 때문에 버지니아학파로 불리는 뷰캐넌과 털록의 조류에 집중한다.
106 Buchanan, 1987
107 Buchanan, 1954a, 1964, 1976
108 The theory of choice must be removed from its position of eminence in the economist's

뷰캐넌도 하이에크와 비슷하게 경쟁을 결과나 상태가 아니라, 교환을 통해 이익을 얻기 위해 노력하는 과정으로 간주했다. 사람들의 만남으로 진행되는 이 과정의 결과는 미리 정해져 있지 않다. 이런 의미에서 그는 자생적 질서와 함께 자생적 조정spontaneous coordination을 내세운다. 이 때문에 그는 결과가 기계적으로 이미 정해져 있는 완전경쟁을 비판했다. 또한 그는 시장을 관계나 질서로 규정하면서 정치의 장과 구분했다.

> 시장은 가정assumption이나 구성construction을 통해서 경쟁적인 것이 아닙니다. 시장은 경쟁적이 *되는* 것이고, 제도들이 등장해 개인의 행위 유형에 제한을 가하면서 경쟁적인 규칙들이 *정착되어 가는* 것이다. 교환 속에서 인간 행위의 연속적인 과정이 낳는 이런 *되어가는* 과정이 경제학의 중심부이다. ..... 진화하는 교환, 협상, 무역 ... 등의 결과로 일반균형의 해가 *출현한다*.[109]

공공선택은 선택을 위한 규칙이나 틀에 대한 보다 상위의 선택을 포함하고, 시장에서 벌어지는 개인적인 선택과 달리 시장 이외의 장치를 통해 총합하는 과제를 안고 있다. 또한 공공선택의 주체는 소비자나 생산자가 아니라 시민, 국회의원, 정치인, 관료, 법관 등이다. 이들이 극대화하는 이익은 효용이나 소득에 한정되지 않고 권력, 자리, 명예 등으로 확장된다.

---

thought processes. The theory of choice, of resource allocation, ..., assumes no special role for the economist, as opposed to any other scientist (Buchanan, 1964, 217).

109 A market is not competitive by assumption or by construction. A market *becomes* competitive, and competitive rules *come to be* established as institutions emerge to place limits on individual behavior patterns. It is this *becoming* process, brought about by the continuous process of human behavior in exchange, which is the central part of the discipline, ... A general solution *emerges* as a result of a whole network of evolving exchanges, bargains, trades, ... (Buchanan, 1964, 218)

그렇지만 뷰캐넌도 방법론적인 개인주의를 고집하므로, 선물교환과 같은 장기적인 교환관계에 집중하지 않는다. 또한 신고전학파가 교환을 무시할 수 없듯이, 뷰캐넌도 선택을 무시할 수 없다. 미묘한 차이이지만, 신고전학파가 '선택을 위한 교환'을 내세운다면 부캐넌은 '교환을 위한 선택'을 내세우는 것이 양자의 차이라고 규정할 수 있다.[110]

이 입장에서는 정치나 법도 이익추구의 결과이므로, 그것의 전통적인 독자성을 잃고 경제현상과 비슷해진다. 더불어 시민, 의원, 공무원, 법관이 모두 이기적인 경제인이나 소비자와 비슷해진다. 그리고 정치는 이들의 선택이자 무엇보다 서로 주고받는 교환이다. 이 때문에 공직자 윤리를 외치거나 정의를 구현한다거나 국민을 위해 출마한다는 구호는 모두 허구이고, 심지어 위장된 이기심이다. 이렇게 보면 뷰캐넌이 더 근본적인 시장주의자일 수 있다.

질서자유주의도 시장을 지키기 위한 제도적인 틀과 국가의 역할을 중시하므로, 공공선택이론과 공동분모가 많다. 그렇지만 공공선택이론은 세력이나 힘을 고려하지 않는다. 또한 법과 정책의 입안을 위한 선거와 여론의 형성이 개인의 이익과 교환에 근거한 선택의 총합이라고 보는 데서도 견해가 다를 수 있다.

국가와 시장의 구분을 평평하게 만드는 것의 뒷면은 경제학뿐만 아니라 신자유주의적인 정치이론에서 힘에 대한 명시적인 고려를 억압하는 것이었다. 특히, 법인기업을 외부의 힘에 대해 수동적으로 반응하는 존재로 규정하는 것이 불가피했다.[111]

---

[110] 최근에 수리적 이론에 근거해 계약이론을 내세우는 석덴도 전자와 차별화해 후자를 내세운다(Sugden, 2018).

[111] The reverse side of flattening the state/market distinction was a repression of overt considerations of power, both within economics and in neoliberal political theory. Corporations, in

3.4. 신자유주의

신자유주의neoliberalism는 1980년 초부터 영국 보수당의 대처 수상과 미국 공화당의 레이건 대통령이 주도적으로 현실에서 실행한 시장근본주의market fundamentalism이다. 이 사상이자 이념은 자유화, 탈규제, 민영화, 노조 해체와 노동시장 유연화, 국제적인 금융자본의 이동 등으로 구성되어 있다. 또한 모든 것을 금융화하고 증권화하는 경향도 여기에 수반된다.[112] 동구가 붕괴된 1990년 이후 가속화된 세계화는 신자유주의에 근거해 진행되었다.

신자유주의를 추진하는 국제기구는 국제통화기금IMF과 세계은행World Bank이다. 세계은행은 전반적으로 성장을 기치로 내세우면서도 시점에 따라 점진적으로 입장을 조정했다. 이 기구는 1950년대에 생산주의를 내세웠고, 1960-1970년대에 신고전학파를 주창했으며, 1980년대에 신자유주의에 이르렀고, 그 이후에는 보다 다양한 요인에 의존하게 된다(Allan, 2019, 183).

푸코에 의하면 역사적으로 시장주의는 중상주의를 비판하면서 유럽국가들이 서로 부유해지자고 합의하면서 본격적으로 등장했다.[113] 먼저 중상주의는 무역과 부에 있어 영합게임을 내세웠다. 이에 대해 중농주의자

---

particular, were inevitably characterized as passive responders to outside forces (Van Horn & Mirowski, 2009, 162).

112 그렇지만 신자유주의를 단순히 시장의 확장과 국가의 축소로 보는 데는 문제가 있다. 오히려 시장과 국가를 연결하는 제도적인 장치의 재구성으로 보고 노동자들을 체재내로 수용하고 금융화를 일상으로 삼는 것이 더 중요하다는 것이다(Konings, 2009). 이런 경향이 한국에서는 저축은행을 통해 유흥업소의 여성들을 대상으로 삼는 몸의 증권화로 나타났다(김주희, 2016). 이에 더해 한국의 경우 노동, 금융, 환경 등의 표준이 도입되는 과정에서 정부와 관료의 역할이 크기 때문에, 신자유주의로 정부의 힘이 단순히 줄어든다고 보기 힘들다.

113 Foucault, 1978/79, 2004

와 애덤 스미스는 비영합게임을 내세우면서 모두 잘살 수 있다고 주장해 유럽 국가들에 근거를 제공했다는 것이다. 이는 한 국가가 다른 국가를 제압하는 제국주의나 세력균형에 더 이상 유럽이 의존하지 않게 되었다는 것을 의미한다.

푸코에 의하면 이것은 빈 회의(1814-15)에서 대립한, 메테르니히 Klemens von Metternich가 주도한 오스트리아 입장과 영국 입장 중 후자에 해당한다. 동시에 이것은 유럽을 제외한 여타 세계를 시장의 거래 대상으로 삼으면서 유럽의 지배체계가 전세계로 확산된 것을 의미한다. 이것은 칸트 Immanuel Kant의 영구평화론에도 나타나 있다.

세계화의 결과는 생산자본에 대한 금융자본의 우위, 노동에 대한 자본의 우위, 주주자본주의의 부상, 공동체적 요소의 약화, 기업의 사회적 중요성 증가, 소득불평등 증가, 유일한 대안으로서의 자본주의, 국가의 약화 혹은 변형, 선진국형 소비의 외형적 확산, 세계적인 차원의 공간재편 등이다.[114]

이와 함께 시장경제가 확산하면서, 모든 것에 가격이 붙어 상품화되고 세계시장이 이상으로 등장한다. 또한 관료조직, 학교, 병원, 교회, 군대 등 다양한 조직이 모두 기업과 비슷하게 변해 간다. 더불어 정치인, 시민, 관료가 모두 경제인으로 변신한다. 나아가 원래 시민이 경제인이 되기 위한 요건이었는데, 신자유주의 하에서는 거꾸로 경제인이 시민이 되기 위한 요건으로 전도된다.[115]

신자유주의의 사상적인 근거는 1946년에 형성된 '몽 페를랭 소사이어티'(Mont Pélerin Society)이다. 이 모임에는 하이에크가 대표하는 오스트리아학파, 프리드먼이 대표하는 시카고학파, 뷰캐넌 등이 대표하는 공공선택이론의 버니지아학파가 참여해 왔다. 이들은 전 세계를 상대로 시장주의

---

114 홍 훈, 2004; Graeber, 2001, 89
115 Amable, 2011

를 전파하는 것을 이 모임의 이념으로 삼았다.

신자유주의가 실행된 원초적인 예가 1973년에 칠레에서 쿠데타로 권력을 장악한 피노체트Augusto Pinochet 정권의 변혁이다. 이것은 수입대체를 수출주도로 바꾸고 자유로운 자본의 이동을 허용했다. 이 과정에 슐츠, 하이에크, 프리드먼, 털록 등이 자문했다. 또한 시카고대학 출신 칠레 학자들과 운동가들이 동참했고, 이들 중 상당수는 수시로 몽 페를랭 회의에 참석했다. 칠레의 이런 변혁이 표준이 되어 다른 남미 국가들에게 전파되었다. 1997년 한국의 외환위기 직후 국제통화기금이 부과한 개혁의 방향도 이에 준하는 것이었다.

1980년대 남미의 이런 경험에 근거해 1989년에 윌리엄슨James Williamson은 신자유주의의 특징을 '워싱턴 컨센서스Washington consensus'로 호명했다. 이에 합의한 국제통화기금, 세계은행, 미 재무성이 모두 워싱턴에 소재하고 있기 때문에 이 이름을 얻게 되었다. 그 골자는 아래와 같다.[116]

① 국내총생산을 기준으로 높은 재정적자를 회피하는 절제된 재정정책
재정지출을 억제해 적자를 최소화하고, 재정정책에 있어 정부의 재량을 최소화한다.

② 보조금에서 성장친화적 초등교육, 보건, 기반시설 등 핵심 영역으로 공공지출 전환
특정 산업에 대한 선별적인 지원을 골자로 하는 정부의 산업정책을 지양하고, 성장 기반을 육성하는 방향으로 정부정책을 전환한다.

③ 조세의 기반을 늘리고 높지 않은 한계세율을 채택하는 조세개혁
세율을 낮추어 기업 활동을 더 자유롭게 만든다.

④ 시장에서 결정된 (높지 않은) 양의 이자율
정책금융을 통해 정부가 이자율을 왜곡하지 말고 시장에서 결정되는 이자율을 존중한다.

---

116 Williamson, 1990; Spence, 2021, 68

⑤ 경쟁적인 환율
환율의 결정을 시장에 맡긴다.

⑥ (인허가 등) 수량적인 규제를 제거하고 일괄적으로 낮은 관세를 적용하는 무역자유화
자유무역을 지향한다. 정부가 개입하더라도 양적인 규제보다, 관세라는 가격을 통한 관리 방식을 취한다.

⑦ 해외 직접투자의 자유화
해외기업의 국내 투자를 자유롭게 허용한다.

⑧ 국영기업의 민영화
국가는 경기의 심판관이지 선수가 아니다.

⑨ 시장 진입을 막고 경쟁을 제한하는 규제를 제거하는 탈규제
그렇지만 안전, 환경, 소비자보호, 금융기관에 대한 감독은 예외로 한다.

⑩ 재산권에 대한 법적인 보장
사유재산에 대한 보호는 시장경제의 전제이다.

워싱턴 컨센서스는 전반적으로 정부 개입을 줄이고 시장의 역할을 늘리려는 목적을 지니고 있다. 대상으로 보면 이것은 재정, 성장, 조세, 통화, 환율, 무역, 투자, 기업, 경쟁, 재산권과 관련되어 있다. 여기에는 법을 비롯한 제도와 정책이 섞여 있어, 제도는 시장의 기반을 구성하고 시장의 과정을 유도한다.

그런데 시장주의에는 목표와 수단 혹은 최종상태와 과정 사이의 관계에 있어 애매한 부분이 있다. 시장주의는 시장의 정착과 확산이라는 목표와, 정착된 시장에서 정부 개입에 대한 반대에 있어 일관성을 지니고 있다. 반면 시장으로 가는 과정에서 시장에 의존해야 하는가, 민주적이어야 하는가, 권위적인 정부에 의존해도 좋은가 등에 대해 시장주의는 일관된 입장을 가지고 있지 않다. 이에 관해 신자유주의는 국가, 심지어 비민주적

인 국가 권력에 의존하더라도 시장에 도달하면 된다는 입장을 드러내고 있다.

단적인 예로 칠레의 피노체트 정권에 자문했던 하이에크나 프리드먼은 이 정권의 인권 유린 등을 방관하거나 용인했다. 더구나 하이에크는 자생적인 질서를 내세우면서도 권위주의는 전체주의와 다르다며 이 정권의 개입을 옹호했다. 여기서 시장주의 그리고 신자유주의가 시장이라는 목표를 중시할 뿐, 시장으로 가는 과정에 대해서는 묻지 않는다고 판단할 수 있다.[117]

고전적인 자유주의와 반대로 신자유주의는 그것의 성공조건을 구축해야 하며, 단결된 노력 없이 "자연스럽게" 생기지 않는다는 것을 인정하는 경우에만 그것의 정치적인 계획이 승리할 것이라는 점을 인정하는 데서 출발한다. … 한 마디로, "시장"이 자신의 지속적인 번성을 위한 조건을 자연스럽게 불러오지 않기 때문에, 신자유주의는 무엇보다 시장과 그것의 가장 중요한 참여자인 현대기업들의 성공을 보장하기 위해 어떻게 국가를 다시 작동시켜야 하는지에 관한 이론이다.[118]

적어도 시장을 스스로 진화하는 자생적 질서라고 주장한 하이에크는 시장이 형성되는 과정을 무시할 수 없다. 권위적이든 그렇지 않든 국가에 의존하거나, 국가는 아니더라도 집단행동 등 여타 인위적인 방식으로 시

---

[117] Fisher, 2009, 326-328

[118] The starting point of neoliberalism is the admission, contrary to classical liberalism, that its political program will triumph only if it acknowledges that the conditions for its success must be *constructed*, and will not come about "naturally" in the absence of concerted effort … In a phrase, "The Market" would not naturally conjure the conditions for its own continued flourishing, so neoliberalism is first and foremost a theory of how to reengineer the state in order to guarantee the success of the market and its most important participants, modern corporations (Van Horn & Mirowski, 2009, 161).

장을 형성하는 것은 그의 입장과 충돌한다. 따라서 피노체트의 독재정권이 주도하는 칠레의 변혁과정에 대한 그의 수용적인 태도는 모순적이다.

일반균형체계는 시장이 낳는 효율성으로 시장을 정당화하므로, 시장이 어떻게 생겼는지 혹은 어떻게 진화했는지에 대해서는 불문할 수 있다. 프리드먼과 같은 신고전학파에게 시장이 낳는 결과가 중요할 뿐 시장이 형성되는 과정은 중요치 않다. 따라서 프리드먼에게 권위적인 국가가 정치적인 선택의 자유를 배제하는 것이 하이에크에서와 같이 모순적이지는 않다.

질서자유주의는 신자유주의의 이런 성격에 더 친화적일 수 있다. 법치국가는 권위주의 국가와 다르고 인권유린을 허용할 수도 없다. 그렇지만 시장질서를 수립하는 데 국가에 의존해야 한다고 생각하므로, 질서자유주의는 신자유주의와 모순을 일으킬 정도는 아닐 것이다. 무엇보다 칠레의 경우뿐만 아니라 개발도상국이나 저개발국가는 산업화과정에서 기술뿐만 아니라 규칙이나 법 등 제도를 도입하거나 수입하는 입장에 있다. 그리고 이 과정의 매개자이자 시행자는 정치 지도자와 정부 관료이다. 따라서 분권화된 시장 형성이 목표인 신자유주의의 경우에도 그것의 도입과 정착 과정을 정부가 주도할 수 있다.

3.5. 시장주의 속의 이견

지금까지 논의한 시장주의를 정리하면 아래와 같다.

	학파와 사조	대표자
사상	오스트리아학파 / 질서자유주의 / 신자유주의	하이에크 오이켄 대처 / 레이건
이론	한계효용학파 / 신고전학파 / 경제학 제국주의	발라스 마셜 로빈스 프리드먼 베커

오이켄의 질서자유주의, 하이에크의 오스트리아학파, 뷰캐넌의 공공선택이론 혹은 헌정정치경제학은 서로 멀리 떨어져 있지 않다. 이들은 모두 헌정질서나 경기규칙에 대한 선택과 주어진 경기규칙 하에서의 선택과 과정을 구분한다. 양자는 각기 시장의 작동을 위한 제도와 시장의 작동 자체로 구분된다. 이에 비해 일반균형체계에 근거한 시카고학파는, 전자를 주어진 것으로 보고 후자에 집중한다는 점에서 차이가 있다.

구체적으로 질서자유주의와 공공선택이론은, 시장을 위한 제도와 틀을 공통 대상으로 다루고 있다. 또한 뷰캐넌은 일반균형체계를 비판하면서 하이에크의 자생적 질서와 경쟁 개념을 수용하고 있다. 나아가 하이에크와 뷰캐넌이 일반균형과 균형을 거부한 데 비해 오이켄은 이에 대해 적대적이지 않다.

이들 사이의 중요한 차이는 질서와 규칙이 결정되는 방식과 관련되어 있다. 하이에크가 진화에 근거해 인위적인 개입을 배제하는 데 비해, 뷰캐넌은 공공선택을 통해 인위적인 개입을 당연시한다. 법치국가를 내세우는 오이켄은 이 점에 있어서 뷰캐넌보다 더 확고하다.[119]

프라이부르그 대학의 반베르크Viktor Vanberg는 이런 차이가 근원적이지 않다고 주장하면서 오이켄, 하이에크, 뷰캐넌이 서로 보완적이어서 하나의 흐름을 이룬다고 해석한다.[120] 반베르크에 의하면 생물학적인 진화와 달리 사회적인 진화에는 인간의 목적이 개입되므로, 자연과 인위라는 다원과 하이에크의 이분법을 수정해야 한다.

미국의 제도학파이자 법경제학의 시조인 코먼스가 이에 대한 근거이다. 코먼스는 하이에크와 달리, 시장주의자도 아니고 질서의 자생성을 내세우지도 않았다. 이 때문에 코먼스는 자연선별과 인위선별artificial selection

---

[119] 이론이 이기심보다 합리성을 강조한다는 앞선 지적은, 시장주의 경제사상과 경제이론을 구분하는 명확한 기준을 제시하지는 않는다.
[120] Vanberg, 2005, 2014

이라는 (다윈과 베블런의) 이분법을 비판하면서, 선별의 인위성을 강조했다. 인간의 목적이 개입되어 늑대가 개로 변하고 뱀의 독이 약이 되었으므로 이것들은 자연선별이 아니다. 이렇게 보면 하이에크와 뷰캐넌은 서로 보완적이다.

오이켄/하이에크/뷰캐넌은 규범적인 개인주의에 근거해 상호이익을 위한 교환과 양자간 혹은 다자간 합의를 중시한다. 그리고 규칙에 대한 자발적인 합의와 사회계약 혹은 헌정질서를 강조하는 경향이 있다. 이와 대조적으로 일반균형체계에 근거하는 신고전학파, 특히 시카고학파는 공리주의에 근거해 개인의 극대화와 이것의 총합으로서 사회적 후생함수와 후생경제학을 내세운다. 전자는 개인의 주관적인 성격을 부각시키면서, 선택 결과보다 선택 과정 및 절차를 강조해 시민주권에 상응하는 소비자주권을 내세운다. 이에 비해 후자는 선택 결과를 일방적으로 강조하면서 소비자주권이라기보다 소비자의 효용극대화를 강조한다.

푸코와 미로스키는 반베르크와 달리 이들 모두를 신자유주의로 묶는다. 먼저 푸코는 시카고학파, 오스트리아학파, 질서자유주의, 경제학의 제국주의를 모두 신자유주의에 포함시킨다.[121] 1938년에 파리에서 열린 월터 리프먼 Walter Lippman 회의에 오이켄, 하이에크, 프리드먼이 함께 참석했다는 점이 이를 상징한다. 특히, 2차 세계대전 이후 1948-1963년에 독일에 구현된 질서자유주의는 시카고학파와 차이가 없어서, 양자가 공히 신자유주의의 중심을 이룬다.

푸코는 이들보다 근원적으로 생명관리정치 Biopolitics의 관점에서 자유주의와 신자유주의를 근대의 지배체계 governmentality로 파악한다.[122] 지배체계가 진리나 진실을 추구하는 담론을 규정하므로, 자유주의와 신자유주

---

[121] Foucault, 1978/79, 2004
[122] Foucault, 1978/79

의도 나름의 담론을 낳는다. 자유주의는 17세기 중엽 이후에 큰 시장과 작은 정부로 등장한다. 그리고 이것이 20세기 후반에 등장한 신자유주의의 원조이다.

그는 자유주의의 등장을 세 가지 변화로 설명한다. ① 시장에서 진정한 가치를 찾게 되었다. ② 형법을 포함해 법이 유용성이나 효용을 기준으로 삼게 되었다. ③ 중상주의를 비판하면서 유럽국가들이 서로 부유해지자고 합의하게 되었다.

푸코의 관점에서 고전적 자유주의와 신자유주의의 공통점은 시장의 확대와 국가의 축소이다. 고전적 자유주의는 중상주의 이후 시장에서 진리를 찾는 경향으로 나타난다. 중세의 정당한 가격에서 벗어나 애덤 스미스 등이 자연가격이나 정상가격을 내세운 것이 이를 보여준다. 전자가 국가나 법 속에서 진리를 찾는다면la jurisdiction, 후자는 시장에서 진리를 찾는다la veridiction. 이에 따라 인간은 법적 주체에서 경제적 주체, 즉 경제인으로 바뀐다.

고전적 자유주의가 교환을 강조한다면, 신자유주의는 경쟁을 강조한다. 또한 전자와 달리 후자는 자신에게 의존하고 스스로를 규율하는 경제인을 상정한다.[123] 이에 따라 전자는 자신의 필요를 충족시키기 위한 교환의 주체를 내세우는 데 비해, 후자는 경쟁의 주체를 내세우면서 모든 경제 주체를 기업(인)entreprise으로 만든다.

푸코에 의하면 이에 더해 시카고학파는 경제적 분석을 전통적인 대상의 내부에 적용하고, 비경제학적인 주제로 확장했다. 예를 들어, 가계생산함수를 통해 소비자는 자신이 원하는 것을 생산해 효용을 얻는다. 가정에서 배추로 김치를 만들어 먹으면서 소비자이자 생산자인 경제행위자가 등장한다. 또한 베커의 인적자본에 의하면 노동자는 자신의 노동력을 자

---

[123] Amable, 2011

본이나 기계같이 취급하면서 이로부터 매년 수익을 얻는다. 나아가 노동자는 자기혁신 등을 수용해 스스로를 기업화한다. 이제 전통적인 소비자나 노동자는 진정한 경쟁의 주체가 아니다.

그래서 소비를 개인이 정확히 자신이 처분하는 어떤 자본에서 출발해 스스로를 만족시킬 어떤 것을 생산하는 기업적인 활동으로 간주해야 한다.[124]

단적으로 마약 등과 관련된 형법이나 형벌에 대한 인식도 죄를 없애겠다는 생각으로부터 범죄로 인한 비용, 범죄의 수요와 공급에 대한 생각으로 바뀐다. 마약사범 중 초범자와 누범자를 마약의 가격에 대한 탄력성으로 구분하는 것이 구체적인 증거이다. 이런 인식에서는 범죄자도 넓은 의미의 경제인이다. 이를 통해 전통적으로 법이 강조하던 의지가 이익으로 변한다.

푸코에 의하면 질서자유주의가 내세우는 것 중 경제정책이나 사회정책보다 삶의 정책die Vitalpolitik이 이런 기업인을 상정한다. 이같이 신자유주의는, 경제인을 환경의 변화에 반응하는 존재로 규정한다.[125] 그리고 이것이 생명정치학의 근거이다. 질서자유주의가 내세우는 법치국가는 전제국가와 경찰국가에 이어 등장한 국가 형태로, 시장이 제시하는 잣대로 유용성을 평가받는다.

푸코의 이런 주장을 평가하려면 교환, 경쟁, 선택의 관계를 검토할 필요가 있다. 이것들은 서로 다른 행위이지만 시장주의에서는 밀착되어 있다. 우선 시장주의에서는 교환과 경쟁이 함께 따라다니는 데 비해, 푸코에서

---

124 Et il faut considérer la consommation comme une activité d'entreprise par laquelle l'individu, à partir précisément d'un certain capital dont il dispose, va produire quelque chose qui va être sa propre satisfaction (Foucault, 2004, 232).
125 Foucault, 231-2

는 그렇지 않다. 시장주의는 경쟁 속에서 교환이 이루어져 독과점이 해소된 상태에서 교환이 이루어져야 서로에게 이익이 될 수 있다고 생각한다. 완전경쟁이 이것의 극단적인 표현이다. 이에 비해 푸코는, 교환에서는 서로가 이익이 얻을 수 있는 데 비해 경쟁에서는 일방의 이익이 타방의 손실이 된다고 생각한 것으로 보인다.

거슬러 올라가 중상주의는 경쟁뿐만 아니라 교환 자체가 쌍방에게 이익이 될 수 없는 영합게임이라고 생각했다. 또한 완전경쟁이 아니라 경선이나 입시경쟁, 운동경기, 경주를 생각하면, 교환과 경쟁은 별개의 현상이다. 교환에서는 당사자들이 서로 주고받을 수 있지만, 경쟁(이나 전쟁)에서는 당사자들이 서로 주고받지 않는다. 이 점에서 푸코가 타당해 보인다.

그렇지만 푸코의 판단과 달리 시장주의의 여러 사조는 이질성을 지니고 있다. 시장주의 이론에서는 교환과 경쟁에, 효용극대화를 목표로 삼는 소비자의 합리적 선택이 따라다닌다. 경제이론만큼 선택에 집착하지 않지만 오스트리아학파도 기업가 이전에 소비와 소비자를 부각시킨다. 오이켄도 독점관리 등과 관련해 경제의 목표를 소비에 두면서 소비자나 소비자주권을 중시했다. 이에 비해 애덤 스미스는 교환뿐만 아니라 경쟁을 강조했지만, 선택을 부각시키지는 않았다. 뷰캐넌도 교환을 경쟁과 함께 고려하면서도 이것들을 신고전학파의 적정화, 그리고 아마도 선택과 차별화하고 있다.

이렇게 보면 푸코가 여러 학파를 신자유주의라는 하나의 범주로 만든 것은 과도한 단순화로 보인다. 무엇보다 고전적인 자유주의와 신자유주의의 구분이 양적이거나 정도상의 차이를 넘어서는 질적인 차이인지가 명확치 않다. 또한 교환과 경쟁의 구분이 명확치 않고, 경제주체가 모두 기업인이 된다는 주장도 유비를 넘어서는 근거를 지니지 않은 것 같다.

구체적으로 최소한 하이에크의 사상이나 프리드먼의 이론, 그리고 현실로 실현된 대처 및 레이건의 신자유주의는 완전히 동질적이지 않다. 또한 가정에서 김치를 만드는 소비자가 기업이 되려면 김치를 만들 뿐만 아니라 이것을 시장에 팔아야 한다. 시장에 팔지 않는다면, 이 소비자는 생산자이지만 기업(인)은 아니다.

이런 이유로 이 책에서는 푸코처럼 자유주의와 신자유주의를 구분하기보다 이들을 모두 시장주의로 규정하면서, 시장주의 사상과 이론의 차이를 근간으로 삼고자 한다. 그리고 신자유주의와 경제학 제국주의가 내세우는 시장주의의 특징은, 시장이 비경제적인 영역과 인간 내부로 진입한 것이라고 해석하고자 한다.

그렇다면 여러 유형의 시장주의를 관통하는 문제는 경제영역과 정치, 법, 윤리, 사회, 자연 등 여타 영역 사이의 관계이다. 일차적으로 경제와 정치/법 사이에 가능한 관계는 다음과 같다. ①정치/법이 자신의 부분으로서 경제를 지배한다. ② 경제와 정치/법이 독립적이면서 동등하다. ③ 경제와 정치/법이 어느 정도 겹치면서 동등하다. ④ 경제가 정치/법을 지배한다.

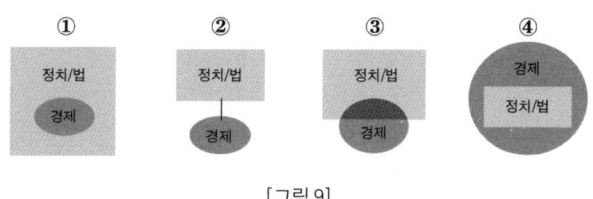

[그림 9]

①은 경제가 정치나 법, 그리고 윤리에 복속되어 있던 자본주의 이전의 상황이다. ②는 자본주의와 스미스의 사상이 등장해 경제가 자율성을 획득한 시기의 상황이다. ③은 19세기 중반 이후이며, 베블런이나 코먼스와 같은 제도학파가 이를 대변한다. 오스트리아학파와 질서자유주의도 이에 가깝다. ④는 마르크스가 제시한 유물론에 일차적으로 부합한다. 또한 20세기 후반 세계화가 진행되고 신자유주의가 등장한 이후 시기에 해당된다. 그리고 경제학의 제국주의가 이를 대변한다.

시장주의 사상인 오스트리아학파나 질서자유주의는 시장주의를 표방하면서도 경제와 정치, 법, 사회의 관계에 관심을 두고 있다. 이들에게서 경제와 여타 영역은 서로 연관되어 있으면서도 질적으로 구분된다. 이들은 경제와 다른 영역을 질서로 파악하면서, 다른 영역에 나름대로 자율성을 인정해 경제외적인 영역에서 시장을 찾아내려고 노력하지 않는다. 이런 이유로 시장이 법치국가를 용해하거나 법치국가가 시장을 파괴하지 않는다. 공공선택이론도 이들에 가깝다. 경제와 법이 자율성을 지닌다는 점에서 제도학파나 폴라니도 이들과 비슷하다. 물론 전자가 시장중심이라면 후자는 자본중심이다.

이 점에서 시카고학파는 이들과 차이가 있다. 원래 시카고학파는 경제 자체에 집착하면서 제도나 규칙의 형성에는 무관심했으므로, 국가나 정치를 경제와 분리시켰다. 그런데 시카고학파에 근거해 등장한 신자유주의와 경제학의 제국주의는 여타 영역을 경제로 환원하고 경제에 복속시킨다. 이렇게 할 수 있는 이유는 여러 영역이 질적으로 구분된다고 보지 않기 때문이다. 이 점에서 외견상 경제학의 제국주의는 마르크스의 유물론과 비슷하다.

시카고학파의 제국주의는 여타 영역에서 시장을 찾아내 모든 영역의 시장화와 상품화를 시도한다. 또한 다른 영역도 균형으로 파악해 사회 전체를 포괄하는 확장된 일반균형을 상정할 준비가 되어 있다. 이같이 경제외적인 영역의 자율성을 인정하지 않으므로, 시카고학파는 오스트리아학파나 질서자유주의와 (적어도 외견상으로는) 동일하지 않다.

4장

시장주의가 내세우는 시장의 특징

시장주의 입장이든 여타 입장이든, 시장을 논하지 않고 자본주의 혹은 시장경제를 논할 수 없다. 시장은 교환의 장이다. 그런데 입장에 따라 시장에 대한 믿음이나 시장의 위치와 성격이 다르다. 시장주의가 시장을 믿는다면, 자본주의를 언급하는 사람은 시장을 믿지 않는다. 시장주의 관점에서는 시장이 시작과 끝이라면, 자본주의 관점에서는 자본이 시작과 끝이다. 또 시장주의 관점에서는 **시장이 전체이고 자본은 시장의 부분**인 데 비해, 자본주의 관점에서는 **자본이 전체이고 시장은 자본의 부분**이다.

물론 시장주의에서도 자본 개념의 확산을 확인할 수 있다. 인적자본과 사회자본이 대표적이지만, 자연자본이나 정치자본 등도 거론되고 있다. 그렇지만 시장주의는 이 모두가 근원적으로 시장의 확산이라고 이해한다. 그렇다면 시장과 시장의 구성요소에 대한 설명을 통해 시장주의의 성격을 파악할 수 있다. 시장의 구성요소는 가격, 행위자, 화폐, 교환, 경쟁 등이다.

시장주의에는 시장의 현상을 설명하는 서술적인 부분과, 시장을 존중해야 한다는 규범적인 부분이 공존한다. 다시 말해, 현실의 시장이 어떠하다는 주장과 시장이 어떠해야 한다는 주장, 즉 시장의 현실과 이상이 시장주의 안에 공존한다. 양자는 이질적이라기보다 동전의 양면과 같다.

그렇지만 시장주의, 특히 시장주의 경제이론은 의외로 시장의 성격을 명확히 규정하지 않고 있다. 그 이유는 시장을 당연시해 개념에 충실하지 않기 때문이다. 또한 시장이 별도로 존재하는 것이 아니라 균형을 낳으며, 가격으로 매개되는 동등하고 개별적인 경제행위자들의 모음에 지나지 않는다고 보기 때문이기도 하다.

나아가 행위자들이 동질적이고 서로 영향을 주고받지 않아 대표행위자를 상정할 수 있다고 여기기 때문이다. 물론 이는 행위자들의 상호의존, 상호관계, 상호작용, 집단성이나 출현적인 성격을 부정하는 것이다. 끝으로 이는 시장을 그 구성요소인 가격, 개별행위자, 교환, 경쟁으로 분해할 수 있다고 보기 때문이기도 하다.

　시장주의 사상과 시장주의 이론이 엄격하게 구분되는 것은 아니지만, 시장에 대한 설명과 믿음에 있어 양자 사이에 차이와 이견도 있다. 사상이 믿음으로 기울어져 있다면, 이론은 설명으로 기울어져 있다. 또한, 주로 일반균형체계와 관련해 양자 사이에 이견도 있다. 이상과 현실의 공존 및 사상과 이론의 불일치를 고려하면서, 앞선 논의에 근거해 시장주의가 생각하는 시장이 어떤 것인지 검토하기 위해 미리 전체 논의의 핵심을 요약하면 아래와 같다.

> (1) 시장은 자생적·자율적·효율적·안정적이다.
> (2) 시장은 경제/사회/자연의 모든 영역에 존재한다.
> (3) 시장에서는 이기적이고 합리적인 개인이 활동한다.
> (4) 시장을 형성하며, 행위자들과 부문들을 연결하는 가격을 존중해야 한다.
> (5) 시장은 동등한 기회와 참여를 제공해 자유를 늘리고 차별과 착취를 줄인다.
> (6) 시장에서는 정당성이나 도덕성보다 유용한 결과와 능력이 더 중요하다.
> (7) 시장은 경쟁을 낳고, 독과점이 발생하더라도 스스로 경쟁상태를 되찾는다.
> (8) 시장에서 화폐와 금융은 실물에 봉사하고 있고 또한 실물에 봉사해야 한다.
> (9) 시장체제가 현실적으로 최상이므로 정부 개입을 최소화해야 한다.
> (10) 시장에 대한 정부 개입은 점진적이고 시장친화적으로 이루어져야 한다.

4.1. 시장의 자생성, 자율성, 효율성, 안정성

　시장주의 입장에서 시장은 자생적이며 자율적이고, 효율적이며 안정적이라는 강점을 지니고 있다. 일반적으로 우리는 사물을 그것의 ① 기원이나 발생, ② 과정이나 절차, 그리고 ③ 결과나 최종상태로 나누어 본다. 우주의 발생, 움직임, 그리고 상태가 그런 예이다. 시장의 특징도 이런 구분에 상응한다. 시장이 역사적인 기원에 있어서 자생적이고, 작동이나 조정 과정에 있어서 자율적이고 안정적이며, 도달한 결과에 있어서 효율적이라는 것이다. 다만, 시장주의자마다 기원, 과정, 결과에 부여하는 중요성에 있어서 차이가 있다.

먼저 하이에크에 따르면, 공동체나 계획경제를 포함해 여러 경제체제가 인류의 오랜 역사 속에서 실험되었으나 결국 시장만이 살아남았다. 이같이 역사 속에서 자연적으로 생겨났고 진화한 자생적 질서이므로 시장을 회피할 수 없다. 자연스러우므로 시장은 억누를 수 없을 뿐만 아니라 오히려 기업, 관청, 군대, 학교, 병원, 교회로 뻗어 나갈 잠재력을 지니고 있다. 다만, 오이켄에서는 시장이 경쟁을 유지하려면, 정부가 힘의 차이를 고려해 경제주체 사이의 관계를 관리해야 한다.

시장주의에 의하면, 자생성뿐만 아니라 자율성과 효율성도 시장을 옹호하는 근거이다. 경제사상이 자생성을 강조한다면 경제이론은 효율성을 강조하고, 양자는 자율성을 공유한다. 자율적이라는 것은 시장이 외적인 힘에 의존하지 않고 스스로 관리할 수 있다는 의미이다. 효율적이라는 것은 시장이 주어진 조건 하에서 경제에 최상의 상태나 결과를 가져다준다는 의미이다.

자율성은 시장의 자기교정, 자기규제, 자기조정, 자기관리 등으로 표현할 수 있다. 이는 시장경제가 기본적인 경제문제들을 스스로 해결함을 뜻한다. 스스로 문제를 해결하므로, 시장에 경기변동 등의 문제가 발생하더라도 그 원인이 내부에 있는 것이 아니라 외부에 있는 셈이다. 또한, 외부충격 등으로 문제가 발생하면 시장이 스스로 교정하고 스스로 적응할 수 있는 능력을 지니고 있다.

시장에 맡기면 가격은 신축적으로 미세하게 변동하고, 개별주체의 행위/선택도 가격의 수량변동에 따라 한계적으로 반응한다. 일상적인 가격변동이 합리적인 행위/선택을 가능케 하는 이유는, 개별주체에게 일정 범위 내에 있는 안정적인 기대를 낳기 때문이다. 동시에 개인의 선택과 가격의 변동은 주어진 변화를 둔화시켜 시장경제를 안정시킨다.

예를 들어, 아파트에 대한 수요가 늘어 가격이 상승하면, 경제행위자들은 이보다 싼 다른 주택을 대신 선택한다. 이같이 각자 자신의 제약하에 자신의 이익을 극대화함으로써 원래 아파트에 대한 수요와 가격이 안정된다. 이런 수요법칙을 통해 아파트 시장은 스스로 상황을 교정해 안정성을 회복한다.

물론 아파트 가격이 오를 때 사람들이 아파트 가격이 향후 더 오를 것이라고 예상하면, 수요가 오히려 늘어나고 가격이 더욱 올라 시장이 불안정해질 수 있다. 이같이 투기수요가 지배하면 수요의 법칙은 적용되지 않으며, 시장은 스스로 교정하는 것이 아니라 스스로를 악화시킨다. 그런데 경제이론은 투기수요를 미래에 대한 실수요로 해석해, 시간이 지나면 안정적인 가격과 수량이 시장을 지배할 것이라고 주장한다.

시장의 자율성은 신축적인 가격과 이기적/합리적 선택이라는 두 가지 축으로 확보된다. 그리고 시장이 자율적이라는 것은, 정부 등 외부의 힘이 개입할 필요가 없다는 결론으로 이어진다. 따라서 시장주의 입장에서 아파트 등에 대한 정부의 가격 규제나 거래 규제가 시장의 자율성을 손상하는 이유는, 가격과 선택의 자율적인 움직임을 방해하기 때문이다.

이같이 시장주의는 가격기구와 합리적 선택에 의존하는 시장의 일반균형에 근거해 시장을 존중해야 한다고 주장한다. 시장에 대한 설명과 존중은 재화시장뿐만 아니라 생산요소시장과 요소시장에서 결정된 서비스의 가격, 즉 분배된 소득에 대한 설명과 존중이다. 변동하는 경제 상황을 반영해 소득이 한계생산성에 의해 결정되어 정당하고 효율적이므로 이를 존중해야 한다는 것이다. 이에 따라 시장주의는 정부나 계획에 의존하는 경우보다 시장에 의존하는 경우 더 나은 상태에 이른다고 주장한다.

극단적인 시장주의자도 시장경제가 완벽하다고 주장하지는 않는다. 민주주의를 포함해 과거 어떤 정치·경제·사회체제나 제도도 완벽한 것은 없었으므로, 시장체제가 불완전하더라도 이상할 것이 없다. 그렇지만 계획경제나 공동체를 포함하는 여러 경제체제 중에서 시장경제의 불완전함이 가장 적다고 시장주의는 확신한다. 또한 시장은 스스로 교정하고 규제하므로 시장에서 동일한 문제가 체계적으로 반복해서 발생하지 않는다. 적어도 1929년의 대공황이나 2008년의 글로벌 금융위기와 같은 대형 사고는 자주 일어나지 않는다고 시장주의는 설득한다.

시장이 가격기구에 의존하고 합리적인 개인의 행위에 따라 움직이므로, 시장의 불완전함은 가격기구나 개인의 불완전함이다. 단기적으로 모든 시장에서 가격기구나 개인의 합리성이 완벽하게 작동할 수 없다. 그렇지만 장기적으로 현실에서 이용 가능한 방법 중에서 가격과 개인에게 의존하는 것이 가장 덜 불완전하다는 것이다.

특히, 윤리나 도덕, 계획, 정부, 집단, 공동체보다 가격이나 개별행위자에 의존하는 것이 더 낫다. 최소한 장기적으로 가격은 균형을 달성한다. 개별행위자도 실수할 수 있지만 스스로 교정하므로 비슷한 실수를 반복해서 저지르지 않는다. 즉, 체계적인 실수systematic error를 범하지 않는다는 것이다.

끝으로 시장주의에서 시장은 기본적으로 안정적이다. 시장주의 입장에서 시장은 내적으로 안정적이므로, 시장이 불안정해지면 그것은 내부 요인이 아니라 외부 충격으로 발생하는 것이고, 시장은 시간이 지나면 스스로 외부 충격을 안정시킨다. 물론 이 주장도 일관되게 가격기구와 행위자의 합리성에 근거한다. 특히, 시카고학파가 내세우는 통화주의, 실물경기변동, 동태적인 확률적 일반균형, 합리적 기대, 대표행위자 등의 이론과 개념은 모두 시장의 안정성을 내세우기 위한 근거이다. 같은 이유로 정부정책이 경제에 유해하거나 최소한 무용하다고 주장한다.

4.2. 시장의 편재성

시장은 사람들 사이에 주어진 화폐가격에 따라 물건이 교환되는 장소이다. 애덤 스미스는 『국부론』에서 인간이 교환의 본성을 지니고 있다고 말해 이 점을 표현하고 있다. 교환은 거래, 매매, 교역이나 무역, 그리고 협상으로 불리는 상황들을 포괄한다.[126]

> **교환, 거래, 매매**
> 교환exchange交換, 거래transaction去來, 매매sale/purchase賣買, 교역이나 무역trade은 모두 주고받음을 나타내, 경제학에서는 별 구분 없이 사용된다. 그래도 적용되는 범위에 차이가 있어, 교환〉거래〉매매인 것 같다. 매매는 가장 일상적인 용어이고, 시장에서 가격을 매개로 이루어지는 재화의 주고받음에 국한되어, 그 적용 범위와 대상이 교환이나 거래보다 좁아 보인다. 매매는 물물교환을 포함하지 않으며, 의견의 교환은 성립해도 의견의 매매는 성립하지 않는다. 또한 정치인들 사이의 거래는 성립해도, 이들 사이의 매매는 성립하지 않는다. 경제학자들이 즐겨 사용하는 개념인 거래비용도 매매비용보다 범위가 넓다. 나아가 자연과의 교환이나 결혼이 교환이라고 말하는 데는 논란이 있다. 그렇지만 자연과의 거래를 말하거나, 결혼을 거래라고 말하기는 이보다 더 힘들다. 그래서 교환의 범위와 대상이 가장 넓나고 보아야 한다.

교환의 구성요소는 교환의 장소, 주체, 객체/대상, 수단, 조건 및 비율, 그리고 환경이다.

- 장소는 시장이다. 시장에서 행위자들 사이에 경쟁이 있고 수요와 공급이 형성된다. 시장은 물리적으로 규정된 구체적인 장소이거나, 인터넷이나 플랫폼과 같이 추상적이고 가상적인 공간이다. 후자의 경우 판매자, 구매자, 매매의 대상이 물리적으로 만날 이유가 없다. 이렇게 보면 시장은 구체적인 장소라기보다 '장field, domain'이다.

---

[126] Rodrigues, 2013, 1007-10

- 행위자는 두 명(이상)의 개인이다. 이기적이고 합리적으로 선택하는 개인들이 만나 교환이 이루어진다. 행위자들은 재화나 요소로부터 직간접적으로 효용을 얻기 위해 교환한다.
- 대상은 재화와 생산요소로, 법적으로 개인이 자유롭게 처분할 수 있는 사유재산이다. 사유재산은 시장과 교환의 전제인데, 경제이론은 부존자원에 집착해 이 점을 일관되게 명시하지 않는다.[127]
- 수단은 대상을 획득하기 위해 활용되는 화폐다.
- 비율은 시장에서 형성되는 재화의 가격으로, 특정 수량의 화폐로 표시된다. 그리고 교환에 가격 이외 다른 조건이 따라붙을 수 있다.
- 환경은 계약과 약속의 이행을 강제하는 법과 경쟁에 관한 정책 등으로 구성된다.

그런데 시장하면 누구나 가격, 교환과 함께 경쟁을 떠올릴 정도로, 경쟁도 시장의 불가결한 요소이다. 대부분 시장에서는 여러 명의 교환 주체가 여러 교환 대상을 놓고 가격과 품질로 경쟁을 벌인다. 이 때문에 근대 시장에서의 교환은 경쟁 속에서 전개된다. 교환 당사자들이 반드시 특정인과 특정 재화를 특정 가격으로 교환해야 할 이유가 없다. 선택의 대상을 이루는 두 개 이상의 다양한 대안들이 시장에서 제공되는 이유도 경쟁이 있기 때문이다. 따라서 경쟁이 수반되지 않는 교환(가족 사이의 선물교환)은 일차적으로 시장의 교환으로 간주하기 힘들다.

이로부터 시장주의를 구성하는 핵심 개념으로 **시장**, 그리고 시장을 구성하는 요소로 **가격·개인·교환·선택·경쟁**을 들 수 있다. 이같이 시장을 설명하려면 가격 이외에 경제행위자의 선택, 경제행위자들 사이의 화폐

---

[127] 경제학에서 가장 많이 쓰는 용어는 재화지만, 경제와 경영 분야에서 상품commodity이나 제품product이라는 용어도 등장한다. 그런데 경제/경영학은 이들을 혼용하고 있다. 구분하자면 재화는 소비와, 상품은 교환과, 제품은 생산과 주로 연결된다.

교환, 경제행위자들 사이의 경쟁을 설명해야 한다. 이에 따라 시장주의는 교환·경쟁·가격 등에 대한 믿음에 의존한다. 이 믿음은 시장과 그것의 구성요소를 자연스럽고 보편적이며, 필연적이거나 불가피하고, 공준(公準)과 같이 주어진 것으로 받아들이는 데 근거하기 때문에, 이들의 진위·발생·변동을 별로 따지지 않는다.

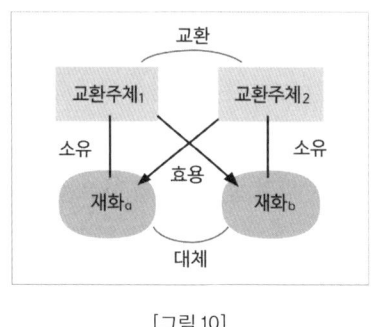
[그림 10]

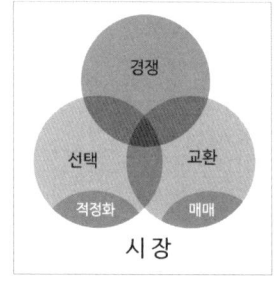
[그림 11]

시장주의는 하나의 통일된 시장을 지향한다. 이 때문에 하나의 재화나 생산요소에 여러 시장과 가격이 공존하는 분단된 시장은 불완전한 시장이다. 시장이 분할되어 있으면 교환과 경쟁도 제한된다. 동시에 시장주의에서 통일된 시장의 범위는 무한대이다. 근대에 들어 시장의 일차적인 범위는 국가였지만, 현재 시장이 지향하는 범위는 세계 혹은 지구 전체에 이른다.

세계화와 신자유주의가 이것을 말해준다. 이 때문에 긍정적이든 부정적이든 시장은 만물을 흡수할 만한 잠재력을 지니고 있다. 이런 잠재력 때문에 시장은 선거장, 입시장, 관료조직이나 국가와 근본적인 차이를 보인다. 특히, 20세기 후반부터 시장은 경제에 그치지 않고 정치·사회·문화·자연 등으로 확장되고 있다.

이런 의미에서 **시장주의**는 **시장경제**를 넘어서 **시장사회**를 지향한다.[128] 현상적으로 세계화로 인해 현실 사회의 여러 영역에 고유한 대상들이 상품화되면서, 가격이 붙어 시장이 형성되고 있다. 이와 평행으로 경제학의 제국주의는 교환을 가격이나 화폐가 개입되지 않는 시장 밖에까지 끌고 나가 확대해석하고 있다.

이같이 시장의 확산은 인식과 현상, 현실과 규범의 양 측면에서 나타난다. 현실에서는 신자유주의와 세계화로 나타나고, 인식의 차원에서 경제학의 제국주의로 나타난다. 그리고 이것은 현대의 시장주의가 시장경제를 넘어서 시장사회를 지향함을 의미한다. 시장주의의 구체적인 양상을 검토해 보자.

첫째, 20세기 후반 이후 시장주의는 시장을 절대시하면서 시장을 통해 경제뿐만 아니라 사회, 자연, 가장 근본적으로 인간을 포괄하려고 노력한다. 그리고 시장주의의 준거는 시장과 시장을 구성하는 가격·개인·교환·선택·경쟁이다. 개인은 경제인이고 기업인이다. 이런 준거에 따라 시장주의는 정치·사회·문화·교육·종교 등 여러 장이나 영역 혹은 체제, 그리고 여러 장의 활동, 인간, 조직, 과정에 대해 시간의 흐름에 따라 다음과 같은 태도를 보였다.

① 시장(혹은 기업)이 다른 특정 영역을 존경한다.
② 이로부터 독립을 선언한다.
③ 이것을 경시하거나 비판한다.
④ 이것이 시장으로 변할 것이라고 예언하고, 변해야 한다고 설교한다.
⑤ 이 안에서 시장을 발견한다.
⑥ 이것을 시장으로 생각한다.
⑦ 이것을 시장과 비슷하게 만들려고 노력한다.

압축적으로 성장한 한국이 1960년대 이후 거쳐온 이 흐름 중에서 ①, ②, ③은 확연한 과거이다. 한국의 현재를 지배하고 있는 시장주의는 적어도 ④

---

128 Cox, 2016, 18; Carney, 2020, 72

나 그 이후의 ⑤, ⑥, 그리고 최종적으로는 ⑦에 해당한다. 특정 영역과 조직으로 대학과 총장을 예시하면, 구체적으로 이를 확인할 수 있다.

기업과 경영인이 대학을 신성한 배움의 장소로 간주하고 총장을 고매한 학자라고 존경한다. 이어 기업은 대학과 다르고 경영인은 총장과 같을 수 없다고 선을 긋는다. 조금 더 지나면 대학은 구태의연하며 총장도 고리타분하다고 비난한다. 그러다가 대학이 기업과 비슷하게 변할 것이라고 예언하거나, 대학도 변해야 한다고 설교한다. 드디어 대학 안에서 기업과 비슷한 것을 발견하고, 지배구조 등에 있어 대학이 기업과 다르지 않다고 확신한다. 최종적으로 기업과 경영자는 기금이나 합동연구소, 대학 내 기업 등을 통해 대학과 총장을 자신과 비슷하게 만들려고 노력한다.

더 심각한 것은 실제로도 대학이나 총장이 시장주의의 교시를 따라 이같이 변하려고 노력하고 있으며, 실제로 변해 가고 있다는 점이다. 대학과 총장을 관료조직, 언론기관, 법원, 연구소, 병원, 교회, 군대와 이들 조직의 장으로 대체하더라도 비슷한 흐름을 확인할 수 있다. 모든 조직의 장이 시장원리, 기업 논리, CEO를 머릿속에서 그리며 활동하고 있나.

이에 따라 정치의 장, 토론장, 학교, 병원 등에서 시장·가격·개인·교환·선택·경쟁을 찾거나, 이것들을 육성하려고 노력한다. 가령, 정치의 장이 시장과 실제로 비슷하고, 시장과 비슷해져야 하며, 현실에서 시장과 점점 더 비슷해지고 있다고 주장한다. 또한 교환과 경쟁을 통해 다른 장을 시장과 비슷하게 취급하고, 시장과 비슷하게 만들려고 노력한다.

근대 이전에도 시장은 광장이나 토론장의 성격을 함께 지니고 있었다. 사람들은 시장에서 물건을 교환할 뿐만 아니라 의견도 교환하면서 서로 교류했다. 희랍어로 아고라agora와 라틴어로 포럼forum은 이를 말해준다. 그런데 이제 시장주의는 보다 적극적으로 광장이나 토론장, 선거장, 경연장 등을 시장으로 간주하고 시장으로 흡수하려고 노력한다.

원래 많은 학자들이 경제는 보편적이지만, 시장은 반드시 보편적이지 않았다고 여겨왔다. 그런데 이제 시장이 경제를 흡수했고 사회를 흡수하고 있다. 시장주의에 따르면 재화나 생산요소뿐만 아니라 권력이나 명예도, 정부나 집단보다 개인들로 구성된 시장이 더 잘 배분하고 관리할 수 있다. 또한 권력이나 명예를 배분하는 데 있어서도 시장의 특징적인 행위인 교환과 경쟁에 의탁해야 한다.

둘째, 시장주의는 시장을 모든 사물과 현상의 준거나 기준으로 삼는다. 사상마다 사물을 중요한 것과 중요치 않은 것으로 구분하는 기준이 다르다. 그리고 이 구분이 안팎, 표리 혹은 장단기로 표현된다. 시장주의는 시장의 안과 밖을 구분하고, 겉으로는 시장이 아닌데 속으로는 시장이거나, 그와 반대인 경우를 지적한다. 또한 단기적으로는 불균형이거나 불완전한 시장인데, 장기적으로는 균형이나 완전한 시장으로 변한다고 주장한다.

시장주의도 이 부분에서만큼은 범주에 충실하다. 그런데 형식논리를 따르므로 시장의 내외와 표리가 서로 배다적이라고 생각한다. 어떤 경제현상은 내부효과이든지 아니면 외부효과이고, 법적인 규제가 지켜지는 시장이든지 아니면 암시장이다. 경제와 사회의 현상은 얼마든지 표리부동할 수 있다. 겉모습은 종교단체인데 속은 정치집단이거나 '연애 복덕방'이고, 겉은 독서회인데 내용은 운동권 모임이고, 겉은 등산모임인데 속은 음주모임인 경우 등이 그런 예이다. 시장주의의 특징은 이 모든 것들의 진정한 모습을 시장이라고 단정하는 데 있다.

여기서 균형은 안, 속, 그리고 장기長期를 대표해 밖, 겉, 그리고 단기短期를 판정하는 기준을 제공한다. 대표적으로 내부효과와 외부효과는 시장의 안과 밖을 구분한다. 그리고 이 모든 경우에 있어 가격과 행위자의 선택이 개입된다. 가격과 선택에 근거해 외부효과를 내부화하려는 시장주의의 노력은 시장의 확장을 의미한다.

시장주의와 무관한 사상에서는, 시장이 아니라 도시, 국가, 가족이 안팎을 구분하는 기준이다. 시장주의에서는 시장에서 배제되거나 밀려나는 것이 징벌이다. 시장주의자가 아닌 아리스토텔레스에 의하면, 고대 그리스에서는 도시polis가 안팎을 가른다. 여기서는 도시에서 추방당하는 것이 형벌이다. 동양사회에서는 가정이 그런 기준이어서, 아이가 집에서 쫓겨나는 것이 징벌이다. 서양에서는 이와 반대로 집에서 못 나가게 하는 것이 아이에 대한 징벌이라고 한다.

시장주의에서 내외의 구분이 시장과 시장이 아닌 것을 차별화한다면, 겉과 속의 구분은 적극적으로 시장을 찾아낸다. 겉으로는 시장이 아닌데 안에는 시장이 있다는 것이다. 시장주의는 현재 드러난 시장뿐만 아니라 잠재적인 시장, 억압된 시장, 숨겨진 시장 등을 찾아내어 이를 육성하고 개선하려고 노력한다. 정상적인 시장white, 암시장black, 회색시장grey의 구분도 이런 맥락 속에 있다.

과거의 계획경제나 법적인 규제 속에서 발생하는 시장이나 암시장, 기업이나 가정에서 형성되는 잠재적인 시장이 그런 예이다. 이것은 민주주의자가 사회와 세계의 어디서든 민주성을 확인하고, 독재나 권위가 민주주의를 없애는 것이 아니라 이것을 숨게 만든다고 생각하는 것과 외견상 비슷하다. 시장주의도 잠재적이거나 억압된 가격, 개인의 이익, 교환, 선택, 경쟁을 여기저기서 찾아낸다. 이 입장에서 계획이나 규제를 마모시키는 것은 개별행위자의 부단한 이익추구와 가격의 숨겨진 작동이다.

셋째, 시장주의는 모든 현상과 활동과 관계에서 가격이나 가격과 비슷한 것을 발견하고, 이런 것을 만들어내려고 노력한다. 원래 다른 장은 가격과 다른 질적이거나 양적인 평가의 척도나 기준을 나름대로 갖추고 있었다. 기업의 인사고과뿐만 아니라 선거장의 득표수나 지지도, 학교, 경연장, 경기장의 점수가 그런 기준들이다. 그런데 이런 장들을 시장으로 변형시키려고 노력하면서, 시장주의는 이런 다양한 기준들도 가격과 비슷하게 취급하거나 비슷하게 만들거나 가격으로 환산한다.

학교 성적이나 학점, 예술가나 운동선수의 탁월함이 연봉으로 환산되는 것이 이런 현상에 가깝다. 이같이 모든 기준이 가격과 비슷해지면서 더 많은 물체나 현상들이 상품화된다. 통상적인 재화에 머물지 않고 노동, 자본, 금융, 교육, 결혼, 아기, 언론, 마약, 주파수, 선거, 공해(배출권) 등이 모두 이처럼 변한다. 이런 관념이나 현실의 변화는 시장의 확산을 보여준다.

넷째, 시장주의는 모든 조직을 기업과 비슷하게 취급하고 기업과 비슷하게 만든다. 경제조직이 아닌 관료, 군대, 학교, 병원, 절과 교회가 그런 대상이다. 실제로도 이런 조직들은 점점 이윤을 추구하는 기업과 비슷해지고 있다. 이에 따라 기업의 지배구조와 비슷하게 학교, 병원, 교회의 지배구조를 말한다.

또한 시장주의는 기업이나 조직 내부에서 노동시장이나 자본시장을 발견하고 이것들을 시장으로 취급한다. 거대기업이니 재벌기업은 실제로 내부에 여러 산업 사이에 이동하는 노동시장과 자금시장을 지니고 있다. 또한 기업 내 부서들 사이의 교류나 의사소통이 시장의 교환과 비슷해지고, 위계적인 조직 내부의 행위들이 점점 더 교환에 가까워진다. 나아가 조직 내 인사고과가 수량화되면서 시장의 가격이나 노동시장의 임금을 닮아간다(Mennicken & Espeland, 2019, 233-5).[129]

다섯째, 시장주의는 시장뿐만 아니라 기업, 선거장, 관료조직, 가정, 학교, 병원, 절이나 교회에서도 인간이 이기적이고 합리적이라고 간주하고, 인간을 그렇게 변화시킨다. 이에 따라 소비자나 투자자뿐만 아니라 시민

---

[129] 물론 이들이 지적하고 있듯이 수량화는 경제화economization에 국한되지 않아 국가의 통치나 민주적인 지배 등과도 연결된다.

과 정치인, 관료, 가족, 선생과 학생, 의사와 환자, 승려나 목사와 신도는 실제로 이기적/합리적이고 또한 이기적/합리적이어야 한다.

더 근원적으로 시장이 여러 영역으로 확산되면서, 시장이 인간 내부로도 진입한다.[130] 이기심과 합리성이 극대화되면서 모든 인간이 자신을 규율하고 '경영'하게 된다. 또한 아기와 장기까지 상품화되고 표정이나 동작 하나하나를 쪼개서 광고 등 상품으로 변질시킨다. 그렇지만 정작 시장주의자들 자신은 이런 상황을 문제시하지 않는다.

여섯째, 시장주의는 인간의 모든 활동을 교환/선택으로 간주하거나 교환/선택과 비슷하게 만든다. 경제활동인 생산·분배·소비를 교환/선택과 비슷하게 생각하고 또한 그렇게 만든다. 기업의 생산은 생산을 위한 생산요소와 생산량에 대한 선택 및 교환이다. 나아가 사회활동을 경제활동으로 만들고 다시 이것을 교환/선택으로 변형시킨다.

선거는 시민이나 국민의 선택이고 경제인의 선택과 다르지 않다. 재화뿐만 아니라 선물, 애정, 말, 의견이나 생각도 교환된다. 토론장의 의견교환도 재화의 교환과 동일하므로 재화의 시장뿐만 아니라 생각의 시장 market for ideas이 있다. 또한 진학, 이민, 결혼, 출산, 범죄, 죽음 등이 모두 선택이다. 화폐와 가격이 수반되지 않는 물물교환뿐만 아니라 장기적인 선물교환도 넓은 의미에서 이런 교환에 포함된다.

신고전학파 전체는 아니더라도 뷰캐넌 등은 투표를 개별행위자가 정부에게 세금을 납부하고, 정부의 지출로 편익을 얻는 교환으로 해석한다. 나아가 토지 및 자연에 대한 활용과 환경문제는 개인과 자연의 교류 혹은 개인과 자연의 (일방적인) "교환"으로 간주한다. 이런 교환에는 화폐가 요구되지 않는다. 그렇지만 이미 존재하는 화폐도 제거하는 시장주의 이론에

---

[130] Foucault, 1978/79, 2004

서 화폐가 교환의 필수적인 요건은 아니다.

일곱째, 시장주의는 시장뿐만 아니라 인간의 거의 모든 활동에서 경쟁을 발견하고, 동시에 활동을 경쟁적으로 만들려고 노력한다. 경매, 입찰, 입시경쟁, 선거전 혹은 경선, 경기, 경연, 경합 등이 그런 예이다. 또한 선거장과 입시장 등에서 경쟁을 확인하고, 이것들과 시장의 경쟁 사이의 차이점보다 유사성에 주목한다.

4.3. 행위자의 이기심과 합리성

먼저 시장주의가 생각하는 경제행위자의 주요 특징을 요약하면 아래와 같다.

> ① 개인이 이기적/합리적 선택의 주체이고 개인으로부터 조직/집단/계층이 파생된다.
> ② 개인은 가격을 통해 매개되어, 타인과 직접 관계하거나 상호작용하지 않는다.
> ③ 개인들이 시장을 이루고 개인의 수요/공급이 모여 시장의 수요/공급을 이룬다.
> ④ 개인은 자신에 대해 잘 알고 판단/선택하므로, 유혹에 빠지지도 후회하지도 않는다.
> ⑤ 개인은 각자에 고유하며 일관되고, 고정된 선호/기술에 근거해 선택/행동한다.
> ⑥ 개인에게 이윤극대화보다 효용극대화가 더 근원적이다.
> ⑦ 개인의 고유한 선호는 할인, 위험, 기대, 믿음 등을 포괄한다.
> ⑧ 개인의 선택 대상들은 서로 준독립적이고, 선호와 소득은 서로 독립적이다.
> ⑨ 개인은 실질과 명목을 구분하고 진짜와 가짜를 가려낼 수 있다.
> ⑩ 개인은 효율적으로 정보를 처리하고 합리적 기대를 형성해 선택에 임한다.

시장은 인간에게 자신의 본성인 이기심과 합리성이 발휘되도록 허용해 자연스럽다. 시장주의 경제사상에 의하면 이기심이 '인간의 본성human nature'이므로 그것을 발휘하는 것이 자연스럽다. 또한 이런 본성에 근거한 행위로 형성되는 시장은 자연상태 the state of nature를 이룬다. 그리고 시장주의는 이기적이고 합리적으로 판단하는 모든 경제활동의 단위가 개인이라고 전제한다. 개인들이 시장에서 가격과 소득을 결정하므로 시장, 개인, 그리고 가격이 모두 자연스러운 존재가 된다. 나아가 개인을 위시한 경제주체들이 시장에서 벌이는 교환 등의 활동과 이로 인해 발생하는 경제주체들 사이의 경쟁도 자연스럽다.

이것이 시장에 대한 가장 원초적이고 강력한 방어 중의 하나이다. 이 주장은 인간이 이타적이거나 상호적이거나 도덕적이라는 전통적인 생각이 비현실적이라는 근대 서양 사상, 특히 마키아벨리 Niccolo Machiavelli(1469-1527)의 발상에서 비롯되었다. 이런 주장을 통해 윤리나 도덕에 근거해 이기심을 제한하거나, 국가를 통해 시장을 관리해 왔던 생각이 먼저 서양에서 퇴각하기 시작했다. 이즈음에 인간이 교환하려는 본성을 지닌다는 스미스의 주장과 함께 시장에서 '상업의 부드러움 doux commerce'이 인간의 호전성을 둔화시킨다는 주장이 등장했다.[131]

어떤 것이든 자연스러우면 거부하기 힘들다. 이 때문에 자연이나 자연스러움이 고대 그리스부터 이런저런 사상이나 입장에 달라붙었다. 당연히 자연스러운 것의 내용이나 대상이, 사상이나 입장에 따라 바뀌었다. 고대 그리스에서는 도시국가와 그것을 구성하는 도덕적인 시민을 자연스럽다고 생각하면서 돈벌이를 추구하는 시장과 경제행위자를 비난했다. 또한 동아시아에서는 오랫동안 가정과 윤리를 자연스럽다고 생각했다. 그런데 스미스 이후로 서양에서는 시장과 그 안의 경제행위자가 자연스러

---

131 '부드러운 상업'은 몽테스큐가 시장경제를 옹호하는 개념으로 제시한 것이다. 홉스나 뢰프케에 비추어 보면, 이 개념은 역사적으로 전쟁이 빈번했던 유럽에 적합하다. 그렇지만 전쟁이 적었던 동아시아, 특히 한국에서는 상업이 반드시 부드럽지 않았다. 19세기 중반의 아편전쟁이나 군대가 동원된 강제적인 개항은 이 점을 더욱 확고하게 만든다.

운 존재가 되었다.

자연스러움은 어떤 경우에나 보편성, 당연함, 정당성, 필연성 그리고 불가피함을 지니게 되어 역사적인 변화나 주어진 시점에서의 다양성을 배제하는 경향이 있다.[132] 시장주의도 비역사적이라는 비판을 안고 다녔다. 사실 시장주의 사상이 말하는 자연상태는 로크의 자연권이나 루소의 자연상태만큼 가상적일 수 있다. 그렇지만 시장이 자연스럽다는 생각은 최소한 묵시적이거나 본능적으로 경제학자의 뇌리에 박혀 있다.

예를 들어, 아파트 가격을 잡겠다는 정부의 정책을 비난하는 경제학자들의 머릿속에는, 인간이 이기적이어서 정책의 비현실성이 드러날 것이라는 예상이 깔려 있다. 이는 계량모형에 근거하지 않고 수용된 전제이다. 시장에서 결정되는 아파트 가격을 피할 수 없다는 생각뿐만 아니라, 시장에서 결정되는 소득분배에 대한 경제학자들의 믿음도 이런 전제를 깔고 있다.

시장에서 인간은 고상한 가치나 이념 혹은 공동선보다 자신의 이익에 투철해 윤리나 법의 그물을 쉽게 빠져나간다는 것이다. 사실 물질에 대한 인간의 욕구는 불륜으로 나타나는 성적인 욕구만큼이나 강력할 수 있다. 그리고 이기적인 인간에게는 윤리나 도덕 그리고 법보다 자신의 이익과 관련된 유인이 더 강력하다.

따라서 부동산 투기를 윤리에 호소해 비난하고 법으로 단속하는 것은 경제에 해롭거나 최소한 무용하다. 법과 정책에 의존하는 경우에도 되도록 명령, 금지, 구속, 억압, 단속보다 유인을 통해 행위를 유도하는 방식을 취해야 한다. 유인은 가격이나 소득 등과 같이 금전적일 수도 있고 비금전적이거나 심리적일 수도 있다.

---

132 Hong, 2006

> **사회계약론의 비현실성**
>
> 발라스의 일반균형체계뿐만 아니라 이보다 1백여 년 전에 홉스Thomas Hobbes나 루소 Jean Jacques Rousseau가 사회의 구성원리로 내세운 사회적 계약social contract에 대해서도 비현실성이 지적된 바 있다. 흄David Hume이나 벤담Jeremy Bentham 등 영국의 철학자 겸 경제학자는 사회계약이라는 원초적인 계약original contract이 허구라고 비판했다. 사회계약론이 칸트Immanuel Kant를 통해 롤스John Rawls로 이어지면서 현대 사회경제이론에서도 이 문제가 재현되었다. 롤스의 이론적 도구인 무지의 장막veil of ignorance은 '만약 당신이 양반으로도 혹은 천민으로도 태어날 수 있는 조선 같은 사회체제를 받아들이겠는가?'를 묻는다. 이에 대해 경제학자 하사니John Hasarnyi는 양반, 평민, 천민이 될 확률을 계산해야 한다고 반박했다. 그런데 현시점에서는 사회구성보다 시장작동이 더 중요하기 때문에 일반균형체계가 더 중요한 문제가 되었다.

시장주의 사상의 '자연스러움'이 시장주의 이론에서는 '균형'으로 바뀌고, 인간의 '본성'이나 '이기심'이 '합리성'으로 바뀐다. 특히, 경제사상이 상대적으로 이기심을 더 강조한다면, 경제학은 합리성을 더 강조한다. 이에 따라 시장경제에 대한 경제학의 믿음은 가격기구와 개인의 합리적 선택에 의존하게 된다.

독자적으로 선택하면서도 (화폐)가격을 통해 매개되어 경쟁 속에서 교환하는 동등한 개별행위자들의 모음이 시장이다. 이렇게 형성되는 시장현상은 시장수요 및 공급과 가격 등의 미시적 현상과, 총수요 및 총공급과 물가 등 거시적 현상을 포괄한다. 이것은 시장을 제도, 체제, 구조로 파악하는 방식과 대비된다.

경제학 교과서에 의하면 재화에 대한 소비자들의 선호(와 소득)가 다르고 지불할 의사willingness to pay도 다르지만, 일물일가에 따라 모두 동일한 가격을 지불한다. 따라서 가격보다 지불할 의사가 높은 소비자들만 특정 재화를 구입하고, 지불할 의사가 낮은 소비자들은 구입하지 않는다. 이는 재화가 그 재화를 더 "필요"로 하는 소비자에게 보다 나은 용도를 위해 배분 혹은 분배되었음을 의미한다.

마찬가지로 자원이나 자산도 경매나 차익거래 등을 통해 여러 투자자 중 예상 수익이 가장 높은 투자자에게 배분된다. 이같이 시장은 개별행위자들의 선택을 통해 자원이 최상의 용도를 찾아 효율성을 달성하도록 허용한다. 이것은 개별행위자의 사적인 이익이 시장 전체의 이익 혹은 사회적인 이익으로 이어진다는 시장주의의 입장이자 이념을 표현하고 있다.

시장을 구성하는 교환, 선택, 경쟁의 당사자나 주체는 공동체, 집단, 조직이 아니라 개인이다. 교환 비율은 가격이고, 통상적인 선택과 달리 시장에서 개인의 선택은 가격을 고려한다. 또한 경쟁은 가격을 기준으로 진행된다. 이같이 시장을 느슨하게 규정하기 때문에 시장주의는 시장을 공장이나 기업, 토론장, 선거장, 가정 등 다른 장들과 명확히 구분하지 않고 시장과 비슷하게 취급할 수 있게 된다.

시장이나 가격이 시장경제에 고유하다면, 개인의 합리적 선택은 시장경제에 국한되어 있지 않다. 이것을 구성하는 합리성, 선택, 개인은 최소한 영미 사상의 여러 영역에서 등장한다. 그런데 이미 지적한 바와 같이 개인의 합리적 선택이 가격과 연결되고, 합리성, 선택, 개인에 여러 가정이나 조건이 붙으면서 시장주의에 고유한 것이 된다.

먼저 합리성은 인간을 이성적인 존재로 규정한다. 경제학 이전에 소크라테스 시대부터 이미 서양 철학은 인간이 이성적임을 강조했다. 그리고 중세 이후 서양에서는 신, 자연이나 물체, 그리고 다른 인간을 만날 때 인간은 이성적이다. 그런데 경제학의 이성은 칸트와 같이 사색하는 인간의 이성이 아니라, 시장에서 개인으로 활동하는 경제행위자의 이성이다.

모두 이성에 의존하지만 이 점에서 윤리학이나 법학은 경제학과 구분된다. 윤리학이나 법학은 행위의 목적, 의도, 가치 등을 중시한다. 이것이 소위 베버가 말하는 가치합리성 Wertrationalität이다. 이에 비해 경제학의 합리성은 주어진 가치나 목적을 추구하기 위한 수단을 효율적으로 활용하는 목적합리성 Zweckrationalität 혹은 (목적에 합당한) 도구적 합리성이다.

도구적 이성은 무엇을 믿고 좋아해야 할지를 고민하는 것이 아니라, 무엇을 믿고 좋아하든 그것을 충실하게 추구하기 위한 효율적인 수단을 강구한다. 경제학은 개인의 목적이나 가치 혹은 선호의 다양성을 내세우며 이에 대해 우열을 논할 수 없다고 생각한다. 특히, 기호에 대해서는 논할 수 없다de gustibus non est disputandum. 선호의 내용에 대해 우열을 논할 수 없으므로 각자의 선호에게 일관성을 요구하는 데 그친다.

이 때문에 흔히 경제학은 몰가치적wertfrei이거나 탈도덕적amoral이라는 비판을 안고 있다. 이런 의미에서 경제학의 합리성rational을, 윤리학이나 법학의 합당성reasonable과 구분할 필요가 있다.[133] 경제학의 도구적 합리성은 공리주의와 한계효용학파가 등장하면서 본격적으로 부상했다.

> **태초에 무엇이 있었나?**
> 시장주의자는 태초부터 (불완전하지만) 시장과 합리성이 있었다고 생각한다. 그래서 경제학자는 원시인에게서도 합리성을 발견한다. 성경에는 태초에 말씀이 있었고, 루소에게는 원초적인 계약original contract이, 괴테에게는 행위가, 마르크스에게는 자본의 본원적 축적ursprüngliche Akkumulation des Kapitals이 있었다. 이 모든 것들은 역사나 진화를 해명해야 한다는 과제를 안고 있다. 태초는 아니더라도 원초적으로 한국사회에 있었던 것은 무엇일까? 시험인 것 같다. 이것은 과거시험 등의 역사와, 개화 등으로 인한 기회균등이라는 진화의 근거를 가지고 있다.

이에 따라 경제학이 상정하는 개인주의는 개인이 각자 자신이 원하는 것, 즉, ①자신의 선호나 이익 혹은 가치를 일관되게 유지하고, ②이를 스스로 잘 알고 있으며, 나아가 ③이를 충실하게 추구한다고 전제한다. 그리고 각 개인이 이 점에 있어서 다른 사람이나 소속해 있는 집단, 조직, 사회, 국가보다 낫다고 전제한다. 만약 그렇지 않다면 개인의 선택은 신뢰할 수 없는 것이 되기 때문이다.

---

[133] Sibley, 1953

신고전학파 경제학으로 들어오면 도구적인 합리성이 축약되어 일관성 consistency이 유일한 요건이 된다. 그리고 그것은 경제학의 근거인 욕망 혹은 더 정확하게, 선호에 달라붙어 선호의 일관성으로 나타난다. 현재와 같이 선호에 규범, 가치, 믿음이 추가되면 경제학에서 중요한 것은 선호, 규범, 가치, 믿음의 내용이 아니라 그것들의 일관성이며 이것이 합리성이 된다.

일관성이란 바닐라 아이스크림을 좋아했던 사람이 갑자기 초콜릿 아이스크림을 좋아하지 않는 것을 말한다. 혹은 진보적(보수적)이었던 사람이 갑자기 보수적(진보적)으로 변하지 않는 것을 말한다. 구체적으로 선호의 일관성은 완전성completeness, 이행성transitivity, 독립성independence으로 규정된다.[134]

완전성은 이용 가능한 모든 대상에 대해 선호를 가지고 있다는 것이다. 즉 임의의 모든 두 대상에 대해 a>b, a~b, 혹은 a<b이다. 이행성은 한 쌍의 대상에 대한 선호가 서로 이어져 연속적인 우열을 낳을 수 있다는 것이다. 즉, a≥b이고 b≥c이면 a≥c이다. 독립성은 특정 대상 혹은 한 쌍의 대상들에 대한 선호가 다른 대상으로부터 영향을 받지 않는다는 것이다. 즉, a≥b이었으면, c가 있든 없든 a≥b이다.[135] 독립성은 경제학의 개체주의를 보여준다.

이와 관련해 비확률적인 선택상황과 확률적인 선택상황을 구분할 필요가 있다. 전자는 현시선호이론이 대표하는 통상적인 소비자 선택이론의 대상으로, 선호와 효용에 근거한다. 흔히, 기대효용이론이나 의사결정론의 대상인 후자는 주가, 보험, 도박, 경마, 추첨 등 자연과의 게임이나 타인

---

[134] Anand, 1987
[135] 경제학에는 두 가지 일관성이 등장한다. 하나는 선호와 선택이 비슷한 상황에서 일정하게 나타나는 행위(자)의 일관성이다. 다른 하나는 이론을 구성하는 논리들이 서로 충돌하지 않는다는 이론의 논리적인 정합성이다. 전자는 행위가 등장하지 않는 자연과학과 무관한 데 비해 후자는 행위의 등장 여부와 무관해 자연과학에도 적용된다. 여기서 말하는 일관성은 행위자의 일관성이다.

과의 게임에 적용되는데, 기대효용뿐만 아니라 믿음과 학습을 근거로 삼는다.

완전성과 이행성은 비확률적인 선택상황과 확률적인 선택상황 모두에 적용된다. 이에 비해 독립성은 대체보완관계로 인해 비확률적인 상황에서는 배타적인 선택에 국한되고, 주로 확률적인 상황에 적용된다.[136] 배타적인 선택이란 주말의 식료 구입과 같이 여러 재화의 묶음을 구입하는 것이 아니라 자동차나 컴퓨터와 같이 단일 재화를 구입할 때 여러 기업 제품 중 하나를 선택하는 것을 말한다.

> **독립성이라는 숙제**
>
> 경제학은 개인주의와 개체주의로 인해 독립성 independence에 대한 집착이 강하다. 교과서에서 무차별곡선으로 분석하는 바와 같이, 비확률적인 소비자선택 중 두 재화 이상의 소비재묶음(피자와 콜라, 식료구입)을 선택하는 상황에서는 대체보완관계의 개입으로 독립성을 적극적으로 내세울 수 없다. 반면 하나의 소비재(컴퓨터, 자동차, 집)를 선택하는 배타적인 상황에서는 경제이론이 적극적으로 독립성을 내세운다. 대표적으로 비례성 proportionality이나 규칙성 regularity에 따라 두 대안에 대한 평가가 제3의 대안으로부터 독립적이라고 주장한다. 예를 들어, 여러 식료품의 묶음이 아니라 컴퓨터 하나를 구입하려는 경우를 생각하자. 제품 A와 제품 B에 대한 인기가 제품 C가 추가되면 줄어든다. 그렇지만, 비례적으로 줄어서 A와 B에 대한 상대적인 평가가 변동하지 않는다. 이것이 '비관련 대안으로부터의 독립성 independendence of irrelevant alternatives'이다.

인간 행위의 합리성은 이성에 대한 의존을 의미한다. 서양 철학에서 이성에 대한 믿음은 세상을 인간 위주로 파악해 인간의 자율성을 낳는다. 그렇더라도 인간은 신과 달리 유한한 존재이므로 인간이 인식이나 행동에 있어 여러 제약을 지니고 있음을 인정한다. 이를 경제학도 이어받는다. 그런데 철학자들이 이런 제약을 인간의 정신적 한계에서 찾는다면, 경제학은 그것을 가격과 행위자의 소득에서 찾는다.

---

[136] Giocoli, 2013

이는 소극적으로 보면 합리적 행위자에게 도덕이나 사회 및 환경과 관련된 가치들이 고려 대상이나 제약이 아님을 의미한다. 적극적으로 보면 가치들이 이미 소득/가격으로 용해되거나 환산되어 있어 행위자가 소득/가격을 고려하는 것이 가치들을 고려하는 것이 된다는 뜻이다. 이런 식으로 고려되고 고려되어야 한다는 것은, 가치들이 이미 소득/가격에 내부화되어 있고 내부화되어야 한다는 것을 의미한다.

선택도 경제학에 국한되지 않는다. 일찍이 아리스토텔레스는 행위와 관련된 선택을 강조하면서 적절한 시점에, 적절한 장소에서, 적절한 방식으로, 적절한 정도로, 적절한 대상에게... 등의 적절성을 강조하고 있다. 이때 적절성은 윤리나 도덕의 여러 가치에 대한 고민을 담고 있다. 이에 비해 경제학의 선택은 효용이나 이윤이라는 일차원적인 가치나 목표를 달성하기 위한 적절함, 즉 적정함optimality을 내세운다. 말할 나위 없이 이는 가격과 소득이나 자금의 제약을 고려하는 계산과 이에 근거한 선택을 의미한다.

아리스토텔레스에서부터 이성에 근거한 선택을 강조했다는 점과 대다수 경제사상이 시장의 수요공급을 공유했다는 점을 겹쳐 놓고 보면, 가격과 소득을 고려하는 개인의 합리적 선택이 신고전학파 경제학의 특징을 담고 있다.

인간이 개인으로 존재한다는 생각은, 근대에 들어 영미 사상을 중심으로 확산되어 왔다. 경제인뿐만 아니라 시민도 개인이다. 교과서적인 수준에서 차이를 말한다면, 시민은 사적인 이익뿐만 아니라 공익을 고려하는 데 비해, 경제인은 개인의 이익에 집중한다. 시장주의가 중시하는 효용이나 이윤은 모두 공익이 아니라 사익이다. 시장주의에서 공익은 사익이 가격을 매개로 사후적으로 합해진 것에 불과하다. 이것은 개인의 사익추구가 시장에서 가격을 통해 자동적으로 전체의 공익으로 이어짐을 전제한다.

시장주의는 시장에서 모든 개별경제주체가 가장 만족하는 수준에 이르면서 동시에 기본적인 경제문제가 효율적으로 해결된다고 주장한다. 넓게 보면 이런 생각은 스미스의 보이지 않는 손으로부터 신고전학파 경제학의 일반균형체계에 이르기까지 시장주의를 관통한다. 다만, 윤리와 도덕을 의식하는 스미스에서는 개인이 자신의 이익을 추구하는데도 '불구하고' 경제문제가 해결되는 데 비해, 일반균형체계에서는 개인이 자신의 이익을 추구하기 '때문에' 이같이 된다.

이기적이고 합리적인 행위의 목표나 유인은, 소비를 통한 효용과 화폐로 환산된 이윤이나 금전적 보상이다. 그런데 시장주의는 효용과 금전적 보상 중 어느 것이 근원적인가에 대해 일관된 입장을 가지고 있지 않다. 경제이론은 화폐를 경시하므로 이윤이나 금전적 보상도 효용으로 환원하는 경향이 강하다. 이에 비해 경제사상이나 상식은 금전적 보상을 독자적인 유인으로 보거나, 이를 효용이라는 다소 막연한 개념보다 더 중시한다.

시장주의는 이기적인 행위와 합리적인 행위를 내세우므로 이타적인 행위와 비합리적인 행위를 배제한다. 그런데 현실의 시장에는 이렇게 구분할 수 없는 혁신적인 활동, 기회주의opportunism, 상호성reciprocity, 자기위주편향self-serving bias이 상존한다.[137] 경제학은 일반균형과 생산함수에 집착하면서 불확실성을 배제해, 마르크스와 슘페터가 강조한 기술혁신을 최근까지 제대로 수용하지 못했다. 다만, 멩거를 위시한 오스트리아학파 경제사상은 기술혁신이나 기업가의 혁신적인 활동을 보다 쉽게 수용해 왔다.

신제도학파의 윌리엄슨 등이 강조한 기회주의는 도덕적 해이moral hazard나 역선택adverse selection, 직무회피 등의 전략적인 행태를 나타낸다. 기회주의는 불법적인 행위가 아니고 도덕이나 윤리로 재단할 수 있다. 그렇지만 시장주의가 도덕과 무관하므로 기회주의가 시장 안에 있는지 밖에 있는지 구분하기 어렵다.[138] 한편으로 경제사상의 이기적인 행위에 포함되는

---

[137] Makowski & Ostroy, 2001

것처럼 보이지만, 다른 한편으로 경제이론이 내세우는 합리성에 묵시적으로 정직이 따라다닌다고 보면 이와 반대이다.

행동경제학이 지적하는 자기위주 편향은 모든 것을 자기중심적으로 판단하고 행동하는 것을 말한다. 가사노동이나 토론에 있어 자신이 실제로 공헌한 것보다 더 많이 공헌한 것으로 착각하거나, 자신의 운전실력 등을 과장되게 생각하는 것이 그런 예이다. 역시 개인주의나 이기주의가 이런 방향으로 흐를 가능성이 있다. 그렇지만 자신에 대해 제대로 판단하는 것이 합리성의 전제라고 보면, 이 역시 합리성으로부터 벗어난다.

4.4. 가격의 형성과 가격에 대한 존중

시장에서는 가격에 따라 교환이 이루어지므로 가격은 교환의 기본요소이고, 가격이 없으면 시장도 존재할 수 없다. 이 때문에 시장하면 당연히 가격을 연상하게 된다. 이것은 마치 선거장에서 득표수를 떠올리고 시험장에서 점수를 연상하는 것과 같이 직관적이다. 공장, 광장, 토론장, 선거장, 시험장, 운동장, 공연장, 전시장, 전장 등 다른 장과 비교해 보더라도 화폐가격이 시장의 특징으로 두드러진다. 다른 장에서도 평가는 이루어지지만 그 척도가 가격이 아니다. 가격은 행위자와 재화를 평가하는 시장에 고유한 척도이다. 또한, 가끔 치르는 투표나 입시와 달리 시장의 거래와 가격은 일상적이다.

이런 생각은 시장주의에 고유하지 않는다. 가격이 시장주의와 독립적으로 모든 경제사상과 이론의 출발점이기 때문이다. 그렇지만 가격의 성격, 기능, 결정 방식이나 결정 요인에 대해 학파마다 견해가 다르다. 그리

---

138 Williamson, 2000, 601

고 가격이 시장과 불가분의 관계에 있으므로, 가격에 대한 견해 차이는 시장에 대한 견해 차이와 동치이다. 단적으로 **가격에 대한 존중과 방임은 시장에 대한 존중과 방임이고, 가격에 대한 불신과 규제는 시장에 대한 불신과 규제이다.**

시장주의는 가격을 시장이 스스로 결정한다는 점과 이런 가격을 존중해야 한다는 점을 주장하면서도 정작 가격이 무엇인지를 개념적으로 설명하지는 않는다. 따라서 시장주의에 단편적이고 묵시적으로 제시되는 가격의 특징들을 열거하고, 이들을 체계화할 필요가 있다. 시장주의에서 가격이 지닌 측면들은 정보, 신호, 유인, 평가, 승인, 경쟁 등과 관련된다.

① 가격은 재화/서비스와 생산요소의 시장에서 형성되는 균형을 나타낸다.
② 가격은 시장의 출발이자 결과이고 합리적 선택의 출발이자 결과이다.
③ 가격은 행위자들이 재화/자원을 선택하면서 시장수요/공급을 통해 결정된다.
④ 가격은 행위자들이 재화/자원을 선택할 때 고려한다.
⑤ 가격은 시장경제의 주축으로 자원배분 등 경제문제를 효율적으로 해결한다.
⑥ 가격은 시장에서 신축적으로 변동하고, 행위자는 가격에 탄력적으로 반응한다.
⑦ 가격의 신축성/탄력성이 부의 환류를 낳아 시장을 안정시킨다.
⑧ 가격은 경쟁/차익거래로 특정 재화/자원에 대해 하나가 되는 경향이 있다.
⑨ 가격은 재화나 자원에 대해 선호와 기술 등에 관한 정보의 덩어리이다.
⑩ 가격은 화폐로 표현되지만, 물가를 제외한 상대가격으로 기능한다.
⑪ 가격은 재화/자원이 지닌 "가치"와 비용을 나타내므로 정당하다.
⑫ 가격은 구체적이어서 효율적인 경제로 이끄는 데 효과적인 신호로 기능한다.
⑬ 가격은 수량으로 존재하므로 양적인 차이/변동을 통해 경제에 영향을 미친다.
⑭ 가격은 경제행위자(와 정부)에게 미세하고 점진적인 조정을 가능케 한다.
⑮ 가격은 시장에서 관찰되는 가격과 관찰되지 않는 가격을 포함한다.
⑯ 가격은 재화와 생산요소뿐만 아니라 인간을 포함한 만물의 척도이다.
⑰ 가격은 재화, 자원, 인간 등 만물을 익명화하는 경향이 있다.

시장주의의 특징은 가격을 시장의 중요한 현상으로 취급하는 데 그치지 않고 가격을 거의 절대적으로 신뢰하는 데 있다. 시장주의에 따르면,

시장은 가격기구에 의존해 자원배분 등 경제문제, 나아가 사회문제를 해결할 수 있다. 이런 이유로 개인의 선택과 함께 자유롭게 작동하는 가격기구가 시장의 두 축을 이룬다. 또한 시장주의가 시장의 특징으로 내세우는 자생성, 자율성, 효율성 및 안정성은 가격기구에도 그대로 적용된다.

구체적으로 경쟁 속에서 진행되는 수없이 많은 교환이 시장에서 수요와 공급을 낳아 가격을 결정한다. 이에 따라 가격은 외적인 힘에 의존하지 않고 시장에서 스스로 태어나고 형성된다. 또한 가격은 시장과 경제 상황이 변동하면서 이에 반응해 스스로 변한다. 더불어 가격의 이런 움직임을 방해하지만 않으면 혹은 방해하지 않아야, 시장경제가 효율적인 결과를 낳는다. 또한 내버려 두더라도 혹은 내버려 두어야, 가격이 일정한 범위 안에서 움직여 시장과 경제를 안정시킨다.

이같이 시장뿐만 아니라 가격기구의 자생, 자율, 효율 및 안정도 각기 발생, 과정, 결과와 관련된다. 시장주의 경제사상에서는 이기심뿐만 아니라 가격도 자연스럽다. 이 때문에 스미스는 시장의 경쟁으로 형성되는 가격을 자연가격 natural price이라고 불러 경제의 준거로 삼았다. 자연임금, 스미스 전후로 등장한 자연이자율도 부분적으로 이런 생각을 담고 있다.

그렇지만 시장주의 사상과 비교해 시장주의 이론은 시장뿐만 아니라 가격에 대해서도 결과를 중시한다. 이 때문에 가격의 자생성이나 자율성보다 가격이 낳는 효율성과 가격의 안정성을 강조한다. 이런 경향은 특히, 고전학파에서 신고전학파나 신자유주의로 이행하면서 강화되었다.

어떤 것이 자연스러워서 정당하다면 이에는 강제성도 수반된다. 시장에서 가격을 지불하거나 지불받기를 거부하면 누구도 경제활동을 벌일 수 없다는 점에서, 가격도 법률과 같이 강제적이다. 다만, 법률은 질적인데 비해 가격은 양적이어서, 상황에 따라 어느 정도 가감이 가능하다. 따라서 시장에서 가격이 지니는 힘은 수험장에서 수능점수가 지니는 힘에 더 가깝다. 그리고 시장 참여자들이 가격 등을 고려해 합리적으로 선택함

으로써 자신의 이익을 추구하는 일도 강제적이 된다.[139]

시장주의는 시장뿐만 아니라 가격과 관련해서도 현상이라는 측면과 규범적인 측면을 함께 내세운다. 즉, 가격이 시장에서 스스로 형성될 뿐만 아니라 스스로 형성되도록 내버려 두어야 한다고 주장한다. 무엇보다 정부가 개입하지 않고 시장에 맡겨 두어야 가격이 적정한 수준에 이르고 안정적일 수 있다는 점을 강조한다.

구체적으로, 특별한 이유가 없으면 정부가 쌀가격, 아파트 분양가, 임금, 이자, 환율을 동결하는 것은 물론이고, 이에 대해 상한이나 하한을 설정하는 일도 피해야 한다. 다른 예로 2차 대전 이후 1971년까지 브레턴우즈체제가 국제금융의 안정과 효율을 위해 유지한 고정환율제를 비판하면서 시장주의자 프리드먼은 변동환율제를 내세웠다. 그 근거는 고정환율제는 상황의 변동을 그때그때 반영하지 않고 누적시켜 결과적으로 비효율과 불안정을 낳는다는 것이었다.

시장주의가 가격을 존중하는 이유는 ① 수요와 공급을 통해 시장과 경제의 상황을 신축적으로 반영하고, ② 개별행위자가 경쟁 속에서 가격에 따라 탄력적으로 선택하면 자신에게 가장 이익이 된다고 보기 때문이다. 이와 관련해서도 시장주의 안에 존재와 규범이 공존한다. 다시 말해, 시장주의는 한편으로 시장에서 실제로 가격이 신축적으로 움직이고, 행위자가 실제로 가격에 탄력적으로 반응한다고 주장한다. 다른 한편으로 정부의 개입에서 벗어나 시장에서 가격이 신축적으로 움직여야 하고, 행위자가 윤리나 도덕에 얽매이지 않고 가격에 탄력적으로 반응해야 한다고 주장한다.

---

[139] 민주주의와 자본주의 모두에 수반되는 개인주의도 모든 것을 개인 차원으로 환원해 고려하고 계산해야 하므로 강제성이 있다. 서세동점의 시대에 통상조약이나 WTO 체재 하에서의 시장개방도 강제적이었다. 조선시대 양반에게 과거시험은 사회구조로서 개인에게 강제적이었고, 현대 한국에서 대학입시도 강제적이다.

시장주의는 경제와 경제를 구성하는 여러 부문이나 산업을 개인으로 분해한다. 그런데 개인들은 시장에서 결정된 (화폐)가격을 통해 매개된다. 시장에서는 분업의 여러 부문도 가격을 통해 연결된다. 이같이 시장은 스스로 형성되는 가격에 의존하며 시장경제는 가격들을 통해 서로 얽혀 있다. 가격이 매개한다는 점에서는 시장이 개인들의 단순한 모음은 아니다. 거래를 위해 시장에 모인 개인들은 시위를 위해 광장에 모인 개인들과 다르다.

시장에서 개별행위자들은 직접 서로 대화하는 것이 아니라 가격을 통해 서로에게 말하고 교류한다. 또한 이는 윤리, 도덕, 역사, 문화, 인간관계 등이 모두 가격에 용해되어 있어 가격이 이들을 대신함을 의미한다. 윤리와 관계가 사람들을 직접 만나게 한다면, 가격은 사람들을 간접적으로 혹은 익명으로impersonally 만나게 한다. 이런 식으로 가격이 개입된다는 점에서 시장은 사회구조, 정부, 기업 등과 구분된다.

가격을 통한 개별주체들의 연결은 전통적인 가족관계와 같은 밀접한 관계를 낳지 않는다. 그렇지만 가격을 통해 연결된다는 점에서 개별행위자는 로빈슨 크루소와 다르다. 2020년 초부터 시작된 코비드 시대에 개인주의적인 서양인들이 익명적이지만 백화점, 공연장, 축구장 등에 가고 싶어 하는 강력한 욕구를 드러낸 것이 이를 방증한다.

결과적으로 시장주의는 경제행위자 차원에서는 개인을 내세우면서 동시에 재화들, 생산요소들, 산업과 부문들의 상호의존성과 상호연관성을 내세운다. 상호연관성은 분업체제 하에서 자원들의 투입산출관계, 재화들의 대체보완관계, 여러 시장의 가격들 사이의 상호작용 때문에 발생한다. 이들은 모두 개인의 선택과 가격을 매개로 발생한다.

이런 상호의존성이 반드시 여러 시장의 동시결정을 의미하지는 않는다. 일반균형체계가 내세우는 동시결정은 이런 상호의존성의 극단적인 표현에 불과하다. 중요한 것은 상호연관성 때문에 경제의 특정 부문에서 발생한 변화나 이 부문에 가해진 충격이 이 부문에서 끝나지 않고 다른 부문으로 확산된다는 점이다. 특히, 특정 부문에 대한 규제나 단속이 다른 부문에도 영향을 미친다는 점을 시장주의는 강조한다.

법적인 납세의무자인 생산자가 가격인상을 통해 소비자에게 조세를 전가하는 것이 그런 예이다. 특정 지역에 대한 마약거래 단속이 다른 지역의 마약가격과 거래를 증가시키는 풍선효과도 그런 예이다. 한국에서 부동산에 적용된 풍선효과로 특정 지역의 부동산 투기에 대한 규제가 다른 지역의 가격상승과 투기를 부추기는 것도 또 다른 예이다.

시장주의는 한편으로 개별행위자들의 상호독립성을 상정하면서 다른 한편으로 개별 부문들이나 개별 시장들 사이의 상호의존성을 내세운다. 이같이 시장에서 가격들이 상호의존적이면서 개인들은 서로 독립적이고 경쟁적이다. 시장주의에서 개인주의와 상호의존성이 조화되는 이유는 인간이 개인들로서 선택하지만, 가격을 고려해서 이들이 여러 시장의 가격들을 통해 서로 연결되기 때문이다. 개인 내부에서는 소비 대상이 되는 여러 재화의 대체/보완관계로 얽혀 있고 이들에 대한 평가도 상호의존적이다. 경제인의 머리가 복잡한 이유는 **여러 사람과의 인간관계 때문이 아니라 자신이 소비할 재화들의 대체/보완관계로 인한 계산** 때문이다.

여기서 시민과 경제인이 충돌하고 법적인 논리와 경제적인 논리가 갈라진다. 시민은 공동의 좋음을 고려하지만 경제인은 개인의 좋음에 집중한다. 시장주의는 인간이 시민보다 경제인에 가깝다고 믿는다. 시민으로서의 인간은 공동선을 고려해야 하고 실제로 이것을 고려할 수 있는 윤리와 도덕, 그리고 권리와 의무를 갖추고 있으므로 스스로 사회적 공과에 책임진다. 경제인은 시민보다 불완전해서 스스로 공동선을 담보할 수 없으므로 시장의 경쟁과 가격을 통해 사회적 결과를 확보해야 한다.

경제인에게 '사회성'이라는 것이 있다면, 그것은 경제인들이 가격을 형성하고 가격을 고려하는 것으로 나타난다. 시민이 사전적으로 내재화된 사회성을 행위를 통해 발현한다면, 경제인은 시장에서 외면화된 행위를 통해 비로소 사회성을 드러낸다. 칸트의 시민은 구체적인 행위를 하기 전부터 이미 사회적이다. 이와 대조적으로 경제인은 시장에 이르기 전에는 사회적이지 않다가 시장에서 가격을 매개로 거래하면서 비로소 사회적이 된다.

이것이 시민의 사적인 의지와 경제인의 사적인 이익 사이의 차이이고, 사회계약론의 일반의지와 시장의 질서나 균형 사이의 차이이다. 푸코에 의하면 법적인 사고를 시장적인 사고로 바꾸어 놓은 것이 자유주의 및 신자유주의이고, 윤리나 사회정의에서 찾던 진리와 진정한 가치를 시장에서 찾는 것이 자유주의 혹은 시장주의의 특징이다. 이에 따라 시장의 교환과 가격이 사회의 중심이 되었다. 여기서 중요한 것은 경제학자의 머리가 아니라 시장이라는 장(소)이다.

푸코에 의하면 중세에는 시장이 여러 규제를 통해 정의로운 가격을 보장하고 상인의 사기를 막아 구매자를 보호하는 정의의 장소였다. 이에 비해 근대에는 내버려 두더라도 시장이 자연스런 장치를 통해 자연가격, 좋은 가격, 정상가격에 이른다. 이 가격은 진정한 가치의 위아래로 움직여 시장을 진리의 장소로 만든다. 이렇게 되면서 시장이 사법적 관리의 장소에서 진리를 따지는 장소로 바뀌었다.[140]

가격은 경제활동의 방향과 강도를 안내하는 신호이다. 수익이 높으면 자산을 사라는 신호이고, 수익이 낮으면 자산을 팔라는 신호이다. 신호로서의 가격과 관련해서도 사거나 팔라는 방향이나 질적인 측면보다, 얼마큼 사거나 팔지를 알리는 양적인 측면이 더 중요하다. 양적인 측면이 더

---

[140] 여기서 진리는 담론 속의 진리이다. 푸코에 의하면 정신병, 감시와 처벌(*Surveiller et Punir*), 성 등과 관련해서도 이런 현상이 나타난다. 푸코가 언급하지 않지만, 독일의 역사학파가 정의로운 가격에 관심을 두었던 것과 신고전학파의 균형가격이 자연가격의 연장임을 주목할 필요가 있다.

중요하다는 점에서 가격이 보내는 신호는 안내판의 언어, 출신 대학 및 전공, 교통신호 등이 보내는 신호와 차이가 있다.

시장주의 관점에서 가격이 신호로 작용하는 이유는, 가격이 정보의 덩어리이기 때문이다. 개별행위자가 가격을 고려해 선택하고, 그런 선택이 수요와 공급을 이루면서 가격에 새로운 정보를 추가한다. 정확하게 말하면, 시장에서는 분권화된 여러 행위자가 경제활동을 통해 정보를 발견하고 활용하면서, 이것이 가격에 집계되어 모두에게 공유된다. 이 때문에 가격은 재화나 자원, 시장과 상황에 대한 정보를 신속하게 반영한다. 여기서 정보는 수요공급을 비롯한 시장 내 상황과 정세변동, 전쟁, 날씨 등 시장 외적인 상황을 포괄한다.

예를 들어, 가성비가 높은 식당에 손님이 몰려 길게 줄을 서다가 결국 그 식당의 음식 가격이 인상되었다고 하자. 여기서 ① 다수의 개별 소비자들은 **분권화**되어 있고, ② 정보가 단순한 의사표명이 아니라 **경제활동**과 밀접하게 연관되어 반복해서 **내적으로** 형성되고 반영되며, ③ 이 정보가 가격에 반영되면서 모두에게 **공개**되고, ④ 개별행위자들의 선택에 다시 **양적으로** 영향을 미친다. 이런 점에서 정보로서 시장의 가격은 다른 장의 정보와 구분된다.

첫째, 가격에 담긴 정보는 분권화된 경제단위에서 나온 정보라는 점에서 행정부의 집권화된 정보(중앙정보부의 정보)와 다르다. 또한 시장에서 여러 행위자의 행위가 집계되었다는 점에서 그것은 특정 개별행위자의 사적인 정보(소비자선호, 회사기밀, 내부자정보)와 다르다. 이 점에서 가격은 선거의 득표수나 (제대로 된) 언론의 보도와 비슷하다.

둘째, 가격에 담긴 정보는 경제행위자의 일상적인 활동을 통해 내생적으로 창출되고 반영된다. 일반균형체계를 통해 확인했듯이, 가격에 그때까지 반영된 정보가 행위자에게 전달되어 처리되고 활용된다. 그리고 이렇게 정보를 활용하는 개별행위자의 행위가 다시 새로운 정보를 발견하거나 창출하고, 이것이 반영되어 새로운 가격을 낳는다. 일상적인 활동을 통한 정보의 [처리-활용-창출-반영]의 상호작용은 다른 장에서는 찾아보기 힘들다.

선거에서 후보자에 대한 정보나 언론이 제공하는 정보도 행위자에게 영향을 미친다는 점에서는 가격과 차이가 없다. 그렇지만 이 경우 정보의 창출이 외생적이라는 점에서 가격과 차이가 있다. 후보자에 대한 정보는 유권자의 활동을 통해서 창출되거나 반영되지 않으며, 언론에 보도되는 정보도 독자의 활동을 통해 발생하지 않는다.

셋째, 사적인 정보라도 일단 가격에 집계되어 반영되면, 공개되어 모두가 공유하게 된다. 가성비가 높은 식당을 찾아가는 데서 보듯이, 개별행위자가 효용이나 수익을 얻기 위해 벌이는 행위가 자연스럽게 자신의 사적인 정보를 가격에 반영하는 결과를 낳는다. 물론 기술이나 의학 정보 등 자연과학자를 비롯한 학자의 연구 결과나 전문가의 지식은 모두 공개되어 공유되지 않는다. 또한 시장에도 가격에 반영되지 않은 사적인 정보가 돌아다닌다. 그렇지만 시장주의는 경제활동에 필요한 기본 정보가 가격에 반영되어 있어, 이에 따라 행동하고 선택하는 것이 합리적이고 효율적인 결과를 낳는다고 주장한다.

넷째, 가격에 담긴 정보는 개별행위자에게 양적으로 작용한다. 정보가 행위나 선택에 영향을 미친다는 점에서는 다른 장들도 시장과 다르지 않다. 그런데 시장주의는 개인주의 성향으로 인해 가격이나 수익이 유인이라는 점을 강조한다. 값이 오르면 덜 사고, 내리면 더 살 유인이 개별행위자에게 발생한다. 또한 가격이 지닌 유인은 매매의 질적인 측면이 아니라 얼마나 매매할지의 양적인 측면으로 작용한다. 이 점에서 가격은 가령, 승진 기회라는 직위나 직책, 대학의 합격 여부와 관련된 질적인 유인과 차이가 있다.

시장은 가격과 화폐를 통해 모든 것을 익명화/추상화하며, 물건과 숫자를 통해 인간들을 매개한다.[141] 시장에서 사람들은 익명화되고 인간관계는 물화되며, 재화는 추상화되고 기호화된다. 시장에서 개인들이 가격을 통해 맺는 관계는 익명적이다. 익명匿名이라는 표현이 말해주듯이, 시장은 많은 경우 이름을 숨기고 이것을 번호나 숫자로 대신한다.

식당, 은행, 병원에서 번호표를 뽑아 들고 기다리는 사람, 번호로 확인되는 학생, 입시생이나 회사 지원자, 이름으로 표현되는 한국의 거리(퇴계로)와 달리 번호로 표시되는 뉴욕의 거리(Fifth Avenue) 등이 이런 예이다.

시장주의가 명시하지 않지만, 이런 이유로 시장은 사회를 물화한다. 먼저 시장에서 사람들은 서로 인간으로서 상대방이 아니라 상대방이 가지고 있는 것이나 줄 수 있는 것, 즉 교환의 대상에 관심을 가질 뿐이다. 시장에서 사람들은 다른 사람을 만나는 것이 아니라 다른 사람이 지닌 물건을 만난다. 이 점에서 시장은 물적이다.

이에 따라 시장에서 사람들은 '철수'나 '영희'라는 이름이 아니라 그들이 소유한 물건(주택)과 그들의 경제활동(요식업)으로 등장한다. 시장이 인종, 국적, 성별, 종교, 지역 등으로 차별하지 않는다는 선언은 이런 시장의 물적인 성격과 함께 간다. 이런 맥락에서 시장주의가 물질만능주의를 연상시키는 것은 착각이 아니다.

이름을 가리는 것은 상황에 따라 기회와 참여의 균등을 표방하는 시장주의의 절차적인 합리성이나 공평성에 부합된다. 학생선발이나 논문심사에서 지원자나 논문작성자의 이름을 가리고 평가한다. 경쟁이 수반되는 상당수 여타 영역에서도 이와 같다. 그 결과 당사자는 이름이 아니라 번호와 평가의 결과인 가부나 점수로 식별된다.

시장은 사람뿐만 아니라 재화를 동질화하고 추상화한다. 경제학에서 흔히 하듯이, 재화들이나 생산요소들을 [쌀, 옷, 노동, 주식]이 아니라 모

---

141 Graeber, 2001, 93

두 [1, 2 .... n]의 번호로 표시하는 것도 이에 해당된다. 중요한 것은 재화의 가격과 품질이지 그것의 이름이 아님을 뜻한다.

초기 경제사상에서는 물체의 사용가치와 교환가치가 구분되었다. 사용가치는 물체마다 다른 구체적인 쓸모이고, 교환가치는 추상적이고 동질적인 시장의 평가이다. 그런데 현대 경제학에서는 사용가치가 효용으로 바뀌고, 교환가치 즉 가격이 재화의 지배적인 속성이 되어, 더 이상 이런 구분에 주목하지 않게 되었다. 이런 이유로 재화의 가격은 수량으로 말할 뿐이다. 그러니 생계비가 여행비용보다 반드시 중요하지 않으며, 임금이 밍크코트의 가격보다 반드시 특별하지 않다. 어떤 사람에게는 임금이나 주택가격이 중요하지만, 다른 사람에게는 여행비용이나 밍크코트 가격이 더 중요하다.

가격 다음으로는 물론 품질이 중요하다. 그렇지만 시장주의는 궁극적으로 품질이나 가성비도 가격으로 전환된다고 본다. 더구나 금융자산의 경우 품질에 해당되는 수익성이 더 손쉽게 가격에 반영된다. 이같이 가격에 대한 시장주의의 믿음 때문에 품질이나 수익성이 이차적이 된다. 결과적으로 가격이 제품에 대한 가장 중요하고, 심지어 유일한 정보가 된다.

합리적인 경제행위자에게는 사람 이름뿐만 아니라 기업이나 제품 명칭도 중요치 않다. 중요한 것은 재화의 가격과 품질이고 기업의 생산성이나 수익성이다. 중국집 상호가 이탈리아어로 되어 있더라도, 혹은 이탈리아 식당이 한자로 되어 있더라도, 음식의 가격과 질이 좋으면 손님은 모인다. 상표(소니, 삼성)brand name의 가치나 명성reputation의 가치는 제품 가격과 질이 쌓인 결과이지 그 반대가 아니다. 사람의 명성이나 이름값도 이와 같아서, 작명과 개명에 신경을 쓰는 것은 전근대적일 뿐만 아니라 비합리적이다.

가격과 이름의 차이는 이름 자체에 가치창출능력을 부여하느냐의 문제 외에도 연속적인가 이산적인가의 문제를 담고 있다. 사람과 재화를 유명有名과 무명無名으로 구분하는 것은 이름을 중시할 뿐만 아니라 이름값을 불연속적으로 상정하므로, 시장주의가 내세우는 가격의 양적인 규정과 조화되기 힘들다.

시장주의에서 이름이나 명칭名稱에 대한 경시는 명목名目, nominal에 대한 경시로 이어진다. 경제현상에서 명목은 화폐와 관련되므로 화폐에 대한 경시와 연결된다. 특히, 시장주의 이론은 명목을 제거하고 실질real을 내세우면서, 실질가치를 합리적 선택과 합리적 기대의 기반으로 삼는다.

두 재화의 가격이 각기 [1천 원 : 2천 원]인가 [1만 원 : 2만 원]인가 혹은 [10불 : 20불]인가는 실질적인 차이가 아니라 명목적인 차이이므로 중요치 않다. 원, 달러, 파운드, 프랑, 유로, 위안, 엔 같은 화폐 명칭의 차이나 변경denomination도 명목상의 차이나 변경이므로 중요치 않다. 오로지 구매력이 중요할 뿐이다. 이같이 시장주의의 익명성은 사람과 재화의 이름을 숨기면서 모든 것을 숫자로 추상화하고, 화폐라는 명목을 숨기고 실질을 부각시킨다.

화폐가격에 의한 평가는, 후보자들의 득표수를 따지는 것이나 학생들에게 점수를 매기는 일과 비슷하다. 후보자들의 득표나 학생들의 점수도 여러 후보자나 학생을 동일한 평면에 놓고 같은 척도로 측정한 양적인 평가이다. 그렇지만 시장의 평가와 달리 이런 평가에는 화폐가 개입되지 않고 질적인 판정이 중요하다. 선거와 시험에서는 득표수나 점수로 석차를 따지고 당선자와 낙선자 혹은 합격자와 불합격자를 가른다. 상품에 대한 화폐가격은 연속적인 평가를 낳으면서도 이것들보다 복잡하고 이들과 달리 환율을 매개로 전 세계로 확산되어 훨씬 광범위하다.

결과적으로 시장주의에서 재화(와 생산요소)는 화폐뿐만 아니라 효용으로 환원되어 동질화되고 추상화된다. 모든 재화가 효용으로 환원되므로 시장에서 의식주는 장식품이나 사치품과 다르지도 않고 이들보다 중요하지도 않다. 음식이나 집이 여행이나 오락보다 인간에게 더 중요하다고 말할 수도 없다.

화폐가격과 달리 효용은 직접 관찰되지 않는다. 특정 재화의 가격이 특정 화폐의 특정한 수량으로 나타나지만, 이 재화가 특정 시점에서 특정인에게 주는 효용은 이런 숫자로 표시할 수 없다. 예를 들어, 1천 원짜리 사과가 특정인에게 얼마만큼의 효용을 주는지 측정할 수 없다. 이 때문에 현시선호이론을 비롯한 경제이론은 효용을 관찰과 측정이 가능한 것으로 대신하기 위해 부단히 노력해 왔다.

화폐가격과 효용의 공통점은 모두 상대적인 비교의 기준이 될 수 있다는 점이다. 시장주의 이론과 같이, 효용을 서수적인 효용으로 간주하고 화폐가격에서 화폐를 떼어내서 화폐가격을 상대가격으로 만들면, 가격과 효용은 비슷해진다.

시장주의에서는 생산요소시장도 재화시장과 같은 시장으로, 양자 사이에 근원적인 차이가 없다. 이에 따라 재화뿐만 아니라 토지·노동·자본의 생산요소 혹은 생산요소가 제공하는 서비스도 무차별적으로 모두 선택·교환·거래의 대상이 된다. 또한 재화가격과 요소가격, 즉 소득분배 사이에도 차이를 두지 않으므로 소득분배를 요소시장의 가격결정으로 간주한다. 그리고 이 점에서 신고전학파는 고전학파와 구분된다.

이 때문에 시장주의가 주창하는 가격에 대한 존중은 재화의 가격에 대한 존중에 그치지 않고 요소의 가격, 즉 임금·지대·이윤·이자 등 소득의 분배에 대한 존중으로 이어진다. 그리고 재화가격보다 소득분배에 대한 논란이 더 크기 때문에, 가격 존중에 대한 시장주의의 구호가 후자와 관련해 더욱 요란해진다.

한계생산성이론에 따르면, 토지든 노동이든 자본이든 시장에서는 모두 마지막 한 단위가 생산에 공헌한 바에 따라 소득이 결정되므로 정당하다. 또한 한계생산성에 상응하는 소득은 지주, 노동자, 자본가 혹은 최고경영자가 자신들의 노력과 능력을 발휘하도록 유도하는 유인이라는 점에서 효율적이다.

시장주의자는 한계생산성에 근거해 소득 결정에 착취, 투쟁, 협상, 투기, 독점, 기득권, 힘이나 권력, 위계 등이 개입한다는 것을 부정하거나 반박한다. 이에 따라 하이에크, 프리드먼, 루카스 등 시장주의자는 모두 경제정의나 사회정의 혹은 공정성이라는 미명 하에 시장에서 결정되는 소득분배를 건드리는 것을 이구동성으로 질타한다.

이같이 시장주의에서 특정 재화 및 서비스나 자원이 화폐가격을 획득한 것은, 그것이 사회적으로 승인 받았음을 의미한다. 이때 가격은 재화와 자원(의 서비스)에 대한 시장의 평가이다. 그런데 신자유주의와 세계화로 모든 것에 가격이 붙어 상품화되면서, 가격은 재화나 자원뿐만 아니라 인간을 포함해 만물에 대한 척도로 변해가고 있다. 시장주의는 이런 변화를 옹호하고 이를 가속화하기 위해 노력하고 있다. 가령, 베커는 미국 시민권을 미국 정부가 관리할 것이 아니라 상품으로 매매하자고 주장했다. 무엇보다 특정인의 소득과 재산은 그 사람의 모든 것, 심지어 그 사람 자체를 대표하고 있다.

4.5. 선택의 자유와 기회의 균등

민주주의와 시장경제로 구성된 사회가 추구할 가치를 자유, 평등, 효율로 나누어 볼 수 있다. 시장주의에 따르면 시장은 제한적인 의미의 자유를 내세우며, 절차적인 의미의 평등에 만족하면서 효율을 가장 적극적으로 내세운다. 시장이 제공하는 자유는 선택의 자유이고, 시장에 제공하는 평등은 기회의 균등이다.[142] 그리고 시장주의는 시장이 동등한 기회와 참여를 제공해 자유를 늘리고 차별과 착취를 줄인다고 주장한다.

---

[142] Roemer & Trannoy, 2016

18세기 후반에 등장한 시장주의 경제사상은 폭넓게 자유를 허용한다는 점을 들어 시장을 정당화했다. 사람들이 소비, 생산, 교환 등에 있어서 자유롭게 활동을 벌일 수 있다는 것이다. 프랑스혁명의 구호에도 나와 있듯이, 서양인들이 그 이전에 추구했던 가치는 효율보다 자유와 평등이었고, 그 중에서도 자유였다. 당시 이런 자유는 자연법이나 자연권에 속했다.

이와 비슷한 자유 개념이 현대의 시장주의에도 깔려 있다. 그렇지만 이보다 명시적으로 근대의 경제경영이론이 강조하는 가치는 효율이다. 그리고 과거의 사상에 비해 현대의 경제이론은 자유를 내세울 때도 다른 자유가 아니라 효율을 가져오는 선택의 자유를 부각시킨다. 따라서 경제학이 강조하는 선택의 자유는 효율을 우선하면서, 효율을 자유와 조화시킨다고 볼 수 있다.

극단적인 시장주의자 프리드먼은 자신의 『자본주의와 자유』에서 선택의 자유를, 개인이 소비재를 위시한 재화와 서비스, 직장이나 투자 등 생산요소 등을 자유롭게 선택할 수 있는 것으로 정의했다. 소비자와 노동자나 기업이 시장에서 자유롭게 선택할 수 있으면 모두의 이익과 후생이 증대된다는 것이다.

자유로운 교역과 무역은 시장을 확장시켜 선택할 수 있는 대안들이나 기회들을 늘려 후생을 증대시킨다. 자유무역을 통해 구입할 자동차의 종류가 늘어나면 같은 소득수준에서도 그만큼 선택할 수 있는 대상이 늘어나 소비자의 후생이 증가한다. 물론 자유무역이 보다 자유로운 선택과 활동을 허용해 미래에 소득도 늘릴 것이다. 그리고 자유무역과 세계화로 시장의 범위는 특정 지역이나 국가에 국한되지 않는다. "세계는 넓고 할 일은 많다."

이어 프리드먼은 선택의 자유를 사상, 언론, 출판, 집회, 결사, 거주이전 등 기본적인 자유들을 포괄하는 범용적인 자유로 확장시켰다. 만약 거주할 국가를 선택할 자유가 허용된다면, 독재자와 싸우기보다 독재국가를 버리고 민주국가를 선택함으로써 자유를 누릴 수 있다.[143] 또한 구독자나 시청자도 자신의 선호에 따라 원하는 신문, 방송, 강의, 책을 선택해 이들을 평가하고 여과한다.

이같이 시장주의는 독재나 부당한 언론기관과 싸우는 방법보다, 이들을 버리고 다른 것을 선택하는 방법을 권장한다. 허슈만Albert Hirschman의 구분에 따르면, 이것은 발언voice보다 이탈exit에 의존하는 것이다. 다른 예로, 단골식당에서 서비스 개선을 요구하기(발언)보다 다른 식당을 선택한다(이탈). 또한 특정 기업의 근로조건이나 경영을 개선하라고 요구하기보다, 이 기업을 떠나서 다른 기업으로 가거나, 이 기업의 주식을 팔고 다른 기업의 주식을 산다. 나아가 특정인과의 결혼생활을 개선하기보다 이혼을 권유한다.

시장주의는 시장이 이런 자유를 사회구성원들에게 동등하게 제공한다고 주장한다. 시장주의 입장에서는 이것이 기회의 균등과 동등한 참여이다.[144] 서양에서 신 앞의 평등과 법 앞의 평등이라는 구호에 이어 근대에 들어 등장한 구호가 시장에서의 평등이다. 인종, 국적, 종교, 민족, 성별, 그리고 가문, 지역, (부분적으로) 학력에 관계없이 누구나 시장에 참여할 수 있다. (기본요건을 갖춘) 여러 경제주체 중 누구도 배제하지 않고 평등하게 참여해 경쟁할 수 있도록 허용한다는 점에서 시장은 정당하다.

시장의 재화와 생산요소에 누구나 접근할 수 있고, 이것들의 가격이 익

---

[143] 이민 등 거주이전의 자유는 이미 소크라테스뿐만 아니라 맹자에도 등장한다. 소크라테스는 아테네를 자신이 선택했다는 이유로 탈옥하라는 권유를 뿌리치고 독배를 마신다. 맹자는 전국시대에 왕도정치를 펼치면 강제하지 않아도 백성이 스스로 모여든다고 왕들을 설득한다. 그래서인지 아리스토텔레스와 맹자는 모두 교환에 대한 설명을 신발로 예시한다. 이런 자유는 개인이나 가족의 선택을 요구하지만 반드시 가격에 대한 고려를 요구하지 않으므로, 시장주의가 내세우는 자유와 동일하지는 않다.

[144] Desmarais-Tremblay, 2020, 1063

명의 모든 사람에게 무차별적으로 적용된다. 예를 들어, 특정 지역 아파트를 돈만 있다면 누구나 구입할 수 있고 동일한 가격에 구입할 수 있다. 특정 부류의 사람들은 살 수 없다든지, 사더라도 다른 사람들보다 더 높은 가격을 지불한다면 부당하다. 동등한 참여가 보장되는 상황에서 복잡한 인간관계는 시장의 거래에 대한 방해나 교란에 불과하므로 제거해야 한다.

재산이나 소득의 평등 혹은 형평이 아니라 기회의 균등이 시장의 공정성을 내세우는 근거이다.[145] 여러 경제주체가 평등하게 참여해 경쟁하므로 정당하고 공정하다. 또한 이렇게 결정된 균형은 익명의 모든 사람에게 무차별적으로 적용되므로 공정하다. 이로부터 시장경제에서는 거래나 계약을 보호할 근거도 생긴다.

경제학도 명시적으로 내세우지는 않지만, 시장의 균형은 묵시적으로 기회균등의 원리와 '평평한 운동장level-playing field'을 전제한다. 이것은 시장의 효율성이 아니라 시장의 민주성이나 다원성으로, 시민들이 참여해 지도자를 선출하는 민주주의의 공정한 선거가 지니는 정당성과 비슷하다. 시장주의의 입장에서 독점이 부당한 이유는 독재가 부당한 이유와 같다.[146] 그것은 참여와 경쟁의 기회를 차단한다는 것이다.

물론 이는 이상적인 시장이다. 현실의 시장은 인종, 국적, 종교, 성별, 지역 때문에 수시로 막히고 쪼개진다. 시장에 독과점도 비일비재하다. 국가 사이의 무역갈등도 지속되고 있다.[147] 그렇지만 수량할당이나 관세가 없

---

[145] 물론 기회균등은 한국의 헌법에도 나와 있다. [헌법 전문] '... 정치·경제·사회·문화의 모든 영역에 있어서 **각인의 기회를 균등히** 하고, ...'
[146] 경제학에서 독점이 비난받는 근거로 ① 대안을 하나로 줄여 소비자가 선택할 자유를 제한하는 것, ② 한계생산성을 넘어서 독점이윤을 누리는 것, ③ 독단적으로 가격 등을 결정하는 비민주성을 들 수 있다. 이 세 가지는 연결되어 있지만 동일하지 않다.
[147] 그래서 국제정치경제학international political economy의 분야에서는 자유주의의 시각과 함께 구조주의나 세계체계이론 등이 공존하고 있다.

는 자유무역을 이상이나 규범으로, GATT에 이어 WTO가 움직이고 있다. 그리고 시장주의 사상이 현실경제의 잘잘못을 말할 때 바로 이상적인 시장을 기준으로 삼는다.

그런데 이상적인 시장이라도 소득의 차이, 돈이나 자본의 힘을 고려하지는 않는다. 이 점에서 시장에서 선택하는 자유는 통상적으로 말하는 자유나 선택보다 제한적이다. 시장의 선택은 재화나 생산요소의 매매로 이어지므로, 소득이나 자금을 지출해 가격을 지불해야 이행된다. 그런데 사람마다 재산과 소득의 제약, 즉 구매력이 다르므로 선택의 범위, 선택할 수 있는 힘 혹은 선택할 수 있는 실질적인 자유에 있어서 차이가 있다. 이렇게 되면 시장주의가 표방하는 공정성이나 기회균등은 실체가 없는 형식이나 절차로 전락할 수 있다.[148]

사물에 가격이 붙지 않거나 자유재(연필, 공기?)여서 시장 밖에 있는 사물에 대한 선택은, 가격이나 소득제약에 지배되지 않는다. 아리스토텔레스의 예로 시기, 장소, 방식, 정도, 상대 등 여러 점에서 적절해야 한다는 분노 표현의 적절성은, 가격과 소득이 개입되지 않는다는 점에서 경제학에서 말하는 소비자의 적정성과 구분된다. 물론 위계적인 기업에서 회장의 적정한 분노와 직원의 적정한 분노는 다를 수 있다.

시장에서 선택하는 자유는 시장에서 가격으로 환산된 가치를 고려하며 주로 물화된 상태의 사물을 대상으로 삼는다. 예를 들어, 시장에서는 언론이나 표현의 자유를 사진이나 영상으로 제작하고 가격을 붙여 상품으로 만든다. 그렇지만 정치적 참여나 사회적 봉사는 돈으로 환산되지 않는 가치를 추구한다.

가격이나 소득이 개입되지 않는 상황에도 시장주의는 시장의 개인주의적인 선택을 확장한다. 시장주의의 합리적인 선택은 집단이나 조직 혹은

---

148 Arneson, 2018, F153-F155

사회 전체의 선택이 아니라 개인 차원의 선택이다. 시장주의가 (방법론적이거나 규범적인) 개인주의에 따라 개인을 궁극적인 단위로 삼기 때문이다. 이에 따라서 시장주의는 투표와 같은 정치영역에서도 개인이 선택의 단위라는 점을 일관되게 고집한다. 그런데 여타 사회과학에서는 집단이나 조직이 사회적인 선택에 미치는 영향을 중시하고 있다.

기본요건을 갖추면 누구나 노동시장에 참여해 고용될 수 있다. 고용이나 승진 등을 위한 평가의 근거는 태생이나 출신이 아니라 능력이다. 이것이 흔히 말하는 '능력에 대한 개방성 ouvert aux talents'이라는 근대의 기치이다. 이런 능력주의 meritocracy는 자본주의나 시장경제뿐만 아니라 민주주의에도 적용된다. 그리고 능력에 따른 평가는 시장의 보수가 각자 혹은 각 생산요소의 생산성에 따라 결정된다는 경제이론의 한계생산성과 친화력을 지니고 있다.

능력주의는 개인 차원에서 계층간 이동성이나 세대간 이동성을 강조한다. 시장주의가 중점을 두는 산업이나 지역간 이동성도 이동성이라는 점에서 능력주의와 함께 간다. 그렇지만 능력이 유전자나 소득불평등 등을 통해 세대간에 전승되어 새로운 신분이나 계층을 구성할 수도 있다. 이렇게 되면 사회적 이동성에 장애가 생겨 독과점이 생기고 지대를 추구하게 되므로, 최소한 이상적인 수준의 시장주의와 충돌할 수도 있다.

일반적으로 시장주의, 한계주의 marginalism, 능력주의는 겹쳐 있지만 서로 완전히 일치하지 않는다. 시장주의자 중 대부분 경제학자들만 한계주의 혹은 한계원리, 즉 한계비용=한계수입을 고집한다. 반면 능력주의에 대한 일반적인 논의에서는 한계주의가 거의 등장하지 않는다. 나아가 (좁은 의미의) 시장주의는 그 범위가 시장(노동자/경영자의 능력)에 국한되어 있어, 시장에 국한되지 않는 능력주의(학생이나 공직자의 능력)와 완전히 일치하지 않는다.

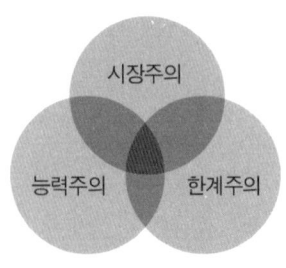

[그림 12]

  먼저 경제사상이나 상식 수준의 시장주의는, 경제행위자의 경제활동과 가격에 대한 간섭이나 규제를 거부한다. 그리고 경제이론은, 한계원리로 개별행위자의 합리적인 선택을 설명한다. 효용/이윤의 극대화, 비용의 극소화 혹은 적정화가 한계원리 없이는 가능하지 않기 때문에, 한계원리가 합리적 선택과 불가분의 관계에 있다고 생각한다.

  그런데 행위자의 시장주의 관념과 한계원리의 연결고리가 분명치 않다. 사실 기업 등 현실의 경제행위자는 시장을 내세우면서도 한계원리에 대해서는 아는 바가 없다. 시장주의 이론과 달리 질서자유주의 등 시장주의 사상도, 한계원리에 대해서는 일관되게 집착하지 않는다. 또한 한계원리는 가격이 아니라 행위자와 관련되고, 행위자의 이기심보다 합리성과 관련된다. 그리고 한계원리는 충분한 숫자의 대안, 충분한 정보, 충분한 정보처리 능력이나 계산능력을 전제한다. 나아가 이질적인 여러 대안을 하나의 동질적인 효용으로 환원할 수 있다고 가정한다.

  한계생산성이 능력주의와 연결되려면 몇 가지가 정리되어야 한다. 일단 한계생산성은 시장에서 생산요소의 서비스가 임금·이윤·지대 등 화폐소득으로 보상받는 것을 나타낸다. 그런데 능력주의는 시장의 소득이나 재산뿐만 아니라 정치의 장이나 관료조직 등에서 중요한 직위 및 직책, 명예도 대상으로 삼는다.

  또한 한계생산성은 정확히 말해 물리적으로 환산된 생산성이 아니라,

가격으로 환산된 한계가치생산물이다. 가령, 노동 1일이 추가되어 탁자 2개가 생산되었으면, 탁자의 가격 5만원을 곱해 10만원이 가치로 따진 한계생산물이다. 이 때문에 한계생산성이 해당 요소의 공헌이나 실적을 나타내려면, 시장의 균형가격이 제대로 결정되어야 한다.

나아가 이것은 시장에서 평가되는 방식일 뿐 민주주의나 관료조직에서 능력주의를 표방하면서 평가하는 방식은 아니다. 후자는 미리 정해진 인사고과의 규칙에 의존한다. 또한 여기서는 마지막 한 단위의 '한계' 생산성이 아니라 '평균' 생산성이 유효하다. 경제학이 한계에 집착하는 이유는, 한계생산성이 체감하는데 시장의 균형소득은 마지막으로 고용된 단위의 생산성에 따라 결정된다고 보기 때문이다. 이에 비해 일반적으로 능력주의는 한계개념에 매달리지 않는다.

더구나 하이에크 등은 완전경쟁을 인정하지 않으며, 시장의 불확실성을 강조하기 때문에 노동시장의 소득을 결정하는 데 운이 개입된다는 것을 인정한다. 이에 따라 임금이 반드시 한계생산성을 반영한다고 보지 않는다. 이것은 불확실성을 인정하지 않아 한계생산성에 집착하는 일반균형체계와 대비된다. 결국 하이에크는 신고전학파보다 더 강하게 시장에서 결정된 소득분배를 옹호하지만 옹호하는 이유가 다르다. 사회정의나 경제정의를 빙자해 시장에서 결정된 소득분배에 개입하면 시장의 역동성을 약화시킨다는 것이 그의 이유이다.

4.6. 도덕성이나 정당성보다 더 중요한 유용성이나 결과

일반적으로 제도·현상·행위를 평가하는 데 충돌하는 두 가지 기준이 공존한다. 하나는 도덕적인 정당성 justification, desert이나 정의 justice이고, 다른 하나는 유용성이나 효율성이다. 전자에서는 특정 **사물이나 행위의 근**

원이나 과정이 평가나 승인의 기준이다. 후자에서는 그것이 낳는 결과가 유용하거나 효율적인가가 기준이다. 시장(주의)은 행위나 행위자의 **도덕성이나 정당성보다 유용성이나 효율성을 중시하고, 의도나 과정보다 결과**를 중시한다.

가까운 예로 어떤 재벌총수가 정경유착으로 윤리적으로 비난의 대상이거나 법적인 심판의 대상이 되는 것은 정당성이나 정의의 관점이다. 이에 비해 국민경제에 대한 그의 공헌이나 유용한 능력에 비추어 관용해야 한다는 생각은 효율성의 관점이다. 시장주의 사상과 이론은 유용성과 효율성으로 경도되어 있다. 이 때문에 시장주의는 정당성이나 정의에 근거한 판단을 흔히 이념에 치우쳐 비현실적이라며 경원시하는 경향이 강하다.[149]

먼저 자연법사상이나 사회계약론을 비롯한 대륙의 사상과 이에 주로 근거한 법학은 정당성을 중시한다. 자연법, 천부적인 인권, 권리와 의무, 의지, 윤리와 도덕, 정의 등의 개념이 이런 사조에 속한다. 여기서 인권이나 국민주권은 인간이 타고난 것이다. 이 사상은 행위의 결과보다 그것의 근원, 의도, 그리고 과정을 중시한다.

행위뿐만 아니라 경제에 대해서도 시작, 과정, 그리고 결과를 구분한다면, 이 사조는 경제의 시작과 과정을 중시하게 된다. 가격 및 소득의 근원을 따져 설명하고 정당화한다는 점에서, 과거 경제사상의 노동가치론은 이런 사상과 친화력이 있다. 이 입장에서는 만드는 데 누가 얼마만큼 노동과 노력을 투입했느냐는 제품의 과거가, 제품의 가치와 가격, 그리고 생산자의 소득을 실제로 결정하고 동시에 결정해야 한다.

---

[149] 도덕성이나 정통성과 유용성이나 실리의 대립은 남한과 북한의 정체성, 통일과 핵문제 등 한반도를 둘러싼 상황과도 무관하지 않다. 한국 정치사에서도 쿠데타로 권력을 잡은 자가 유용하다면 용인할 것인가 혹은 국민투표로 권력을 잡은 대통령이 무능하다면 얼마큼 비난할 것인가가 문제이다. 조선시대 수양대군 세조도 이런 논란의 대상이다. 사실 한국사회는 여러 사안에 대해 이 두 가지 기준 사이를 수시로 왕복하고 있어 사회적인 합의로 나아가지 못하는 경우가 많다.

또한 이 입장에서는 생산과 소비의 전체 과정이 중요하다. 우선 생산의 결과보다 생산과정이 중요하다. 단순히 생산의 결과로서 제품이 싸고 질이 좋은지를 따지는 데 그치지 않는다. 특히, 생산과정에서 아동이든 성인이든 노동자를 착취하지 않았는지, 협력업체를 수탈하지 않았는지, 환경에 친화적이었는지 등을 고려한다.

생산과정에 대한 이런 관심은 소비과정으로 이어져, 필요의 충족이라는 결과만큼 시작과 과정을 중시한다. 또한 결과를 따지더라도 시장을 넘어서야 한다. 시작점에서 제품이 어떤 과정을 거쳐 생산된 것인지, 그리고 소비과정과 결과가 사람과 환경에 어떤 영향을 미치는가가 중요하다. '윤리적 소비'는 이에 근접한다. 특히, 생산과 소비가 시간과 공간에 있어 분리되지 않는 서비스 산업에서는, 생산과정에 대한 고려가 소비과정에 대한 고려가 된다. 예를 들어, 호텔이나 식당에서 종업원에게 가혹하지 않고 낭비와 폐기물을 되도록 줄이는 것이 윤리적 소비이다.

이에 비해 공리주의를 비롯한 영미사상과 주로 이에 근거한 경제학은, 사물이나 인간의 근원이 아니라 그것의 유용성이나 효율성을 중시한다. 공리주의의 특징이 결과주의라는 데서 확인되듯이, 유용성이나 효율성은 행위의 결과로 나타난다. 따라서 이 사조는 결과를 중시하는 반면 의도나 과정은 부차적으로 취급한다. 과정에서 누가 얼마나 노력했든 중요한 것은 결과이고, 과정이 의심스럽더라도 결과가 좋으면 받아들이는 것이 사회적으로 이익이 된다. 그리고 시장의 범위 안에서 그 결과를 따진다. 이런 생각이 1871년에 등장한 한계효용이론에 깔려 있다.

시장주의에서는 제품과 행위가 시장에서 가격과 소득을 획득하면, 그것이 소비자들에게 유용한 결과를 낳아 경제의 효율성에 기여했다는 증거가 된다. 이 지점에서는 시장의 결과를 믿는 것이 시장주의이다. 여기서 제품의 생산과정은 중요치 않다. 제품을 만드는 데 노동이니 자본이 얼마나 투입되었는지, 혹은 사람이나 자연에 얼마나 수탈적이거나 착취적이었는지도 중요치 않다. 중요한 것은 제품의 가격과 품질이다.

소비자가 얻는 효용에 근거해 가격과 소득이 결정된다고 보는 (한계)효용이론은 시장의 결과에 중점을 둔다는 점에서 이런 사조와 친화력을 지닌다. 쾌락과 고통, 효용과 비효용, 편익과 비용 등의 개념들이 모두 이에 속한다. 이 입장에서는 행위나 재화뿐만 아니라 행위자도 도덕성이 아니라 유용성이나 효율성을 낳는 능력으로 평가된다.

경제학에 정당성이나 정의라는 단어가 등장하지 않는 중요한 이유는, 이것이 시장주의 경제학이 내세우는 균형개념, 효율성, 그리고 효용이론과 조화되기 힘들기 때문이다. 먼저 균형개념은 시장에서 스스로 형성되는 균형가격 등 균형이 이미 스스로 정당하다는 생각을 내포하고 있다. 또한 균형이 효율성을 담보하는데, 이것이 시장의 결과로 나타나 의도나 과정에 근거한 정당성과 함께 가지 않는다.

시장주의 경제이론이 과거의 노동가치론을 버리고 효용이론을 수용하게 된 것은 가격에 대한 설명 능력이 떨어진다고 생각할 뿐만 아니라, 정당성에 근거한 평가를 수용하기 어렵기 때문이기도 하다. 투입된 노동은 상품의 가격과 특정인에 대한 보수를 시장에서 드러난 그 상품의 유용성이나, 특정인의 능력과 무관하게 그것의 과거에 근거해 정당화한다. 이에 비해 효용은 시장에서 확인된 유용성이나 능력을 상품의 가격이나 소득의 근거로 삼는다.

시장의 결과주의는 시장의 모든 결과를 존중하므로 (형식적인 차원의) 기회의 균등과 함께 결과의 불균등을 수용할 것을 일관되게 내세운다. 이에 따라 결과의 불균등을 사전적으로 억제하거나 사후적으로 교정하는 것은 시장을 해치는 것이다. 시장주의는 평등이나 형평을 추구하면 자유와 효율이 모두 손상된다고 여긴다.

이 때문에 시장경제에서 평등이나 형평은 효율에 자리를 양보한다. 경제성장과 소득분배가 각기 효율과 형평과 연결되므로, 이런 시장경제에서 대부분의 경우 성장이 분배보다 우선한다는 것을 의미한다. 이로부터 산업화과정에서 경제성장을 이룩한 후 낙수효과를 통해 분배가 개선될 수 있다는 '선성장 후분배'의 입장이 나온다.[150]

이런 흐름은 모든 사물의 기원·근원·출처에 대한 시장의 무관심과도 통한다. 이상적인 수준의 시장에서는 인종·국적·성별·지역 등을 묻지 않게 되어 있다. 경제이론도 시장·화폐·가치나 가격·사유재산 등에 대해 그것의 근원을 묻지 않는다. 재산이나 소득의 획득에는 사기나 강박에 의한 것이 아니라는 최소한의 조건이 요구될 뿐이다.

유산으로 받았느냐 스스로 벌었느냐. 심지어 매국이나 친일로 벌었느냐 아니냐 등 획득한 과정보다 더 중요한 것은 재산이나 소득에 대한 효율적인 활용이다. 그리고 시장주의에 따르면, 시장에서는 이런 것을 묻지 않고도 실제로 자원이 효율적으로 활용된다. 이런 이유로 경제학은 과거보다 현재에, 현재보다 미래에, "가치"를 두게 된다. 그리고 이것은 경제학이 노동가치를 버리고 효용가치로, 효용가치에서 다시 금융자산의 가치로 옮아온 역사이기도 하다.

경제이론은 교환의 대상이 사유재산이라는 점을 명시하지 않는다. 명시하지 않는 이유는 우선 사유재산을 당연시하기 때문이다. 더 중요한 이유는 시장주의가 소유하는 것보다, 그것을 시장에서 선택하고 교환해서, 혹은 활용해서 얻을 수 있는 것에 더 중점을 두기 때문이다. 이것은 시장의 교환이 재산의 과거보다 현재에, 그리고 현재보다 미래에 관심을 둔다는 뜻이다. 다시 말해, 이것은 사유재산을 어떻게 획득했는지보다 그것을 어떻게 활용할지에 중점을 두는 것이 된다.

경제이론이 재산이나 생산수단을 '부존자원endowment'으로 뭉뚱그린 것

---

[150] 이것을 쿠즈네츠Simon Kuznets는 역U자 곡선을 통해 표현했다. 즉, 경제성장 초기에는 모두가 가난하므로 평등하고, 경제가 성장하면 상당기간 빈부격차가 심해지다가, 어느 정도 지나면 불평등이 줄어든다는 것이다.

도 그것의 출처를 묻지 않고 효율적으로 활용하는 데 초점을 둔다는 것을 시사한다. 법적인 개념인 사유재산이 물체의 획득과정에 방점을 둔다면, 일반균형이 활용하는 부존자원은 이로부터 물체를 해방시켜 교환이나 선택과 가깝게 만든다. 부존자원은 각자가 가지고 있는 모든 재화, 물적인 자산, 인적인 능력이다. 이것은 특정인이 이런 소유물을 어디서 어떻게 취득했는지를 알 수 없고 알 필요도 없다는 것을 말한다. 이런 이유로 부존자원은 타고난 것이니 천연자원과 비슷하다. 한국은 자원이 부족하고 미국은 자원이 풍부하다는 구절이 이에 부합된다.

계약이라는 법적인 개념에 상응하는 경제적 개념이 교환이라면, 계약 대상인 소유물에 상응하는 교환 대상이 부존자원이다. 이때 부존자원은 가지고 있어서가 아니라 시장에서 다른 것과 교환할 수 있어서 가치가 있다. 법적인 논리가 과거를 돌아보며 소유물의 "가치"를 도덕성이나 정당성에서 찾는다면, 시장주의의 경제적 논리는 미래를 내다보며 부존자원의 "가치"를 유용성이나 효율성에서 찾는다.

단적으로 코스 정리Coase theorem는 행위자들이 교환을 통해 각자 가지고 있던 부존자원에 관계 없이 적정한 상태에 이른다고 보아, 부존자원의 원초적인 분배를 중시하지 않는다. 반면 코스 정리를 반박하는 행동경제학의 부존자원효과endowment effect는 소유와 교환이나 활용 사이의 갈등을 보여준다. 물론 완전히 반대편에 놓여 있는 것은 마르크스가 내세우는 바와 같이 피와 전쟁과 수탈에 근거한 자본의 본원적 축적이다.

통상적인 재화가 과거 생산과정의 결과인 쓸모나 효용으로 가치를 지니는 데 비해, 금융상품은 한 걸음 더 나아가 순전히 미래에 기대되는 수익에 근거해 가치를 지닌다. 아파트 등 부동산도 금융자산과 같은 방식으로 가치를 지닐 수 있다. 그렇지만 금융자산과 달리 부동산은 건설이라는 생산과정의 결과로, 거주라는 기능을 제공한다. 이 점에서 금융자산은 통상적인 재화뿐만 아니라 부동산보다 더 추상적이고 시장주의에도 더 잘 맞는다.

  이런 맥락에서 시장은 도덕적이면서 무능한 사람보다 조금 부도덕하더라도 유능한 사람을 더 높이 산다. 재벌총수에게는 도덕성보다 사업수완이 더 중요하다. 가치의 창출이나 분배와 관련된 이런 생각은 개인이나 개별 재화뿐만 아니라 경제사회 전체적으로도 타당하다.

  이것은 형법을 포함해 법이 유용성이나 효용을 기준으로 재편되었다는 푸코의 지적에 부합한다. 푸코에 의하면, 전통적인 법에서는 왕이 직접 개입해 범죄자에게 신체적인 벌을 가했는데 이것이 개인이나 집단에게 얼마나 유용한가로 바뀌게 된 것이 시장주의의 특징이다.[151] 이렇게 되면서 16-17세기에 존재했던 팽창적인 국가의 이성raison d'État과 달리 검소한 정부frugal government를 지향하게 되었다. 국가의 이성은 중상주의 국가 혹은 경찰국가에 해당된다. 그렇지만 검소한 정부는 국가의 이성에 모순된다기보다 이것을 내외로 정교화한 것이었다.

  검소한 정부는 작은 정부이므로 자유주의를 낳는다. 과거의 지배체계에서는 국가와 법이 시장에 정의를 요구했다면, 자유주의 혹은 시장주의는 시장이 국가와 법에 유용성이나 효용을 요구한다. 즉, 국가/법→시장(경제)이 시장(경제)→국가/법으로 뒤바뀐다. 질서자유주의도 경제적 자유를 먼저 제공하고 이것을 가능케 하는 국가를 찾는다. 이 점에서 신자유주의도 마찬가지이다.

  또한 시장주의에서는 시장의 교환과 함께 법의 유용성을 중시하면서, 인간과 사물에 대해 의지나 힘이 아니라 이익interest을 따지게 된다. 이것은 정부의 권력을 제한하는 방식에 있어서 프랑스의 체계보다 영국의 체계에 부합된다. 프랑스에서는 인간의 기본권에 근거해 루소 등이 연역적인 법체계를 내세운 데 비해, 영국에서는 효용에 근거한 공리주의적인 법

---

151 Foucault, 1978/79, 2004

체계를 내세웠다. 이후 영국의 체계가 대세를 이루었다.

이에 따라 시장과 정부의 관계가 바뀐다. 시장이 진리의 장소가 되었으므로 자연가격이 정부의 정책이나 관행에 대해 진위를 가리고 심사하는 기준이 된다. 이제부터 정부는 더 이상 정의가 아니라 진리에 따라 기능해야 한다. 그리고 정부가 시장에게 말하는 것이 아니라, 시장이 정부에게 말한다.

원래 법은 전체성을 추구하고 전체화하는 경향이 있는 데 비해, 시장경제는 개별성을 강조한다. 애덤 스미스가 보이지 않는 손을 통해 후자를 보여주었다. 이런 이유로 권리와 의무에 근거한 법적인 계약의 주체는, 이익에 근거한 경제인과 구분된다. 시장경제에서는 국가라도 경제과정에 대한 전체적인 인식을 가지고 있지 않다. 이같이 국가의 전체적인 인식을 부정함으로써 '경제적인 주권'을 부정한다.[152]

푸코의 이런 생각은 법적인 사고와 경제적인 사고의 일반적인 차이를 부각시킨다. 법적인 사고는 의지·권리와 의무·힘·정의·선악·시비·질을 중심으로 전개되는 데 비해, 경제적인 사고는 이익과 손해·유용성·효용·효율·생산성·좋음·양을 중심으로 전개된다. 이 때문에 법적인 사고는 선험과 연역을 중시하는 대륙법과 대륙철학을 반영한다. 경험과 귀납을 중시하는 영국의 철학과 관습법은 대륙법보다 경제학에 가깝다.

이는 행동경제학이 지적하는 바로, 논거에 근거한 법정의 선택argument-based choice과 시장의 양적인 선택의 차이에도 반영되어 있다. 또한 이것은 도덕성과 유용성의 구분은 행위자의 내적인 동기intrinsic motivation와 외적인 동기extrinsic motivation라는 구분과도 연결될 수 있다. 내적인 동기는 노동이나 공부 등 활동 자체가 목적인 상황에 해당된다. 이에 비해 외적인 동기는 활동은 수단이고 활동의 결과와 이에 대한 보상이 목적인 상황에 해당

---

[152] Foucault, 1978/79, 285-7, 295-6

된다. 시장주의는 결과주의이므로 후자에 집중해 유인, 특히 금전적 유인을 중시한다.

4.7. 경쟁의 작동과 복원

시장주의에 따르면 시장은 스스로 경쟁을 낳고, 어떤 이유로 독과점이 생기더라도 스스로 경쟁을 복구할 수 있다.

경쟁은 모든 시장에서 전면적으로 전개된다. 경쟁을 통해 시장사회는 봉건사회와 달리 동태성, 효율성, 그리고 이동성을 유지한다. 재화시장에서는 기업들이, 노동시장에서는 노동자들이, 교육시장에서는 학생들이, 자본시장에서는 투자자들이 경쟁하고 있다. 시장에서 행위자들은 가격을 매개로 활동하므로 궁극적으로 재화의 가격을 놓고 가격을 고려하면서 경쟁한다. 물론 재화의 품질을 놓고 경쟁할 수도 있고, 자금력이나 기술을 바탕으로 경쟁할 수도 있다.

경쟁에서 패배하면 살아남지 못하거나 성장하지 못하므로, 시장의 경쟁이 경제행위자들에게 규율을 부과한다. 사회의 윤리나 (기업)조직의 규율이 내부의 규칙에 의존한다면, 시장의 규율은 경쟁에 의존한다. 반복된 실행과 학습을 통해 행위자들이 경쟁의 규율을 내면화하면서 살아남거나 성장하기 위해 노력하게 된다. 그 결과 자연스럽게 값싸고 품질이 좋은 제품이 나오고, 이익을 좇아 노동과 자본이 투입되며, 기술개발이 촉진된다. 이렇게 해서 경쟁은 시장을 효율적으로 만들고 경제와 사회를 생산적이고 역동적으로 만든다고 시장주의는 웅변한다.

특히, 시장주의 사상은 시장주의 이론의 완전경쟁을 현실로 생각하지 않으며, 시장에서 여러 행위자가 서로 의존하고 경쟁 속에서 동태적으로 상호작용한다고 본다. 물론 경매와 같이 경쟁이 확연한 경우도 있고 그렇지 않은 경우도 있다. 또한 외견상 경쟁이 없어 보이더라도 실제로는 가격 등을 통해 경쟁이 교환의 전후로 개입되어 있을 수도 있다. 슈퍼마켓에서 식료를 구입하는 경우, 소비자들 사이의 경쟁이나 생산자들이나 슈퍼마켓들 사이의 경쟁이 눈에 보이지 않지만 경쟁이 배후에 깔려 있다. 이것은 경쟁에 반드시 참여자들의 상호작용이 수반되지 않을 수 있음을 말한다.

경쟁은 봉건시대의 신분, 귀족이나 양반, 그리고 기득권을 타파하는 근대성을 낳는다. 특히, 노동시장과 교육시장에서 경쟁은 능력주의를 낳는다. 경쟁이 시장과 불가분의 관계에 있지만, 경쟁의 결과 경쟁과 반대되는 독과점이 발생할 수 있다. 여러 기업이 경쟁한 결과 원래의 기업들 중 다수가 경쟁에서 패배해 시장에서 사라지면 몇 개 기업이 거대화되면서 독과점이 자리잡게 된다.[153]

이렇게 되면 소비자가 선택할 수 있는 대상이 줄고 소비자가 누리는 선택의 자유와 후생을 늘릴 기회도 줄어든다. 또한 기업이 독점이윤을 얻으면서 사회적으로 재화가 적정한 수준으로 공급되지 않고 자원이 효율적으로 배분되지 않는다. 이 모든 것은 시장주의노 인정하는 바이다. 그런데 경제이론은 특정 시장이 독점되더라도, 시장의 재화가 대체관계에 있는 다른 재화와 경쟁하므로 경쟁이 소멸하지 않는다고 주장한다.

예를 들어, 어떤 기업이 다이아몬드 시장을 독점하면, 다이아몬드 시장에는 경쟁자가 없지만, 루비 시장의 기업들과는 경쟁하게 된다. 소비자들에게 다이아몬드와 루비가 대체관계에 있기 때문이다. 이에 근거해 외적인 힘의 개입 없이 시장 안에서 독과점의 영향이 억제된다고 주장한다. 독과점의 피해를 억제하는 것도 소비자들이 대체관계를 통해 독점기업들조

---

[153] 시장에서는 제품의 차별화로 인해 독점적 경쟁이 전개되는 경우 경쟁이 제한적이다. 이런 상황이 지배적이지 않더라도 경쟁이 독과점을 낳는다는 문제를 피할 수 없다. 한국사회에서는 재벌기업뿐만 아니라 노동시장이나 기업 등의 조직 내에 형성되는 지연, 혈연, 학연이 원초적인 독과점을 낳고 있다.

차 경쟁에 몰아넣기 때문이다.

또한 과점 하에서도 해당 기업들이 담합하지 않고 경쟁할 수도 있고, 일단 담합이 형성되더라도 당사자들의 이해가 충돌하면서 언제든 담합이 깨질 수 있다. 이런 논리의 근거는 (방법론적인) 개인주의나 개체주의이다. 이는 경제활동이 개인이나 개별기업별로 이루어져 개인들의 이익이 궁극적으로 행위를 지배하므로 집단의 형성이 안정적이지 않다는 것을 뜻한다.

시장의 경쟁과 입시경쟁

교과서에 등장하는 완전경쟁, 독과점, 독점적 경쟁 등과 한국의 입시경쟁이 어떻게 같고 다른지 한국의 경제학계에서 명확히 설명한 바 없다. 그렇지만 경쟁을 내세우는 시장주의가 시장 스스로 경쟁을 복원할 능력을 상정한다는 것은 한국의 경쟁과 학벌에 시사점을 준다. 한국의 교육경쟁은 학벌의 형성으로 이어져 거의 한 번의 경쟁 one-shot game으로 독과점과 지대추구의 기반을 형성한다. 그런데 교육의 경쟁을 칭송하는 대부분의 시장주의자들은, 경쟁의 결과가 경쟁을 소멸시키는 모순적인 상황에 대해 불문한다. 이 점에서 일회성의 교육경쟁이나 일회성의 여타 경쟁에 대한 한국사회의 피상적인 옹호론은 일관성을 결여하고 있다. 어떤 문제에 대해서든 일관성이 최소요건이므로 일관성이 없는 입장이나 주장은 설득력이 없다. 그럼에도 불구하고 이런 입장이 오랫동안 보수주의, 시장주의, 엘리트주의 등과 함께 춤을 추고 있다.

시장주의에 따르면 소비자가 '왕'이고 시장에서 소비자주권이 지배적이라고 말한다. 이때 평가를 받는 기업이나 제품의 숫자보다 평가하는 소비자의 숫자가 훨씬 많다. 이 점에서 소비자주권이나 시민주권 혹은 주권재민은 비슷하다. 이 입장에서 독과점의 일차적인 문제는 독점이윤이 아니라 소비자가 선택할 수 있는 대상들을 줄인다는 데 있다.[154]

이에 따라 경제학은 기업의 광고와 선전이 정보를 제공하는 데 불과하

---

[154] 따져보면, '소비자가 왕'이라는 구호는 견고하지 않다. 시장이나 기업을 소비자가 관리한다고 하더라도, 그것은 개별 소비자가 아니라 소비자들 전체이다. 이에 비해 여러 명의 왕이란 형용모순이다. 주권재민이나 권력이 국민에게서 나온다는 민주주의의 구호도 이런 맥락에서 이해해야 한다.

므로, 소비자 선호나 판단 기준에는 영향을 미치지 않는다며 소비자의 합리성을 방어해 왔다. 시장주의의 이런 생각을 확장하면 경제인이든 시민이든, 기업의 광고뿐만 아니라 언론의 보도, 정부의 홍보, 정치인의 연설로부터 정보를 얻을 뿐, 이로 인해 자신의 선호나 입장에 있어 혼란을 겪지 않는다.

경제사상이나 상식에 비추어 보면, 기업이 경쟁의 주체이고 소비자는 평가자이거나 심판관이다. 기업과 소비자를 비대칭적으로 보는 경제사상에는 기업이 화폐로 된 이윤을 추구하는 데 비해 소비자는 재화나 효용을 추구한다는 생각이 깔려 있다.

이에 비해 경제이론에서는 기업과 소비자가 수요자와 공급자로 변형되어 모두가 경쟁의 주체로 등장하면서 이런 비대칭성이 약화된다. 경제이론은 마셜 이래 보편적인 경제가 아니라 시장경제에 초점을 맞추면서, 생산과 소비가 아니라 수요와 공급에 집중했다. 그리고 재화나 생산요소의 종류와 무관하게 수요와 공급, 그리고 수요자와 공급자를 동등하고 대칭적으로 취급해 왔다.

이런 관점에서는 경쟁도 수요와 공급의 양 측면에서 진행된다. 기업이나 생산자가 제품을 더 많이 팔기 위해 경쟁한다면, 소비자는 다른 소비자보다 먼저 싸고 질 좋은 제품을 획득하기 위해 경쟁한다. 나아가 기업이나 소비자뿐만 아니라 노동자, 투자자 등 모든 행위자가 시장에서 활동하므로 모두 동등하게 경쟁하고 있다.

4.8. 시장경제에 봉사하는 화폐와 금융

시장주의 경제학은 한 국가 내에서 통용되는 (원이나 달러 등) 화폐가 동질적이고, 전용가능성을 지니며, 여러 국가의 화폐들이 동등하다고 주장한다. 월소득 5백만 원 중 한 덩어리의 1백만 원과 다른 덩어리의 1백만 원은 동일하고 동질적이다. 즉 x=x이다. 또한 어떻게 획득했든 특정 액수의 화폐소득은 동일하고 동질적이어서, 효용(이나 이윤)극대화를 위해 어떤 용도로든 쉽게 지출될 수 있다는 점에서 전용이 가능하다.

사과와 자동차라는 이질적인 재화들을 모두 효용으로 동질화하거나, 화폐를 재화로 환원하는 것은 상식적으로 자명하지 않을 수 있다. 그렇지만 동일한 수량의 화폐, 즉 10만 원권 두 장은 상식적으로도 동일해 보인다. 다시 말해, 사과가 책을 대신하는 재화들의 대체가능성은 자명하지 않더라도, 10만원이 사과나 책으로 바뀌는 전용가능성은 자명해 보인다.[155]

또한, 특정 국가 내에서 본원통화와 이에 근거한 신용이나 부채 등은 동등해서, 쉽게 동등한 비율par로 환산된다. 이는 은행들이 동등하고 심지어 중앙은행과 일반은행의 동등하다고 전제하는 것과 같다. 이와 비슷하게 여러 국가의 화폐들도 질적인 차원의 우열이 없어서 이들의 상대적인 가치를 수시로 변동하는 환율로 환산할 수 있다. 이는 경제학이 비교우위에 따른 자유무역을 주장하면서, 무역 당사자인 국가들이나 행위자들이 동등하다고 전제하는 것에 상응한다.

이런 이유로 시장주의에서 화폐는 오로지 수량으로 말한다. 재화도 부분적으로 수량으로 말하지만, 화폐는 오로지 수량으로 말한다. 이런 이유로 화폐는 경제학이 다양하고 이질적인 재화들을 환원하는 단위인 동질적인 효용과 평행을 이룬다. 물론 화폐와 효용 사이에 차이도 있다.

먼저 특정 수량의 화폐는 동일한 수량의 다른 화폐와 동질적인 데 비해, 책상과 자동차와 같이 재화들은 이질적이다. 이 때문에 화폐를 동질적으로 취급하는 것은, 재화를 효용으로 환원하는 것만큼 상식이나 직관에서 벗어나지 않는다. 더 중요한 것은 효용이 시장에서 개인별로 결정되는 데

---

[155] 나중에 지적하는 바와 같이 행동경제학은 이것이 자명하지 않다고 반박한다.

비해, 화폐의 가치나 이자율은 경제 전체에서 적어도 상당 부분 중앙은행이나 정부에 의해 결정된다. 또한 효용은 주관적인 데 비해 화폐 가치는 객관적으로 주어진다.

그런데 경제학에서 효용이 화폐보다 더 근원적이고, 화폐도 결국 개인의 효용으로 전환된다. 이 입장에서는 화폐 및 금융은 현실경제에서 생산 및 실물에 봉사하고 있고 또한 봉사해야 한다. 시장경제를 구성하는 실물부문과 화폐/금융부문은 서로 연결되어 있지만, 전자가 후자를 이끌고 후자는 전자에 봉사한다. 단기적으로는 화폐가 실물을 교란할 수 있으나 최소한 장기적으로는 실물이 화폐를 지배한다.

시장주의 입장에서 화폐시장 및 금융시장도 정부의 관리나 감독을 받지만, 정부로부터 독립적이어야 한다. 이 점에서 화폐/금융은 실물을 구성하는 재화 및 생산요소와 다르지 않다. 그렇지만 화폐/금융이 실물로부터 독립적일 수 없으며, 독립적이어서도 안 된다. 시장경제를 대표하는 것은 실물이지 화폐/금융가 아니며, 시장의 자율과 효율을 대표하는 것이 화폐/금융이 아니라 재화와 생산요소이기 때문이다.

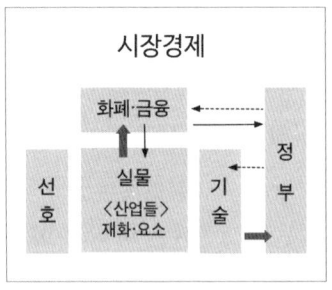

[그림 13]

이런 생각은 일반균형체계에 담겨 있다. 상호의존적인 산업들로 구성된 실물부문 전체는, 화폐부문과 상호의존적인 관계에 있지 않고 일방적인 관계에 있다. 실물부문은 정부뿐만 아니라 화폐부문으로부터 독립적이다. 이에 비해 화폐부문은 정부로부터 자율적이거나 자율적이어야 하지만, 실물부문으로부터 독립적이지는 않다. 이에 따라 시장주의는 화폐의 기능을 교환의 수단으로 한정하고, 화폐부문이 실물부문을 반영하는 데 불과하다고 주장하면서 화폐를 중요치 않은 존재로 만들거나 배제한다. 시장주의에서 보는 화폐의 특징은 아래와 같다.

> **화폐의 특징**
> ① 사람들은 화폐가 아니라 재화나 서비스가 낳는 효용을 추구한다.
> ② 화폐는 교환의 수단으로 언제나 신속하게 효용을 낳는 재화와 교환된다.
> ③ 화폐가격은 미시적인 수준에서 상대가격과 기회비용으로 전환된다.
> ④ 화폐가격은 거시적인 수준에서 실질가격과 물가로 쪼개진다.
> ⑤ 화폐는 중립적이어서, 적어도 장기적으로는, 실물에 영향을 미칠 수 없으며, 물가를 결정하는 데 그친다.
> ⑥ 화폐소득은 적어도 장기적으로는, 소비되거나 저축되며 저축은 투자로 이어져 미래의 소비가 되며 총수요로 전환된다.
> ⑦ 화폐는 시장에서 거래비용을 낮춘다.
> ⑧ 화폐수량설에 따라 화폐의 공급은 외생적이다.
> ⑨ 중앙은행의 유일한 기능은 물가안정이며 중앙은행은 독립적이어야 한다.

먼저 시장주의는 교환수단을 거의 유일한 화폐의 기능으로 삼는다. 전통적으로 화폐의 기능은 가치척도, 유통의 매개체나 교환의 수단, 퇴장(退藏)이나 가치저장의 수단, 지불수단 등으로 알려져 있다. 그런데 학파나 학자마다 각 기능에 부여하는 중요성이 다르다. 특히, 화폐가 유통/교환의 수단이라는 입장과, 가치저장의 수단이라는 입장이 대립해 왔다. 경제학은 전자를 취한다.

이것은 시장주의가 실물과 한계효용에 경도되어 있다는 점과 연관되어 있다. 시장주의에서 경제활동의 목적은 화폐가 아니라 재화나 서비스이고, 궁극적으로는 이들이 주는 효용이다. 그렇다면 화폐는 재화를 얻기 위한 수단이거나 중간고리에 불과하다. 이 때문에 화폐는 쌓여 있는 가치저장의 수단이 아니라 유통되는 교환의 수단이다.

시장주의 관점에서는, 사람들이 화폐를 보유하더라도 현재나 미래의 소비와 효용을 위해 일시적으로 보유하는 것이다. 같은 맥락에서 저축은 미래의 소비이고 미래의 효용을 획득하는 데 봉사한다. 또한 사람들이 은행에 저축하면, 이 돈이 은행에 고여 있는 것이 아니라 지불준비금을 제외하고 융자되어 소비나 투자에 활용된다.

시장이 불안정하거나 미래가 불확실해지면, 행위자들은 화폐를 보유하거나 퇴장시킨다. 그런데 시장주의는 최소한 장기적으로 시장의 불안정성이나 불확실성을 인정하지 않으므로, 이런 이유로 화폐를 보유할 필요가 없다. 따라서 특별한 이유 없이 화폐를 과도하게 장기간 보유하는 것은 이기적인 행위도 아니고 합리적인 행위도 아니다. 예를 들어, 효용이나 수익과 무관하게 돈에 노예가 된 수전노는 어리석은 사람이고 시장주의에서 벗어난다.

미시경제학에서 화폐는 뉴메레르로 등장해 재화와 구분되지 않는다. 거시경제학에서는 고전적 이분법에 따라 화폐가 중립적이어서, 적어도 장기적으로는 화폐는 중요치 않다. 따라서 화폐는 물가를 제거한 후 재화와 효용으로 전환되며, 이렇게 전환되지 않는 화폐는 비합리적이고 비효율적인 존재가 된다.

고전적 이분법은 시장이 자율적/효율적/안정적이라는 입장에서 파생되며, 가격기구와 개인의 합리성에 근거하고 있다. 반면 정부가 통화정책 등을 통해 잘못 개입하는 경우, 특히 과도한 통화량의 증대나 이자율 인하로 유동성이 증가하는 경우, 자율성이나 효율성이 손상될 수 있다. 이런 경우 화폐가 실물에 미치는 영향은 나쁜 영향이다.

결국 시장주의 입장에서 화폐부문은 실물부문에 영향을 미치더라도, 경제의 비효율이나 불안정을 늘리는 나쁜 방향으로만 영향을 미친다. 그리고 그것은 대부분 정부의 정책적인 개입에서 비롯된다. 이같이 시장주의에서 화폐는 실물에 봉사해 시장을 자생적/자율적/효율적/안정적으로 유지하는 한도 내에서만 존재의의를 지닌다. 이런 논리에 대한 집착에 있어서 프리드먼을 비롯한 시카고학파가 가장 일관되다.

화폐와 금융이 실물에 봉사하려면, 중앙은행의 통화정책은 고용이 아니라 물가안정에 초점을 맞추어야 한다. 여기서 현실경제의 서술에 동원되었던 고전적인 이분법이 중앙은행의 규범으로 변한다. 특히, 물가안정에 초점을 맞추면 중앙은행의 독립성이 요구된다. 1980년대 이후로는 실제로 중앙은행의 독립성이 강화되었다.

중앙은행의 독립성은 선출직 지도자의 정치적 영향력이나 행정부의 재량으로부터 중앙은행을 자유롭게 만드는 데 목표를 두고 있다. 그렇지만 중앙은행은 상업은행의 이익에 노골적으로 부응해서도 안 되고 스스로 독단적인 힘이 되어서도 안 된다. 이런 의미에서 중앙은행은 정치 및 행정, 일반은행, 그리고 자신으로부터 독립적이거나 중립적이어야 한다.

금융과 관련해 시장주의의 믿음을 표현하고 있는 것이 효율시장가설이다. 이에 따르면 주식시장을 비롯한 시장 가격이 시장 상황을 즉각적으로 반영해 합리적인 개인의 선택을 낳고, 이 선택이 다시 가격에 반영된다. 여기서 선택은 주로 상관관계에 근거한 주식의 차익거래이다. 그리고 주식시장에서는 막대한 규모의 차익거래가 순식간에 이루어진다.

차익거래가 이루어져 주가에 임의적인 요소만을 남게 되면 누구도 더 이상 주가 변동을 예측할 수 없게 된다. 《A Random Walk down Wall Street》(B. G. Malkiel, 1990)는 이런 임의보행모형 random walk model을 웅변하고 있다.[156] 이

---

[156] 주가변동의 이론적 근거인 임의보행모형은 1900년 바슐리에 Louis Bachelier에서 비롯된 것으로 알려져 있다. 그렇지만 18세기 중엽 이후에 프랑스에서 처음 등장한 것으로 최근 확인되었다. 그리고 원래 이 모형이 등장한 배경에는 주식투자의 비윤리성을 둔화시키기 위해 과학성을 부여하려는 의도가 깔려 있었다. 이 때문에 윤리와 감정을 배제하고 분석, 계산, 합리성을 부각시키게 되었다. 그리고 정보분석을 강조하고 가격을 정보의 핵심으로 삼게 되었다(Jovanovic & Le Gall, 2001; Preda, 2004).

같이 시장 가격이 신속하게 정보를 반영하기 때문에 개별 투자자는 누구도 시장을 능가할 수 없게 된다.

그리고 시장주의는 이렇게 형성된 주식가격이 기업의 수익성 등 경제의 실물 여건을 반영한다고 보면서, 금융이 실물의 반영이라는 주장을 유지한다. 효율시장가설에 따르면, 1990년대 이후의 금융화financialization는 시장경제의 근본적인 변화가 아니라 그것의 연장이다. 따라서 주식시장에 충격을 주는 이자율 정책은 바람직하지 않다.

금융화는 거시적으로는 소위 금융자본주의로, 중간적인 수준에서는 주주가치 위주의 기업지배구조로, 미시적으로는 기업의 투자 외에도 가계나 개별 소비자의 가계대출, 주택금융 등으로 파악할 수 있다. 그런데 실물이 금융을 지배한다는 의미에서 '꼬리가 개를 흔드는 것wagging the dog'이 아니라 여전히 '개가 꼬리를 흔드는 것'이다. 이것이 금융에 대한 시장주의의 견해이다.

4.9. 최상의 시장과 최소의 정부 개입

시장주의는 국가에 대한 공격과 함께 태어났고 이런 공격 속에서 성장해 왔다. 애덤 스미스 이래 시장에 대한 옹호는, 정부가 경제와 시장에 개입해서 발생하는 폐해를 지적하는 것으로 시작한다. 이런 이유로 시장의 자생성, 자율성, 효율성, 안정성에 근거해 시장주의는 자원배분 등 경제문제 해결에 대한 정부 개입에 반대부터 한다.[157]

물론 시장이 형성되어 경제주체의 활동이 가능하려면, 최소한의 법적

---

[157] 시장주의 사상은 자유주의 사상과 국가에 대한 경계를 공유하고 있다. 『자유론』에서 밀은 한 시민에 대한 다른 시민의 폭력보다, 시민에 대한 국가의 폭력을 더 경계하고 있다.

인 테두리를 필요로 한다. 이 때문에 시장주의도 시장의 작동을 위해 재산권 등 소유권을 보호하고, 계약이 이행되도록 법원이 법을 강제하는 일 등을 인정한다. 또한 경찰이나 국방 등 공공재의 제공이나 교육, 공해, 전염병 등 외부효과로 인한 정부 개입도 수용한다.

그렇지만 이런 수준을 넘어서는 정부 개입에 대해 경계하면서 최소한의 국가를 주장한다. 이는 정부가 경제활동에 대한 심판관에 머물러야지 행위자 혹은 선수로 활약해서는 안 된다는 것을 뜻한다. 이 입장에서는 경쟁에 노출되어 있는 기업인과 민간기업보다, 관료조직 속의 공무원과 국영/공영기업이 더 비효율적이다. 시장주의는 당연히 국가가 주도하는 (보편적인) 복지제도에도 부정적이다.

이런 이유로 시장주의는 시장에 대한 정부의 간섭, 특히 미시적인 간섭을 비판한다. 무엇보다 산업정책을 비롯한 정부 정책을 시장경제에 대한 장애로 간주한다. 정부 정책은 유익한 것이 아니라 최선의 경우에도 무용하고, 대부분의 경우 유해하다. 따라서 경제학은 특별한 이유가 없으면 혹은 거의 본능적으로 국가의 정책을 거부한다.

같은 이유로 시장경제는 사법부를 중심으로 하며 입법부를 적당한 수준으로 유지하지만, 행정부를 최소화하는 유형의 삼권분립과 어울린다. 나아가 국가에 대한 경계는 근대국가뿐만 아니라 계획경제에 대한 혐오와, 노동조합 등 크고 작은 모든 집단에 대한 경계와 함께 간다. 이 때문에 계획의 요소를 수용한 기업의 존재에 대한 코스 등의 지적을 경제학이 수용하는 데 많은 시간이 걸렸다.

시장주의는 무엇보다 시장에서 합법적이고 자율적으로 결정된 결과로 나타난 모든 소득과 소득분배에 대해, 정부가 과세나 최저임금 등을 통해 교정하려는 노력을 삼가라고 일제히 촉구한다. 특히, 금융자산이나 부동산에 대한 투자로부터 발생한 소득에 대한 중과세는 단기적으로 정의로워 보이지만 장기적으로는 자원의 효율적인 활용과 성장에 장애를 가져온다고 외친다.

시장주의에 따르면 시장이 개인의 이기적이고 합리적인 선택과 가격기구를 통해 작동하므로, 양자는 시장이 제대로 작동하는 통로일 뿐만 아니라 시장이 제대로 작동하지 않는 경로이기도 하다. 다시 말해, 정부의 개입이 낳는 문제도 양자를 통해 나타난다. 개인의 행위나 가격의 작동이 정부의 개입에 저항하거나 이것을 무력화시킬 수 있다. 동시에 정부 개입으로 개인의 행위나 가격이 왜곡될 수 있다. 이것이 흔히 말하는 시장의 왜곡이다. 정부가 법과 정책을 통해 경제에 미치는 해로움은 자원배분의 비효율로 나타나는데, 그 과정에서 개인의 이익추구를 방해하고 가격을 왜곡시킨다는 것이다.

먼저 시장주의에 따르면 부동산 투기 등과 관련해 법이나 정책을 통해 단속하려고 해도 법과 정책의 그물망을 피해 가는 경제 주체들의 이기적인 행위를 감당할 수 없다. 그리고 이런 행위/선택으로 인해 수요와 공급이 변하므로, 가격도 왜곡된다. 한국의 아파트가 단적인 예로서, 다운계약 등 이면계약이나 풍선효과는 그것의 구체적인 모습이다. 이 입장은 경제주체의 이기심이 인간의 본성이므로 이에 근거한 수요를 존중해야 한다는 생각에 근거하고 있다.

시장주의에서 상호의존적인 현상의 기저에는 개별 경제주체의 이기심과 합리성이 깔려 있다. 또한 상호의존성과 행위자의 이기심/합리성은 법이나 정책의 개입에 대항하는 시장의 자율성과 균형의 불가피성을 표현한다. 상호의존성과 행위자의 선택으로 특정 현상에 대한 정부의 정책이 예상치 않았던 다른 현상을 낳을 수 있기 때문이다.

시장주의가 최저임금, 쌀수매, 분양가 상한제, 고정환율제 등에 대해 반대하거나 적대적인 이유는, 이런 제도나 정책이 가격을 왜곡시키며 개별 행위자의 행위/선택을 방해하고 변경시켜 자원이 비효율적으로 배분되게 만들기 때문이다. 억압과 단속이 이기적인 행위와 가격과 충돌하면서 부담의 전가, 풍선효과, 암시장, 탈세, 범죄 등의 부작용이 발생한다.

경제의 행위자, 특히 기업은 자체적으로 혹은 변호사와 소송 등을 통해 법이나 정책을 자신에게 유리하게 해석하고, 자신의 이익에 반하면 이것을 회피하려고 노력한다. 심한 경우 기업은 이것을 위반하거나 여기서 이탈한다.[158] 그런데 시장주의는 이런 현상을 상호의존성과 이기심이 수시로 법이나 정책의 무용성을 논증하고, 정치가나 정책당국자의 비현실성이나 무지를 보여주는 근거로 활용한다.

구축효과에 따른 재정정책이나 복지정책의 무용성, 합리적 기대에 따른 통화정책의 무용성도 모두 합리성에 근거하고 있다. 강남 아파트나 성매매에 대한 규제가 낳는 풍선효과는 상호의존성과 이기심의 결과이다. 기본소득을 실시하면 노동자의 협상력을 늘려, 임금이나 노동의 질이 향상될 것이라고 장담할 수 없다. 기업에서 합법 혹은 불법으로 외국인 노동자를 채용할 수 있기 때문이다. 상속세를 늘리면 재산가財産家들은 재산 축적 대신 자식에게 유학을 통해 자식의 인적자본이나 학벌을 강화할 것이다.

이에 대해 상식은, 법이나 정책은 올바른 방향으로 가고 있는 데 비해 이기적인 시민들이 일으킨 부작용이 문제라고 판단한다. 반면 시장주의의 입장에서는 오히려 시장의 반응이 균형으로 가는 올바른 작용이고, 법이나 정책의 영향이 '부작용'이거나 걸림돌이다.

넓게 보면 천체, 생태계, 제도체계, 과학기술체계, 문화 등 모든 질서나 체계에서 구성요인들은 내적인 정합성, 상호의존성, 심지어 일체성을 지니고 있다. 일본경제에서 평생고용과 사내교육은 서로 연관되어 있다. 이 때문에 이 체계의 어떤 한 구성요인을 건드리면 다른 요소들도 변하게 된

---

[158] 대기업 등은 법이나 정책을 해석·회피·위반할 뿐만 아니라 이보다 근원적으로, 제정하거나 수립하는 과정에 개입한다.

다. 혹은 이와 반대로 한 요인만 변화시키면, 다른 요인에 의해 시간이 지나면서 이 요인이 원상으로 복귀할 수도 있다.

일반균형체계는 양적인 측면에서 정합성이나 상호의존성을 내세우고, 이에 근거해 시장체계에 대한 개입을 허용하지 않는다. 이에 비해 질서자유주의는 질적인 측면을 더 중시하고 상호의존성으로부터 법이나 정책의 무용성을 끌어내지 않는다. 물론 이 입장에서도 법이나 정책을 마련하는 데 있어 여러 요인의 상호의존성으로 예상되는 결과를 감안해야 한다.

시장주의가 일견 사소한 정부의 개입에 대해서도 예민한 것은, 그 자체가 무해한 경우에도 이것이 더 광범위한 개입으로 '미끄러져' 내려가는 계기가 될 수 있다고 판단하기 때문이다. 시장과 결합이 가능한 체제는 교과서적인 시장경제 외에도 케인스주의적인 복지자본주의, 시장사회주의, 사회민주주의 등이 있다. 시장주의는 시장이 이런 혼합경제에서 생존이 가능하지 않다고 본다. 이런 체제는 점차 시장을 잠식해 결국은 국가주의, 전체주의 혹은 계획경제로 나아가게 된다는 것이다.

이런 이유로 시장주의는 다른 체제외의 타협을 허용하지 않는다. 단적으로 하이에크는 케인스적인 정부의 개입, 파시스트적인 전체주의, 스탈린적인 계획경제 사이에 근본적인 차이를 두지 않는다. 이보다 덜하지만 케인스주의 및 새케인스주의에 대한 통화주의자 및 새고전학파의 반대도 이런 맥락에서 이해할 수 있다.

4.10. 정부 개입의 점진적 성격과 시장친화적 성격

시장주의는 시장이 현실적으로 최상이라고 주장할 뿐 시장이 완전하다고 주장하지 않는다. 그런데 시장이 불완전해 정부의 개입이 필요한 경우에도, 시장에 충격을 주지 않는 점진적인 방법과 한계적인 변혁에 의존할 것을 내세운다. 가령 세율, 이자율, 최저임금 등을 급격하게 변경하는 것은 시장경제에 충격을 주므로 바람직하지 않다.

무엇보다 시장주의는, 시장의 요구가 아니라 사회적 합의에 따라 정부가 시장에 개입하는 경우에도 되도록 시장을 존중하는 방식이 차선책이라고 주장한다. 시장에 대한 존중은 역시 개인의 행위/선택과 가격에 대한 존중이다. 법이나 정책이 가격과 선택을 통해 경제에 영향을 미치므로, 가격이 형성되고 선택을 허용하는 방식으로 법이나 정책을 고안해야 부작용을 최소화할 수 있다는 것이다.

예를 들어, 쌀수입 제한은 비교우위의 원리에 따른 자유무역에 어긋난다. 그렇지만 기왕 제한할 것이라면 수량규제 방식보다 관세부과 방식이 낫다고 여긴다. 수량규제와 달리 관세는, 사회적 합의에 따른 수입제한의 영향을 가격으로 환산해서 수입업자나 소비자의 선택을 허용하기 때문이다.

외부효과(공해·교육·기술)나 공공재(도로·항만·공원)와 관련해서도 정부 개입이 필요하다. 그런데 경제학은 공해를 해결하는 방법으로 법적인 금지나 명령이 아니라 피구세를 내세우고, 총량규제를 시행하더라도 오염배출권의 거래를 허용하자고 주장한다. 이 방식은 부정적인 외부효과를 시장 안으로 끌어들이는 '내부화'이므로 시장주의의 연장이다. 또한 공해에 가격을 매겨 상품으로 만들어서 개별행위자가 가격을 고려하고, 각자의 생산조건 등에 따라 선택하도록 허용한다는 점에서 시장주의이다.

내부화는, 시장의 불완전함이 발견될 때 그 해결책을 다시 시장에서 찾는 것이다. 시장경제에서 문제를 해결하는데 정치, 윤리, 법, 정책이 아니라 다시 시장에 의존하는 것이다. 물론 시장에 대한 의존은 개인의 선택과 가격에 대한 의존을 의미한다. 그리고 시장주의는 이런 관점에서 시장에 어느 정도 친화적인지에 따라 특정 해결책을 평가한다.

적극적으로 해석하면, 이는 시장이 해결하지 못하거나 심지어 시장이 초래한 문제를 다시 시장에 준하는 방식으로 해결한다는 점에서, 시장의 자율성을 극대화하는 시장근본주의나 시장지상주의이다. 이는 특정 기술의 적용으로 생긴 문제를 다른 기술로 해결하는 기술지상주의나 특정 검사나 수술로 생긴 문제를 다른 검사나 수술로 해결하는 의료지상주의와 비슷하다.

이런 생각은 문제의 원인이 언제나 시장 안에 있지 않고 시장 바깥에 있다고 전제한다. 또한 시장이 불완전해서가 아니라 시장이 충분히 확산되지 않아 문제가 발생한다고 전제한다. 이런 입장에 서면 경제이론에 근거해 '실종된 교역'이 있다고 진단하거나, 선거나 주파수 등을 대상으로 인위적으로 시장을 고안하려는 노력도 기울이게 된다.

요약하면 시장주의는 ① 시장에 충격을 가하지 않도록 미세하고 한계적으로 조정할 것, ② 시장의 불완전함을 시장을 통해 개선할 것, 그리고 ③ 시장이 낳은 문제도 시장을 활용해 해결할 것을 촉구한다. 이런 촉구들을 관통하는 것은 개인과 가격에 대한 존중이다. 시장의 가격은 신축적인 움직임을 통해 상황의 변동을 반영하고 경제주체에게 미세하고 한계적인 조정을 가능케 한다는 것이다.

이에 따라 '이것이냐 저것이냐'의 질적인 조정이나 선택이 아니라 '이것을 더(덜)하고 저것을 덜(더)하느냐'의 양적인 조정이나 선택이 가능해진다. 이 점에서 시장주의는 법이나 규정이 주로 질적인 조정이나 선택에 의존하는 것과 대비된다. 동시에 법규나 정책도, 가능하면 미세하게 변경시켜야 한다고 시장주의는 주장한다.

만약 가격이 장기간 억압되어 상황의 변동을 일상적으로 반영하지 못하면, 단기적인 변화들이 가격에 반영되지 않은 채 누적된다. 이렇게 되면 장기적으로 특정 시점에서 한꺼번에 커다란 조정이 불가피해진다. 그리고 이런 조정이 이루어질 때 경제가 감당할 수 없는 충격을 받아 파괴적인 결과가 생길 수 있다. 경제성장기의 한국의 이자율 억압이나 브레턴우즈

체제의 근거였던 고정환율제도는 이런 비판을 받아왔다.

가격과 개인의 선택이 작동하려면 정부 정책이 시장에 충격을 주지 않아야 한다. 일거에 조정하는 것이 파괴적인 이유는, 개별행위자가 제대로 선택하려면 변화를 어느 정도 예상할 수 있어야 하는데 그럴 수 없기 때문이다. 가격이나 물가의 폭등이나 폭락은 소비, 생산, 투자 등에 관한 이런 예상을 어렵게 만든다. 가격뿐만 아니라 다른 제도에 대해서도 시장주의는, 혁명이나 급격한 개혁보다 미세한 조정을 지향한다.

정책상 필요해 정부가 가격을 변경하려는 경우에도 한꺼번에 변경하기보다 여러 번으로 쪼개서 점진적이고 한계적인 변경을 시도해야 한다. 가령, 정부에서 세율·최저임금·전기요금을 올리거나 중앙은행에서 기준금리를 조정할 때, 오랜 기간에 걸쳐 조금씩 변경하는 것이 행위자의 예상이나 기대를 존중하는 것이 된다.

부동산 거래나 입학시험 등과 관련된 제도나 법규의 변경에 예고기간이 수반되는 것도 시장주의의 관점에서는 이같이 이해할 수 있다. 나아가 어떤 법이나 정책에도 의도하지 않은 결과가 수반될 수 있다는 것에 대비해야 한다. 그 결과 소규모로 현장에서 시험적으로 정책을 시행하는 신중함이 요구된다.

이런 이유로 시장주의는 점진주의gradualism 혹은 미세한 사회공학piecemeal social engineering을 내세운다. 그리고 점진주의는 한계주의와도 통한다. 이같이 시장주의는 이론에 있어서 개념이나 선호의 일관성을 내세우고, 시장참여에 있어 기회균등이라는 절차적 합리성을 강조한다면, 정책면에서는 현실성과 점진주의를 내세운다.

경제학자가 사회학자보다 보수적인 이유도 여기에 있다. 미국의 경우 경제학자 중에는 공화당원이 많은 데 비해 사회학자 중에는 민주당원이 많다. 그리고 법이나 정책의 도입에 있어 점진성이나 신중성은 동의할 만한 것이다. 그렇지만 상황에 따라서는 이런 방식이 구조를 깨트리지 못하는 무력함으로 나타날 수 있다.

그런데 신자유주의로 나타난 시장주의는, 시장으로 향하는 개혁에 있어서는 급격한 변혁을 불사한다. IMF는 1997년, 동아시아 금융위기에 대한 해결책으로 시장체제로 향하는 급격한 개혁을 서슴지 않고 요구했다. 또한 미국의 연방준비은행장인 그린스펀Alan Greenspan은 1980년대에 물가관리를 목표로 기준금리를 무자비하게 인상했다. 그런데 이런 방식은 목표에 있어서는 시장주의이지만 방법에 있어서는 시장주의에 반하는 비일관성을 안고 있다.

시장주의에서도 시장이 작동하려면 시장을 관리, 감독, (필요한 경우) 규제하는 제도적인 틀이 필요하다. 그리고 이런 제도가 시장 자체라기보다 시장의 외곽을 구성한다는 것을 인정한다. 이런 제도를 하이에크와 같이 자생적이라고 보느냐 오이켄처럼 국가가 제공한다고 보느냐의 차이는 있다. 그렇더라도 이런 틀이 시장 자체라고 보는 시장주의자는 없다.

시장주의의 입장에서 이런 제도적인 틀은 경제주체의 선택·교환·경쟁을 촉진해야 한다. 그러려면 이런 틀은 간결하고 투명하게 규정된 법규에 의존해 최소한의 요건을 명시하는 데 그쳐야 한다. 그렇지 않으면 관료들의 정책적인 개입을 불러와, 경쟁을 촉진하는 것이 아니라 오히려 경쟁을 규제하고 억제하게 된다.

이런 이유로 시장주의 경제학자와 기업가는 규제 완화를 입에 달고 다닌다. 예를 들어 식당을 차리려면 위생·소방·도로교통 등에 관한 법규를 준수해야 하지만 그것은 최소요건이어야 한다. 그렇지 않으면 이것의 준수와 시행에 공무원들의 자의적인 해석이나 재량이 개입될 가능성이 높다. 이와 관련해 프리드먼 등 시카고학파는 법이나 규칙과 정책의 차이, 법원이나 변호사와 관료의 차이, 행정과 사업의 차이를 부각시킨다.

법 등 제도나 정책과 관련해 지금까지 제시된 시장주의 입장을 모아보면 아래와 같다.

① 시장에서 인간은 공동선보다 자신의 이익에 철저하므로, 행위를 단속하기보다 유인을 통해 특정 방향으로 유도하는 것이 낫다.
② 시장에서는 행위(자)의 정당성이나 도덕성을 따지기보다 행위의 유용성이나 행위자의 능력을 더 중시해야 한다.
③ 시장에서 경제의 여러 부문은 서로 얽혀 있으므로 한 부문에 대한 법/정책이 다른 부문에 미칠 영향을 고려해야 한다.
④ 시장이 자정 능력을 지니며 법/정책의 시행에는 의도되지 않은 결과가 수반되므로, 법/정책은 경제사회에 충격을 주지 않는 점진적/한계적 변동에 의존해야 한다.

5장

시장주의의 안팎과 자본주의, 그리고 한국경제

시장주의의 명시적인 특징은 시장, 가격, 개인, 그리고 교환, 경쟁 등에 담겨 있다. 이를 뒤집으면, 시장주의의 내적인 문제도 이것들에 담겨 있다고 판단할 수 있다. 시장주의에 대한 근원적인 비판은 마르크스가 제공했다. 그런데 마르크스의 비판은 상당 부분 외재적이다. 이 책에서는 주로 폴라니, 케인스와 칼레츠키Michael Kalecki, 그리고 행동경제학에 의존해 시장주의에 대한 내적인 비판을 시도해 보고자 한다.

폴라니가 시장체제의 발생과 변동을 주로 문제로 삼은 데 비해, 케인스는 시장체제의 작동이나 안정성에 중점을 두었다. 이것은 하이에크가 시장의 발생에 중점을 둔 데 비해 프리드먼이 시장의 작동이나 효율성 및 안정성에 중점을 둔 것에 상응한다. 결국 폴라니는 시장의 자생성과 자율성과 관련해 하이에크와 대립을 이루고, 케인스와 칼레츠키는 주로 시장의 효율성과 안정성과 관련해 프리드먼 및 통화주의와 대립을 이룬다. 이런 중심축에 마르크스 및 마르크스주의는 사회관계, 개별행위자들 사이의, 혹은 국가들 사이의 세력관계, 기업의 착취와 생산관계를 추가한다.

5.1. 시장주의 내의 갈등

지금까지 시장주의의 여러 측면을 제시했는데, 이들은 내부에서 서로 충돌할 수 있다.

(1) 교환, 선택, 경쟁의 내포와 외연

이미 제시한 바와 같이 시장을 설명하려면 가격과 함께 선택, 교환, 경쟁을 설명해야 한다. 경제이론에서 합리적 선택은 가격을 고려한 적정화를 통해서 이루어지며, 교환은 이런 선택들의 만남이고, 이런 선택과 교환은 경쟁 속에서 이루어진다. 이같이 적정화·선택·교환·경쟁이 거의 자동적으로 연결된다.

  그런데 시장주의는 이들의 상호관계를 명확히 하지 않고 있다. 또한 시장주의 내부에 어느 것이 시장의 핵심적인 활동인지에 대해 이견이 있다. 상당수 시장주의자들은 교환으로 기울어져 있고, 경제행위자들도 시장 하면 교환을 떠올린다. 이에 비해 경제학 교과서는 합리적인 선택과 효용/이윤 극대화를 강조한다. 양자가 반드시 대립적인 것은 아니지만 이것은 교환과 선택 중 어느 것을 궁극적인 것으로 보느냐의 문제를 안고 있다.

  무엇보다 최근에는 세계화 및 신자유주의로 인해 시장이 확산되면서, 시장을 비판하는 사람들뿐만 아니라 옹호하는 사람들도 시장의 범위 및 성격과 관련해 이견을 보이고 있다. 구체적으로 시장이 선택·교환·경쟁을 모두 갖추어야 하는지, 시장을 규정하는 데 이들 중 어느 것이 중요한지 등 이들의 성격과 범위에 대해 의견이 모아져 있지 않다. 특히, 경제사상과 경제이론, 자유주의와 신자유주의 사이에 이에 대한 이견이 존재한다.

  시장주의는 시장을 경제뿐만 아니라 정치, 법, 윤리, 사회, 문화 등 여타 영역으로 확산시키는 경향이 있다. 그런데 경제사상은 교환을 중심에 놓으므로 여타 영역의 현상도 교환으로 바꾸어 생각한다. 고용관계도 노동자와 자본가의 교환이 된다. 산업간 교환과 산업 내 교환이나, 기업간 교환과 기업 내 교환이라는 구분도 교환의 범위를 넓힌다. 시장교환과 선물교환, 단기교환과 장기교환도 이와 비슷하다. 생태계에 대한 활용을 자연과의 교환으로 비유하거나, 각자에 대한 관리를 자신과의 교환으로 상정하는 것(고된 노동 후의 음주)도 교환의 확장이다.

  또한, 선택이 궁극적이라고 생각하는 경제이론은 여타 영역의 현상을 선택으로 바꾸어 생각한다. 출산·결혼·범죄·종교 등이 모두 개인의 합리적인 선택에서 비롯된다는 것이다. 이에 더해 단기와 장기의 선택, 시점의 선택과 시점간의 선택 등 선택에 대한 구분도 선택의 범위를 넓힌다.

이런 이유로 시장주의를 명확히 하려면 적정화·선택·교환·경쟁의 교집합과 합집합을 양극단으로 놓고 시장의 범위에 관해 정리할 필요가 있다. 요약하면, ① 적정화·선택·교환·경쟁은 인간 행위의 전체가 아니라 부분이고, ② 이들이 시장 안에서뿐만 아니라 시장 밖에서도 일어날 수 있으며, ③ 이 네 가지가 겹쳐서 나타나지 않을 수 있다.

먼저 적정화·선택·교환·경쟁은 인간의 여러 행위 중 일부분이다. 경제영역 안에서도 생산·소비·분배·계획 등 이 세 가지와 구분되는 활동이 있다. 또한 정치·윤리·법률·문화 등 경제외적인 영역에서 인간은 이들과 다른 행위를 벌인다. 토론, 사색, 애정이나 우정의 표현, 휴식 등이 그런 예이다.

또한, 시장 안에서든 밖에서든 이들은 반드시 겹쳐서 일어나지 않는다. 교환이 수반되지 않는 선택과 경쟁, 선택이 수반되지 않는 교환과 경쟁, 경쟁이 수반되지 않는 선택과 교환이 존재한다. 예를 들어 선거운동, 운동경기, 입시경쟁에는 경쟁과 선택이 있을 뿐 교환이 없다. 선물교환에는 선택과 교환은 있지만 경쟁은 별로 없다. 인간과 자연의 교류에는 경쟁이나 선택이 별로 없다. 운동경기에는 경쟁만 있다. 이렇게 보면 적정화·선택·교환·경쟁이 겹쳐 나타나는 시장 안의 행위가 가장 복합적이다.

그렇지만 개별적으로는 이들이 시장 안에서뿐만 아니라 시장 밖에서도 일어난다. 시장 안에 있지만 시장과 동일하지 않은 기업이나, 시장 밖의 가정이나 정부 등 각종 조직 내부에서도 이런 행위들이 발생할 수 있다. 각자 가사나 업무를 처리하기 위해 선택하고, 화폐가 수반되지 않지만 직원들 사이의 교류와 부서들 사이의 교환도 있다. 나아가 회사나 정부부서의 인사고과와 승진 등과 관련해서도 경쟁이 있고, 가정 내에서도 경쟁이 생길 수 있다.

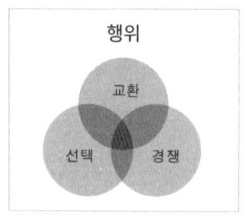 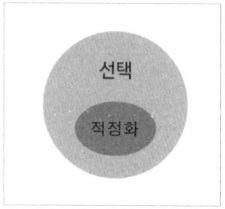

[그림 14~15]

보다 구체적으로는 첫째, 적정화를 낳지 않는 선택이 있다. 경제이론은 일반균형체계에 근거해 합리적 선택을 적정화optimization로 명시한다. 적정화는 효용이나 이윤의 극대화, 비용극소화 등을 말한다. 그런데 윤리적인 행위 등 비경제적인 영역뿐만 아니라 경제영역에서도 모든 시장주의자에게 선택이 반드시 적정화를 의미하지 않는다. 적정화는 선택의 부분집합이다.

하이에크, 뷰캐넌, 오이켄, 프리드먼 모두에게 선택은 중요하다. 그런데 프리드먼에게는 선택이 적정화이지만, 하이에크나 뷰캐넌에게는 적정화가 현실의 선택이 아닐 수 있다. 이들에게 정보는 주어져 있지 않고 시장의 경쟁 속에서 발견된다. 선택에 수반되는 정보가 완벽하지 않아서 선택이 적정성을 달성한다는 보장이 없다. 일반균형체계와 현실경제의 간격을 인정하는 오이켄도 이에 동조할 것이다.

시장주의를 벗어나면 적정화가 적용되지 않는 범위는 더 넓어진다. 대표적으로 행동경제학의 효시인 사이먼Herbert Simon은, 행위자가 완전한 정보나 완전한 합리성을 가지고 있지 않아 적정화가 가능하지 않다며 제한적인 합리성bounded rationality을 내세웠다. 나아가 적정화는 '이것을 더, 저것을 덜'의 선택에 중점을 두는 경제학의 수량주의에 부합된다. 이에 비해 행동경제학이 부각시키는 바와 같이 시장이 아니라 법원에서 이루어지는 '논거에 의존한 선택'에서는 범죄의 여러 차원을 하나의 척도로 수량화할 수 없다.

> **질과 양**
> 모든 요인이 하나의 척도로 환원되지 않아 질적으로 요인들을 고려해야 하는 상황에서는, 경제이론이 말하는 적정화가 어렵다. 근대 이전에 아리스토텔레스가 내세우는 행위(용기의 표출)에 대한 '적절한' 선택은 경제학의 적정한 선택과 달리 양보다 질에 중점을 둔다. 경제학이 변형시킨 도덕적 해이는 원래 생명, 신체의 손상, 질환을 돈으로 보상할 수 없다고 가정했다(Baker, 1996). 이것은 생명, 의료, 자동차, 산재, 화재 등의 보험에서 수량적인 환산에 어려움이 있음을 시사한다.

둘째, 교환으로 이어지지 않는 선택도 있고, 선택을 허용하지 않는 교환도 있다. 교환은 상대방과 무언가를 주고받는 일인 데 비해, 선택은 상대방 없이 홀로 대안들 가운데 최상의 대안을 고르는 행위이다. 선택은 아리스토텔레스 등 이미 근대 이전부터 강조되었다. 그런데 시장에서 일어나는 교환과 선택에는 일반적으로 가격과 소득이나 자원의 제약이 따라다닌다. 가격과 소득이 개입되지 않는 교환과 선택은 시장과 무관하다.

이런 정의에 따르면 많은 경우, 선택이 있으면 교환이 이루어지고 교환이 이루어지기 이전에 선택이 있다. 그렇다면 던져야 할 질문은 '선택 없이 가능한 교환이 있는가?' 그리고 '교환으로 이어지지 않는 선택이 있는가?'이다. 일차적으로 선택이 수반되지 않는 교환은 없지만, 교환으로 이어지지 않는 선택은 많다. 단적으로 두 사람이 먼저 선택했어야 교환·매매·계약이 가능하다. 반면 가령, 삶의 방식에 대한 선택에는 교환이 수반되지 않는다. 또한 대통령 후보의 선택에 교환이 따라다닌다고 주장하려면 설명이 필요하다.

경제이론에서 교환은 두 명의 주체가 수행한 선택들의 만남이다. 또한, 화폐가격을 상대가격 및 기회비용으로 만들어 행위자의 대체비율과 같은 수준에 놓는다. 여기에 완전경쟁이 더해져 교환은 개인의 행위가 된다. 요약하면 교환은 선택의 연장이고 선택은 자신과의 교환이 된다.

그렇지만 상식적으로 시장의 교환은 두 명 이상의 행위자와 재화나 상품라는 대상을 필요로 한다. 또한 교환비율은 가격과 그의 매개체로 화폐를 필요로 한다. 이에 비해 선택은 한 명의 행위자로도 가능하고, 대상은 재화나 상품에 국한되지 않으며, 가격이 개입되거나 화폐를 매개로 할 필요가 없다. 선택에도 대상에 대한 평가의 기준이 필요하지만, 이 기준이 반드시 화폐가격, 더구나 상대가격이어야 할 이유가 없다.

교환 중에는 가격으로 매개되는 시장의 교환도 있고, 선물교환이나 가정 및 조직 내의 교환과 같이 시장 외의 교환도 있다. 그리고 선택과 교환에 집중하고 교환을 시장의 교환에 국한하더라도, 교환으로 이어지지 않는 선택도 있고 선택이 수반되지 않는 교환도 있다.

행위자가 소득·자원·시간을 여러 용도에 적절하게 배분하는 선택이 시장에서 타인과의 교환으로 이어지지 않고 가정이나 기업 등 조직 내부에 머물 수 있다. 또한 전통적인 사회에서 수요가 제한되어 있거나, 고전학파가 강조한 분업에 따른 교환에서는 선택, 특히 소비자 선택이 중요하지 않다. 나아가 독과점 등으로 경쟁이 제한되어 있어도 교환은 이루어지지만, 교환이 거의 선택을 허용하지 않는다.

이런 이유 등으로 오이켄, 하이에크, 뷰캐넌은 선택과 교환을 동일시하지 않는다. 또한 이들은 시장의 교환이 지닌 현금의 연결고리를 중시해, 이를 화폐가 수반되지 않는 교환과 선택으로부터 구분한다.

셋째, 경쟁이 수반되지 않는 교환도 있고, 교환이 수반되지 않는 경쟁도 많다. 시장주의에 의하면, 시장에서는 교환이 없는 경쟁이나 경쟁이 없는 교환을 찾기 힘들다. 교환이 없는 경쟁이나 경쟁이 없는 교환은 무언가 잘못된 것이다. 그렇지만 시장에 국한하지 않으면 교환이 없는 경쟁도 있고 경쟁이 없는 교환도 있다.

입시경쟁은 교환이 수반되지 않는 경쟁이다. 시장의 경쟁과 달리 입시경쟁에서는 수요자인 수험생들 사이에 일방적으로 경쟁이 이루어진다.

그리고 이런 경쟁이 수험생에 대한 평가를 낳을 뿐 공급자와의 교환으로 이어지지 않는다. 선거전, 운동경기나 경연대회에도 교환이 수반되지 않는다. 선물교환에도 선택이나 경쟁이 별로 없고 화폐도 개입되지 않는다.

경쟁은 두 명 이상의 참여자를 필요로 하므로, 선택과 다르고 교환과 비슷하다. 그렇지만 화폐나 가격이 반드시 개입되지 않는다는 점에서 교환과도 구분된다. 경쟁에도 참여자를 평가하는 기준이 필요하다. 학생의 학업, 직원의 실적, 운동경기나 경연에 대해 점수로 나타나는 결과가 그런 예이다. 그렇지만 선택의 기준뿐만 아니라 경쟁의 기준도, 교환의 기준인 가격과 일치될 이유가 없다. 또한 경쟁의 기준은, 대상이 반드시 재화나 서비스가 아니라 사람이고, 기준이 객관적이라는 점에서 선택의 기준과도 구분될 수 있다.

독과점이 있으면 경쟁이 없거나 부족한 상태에서 교환이 일어난다. 식당과 단골손님, 모기업과 협력업체, 기업과 은행의 장기적인 관계나 헌신적인 자본 등 관계적인 거래나 교환에서도 경쟁은 제한되어 있다. 전문직의 고용에서도 경쟁은 제한되어 있다.

최근에는 경제학자 스스로가 경쟁보다 협동을 강조하는 경향을 보인다. 게임이론, 그리고 특히, 진화이론의 집단선별 등의 영향으로 시장을 경쟁체계라기보다 협동체계로 취급한다. 시장의 우월함이 경쟁을 촉진하는 데 있는 것이 아니라 협동을 조직하는 데 있다는 것이다. 이것은 교환이 시장 자체 내에서 이루어진다고 보는 시장주의 이론보다 노동의 분업에 근거한다고 생각하는 애덤 스미스의 원래 견해에 가깝다.

넷째, 보완관계와 사회구조가 선택의 범위를 좁힌다. 시장주의 이론은 재화들이나 자원들 사이의 대체를 강조한다. 그 이유는 대체가, 가격에 따라 개인이 선택하는 범위를 넓혀 주기 때문이다. 그렇지만 현실에서는 행위자들에게 대체관계만큼이나 보완관계나 사회구조가 중요해, 경제이론이 상정하는 것보다 선택의 폭이 적거나 부차적이다.

점심식사 후의 커피나 현대 일상에서 핸드폰, 컴퓨터, 자동차는 이를 보여준다. 식사 후에 커피 말고 다른 음료를 선택할 자유는 있고, 핸드폰, 컴퓨터, 자동차 종류를 선택할 자유도 있다. 그렇지만 식후에 음료를 생략하기 힘들고, 핸드폰 등을 사지 않겠다고 선택할 수도 없다. 특히 핸드폰은 모두에게 몸의 일부와 같이 취급된다. 학벌사회인 한국에서는 대학을 가지 않겠다고 선택하기도 어렵다. 대학과 전공을 선택할 수 있다고 하나 소득과 비슷하게 수능성적이 제약조건으로 작용해 선택의 폭이 별로 없다.

이렇게 되면 가격의 변동에 따라 민감하게 선택과 수요를 변동시키기 어렵게 된다. 재화뿐만 아니라 자원에 대해서도 시장주의 이론은 선택과 대체의 범위를 과장하고 있다. 주어진 시점에서 표준적인 기술이 주어지므로 특정 재화를 만드는 데 요구되는 요소들의 종류와 비율은 일정 범위 내로 제한된다. 물론 이런 표준의 위아래로 요소가격 등에 따라 대체가 허용될 것이나 이에는 한계가 있다.

여기서도 시장주의 이론이 대체와 보완을 철저하게 개인의 입장에서 바라보고 있다는 것이 드러난다. 코먼스와 같이 재화와 자원의 대체와 보완을 총체적으로 본다면, 이에 대해 발현적 속성이나 이념형, 그리고 사회를 말하게 된다(Commons, 1959, 297, 719, 722, 732, 735-738, 746쪽).

현재 한국에서 중산층을 말한다면, 대졸자로서 아파트. 냉장고와 소파, 침대 등의 가구, 자동차를 가지고 있는 계층을 말할 것이다. 이런 상황에서는 개인이 선택할 수 있는 범위가 시장주의가 주장하는 것보다 줄어든다. 역사문화적인 요인이 대체나 보완의 차이를 낳기도 한다. 한국 문화에서는 인간들의 관계뿐만 아니라 재화들의 관계나 재화의 구성요소들 사이의 관계가 상대적으로 밀접하다.

일상적인 예로, 비빔밥, 스시, 샌드위치에 대해 각각의 구성요소들과 이들이 이루는 식품 사이의 관계를 살펴보면, 이런 차이가 드러난다. 샌드위치는 구성요소(베이컨, 토마토)의 대체가 가능하다. 이에 비해 비빔밥에서는 요소들(콩나물, 시금치)의 보완이 강해 대체의 여지가 별로 없다. 스시는 샌드위치와 같이 요소들(참치, 새우)의 대체가 강하지만, 밥의 덩어리가 기본을 이루어 양자의 중간 정도 위치에 있다.

  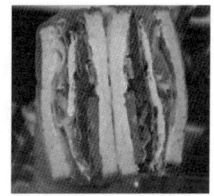

(2) 투표는 시장에서의 선택과 다르다

보수적인 사회과학에 따르면, 시민의 투표와 소비자의 구매가 민주주의와 시장경제로 구성된 근대사회를 대표한다. 그런데 시장주의는 투표를 비롯한 모든 의사결정을, 시장에서의 선택으로 환원하는 경향이 있다. 실제로 여타 의사결정과 달리 시민의 투표와 같은 공공선택 혹은 사회적 선택은, 소비자의 구매와 같은 개인적인 선택과 유사성이 많다. 그렇지만 일반적으로 여러 영역의 의사결정은 대상과 방식에 있어 차이가 있으며, 투표와 구매도 마찬가지이다. 양자의 비슷한 점과 다른 점을 지적해 보자.

일단 선거에서 선택의 대상이 후보자, 법, 정책이고 매매에서 그 대상이 재화나 생산요소라는 차이는 부차적이다. 이런 부차적인 차이를 제외하면, 선거장의 투표 및 이에 따른 의사결정과 시장에서의 매매는 모두 개인 차원에서 이루어지는 선택이고 의사결정이다. 그리고 소비자의 선택과 시민의 선택은 모두 합리적인 선택이다. 또한 기본 요건을 갖추면 선거장과 시장에 누구나 참여할 수 있는 기회 균등이 보장된다.

선거장의 투표와 시장의 매매는 모두 합산되어 사회적인 결과를 낳는다. 투표는 합산되어 후보자의 당락이라는 결과를 낳고, 매매는 합산되어 재화와 생산요소의 가격을 낳는다. 두 영역에서 참여를 통해 나온 결과인 시장의 가격과 후보자나 정책의 결정에 시민과 소비자는 모두 승복해야 하고 실제로 승복한다. 개별 유권자가 선거 결과에 미치는 영향이 미미하듯이, 개별 소비자가 가격에 미치는 영향도 미미하다. 물론 후자의 경우 시장의 형태에 따라 달라지지만, 적어도 시장주의가 표준적으로 생각하는 완전경쟁 하에서는 이와 같다.

투표와 매매를 가장 비슷하게 생각하는 시장주의는 공공선택이론이다. 공공선택이론은 매매뿐만 아니라 선거에서도 선택의 주체가 집단이나 조직이 아니라 개인이라고 전제한다. 이 입장에서 이익집단은 개인들의 일시적인 모음이어서, 이익을 지닌 개인으로 분해된다. 또한 소비자뿐만 아니라 시민도 상위의 가치나 공익이 아니라 자신의 효용이나 이익을 얻기 위해 선택한다. 나아가 정부와 무언가를 주고받는다는 점에서 투표는 교환과 다르지 않다. 가령, 납세는 세금을 내고 국방이나 경찰의 안보와 신변보호 같은 편익을 얻는 것이다.

그렇지만 선거장의 투표와 시장의 소비자 선택 사이에는 상당한 차이점들이 있다.[159]

① 1인 1표인가, 1불 1표나 1주 1표인가?

가장 두드러진 차이는 선거장의 원리가 1인 1표인 데 비해, 시장의 원리는 1불 1표와 1주 1표라는 것이다. 1인 1표란, 선거장에서는 모두에게 동등하게 1표가 투표권으로 주어진다는 것을 의미한다. 이와 달리 시장의 매매는 1불 1표가 지배한다. 즉, 일물일가에 따라 (가격차별이 없다면) 모든 사람이 동일한 가격을 지불하지만, 사람마다 소득이나 재산이 달라 행사하는 구매력에 차이가 있다.

---

[159] Buchanan, 1954b

이런 차이는 개별주체의 수준뿐만 아니라 전체 수준에서도 나타난다. 사회의 총의를 형성할 때 모든 시민이 동일한 영향력을 가지는 데 비해, 시장의 가격과 수요공급을 형성할 때 소비자들은 소득에 따라 다른 영향력을 지니게 된다. 물론 이는 대기업 등이 공식적이거나 비공식적인 방법으로 유권자들에게 영향을 미치는 상황을 논외로 한 것이다.

1주 1표는 1인 1표와 비슷하게 주식시장과 주주총회에서, 주주의 의사결정 권리가 소유 주식 숫자에 비례하는 것을 의미한다. 이것은 통상적인 기업을 협동조합이나 사회적 기업과 비교하면 명확하다. 협동조합 등에서는 자본 소유나 이에 근거한 의사결정권의 차등을 억제해 1인 1표에 가까운 의사결정 체계를 유지한다.

흔히 이것이 민주주의와 시장경제의 차이로 규정된다. 시장주의자들은 이 차이를 별로 강조하지 않는다. 사실 시장주의는 소비자들의 소득 제약시이외 차이, 기업들의 규모나 자금력의 차이, 경제주체 사이의 소득불평등 등을 중시하지 않는다.

② 의사결정이나 선택의 목표가 달성되는 방식이 사회적인가 개인적인가?

투표와 매매에서 결정과 선택의 주체는 모두 개인이다. 그렇지만 결정 과정과 선택의 결과가 투표는 사회적이고 매매는 개인적이다. 선거에서 시민은 개인으로 투표하지만, 특정 후보나 정책이 모든 시민의 참여로 전체 수준에서 결정되고, 선거 결과가 모든 시민에게 영향을 미친다. 이에 비해 매매에서는 거래가 개인 수준에서 결정되고, 매매 결과가 해당 개인들에게만 영향을 미친다.

선거에서는 다른 유권자들의 결정과 선택이 결과에 영향을 미치고 다수결에 따라 그 결과가 결정된다. 이 때문에, 선거에서 내게 미치는 영향으로 보면 내가 누구를 선택했느냐가 아니라 남들이 누구를 선택해서 누가 당선되었느냐가 더 중요하다. 이같이 선거에서는 특정 후보나 정책에 찬성하는 특정 시민의 결정이나 선택이 그 후보의 당선이나 정책의 채택을 보장하지 않는다. 그래서 선택은 개인의 선택이라기보다 사회적 선택이고 '국민의 선택'이다.

이에 비해 시장에서 소비자에게는, 자신이 무엇을 선택하느냐가 중요할 뿐 다른 사람들이 무엇을 선택하느냐는 중요치 않다. 선거에서는 나의 이익이 다른 사람들의 선택에 달려 있지만, 시장에서는 가격을 지불하면 나의 이익이 성취되므로 나의 이익은 나의 선택에 달려 있다. 아파트를 더 지어 부동산 문제를 해결하겠다는 후보자에게 내가 투표한다고 그가 당선된다는 보장이 없다. 그렇지만 내가 사과 하나를 사면 그것을 먹을 수 있고, 이로부터 직접 효용을 얻을 수 있다.

나의 선택이 시장수요나 공급에 영향을 미치고 가격을 변화시켜도 그것은 나중 문제이다. 또한 불량품이나 가짜로 인해 소비자 선택에서도 예상했던 효용을 얻지 못할 수 있지만, 이것은 예외적이다. 물론 사적인 재화와 달리 공공재의 수요공급은 투표와 비슷해진다.

소비자가 재화라는 현존하는 대상에 대해 선택한다면, 시민은 당선이 가능한 잠재적인 대상에 대해 선택하는 셈이다. 매매와 달리 선거에서 자신의 투표가 특정 후보의 당선을 보장하지 않는다는 사실을 유권자가 모두 알고 있다. 이 때문에 선거에 대한 무관심이 늘어날 수 있다.

> 비슷한 시장의 선택이 시장에서 선택 대상에 대한 구매자의 선호를 드러내는 것과 같은 방식으로, 투표행위가 "반드시 집단적인 선택 대상에 대한 투표자의 선호를 드러낸다고" 우리는 어떤 의미로든 주장할 수 없다. 투표과정에는 행위와 결과의 논리적 격차에 정확히 상응하고, 직접 이로부터 발생하는, 행위와 선호의 논리적 괴리가 있다(Brennan & Buchanan, 1984, 193-194).[160]

이 점에서 투표는 통상적인 비확률적 소비자 선택(사과, 컴퓨터)보다는 확률적인 선택(주식, 보험)에 가깝다. 그렇지만 확률적인 선택과도 차이가 있다. 개인의 확률적인 선택에서는 확률이 높고 분산(혹은 편차)이 적은 대안을 선택하지만, 선거에서는 유권자가 반드시 이같이 행동하지 않는다. 선거에서는 확연히 자신이 투표할 후보자가 낙선할 것을 알면서도 자신의 의사를 표시해야 한다는 신념에 따라 해당 후보자에게 투표할 수 있다. 시장과정에 대한 참여와 투표과정에 대한 참여에 있어서 이런 차이가 있다. 이런 이유로 투표는 오히려 운동경기 응원이나 구애와 같은 상징적 선택에 가깝다.

행동경제학은 제품의 불량함이 아니라 행위자의 비합리성에 초점을 맞춘다. 이 경우 기업이나 제품이 소비자를 배신하는 것이 아니라 소비자가 스스로를 배신한 것이다. 선거에서도 광고나 홍보에 이끌려 유권자가 오판할 수 있다. 그런데 이 모든 것은 주관적인 요인으로서 선거와 구매 사이의 객관적인 차이와 별개이다. 이 객관적인 차이는 유권자가 시극히 합리적이고 당선된 후보자가 나중에 공약을 지키더라도 여전히 유효하다.

③ 선택이 질적인가 양적인가?

선거에서는 한 표로 특정 후보나 정책 하나를 선택하는 데 비해, 시장에서는 여러 수량의 화폐를 여러 재화에 대해 배분한다. 선거에서는 유권자가 한 표를 쪼개서 두 명 이상의 후보에게 나누어 투표할 수 없다. 가상적

---

160 In no sense, ... can we argue that ... -the act of voting-"necessarily reveals the voter's preference over the objects of collective choice" in the same way that an analogous market choice reveals a buyer's preferences over the objects of choice in the market. There is a logical wedge driven between action and preference in the voting process exactly equivalent to, and directly resultant from, the logical gap between action and outcome

인 경우로 각 유권자에게 10표씩을 나누어주고, 세 명의 후보에게 [6, 3, 1]로 투표하도록 허용할 수 없다. 마찬가지로 세 후보를 6:3:1이라는 비율로 수량적으로 결합해 소비재묶음과 같이 선택할 수도 없다.

반면 시장에서 소비자들은 자신의 화폐를 양적으로 쪼개거나 합하고 소비재 묶음을 수량적으로 쪼개거나 합해서 선택할 수 있다. 무차별곡선이 낳는 블록형 혼합과 이를 통한 소비의 다양화가 이를 나타낸다. 가령, 짜장면과 짬뽕을 결합한 짬짜면은 이런 혼합이 별도의 재화로 진화한 경우이다. 이와 비슷하게 투자자도 특정 주식이나 채권 하나를 선택하는 것이 아니라 위험을 분산시키기 위해 이들의 묶음인 포트폴리오나 펀드를 선택한다.

이같이 선택의 대상뿐만 아니라 선택을 획득하는 수단에서 시민의 선택은 질적이고 소비자의 선택은 양적이다. 선거는 이것이냐 저것이냐의 선택인 데 비해, 구매는 이것을 더하느냐 저것을 더하느냐의 선택이다. 선거장의 투표를 합하고 시장에서 수요공급을 합하면 이런 차이는 사라진다. 그렇지만 중요한 것은 개인 수준의 선택이 지니는 성격의 차이이다.

선택의 대상에 대해서는 재화들의 결합과 비슷한 것이 현실 선거에서 등장할 수 있다. 극단적인 보수와 극단적인 진보 사이에 중도 보수나 중도 진보가 생긴다. 또한 보수적인 후보와 진보적인 후보가 선거운동이 시작될 때는 선명한 입장의 차이를 보이다가 선거운동이 진행되면서 표를 얻기 위해 각자의 입장을 완화할 수 있다. 정당들에 대해서도 이런 타협을 상정할 수 있다.

이렇게 되면 [조세·복지정책·부동산·남북관계·대미/대중관계·원자력발전소] 등에서 후보자들이나 정당 사이의 거리가 줄어들 수 있다. 이것은 전통적인 민주당과 공화당, 노동당과 보수당과 같은 정당의 이념적 구분이 무뎌져 정당이나 후보자의 정체성이 약화됨을 의미한다. 그렇더라도 후보자나 정당의 이념상 차이가 완전히 소멸하지는 않을 것이다.

④ 선택의 대상이 복잡한가 단순한가?

일반적으로 투표의 대상인 후보자, 법, 정책은 매매의 대상인 재화보다 더 많은 차원을 지니고 있어서 복잡하다. 남북통일이나 원자력발전에 대해 투표하려면, 집이나 냉장고를 살 때보다 더 많은 지식과 정보가 필요하고 더 많이 생각해야 한다. 이런 복잡성의 차이는 주로 개인의 이익이 아니라 국가 등 전체의 이익이나 가치 등과 관련되어 있다.

공공선택이론은, 투표도 소비자선택도 개인의 이익을 목적으로 삼는다고 주장한다. 이같이 상정하면, 투표가 재화에 대한 선택보다 복잡할 이유가 없을 것이다. 가령, 부동산 공급을 늘리는 것이 자신의 이익에 부합된다면 그것 하나로 후보/정당/정책을 선택할 수 있을 것이다. 그렇지만 공익에 대한 시민의 고려와 그로 인한 복잡성을 무시할 수 없다.

이렇게 되면서 정보의 전달이 중요해지고 언론의 역할과 폐해가 문제가 된다. 그리고 예전과 달리 현대의 경제학과 행동경제학은 규정효과 framing, 맥락효과context effect, 이야기 경제학narrative economics 등을 통해 이 점을 본격적으로 검토하기 시작했다(Akerlof & Snower, 2016; Shiller, 2017).

(3) 시장의 경제행위자는 이기적인가 합리적인가?

시장주의는 행위의 주체가 이기적이고 합리적인 개인이라고 주장한다. 이기적인 것과 합리적인 것은 배타적이지 않지만 동일하지도 않다. 그런데 개인이 이기적인지 아니면 합리적인지에 대해 시장주의 내부에 의견이 모아져 있지 않다.

초기의 경제사상은 시장 속의 인간을 받아들여 인간이 도덕적이고 이타적이라기보다 이기적이라고 주장해 왔다. 그리고 우선적으로 이에 근거해 애덤 스미스 등은 시장을 설명하고 정당화하면서 시장주의를 내세웠다. 이기적이므로 인간은 집단이나 관계 속에서 존재하기보다 개인으로 존재하게 된다. 흔히 로빈슨 크루소가 이런 경제인에 해당된다.

이와 달리 경제학 이론이 발전하면서 이기적인 개인이 아니라 합리적인 개인이 더 부각되고 있다. 합리적인 인간은 이기적이든 이타적이든 자신의 이해나 목적을 위해 최대한의 정보를 받아들여 제대로 계산하고 판단하는 일종의 이성적인 개인이다. 신고전학파 경제학은 이에 따라 합리적 선택과 합리적 기대을 근거로 삼으면서 많은 이론을 구축해 왔다. 개인이 단위라는 점은 변함이 없으나 합리적인 인간이 반드시 이기적일 이유가 없다는 것이다.

허슈만Albert Hirschman은 시장경제를 정당화하기 위해 순전히 감성적인 정념 혹은 열정passions을 (윤리나 도덕의 수준이 아니라) 이익interests으로 약간만 승화시켜, 이익에 이기심과 합리성을 함께 포함시켰다고 주장했다(Hirschman, 1997, 35, 43). 그 이후 이기심과 합리성은 현재까지 시장주의 사상과 이론에서 수시로 충돌하면서 공존하고 있다.

우리가 일상적인 관념으로 떠올리는 시장 속의 인간은 자기 이익에 밝은 장사꾼이므로 이기적인 개인에 가깝다. 이에 비해 경제이론이 상정하는 시장 속 인간은 이기적인 인간이라기보다 합리적인 인간이다. 합리적인 인간은 이기적인 인간의 이상적인 모습이라고 추정해 볼 수 있다.

혹은 이기적인 인간과 합리적인 인간의 타협점이, 계몽된 이기심 enlightened self-inerest을 지닌 인간이라고 생각된다. 단기뿐만 아니라 장기를 보고, 부분뿐만 아니라 전체를 보는 것이 계몽된 이기심이다. 술을 마셔서 효용을 얻는 데 급급한 것이 아니라 고성방가로 타인에게 비효용을 주지 않는, 즉 부정적인 외부효과를 낳지 않는 사람이 계몽된 이기심의 소유자이다.

이런 개념이 있지만, 시장주의 안에서 과연 인간이 이기적인 개인인가 아니면 합리적인 개인인가는 봉합되지 않은 문제로 남아 있다.

(4) 시장의 활동은 효용과 화폐 중 어느 것을 목적으로 삼는가?

시장에는 가격을 지불하고 필요한 재화들을 획득하는 데 목적을 두는 소비자와, 이것을 생산해 돈벌이하는 기업이 공존한다. 경제학 용어로 바꾸면 시장에는 필요한 재화를 구입해 효용을 극대화하는 소비자와 생산요소를 이용해 재화를 생산함으로써 이윤을 극대화하는 생산자가 공존한다. 경제학은 수요와 공급, 수요자와 공급자 나아가 소비자와 생산자의 공존을 내세운다. 그리고 이윤이나 수익 등을 모두 재화나 서비스, 그리고 궁극적으로 효용으로 전환한다.

그렇지만 이것은 불완전한 절충이다. 과연 경제주체의 목적은 돈벌이 cash nexus인가 효용극대화인가? 나아가 시장의 주인은 소비자인가 기업인가?

시장주의 사상에 의하면, 시장경제는 소비자의 물질적인 욕구 충족을 목표로 움직인다. 오스트리아학파가 모든 경제활동의 종착점을 소비로 간주하고, 질서자유주의가 독과점을 관리하는 목적도 소비자의 물질적 풍요이다. 기업의 목표도 값싸고 좋은 제품으로 소비에 공헌하는 것이 된다. 여기서 소비자는 시장의 움직임을 좌우한다. 그리고 민주주의를 떠받치고 있는 주권재민이나 시민주권과 마찬가지로, 소비자주권이 시장경제를 떠받치고 있다.

시장주의 이론은 소비자주권에 일방적으로 매달리지 않는다. 이론도 이윤극대화보다 효용극대화에 무게를 두지만, 양자 모두를 붙들고 있어 이중적이다. 대표적으로 프리드먼은 자본주의의 자유를 효용을 극대화하는 소비자 선택에서 찾지만, 동시에 기업이 할 일은 오로지 이윤극대화라고 주장한다. 그에게서 효용추구와 이윤추구는 일반균형체계 안에서 조화롭게 연결된다.

시장의 행위자에게 왜 일하는지 물어보면 그 대답은 생계를 나타내는 '먹고 살기 위해서', 효용극대화에 가까운 '소비와 여가를 위해', '일이 좋아서', 혹은 '돈 벌기 위해서' 등으로 나타난다. 이 중에서도 다수는 재화를 획득하거나 화폐를 획득하기 위해 시장에서 활동한다고 생각한다. 심리학이나 행동경제학이 강조하는 내적인 동기를 나타내는 세 번째 목적을 제외하면 먹고사는 것을 효용으로 해석할 수도 있으나 돈벌이는 효용으로 환원할 수 없다.

그리고 이들 중 다수에게 시장의 움직임은, 힘이 없는 소비자나 소액주주가 아니라 대기업을 비롯한 기업과 대주주에게 달려 있다. 기업뿐만 아니라 일반인의 주식이나 부동산 투자는 더 많은 양의 재화나 효용 혹은 더 좋은 질의 제품이 아니라, 화폐 및 재산의 축적 자체를 목적으로 한다. 이런 생각은 20세기 후반의 신자유주의와 더불어 확산된 주주자본주의와 주주가치의 극대화에 담겨 있다. 그리고 재화시장보다 금융시장에 중점을 두는 이런 이념은, 다른 유형의 자본주의보다 미국과 영국의 자본주의에 더 잘 부합된다.

시장주의는 구분하지 않지만, 시장의 교환에도 두 가지 종류가 있다. 재화나 (생산요소를 포함하는) 서비스를 얻기 위한 교환이 있고, 돈을 벌기 위한 교환이 있다. 돈을 더 벌기 위한 교환에는 재화나 서비스로 돈을 버는 것이 있고, 돈으로 돈을 버는 것이 있다. 그리고 돈을 벌기 위한 교환에는 시간과 미래에 대한 기대가 개입된다.

재화를 얻기 위한 교환은 재화나 서비스가 생산/소비에 이용되므로, 생산이나 소비를 위한 교환이다. 이와 대조적으로 돈을 벌기 위한 교환은, 교환을 위한 생산/소비이거나 교환을 위한 교환이다. 전자에서는 시장이 경제에 봉사하는 것이 확연하나, 후자에서는 시장이 경제에 봉사하는지 아니면 경제가 시장에 봉사하는지 불분명하다.

재화를 얻기 위한 선택은, 교과서에서 주장하는 기울기를 지닌 수요곡선과 공급곡선을 낳는다. 이에 반해 돈을 벌기 위한 선택은 그와 반대의 기울기를 지닌 곡선을 낳는다. 투자와 투기의 차이도 이런 차이를 낳는다.

실물과 금융의 관계도 이와 관련된다. 현실경제에서 금융이 실물로부터 어느 정도 자율성을 갖고 있느냐의 문제이다.

결과적으로 시장주의에는 소비자주권, 기업 중심주의, 그리고 주주 중심주의가 혼합되어 있다. 그리고 이것은 단순히 관념에 그치지 않고 여러 유형의 자본주의와 기업의 지배구조를 낳았다. 독일 및 일본의 자본주의와 영국 및 미국의 자본주의, 주주자본주의와 이해당사자자본주의 등이 그런 구분이다. 이들은 시장에 중점을 두느냐 경제에 중점을 두느냐로 구분된다.

(5) 시장주의는 시장의 결과를 중시하는가, 시장의 발생이나 과정을 중시하는가?

효율성이 시장의 결과와 관련된다면, 자율성이나 자생성은 시장의 유지나 발생과 관련되어 있다. 시장의 효율성을 믿지 않는 시장주의는 없으므로 효율성은 모든 종류의 시장주의가 공유하는 바이다. 또한 시장주의는 운행과정에 정부가 법이나 정책을 통해 개입하는 것을 원칙적으로 반대한다.

그렇지만 시장의 자생성은 모든 시장주의자가 공유하지 않는다. 시장의 자생성을 주장하는 입장은 화폐의 자생적인 발생도 내세운다. 이에 비해 시장의 효율성에 집착하는 입장은, 화폐의 발생보다 화폐의 기능에 집중한다. 시장이 형성되는 과정에 국가나 집단의 개입이 필요하다는 주장도 있고, 시장이 효율적이지만 시장을 유지하려면 정부의 도움이 필요하다는 주장도 있다. 또한 시장이 스스로 생긴 것이 아니라는 주장도 있다.

시장주의자도 시장이 작동하려면 소유권이나 계약에 관한 제도적인 틀이 필요하다는 것을 인정한다. 이 때문에 시장의 발생, 과정, 결과와 관련해 법이나 관습 등 제도를 함께 논의해야 한다. 그런데 시장주의 내부에도 제도가 경제활동 속에서 스스로 생겨났다는 근본주의적인 입장, 국가 등에 의해 수립되었다는 입장, 그리고 이에 대해 무관심한 입장이 공존하고 있다.

하이에크로 대표되는 첫째 입장이 관습법의 전통과 거래관습을 중시한다면, 오이켄은 국가가 시장을 형성하고 유지하는 데 개입해야 한다고 생각한다. 프리드먼을 비롯해 신고전학파로 대표되는 셋째는 제도를 전제할 뿐 이에 대해 설명하지 않는다. 첫째와 둘째가 대륙적 전통에 근거한다면, 셋째는 영미의 경험주의에 근거한다.

이와 관련해 주목할 것은 역사적인 경제학historical economics이라는 최근의 접근법이다. 역사적인 경제학은 현상의 근원과 뿌리를 캐묻고 근본적인 원인을 규명하려고 노력한다. 경제발전의 뿌리를 유전자나 문화의 진화에서 찾는다든지, 현재의 저축성향이 농업에서 형성되었다는 주장이 대표적인 예이다(Spolaore & Wacziarg, 2013; Galor & Özak, 2016).

또한 주로 도구 변수 등을 비롯해 계량경제학에 의존하고, 방대한 자료를 활용해 오랜 과거의 역사나 문화가 1인당 국민소득을 비롯한 현재의 경제(발전)에 미친 영향을 인과적으로 규명하려고 노력한다. 이렇게 되면서 이 접근은 역사와 이론을 더 이상 별개로 놓지 않는다. 이 접근은 주로 베버를 인용하나 마르크스나 폴라니와도 무관하지 않다.

이 접근법은 인간과 제도의 공진화(Hodgson, 1998)와 유전자와 문화의 공진화를 강조하고, 재레드 다이아몬드Jared Diamond의 영향으로 지리생물학적인 요인도 고려한다. 이렇게 되면서 이 접근은 가격과 개별행위자에만 머물 수 없다. 따라서 역사적인 경제학은 시장보다 경제에 중점을 두게 된다.

아세모글루Daron Acemoglu나 넌Nathan Nunn 등 현재의 대표적인 이론가들이 주도하는 이 같은 변혁은, 전통적으로 흄의 경험주의에 의존해 근원을 논하지 않던 전통에 의문을 던지고 있다. 시장경제를 지키려고 하더라도 이제 이런 방향 전환은 불가피해 보인다.

(6) 시장은 질서를 낳는가 균형을 낳는가?

시장주의 내부에는 일반균형체계를 통해 시장을 균형으로 파악하는 경제이론과 시장을 질서를 파악하는 경제사상이 공존한다. 균형주의가 과학적인 엄밀성을 강조하면서 수학과 통계학에 의존한다면, 질서주의는 균형체계가 정태적이라면서, 불확실한 시장의 동태적인 성격을 파악하려면 개념적이고 질적인 이해가 중요하다고 주장한다.

상식 수준에서 이념으로 시장주의를 말할 때, 경제 주체들은 일반균형체계의 동시결정보다 시간과 과정을 중시하는 경향이 강하다. 반면 시장주의 경제학자들은 일반균형체계를 머리에 떠올린다. 이같이 경제학자의 지식이 아니라 경제주체의 상식에는 균형보다 질서가 호소력을 지니기 때문에, 시장주의 사상이 시장주의 이론과 무시할 수 없는 갈등을 빚고 있다.

하이에크가 내세운 질서는 균형이 아니라 진화와 함께 간다. 그런데 진화가 점점 보편성을 얻어 가고 있다. 최근에 행동경제학이 등장하면서 기거렌처 Gerd Gigerenzer 등을 통해 일상적인 해결방법 heuristics이 진화의 결과라는 사실이 확인되어 진화가 더욱 중요해지고 있다. 더구나 역사적인 경제학을 통해 이론과 역사가 통합하면서 과정, 진화와 함께 질서가 부각되고 있다(Nunn, 2021). 그리고 진화는 베블런이나 심지어 마르크스와도 공유하는 부분이다(Metcalfe, 2014).

5.2. 시장주의에 숨은 시장의 문제

(1) 시장의 인위적인 형성

진화에 근거한 하이에크의 설명조차 잘못된 것일 수 있다. 폴라니의 관점에서 보면 하이에크의 주장과 달리 19세기를 통해, 시장은 자생적이거나 자연스럽게 형성된 것이 아니라 정부 등 인위적인 힘에 의해 구성되었다. 또한 시장은 자율적으로 움직이는 것이 아니라, 법규나 정부의 관리에 의존한다. 이것을 폴라니는 시장의 배태성embeddedness으로 규정했다.

폴라니가 내세운 배태성에는 사회의 이중적인 움직임double movement이 따라다닌다.[161] 시장이 확장되면 자연스럽게 이에 저항하는 사회의 움직임이 등장한다는 것이다. 이에 따르면 정부의 개입은 계획된 것이 아니라 자연스러운 것이고, 오히려 자율적인 시장이 계획된 것이다. 따라서 폴라니의 입장에서 시장은 자생적이지도 않고 자율적이지도 않다. 『예종에의 길』과 『거대한 전환』이 같은 해인 1944년에 발표되었다는 사실이 하이에크와 폴라니의 이런 차이를 상징하고 있다.

폴라니의 관점에서 보면, 우선 18세기 중엽부터 20세기 초에 이르는 팍스 브리타니카를 주도한 영국에서 시장을 만들어내기 위해 국가가 노력했다는 구체적인 증거로 1830년대 이후 등장한 구빈법 수정(1834), 은행법 제정(1844), 반곡물법(1846)을 들 수 있다. 구빈법 수정은 노동자계급을 가격기구에 복속시키기 위한 조치였고, 은행법 제정은 금본위제도를 확립하는 조치였으며, 반곡물법은 곡물의 수입을 자유화하기 위한 조치였다.[162]

이어 1944년 형성되어 팍스 아메리카나를 뒷받침한 브레턴우즈체제는, 대외적인 안정을 유지하면서 생산 및 고용과 관련된 국내 정책을 통해 대내적인 안정을 추구하는 데 목표를 두고 있다. 이 때문에 이 체제는 1차대전 이전까지 작동했던 금본위제도와 같이, 자유방임주의에 근거한 국제무역 및 금융의 자동적인 조정을 강제하지 않았다. 대신에 미국을 비롯한 여러 국가가 자율성을 지니면서 완전고용을 사회적 목적으로 공유했다.

익히 알려진 먼델-플레밍모형Mundell-Fleming Model의 삼중고trilemma에 의

---

[161] Silver & Arrighi, 2003; Dale, Mirowski, Rodrigues, Short, 2018
[162] Silver & Arrighi, 2003, 330; Selwyn & Miyamura, 2014, 647

하면 안정적인 환율, 자본의 자유로운 이동, 이자율을 조정하는 통화정책의 자율성을 동시에 충족시킬 수 없다. 금본위제도하에서는 안정된 환율 아래 자본이 자유롭게 이동하면서 정부의 자율성이 배제되었다. 이에 비해 브레턴우즈체제에서는 안정된 환율 아래 자본 이동이 제한되면서 정부의 자율성이 확보되었다.[163] 브레턴우즈 협정은 1972년까지 환율을 안정시켜 국내 경제정책의 자율성을 보장했다는 점에서, 배태된 자유주의이고 배태된 다자주의이다.

20세기 후반 이후 신자유주의는 이와 다른 종류의 다자주의이다.[164] 신자유주의에서는 시장의 확대로 종전의 규제들은 후퇴했지만, 이율배반적으로 새로운 제도와 규칙, 그리고 전문지식이 필요해지면서 정부의 역할이 늘어났다.[165] 또한 신자유주의로 인해 권리를 내세우는 시민이 결과와 이익을 중시하는 경제인으로 변형되면서, 정부 역할은 줄어든 것이 아니라 오히려 늘어났다.

그 결과 좌우의 이념과 독립석으로 보이는 신자유주의 정부가 등장했다. 재정정책과 통화정책에 대한 EU의 제한, 여러 형태의 경쟁정책, WTO의 규정, 신자유주의의 헌법화가 그 근거이다.[166] 따라서 신자유주의는 단순히 시장확대와 정부축소가 아니라 시장과 정부 사이에 새로운 관계를 수립했다고 볼 수 있다.

즉, 원래 경제가 사회에 배태되어 있다가 시장경제로 인해 배태성이 사라진 것이 아니라, 시장경제는 언제나 배태되어 있었고 신자유주의도 배태되어 있다. 또한 세계경제는 언제나 시장 자체가 아니라 시장과 국가의

---

163 Obstfeld et al, 2019, 플레밍 Marcus Flemming과 먼델 Robert Mundell이 제시한 이 모형은 전통적인 거시경제 모형인 IS-LM에 국제수지를 결합시킨 개방경제의 모형, 즉, IS-LM BoP이다.
164 Ruggie, 1982; Helleiner, 2019
165 Rodrigues, 2013, 1007-9
166 Cahill, 2018, 983-4

관계, 그리고 국가와 국가의 관계에 근거해 왔다.

이런 폴라니의 관점에서 보면, 하이에크가 내세운 자생적 질서는 유토피아를 그린 이념에 가깝다. 같은 이유로 신자유주의에도 이상과 현실의 괴리 혹은 논리와 관행의 괴리가 발생한다. 단적인 예로, 1997년의 아시아 금융위기 전후로 IMF가 지향한 목표는 시장경제이지만, 거시적 안정화나 구조조정은 정부가 주도한 인위적이고 구성적인 조치였다. 이로부터 신자유주의가 모순적이라는 진단이 나올 수 있다.

정부가 아니라 경제이론이 시장을 형성한다는 수행성performativity도 자생적인 질서를 반박한다. 수행성은 이론이 현실을 설명하는 것이 아니라 거꾸로 이론이 현실을 만들고 현실이 이론에 맞게 바뀌는 것을 말한다.

가장 중요한 사례로 1968년에 블랙-숄스 모형 Black-Scholes model은 파생상품의 가격결정을 설명하기 위해 제시된 것인데, 현실에 없는 상품을 만들어냈다. 무엇보다 현실보다 앞서갔기 때문에, 이 모형이 현실의 준거가 되고 이에 부합되도록 나중에 현실경제가 변경되었다. 다른 예로, 합리적 기대는 현실에서 벗어나지만 이에 대한 믿음을 낳아 균형으로 이끄는 가공적인fictional 기대이다. 이런 관점에서 보면 수행성은 '경제학주의'에 대한 비판이기도 하다.[167]

이같이 하이에크의 주장과 달리 시장은 자생적으로 형성되지 않고 인위적으로 정부, 학자, 행위자들의 참여를 통해 형성되는 경우가 적지 않다. 수행성 이전에 이미 신고전학파 이론은 현실의 시장이 아니라 이상적인 수준의 시장을 제시하고, 이에 근거해 현실의 시장이 부족하다고 주장해 왔다. '실종된 교역'이 단적인 예이다. 이런 이유로 이론이 현실의 부족한 부분을 지적하고 이것이 나중에 개선되면서 현실 자체가 바뀔 수 있다.

나아가 현실경제에 시장이 없는 경우, 시장을 설계하는 데 경제이론이

---

[167] Callon & Muniesa, 2005; MacKenzie & Millo, 2003; Beckert, 2013

동원된다. 이 경우 경제학자는 건축가나 기술자engineer가 된다. 주파수 시장이나 선거 시장이 그런 예이다. 나아가 개발도상국의 경제발전은 경제학자의 세심한 손길을 필요로 한다며, 어떤 경제학자는 장인이나 배관공을 자임한다.[168]

경제사상이나 이론이 선진국으로부터 개발도상국으로 침투하면서 그것의 수행성과 규범성이 강화되기도 한다. 특히, 경제학이 어느 정도 현실이라고 생각하는 경제행위자의 합리성이 개발도상국으로 '수송'되는 과정에서 당위나 규범으로 그 성격이 뒤집힌다. 이렇게 되면 경제사상이나 이론이 현실을 이끌어가게 되므로, 본래 의미와 다른 수행성이 발생한다.

개별시장으로 보아도 가령, 주파수 시장은 자생적으로 형성되는 것이 아니라 법적이거나 제도적인 기반을 조성하기 위한 정부나 전문가의 개입을 필요로 한다. 더구나 시장주의적인 경제발전론에 반해서, 산업화 초기에는 성장의 기반 자체가 취약하고 비교우위를 가려낼 수 없으므로, 산업정책 등을 통한 정부의 개입이 불가피하다. 조기가 아니더라도 기술혁신은 미국에서조차 대다수 정부의 보조와 후원으로 이루어졌다는 것이 주지의 사실이다.[169] 나아가 인공지능과 탄소중립으로 인한 산업구조 개편이 요구되는 현재 상황에서, 정부의 개입은 훨씬 광범위할 수밖에 없다.

자세히 검토하면 하이에크 자신도 정부의 개입을 생각보다 폭넓게 수용하고 있다. 자신이 롤스의 견해나 최저소득에 반대하지 않는다는 그의 진술이 이에 대한 근거이다. 이렇게 되면 되면 하이에크와 질서자유주의 사이의 거리나 하이에크와 폴라니의 차이가 줄어든다.

이 모든 것을 떠나 중앙정부 이외에 지방정부를 고려하고, 지방정부뿐

---

168 Duflo, 2017
169 Mazzucato, 1992; Rodrik, 2007

만 아니라 중앙정부보다 더 큰 기업을 고려하면, 시장과 정부나 국가의 이분법은 재고할 필요가 있다. 이에 더해 힘의 중요성과 인간의 비합리성을 고려하지 않는 경제학과 시장의 취약점을 고려한다면, 시장과 국가의 이분법보다 시장, 시민사회나 공동체, 그리고 국가의 삼분법이 더 타당하다. 특히, 인간관계와 지역사회가 중요한 한국경제사회에는 이런 열린 입장이 적절해 보인다.

이런 삼분법을 내세우는 최근 연구에 의하면, 서비스업, 지식기반노동, 돌봄노동, 앱을 이용한 경제활동이 증가하면서, 관리/감독에 의존하는 전통적인 위계적 기업과 이를 주축으로 삼는 자본주의가 축소되고 있다(아래 표 참조).[170] 또한 시장주의 경제이론은 인간의 비합리성, 힘의 중요성, 계약의 불완전성을 경시한다. 이 때문에 윤리, 규범, 사회적 선호, 내적인 동기, 정체성, 자긍심, 존엄성, 발언권 등을 반영하는 체제가 신자유주의에 대한 대안으로 요구된다.

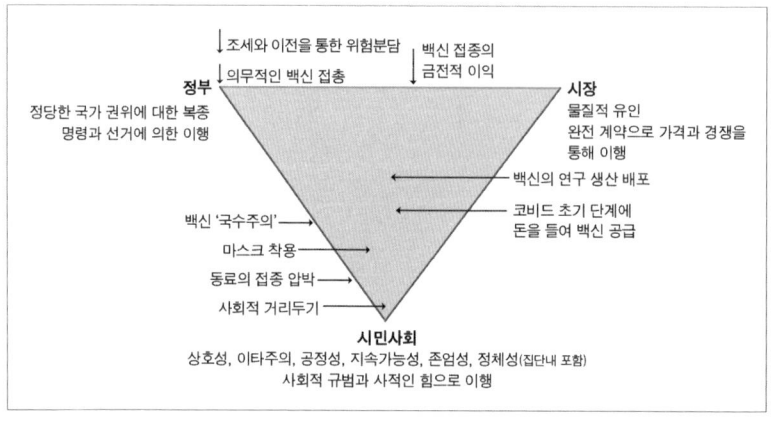

[그림 16] 상승작용의 삼각구도: 코비드에 대한 대응을 그리는 확장된 정책 공간의 활용

---

170 Bowles & Carlin, 2020, 2021, 803

(2) 시장이 불완전한 영역

영역에 따라 시장이 형성되어 있지 않거나 시장이 불완전할 수 있다. 교육, 기술, 공해 등 외부효과와 도로, 항만, 공원, 도서관 등 공공재는 경제이론도 인정하는 시장실패의 사례이다. 그런데 시장주의자보다 시장의 비판자는 외부효과와 공공재가 실제로 더 광범위하고, 이로 인한 개입이 더 광범위해져야 한다고 생각한다.

제도학파의 전통을 잇는 갤브레이스John Kenneth Galbraith는 일찍이 각자 효용과 이윤을 극대화하려고 노력하는 미국 경제에서는, 사적 재화에 비해 공공재의 공급이 부족하다는 점을 지적했다. 연장선상에서 프랭크Robert Frank는 사회적 지위와 서열에 대한 경합emulation의 대상이 되는 사적 재화는 넘치고 공공재는 부족한 상황을 비판했다.

기후변화 등 환경문제는 일국이 아니라 세계적인 수준에서 외부효과를 낳고 있다. 이것은 세계수준에서 탄소중립 혹은 기온상승을 2.5도로 제한하는 정치적인 합의를 낳았다. 이런 합의는 개인의 합리성이나 가격기구, 심지어 일국 수준의 합의를 넘어서므로, 확연히 시장주의에서 벗어난다. 그런데 이런 합의가 '지속가능발전목표'(SDG)나 '환경 사회 지배구조'(ESG) 등 기업을 주축으로 참여시키는 계획들을 낳고 있다.

최근에는 기술혁신에 근거한 인터넷, 네트워크, 플랫폼 등으로 새로운 외부효과가 발생하고 있다.[171] 여기서 발생하는 외부효과는 행위자들이 상호작용을 통해 서로 주고받는 가치여서 가격으로 내부화하기 어렵다. 또한 서비스업과 돌봄산업이 증가해, 물체가 아니라 관계나 행위가 중요해지면서 이로부터 발생하는 가치를 개인들에게 귀속시키기가 어려워지고 있다.

시장주의가 당연시하는 시장의 확산과 상품화에 한계도 있다. 기업, 교

---

171 홍훈, 2021

육, 공해, 아기, 장기, 결혼, 종교와 신앙 등을 상품화해서 이것들의 시장을 만드는 데 어려움이 있다.[172] 전반적으로 인간의 집단이나 관계를 개인으로 분해하고, 해당 물체나 성질을 인간과 분리해 조각내어 가격을 매기는 데 수반되는 어려움이다.

이와 관련해 '가공적인 상품fictitious commodity'이라는 폴라니의 주장을 고려할 필요가 있다. 이 개념을 통해 그가 주장한 것은, 통상적인 사용가치나 재화는 상품이 될 수 있지만, 토지·노동·화폐는 상품이 될 수 없고 상품이 되어서도 안 된다는 것이다. 다만, 이 개념은 진정한 상품의 기준이 무엇인지를 명확히 하지 않고 있다는 문제를 안고 있다.

끝으로 익히 알려진 바로, 가계의 많은 활동이 가격기구와 합리적 선택에 지배받지 않는다. 가계 내의 분배는 시장이나 가격기구가 아니라 가장의 명령이나 결정에 의존한다. 가계경제 내에서 발생하는 교환은 가격을 매개로 하는 시장교환이 아니라 선물교환이다. 또한 센Amartya Sen과 누스바움Martha Nussbaum이 주장하듯이 선호와 가격 및 예산이 아니라 가족의 역량capability이 중요할 수 있다.

(3) 시장과 공존하는 장들

시장의 확산으로 시장과 화폐는 종교나 신에 가까워졌다. 이에 따라 시장주의는 논리가 아니라 신앙이고, 경제학은 과학이 아니라 신학이라는 비판도 등장했다.[173] 이에 따르면 현재 시장은 자기규제를 보편화해, 과거 서양 사회에서 종교가 차지했던 위치를 점하고 있다. 이는 시장주의가 자신 안에 현실에 대한 서술과 함께 이상이나 규범을 담게 된 것에 대한 비판이다.

---

172 홍 훈, 2008
173 Nelson, 2001; Deutschmann, 2015; Cox 2016

먼저 시장이 스스로를 규제할 뿐만 아니라 시간적으로나 공간적으로 확산하면서, 시장이 사회체제의 부분이 아니라 사회체제 전체를 포괄한다고 시장주의는 자부한다. 또한 시장은 참여자들 사이의 동등성과 익명성을 유지해 가족이나 국가와 같은 영역을 무너뜨린다. 이같이 시장이 자기규제와 보편화로 사회 전체를 포괄하므로 과거의 종교와 비슷해진다.

종교와 마찬가지로 시장도 존재적인 불확실성을 극복하기 위해 노력한다. 이를 위해 자기서술self-description을 시도하는데, 이것은 초월성을 요구한다. 이 때문에 경제학은 정태성이나 완전정보 등 여러 가정에 의존해 모르는 것에 대해 합리적인 모형을 제시한다. 이런 가정들은 시장의 효율성을 가정하는 것과 같다. 말하자면, 경제이론이 효율성을 가정한 후 이것을 다시 결론으로 도출하는 동어반복이라는 것이다.

이보다 덜 하지만, 스미스의 보이지 않는 손이나 하이에크의 진화도 종교적인 성격을 지니고 있다. 물론 시장과 종교 사이에 차이도 있다. 시장은 종교보다 세속적이고, 교리가 아니라 행위에 의존하므로 더 쉽게 전파된다. 또한 종교는 동일한 교리에 의존해 전파를 시도하지만, 시장은 기술혁신 등을 통해 계속해서 새로운 것을 보여주어야 한다.

시장(주의)의 신격화는 이미 마르크스나 폴라니가 예견한 바이기도 하다. 서양에서는 이미 오래전에 성경에서 돈이 물신으로 등장했다. 또한 근대의 마르크스에서는 시장과 화폐를 포괄하는 자본이 헤겔의 절대정신이나 신과 같았다. 그 이후 폴라니에서는, 시장이 사회에 배태되지 않으면 disembedded markets 사회 전체로 둔갑해 스스로를 파괴할 수 있는 수준에 이르렀다.

이런 관점을 떠나서 시장주의를 있는 그대로 보더라도, 시장은 현실이자 이상이고 논리이자 규범이다. 일반균형체계와 이를 구성하는 요소들은 상당 부분 현실이 아니라 이상이다. 이런 구성요소들은 내재적이고 안정적이며 진정한 선호, 완전한 합리성, 완전한 정보, 완전경쟁, 합리적 기대 등이다. 일반균형체계에서 이상이 현실을 대신하고 규범이 논리를 대신하면 과학이 종교나 신화가 된다.

이렇게 될만한 토양은 시장경제에서 시장사회로의 이행, 경제학의 제국주의, 경제학의 수행성 등이 제공한다. 이에 따라 시장주의는 '시장물신주의'가 된다. 그리고 경제학자들은 화폐와 돈벌이를 떠받들고, 경제학자들은 시장과 경제학을 숭배하게 된다. 그런데 시장이든 화폐든 경제학이든 신이 될 수 없고 신이어서도 안 된다.[174]

시장주의는 보편성을 자부하므로 특정 산업, 재화, 시장의 특징을 고려하지 않고 무차별적으로 선택, 교환, 경쟁을 내세운다. 시장주의가 모든 것을 합리적 선택과 가격으로 설명하기 때문이다. 이렇게 되면서 부문별 특징들이 관리나 감독의 방식에 차이를 낳을 수 있다는 점을 경시한다. 그렇지만 식품과 의약, 제조업, 건설, 금융, 언론, 환경 등은 제각기 그 성격이 다르고, 그것의 관리/감독의 방식도 크게 다를 수 있다.

먼저 시장주의의 합리적 선택은, 소비자가 자신의 선호, 소득 그리고 가격을 고려할 뿐만 아니라 재화를 어느 정도 알고 제대로 평가할 수 있다고 전제한다. 선택에 필요한 정보나 지식은 전문지식은 아니다. 소비자가 모든 재화에 대해 전문지식을 가질 수도 없고 가질 필요도 없다. 만약 소비자 선택에 전문지식이 요구되었다면 시장주의는 아예 불가능했을 것이다. 전문지식은 각 분야의 전문가와 정부의 해당 부서나 관료가 가지고 있다. 그렇지만 해당 부서는 전문지식에 근거해 해롭거나 위험한 제품을 배제해 선택의 범위를 결정하는 데 그친다.

가령, 시장에 나와 있는 식품의 성분과 건강에 미치는 영향에 대해 소비자는 대충 알고 있지만, 맛과 가격으로 선택할 수 있다. 대신 식약처가 전문지식에 의존해 식품이 건강에 유해하지 않도록 관리/감독한다. 이렇게

---

[174] 이것이 대표적으로 *Evonomics*(economics+evolution)의 입장이다. https://evonomics.com/

식약처는 소비자가 고려할 대안의 범위를 결정하는 셈이다. 그리고 소비자는 전문지식 없이 그 범위 안에서 선택한다.

예를 들어, 마약은 이런 범위 안에 있지 않다. 이에 비해 아파트 건축의 부실이나 붕괴위험에 대해서도 해당 관청이 결정해 선택대상의 범위를 결정한 후, 소비자는 그 범위 안에서 교통, 편리함, 소득, 가격만을 고려해 선택한다. 자동차나 냉장고 등의 제조업 제품, 교육, 금융, 의료 등의 서비스를 모두 이같이 선택한다. 그리고 많은 경우 소비자는 소비한 결과를 보고 다시 구매 여부를 결정한다. 이 때문에 소비자 선택에서 전문지식은 필요 없지만, 경험이나 학습과 이에 근거한 선택의 반복 여부는 중요하다.

구체적으로 맛있는 음식이라도 먹은 후 몸의 반응이 좋지 않았다면 다시 선택하지 않을 것이다. 자동차나 냉장고도 소비해 보고 내구성이나 편리함 등으로 평가한 후, 이에 근거해 반복해서 구매할지를 결정한다. 입시학원의 강의 내용이나 방식에 대해 모르더라도 성적이나 입시 결과에 근거해 계속 이용할지를 결정한다. 의사나 병원에 대해서는 치료방법에 대한 지식 없이 결과에 근거해 다시 찾을지를 판단한다. 투자 매니저도 정교한 모형에 근거하든 동전 던지기에 근거하든 수익률 등 실적에 따라 판단하고, 이를 다시 선택하는 근거로 활용한다.

문제는 소비자가 최소한의 정보나 지식에 접근하기 어렵고 평가하기 힘든 재화들이 있다는 점이다. 이는 기업이 재화에 대한 정보를 은폐하거나 왜곡하거나, 주식시장에서와 같이 정보처리가 어려워서 생기는 문제가 아니다. 홍보나 설명을 통해서도 소비자가 선택에 필요한 수준의 정보나 지식에 도달하기 힘든 경우에 발생하는 문제이다.

특히, 의료행위에서는 지식이나 정보에 있어 의사와 환자에 비대칭성이 크고 수요가 공급자에 의해 유도된다(Hodgson, 2008). 의사 지시에 따라 환자가 검사를 받고 약을 먹는다. 따라서 주관적인 선호나 효용이 아니라 객관적인 필요에 의존하게 된다. 학교교육을 놓고 아직 교육을 받지 않은 학생이나 부모가 판단하는 데도 비슷한 어려움이 따른다.

이런 경우 소비자가 스스로 평가하기도 어렵고, 가격에 따라 기계적으로 선택할 수도 없다. 그래서 보완책으로 경험이나 학습과 반복게임, 전문가의 의견을 두 개 이상 고려하는 것, 입소문이나 주변 사람들의 조언을 따르는 것 등이 있다. 물론 이런 것들 역시 불완전하므로 시장에 대한 규제는 강화될 수밖에 없다.

이런 상황에서는 경쟁의 촉진과 규제 사이에 경계가 모호해진다. 대표적으로 2008년의 글로벌 금융위기 이후 금융에 대해 과거와 달리 미시적인microprudential 관리방식에 추가해 거시적인macroprudential 관리방식이 도입되었다. 전자는 은행 등 개별행위자의 안정성을 목표로, 이것의 행위 및 위험을 추적한다. 후자는 체제 전체의 안정성을 목표로, 이런 행위들이 상호작용해서 발생하는 위험의 확산 및 체계의 위험을 관리해 경기변동에 대응한다.[175]

예금보험은 순전히 미시적이다. 은행의 BIS(자기자본비율), 개별 융자자의 LTV(주택담보인정비율), DTI(총부채상환비율), DSR(총부채상환원리금상환비율) 등은 개별 기관뿐만 아니라 금융체계 전체 수준에서 관리할 수 있다. 이에 비해 경기변동에 따라 '완충적인 자본량'을 변동시키는 것은 순전히 거시적이다. 시장주의가 전반적으로 법적인 규제를 약화시키려고 노력하지만, 상황에 따라 더 적극적인 관리나 규제방식을 수용할 수도 있어 이에 대해 유동적임을 의미한다.

경제학자는 미시적 규제가 '부분균형'에 근거하고, 거시적 규제는 '일반균형'에 근거한다고 말한다. 그렇지만 일반균형이 행위자와 체계 사이의 갈등을 중시하지 않으므로, 거시적 과제인 개체들 사이의 상호작용과 체제 전체의 위험은 외부효과, 구성의 모순, 의도하지 않은 결과로 규정하는

---

[175] Hanson et al, 2011; Osiński et al., 2013

것이 더 정확하다. 그리고 출현적 속성이라는 사회과학 개념이 이것을 가장 정확하게 표현한다.

여러 영역에 대한 관리방식에도 차이가 있다. 한국의 경우 식품과 약품에 대한 감독(멜라민 파동)은 그나마 1960년대 이후로 개선되어왔다. 제조업은 제조품 책임법product liability 등으로 관리된다. 이에 비해 건설은 해방 이후 현재까지 온갖 부정과 비리와 정치인의 연루 등으로 악명이 높으며, 이에 대한 감리는 언제나 부실이라는 비난을 받고 있다.

금융은 2008년 금융위기에서 보듯이 세계적으로 관리가 어려운 영역이다. 한국에서도 이런 어려움은 상존한다. 징벌적 손해배상이 거론되고 있지만, 한국의 주요 언론에 대한 관리와 감독은 아예 불가능이거나 부재에 가까워서 무법천지이다. 환경은 새로 부상하는 영역으로 잠재력과 위험을 함께 안고 있다. 이들 여러 영역에 대해 관리하는 부처와 전문가의 성격도 크게 다르다. 식품의약품안전처, 건설교통부, 금융감독위원회, 방송통신위원회와 언론중재위원회, 환경부는 그 성격이 서로 이질적이다.

특히, 폴라니의 관점에서 보면 사회에는 시장 이외에 기업, 선거장, 입시장, 경연장, 경기장, 토론장 등 여러 장이 존재한다. 모든 장이나 영역은 공통적으로 대상들을 한 장소나 공간에 모아 놓고 그것을 평가해, 사회적으로 인정하거나 승인하고, 해당 대상을 배분하고 분배하며 의사결정을 수행한다. 그런데 장이나 영역에 따라 참여자와 대상의 종류나 범위, 평가와 분배의 기준이 다르므로, 이런 장들을 시장과 동일시할 수 없다. 이런 이유로 이런 장들을 시장과 혼동하거나 시장으로 환원하려는 시장주의의 노력은 타당하지 않다.

장의 이론에 따르면 시장은 단지 하나의 장이고, 경제와 사회에는 시장으로 환원되지 않는 여러 장이 공존한다. 각각의 장은 장을 구성하는 규칙과 역할 등 제도를 기반으로 작동하며, 장들 사이에, 그리고 장들 내부에, 힘이 개입된 여러 관계가 존재한다. 또한 장들은 내부의 합리성을 낳는 문화적이고 인지적인 틀에 의존한다. 이런 장의 이론을 경제사회학자 베커트Jens Beckert는 다음과 같이 그리고 있다.[176]

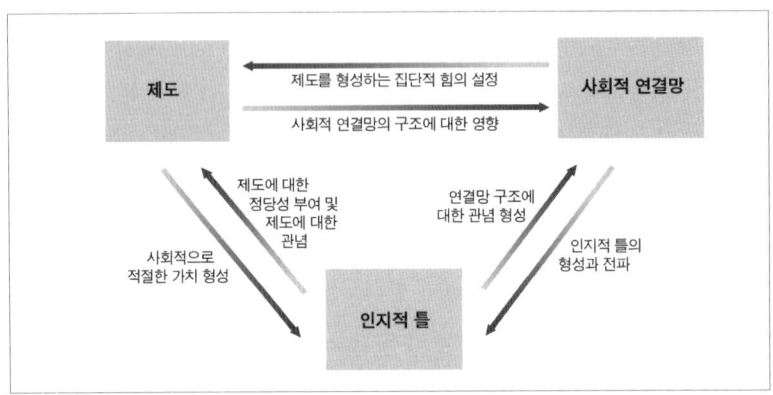

[그림 17] 시장에서 세 가지 사회적 힘의 상호영향

이와 대조적으로 시장주의는 가격과 개별행위자에 근거하는 시장, 사유재산을 보호하고 계약을 법과 규칙으로 보장하는 정부, 그리고 외부효과 및 공공재를 관리하는 행정부에 의존한다. 시장주의는 법이나 규칙을 제도로 보더라도, 관습이나 습관 등 비공식적인 제도를 고려하지 않는다. 또한 개별행위자에 집중해 관계나 네트워크를 경시한다. 나아가 합리성을 강조하면서 인지적이거나 문화적인 요인을 논외로 한다.

특정 장의 평가나 인정과, 이에 근거한 자원의 배분 및 분배에는 나름대로의 기준이 작용한다. 이런 기준은 질적인 기준과 양적인 기준으로 나뉜다. 질적인 기준은 장에 대한 참여 여부로 결정된다. 시민권이나 (피)선거권 등 정치적인 참여의 자격, 경매나 (정부) 입찰 등 시장에 대한 참여나 응

---

176 Abolafia, 1998; Fligstein, 2001; Fourcade, 2007; Beckert, 2010, 612. 푸어사드에 의하면 이런 경제사회학은 사회적 연결망, 힘에 근거한 사회적 지위 체계, 제도화, 그리고 수행성으로 발전해 왔다. 이들 중에서 수행성은 베커트의 체계에 쉽게 결합되지 않는다.

모자격, 시험(과거시험, 입시)에 응할 수 있는 응시자격, 경기(예선, 본선, 결선)에 대한 참여 자격과 범위가 그런 것이다. 어떤 장의 중요성은 이 장이 포괄하는 참여자의 숫자나 참여대상의 범위 등으로 결정된다.

양적인 기준은 참여자가 고려하는 이질적인 대상들을 통약 혹은 통분해서 평가하는 기준이다. 그리고 장에 따라 평가하는 대상의 종류나 범위가 달라지므로 그 기준이나 척도도 달라진다. 가령, 시장은 전국에 있는 재화(와 생산요소)를 모아 (화폐)가격으로, 선거장은 출마한 후보자를 득표수로, 입시장은 전국의 학생들을 모아서 점수로, 각기 평가한다. 그 외에도 권력, 직위, 명성, 품질 등 다른 기준들이 작동한다. 학자에게는 돈보다 명예, 명성, 인정이 더 중요할 수 있다(Mokyr, 2007).

시장의 척도는 가격이고, 선거장의 척도는 득표수이며, 입시장의 척도는 점수이다. 그런데 가격이나 득표는 시장이나 선거장에서 여러 행위자가 어느 정도 자율적으로 결정한다. 이에 비해 입시평가의 기준은 응시생이나 평가자의 해석과 독립적으로, 미리 객관적으로 정해져 있다. 또한 그 결과가 연속적인 가격, 점수, 득표로 나타날 수도 있고, 합격이나 불합격 혹은 당선이나 낙선이라는 불연속적인 구분을 낳을 수도 있다.

시장과 달리 여러 장에서는 교환이 일어나지 않는다. 또한, 시장뿐만 아니라 선거장이나 입시장 등에서 경쟁이 벌어지지만 경쟁의 성격이나 평가기준이 동일하지 않다. 경쟁 이외에 경선, 경합, 경기, 경주, 경연 등의 표현들이 이를 말해준다. 평가 및 분배의 장치로 가격, 위계, 투표, 시험, 추첨, 균등배분, 도착순서/대기시간, 나이 등을 들 수 있다. 이에 대해 비교 검토해 보자.

① 시장의 경매

일반균형체계를 구현하며, 평가/분배의 기준이 가격인 경쟁적인 매매의 유형으로 경매를 들 수 있다. 경매의 강점은 기본자격을 갖춘 사람이면 누구나 참여할 수 있다는 동등성, 공개성, 투명성 등이다. 이런 원칙을 지키지 않으면 수의계약 등으로 절차상의 공정성에 의심을 받을 수 있다. 이것은 시장에의 평등한 참여를 의미한다.

이런 절차상의 공정성은 기회 균등이나 능력이 있는 자에 대한 개방 등 근대성 전반과 관련된다. 즉, 이는 경매뿐만 아니라 선거권과 피선거권, 대학입시, 고등고시 등에 광범위하게 적용된다. 그런데 시장의 경매에는 가장 높은 가격을 부른 사람이 해당 재화/자원을 가장 중요하게 생각하고 이것을 가장 잘 이용할 수 있다는 전제가 깔려 있다.

만약 참여자들이 모두 비슷한 소득이나 자금을 가지고 경매에 임했다면, 이 전제를 받아들일 수 있다. 그렇지만 참여자들의 소득/자금에 차이가 있다면, 참여자가 부여하는 가치나 창출할 가치가 낮더라도, 자금력 때문에 경매가격이 높게 나타날 수 있다. 이렇게 되면 가장 높은 가치나 최상의 전망을 지니지 않은 참여자에게 재화나 자원 혹은 사업이 낙찰될 수 있다. 이런 가능성은 경매뿐만 아니라 통상적인 수요공급에 의한 가격 결정과 균형에 일반적으로 적용된다.

이렇게 되면 시장의 균형은 가장 효율적인 행위자에게 가치를 부여한 상태가 아니라 자금이나 자본이 가장 많은 사람에게 재화나 자원을 몰아준 상태가 된다. 예를 들어, 아파트를 여러 채 가진 부자들이 아파트 가격을 끌어올려 주거용 아파트를 필요로 하는 사람들이 배제될 수 있다. 또한, 진정으로 사업을 추진할 수 있는 중소기업이 자금이 부족해서 경매에서 밀려날 수도 있다.[177]

이렇게 되면 시장경제는 합리적인 사람이 돈을 벌어 그것을 향유하는

---

[177] 사업에 따라 자금력이, 더 높은 가치를 낳을 수 있는 능력을 표현하는 대리변수라고 주장할 수 있다. 대형광고가 해당 제품의 품질을 말해주지 않지만, 그런 광고를 내는 기업의 자금력을 보여 잘할 수 있다는 신뢰를 낳는다는 논리도 이와 비슷하다. 그러나 이런 것들은 모두 확고한 근거가 아니다.

사회가 아니라, 흔히 말하는 대로 "돈이 돈을 버는" 사회가 될 수 있다.[178] 소득분배의 불평등을 철저히 방어하는 극단적인 시장주의자라면 경매의 이런 문제를 지적하지 않을 것이다. 이 때문에 경우에 따라 재화/자원에 대한 배분장치로서 경매를 제한적으로 활용하거나, 소득이나 자금의 차이를 둔화시켜 참여자들을 더 동등하게 만드는 방향으로 보완할 필요가 있다.

② 조직의 위계

시장경제에서도 시장이나 경매가 유일한 자원 배분의 장치는 아니다. 기업의 조직은 직위나 직책에 따른 의사결정의 권한으로 상하관계를 제도화하고 있다. 이것의 원형은 관료조직이다. 회장·사장·이사·팀장이나 장관·차관·국장·차장 등이 이런 위계를 이룬다. 이런 조직은 위계와 권위에 따라 예산과 인력을 배분한다. 과거 계획경제는 경제 전체 수준에서 위계에 의존해 자원을 배분했다. 가정이나 전통적인 공동체도 위계에 근거해 자원을 배분한다.

경제학도 인정하듯이 기업의 위계는, 참여자의 동등성을 전제하는 시장과 구분된다. 당연히 위계적인 기업은 교과서에 등장하는 1인 생산자와 다르다. 그러면서도 위계는 자원 배분의 장치로 시장과 함께 시장경제에 공존하고 있다. 노벨상 수상자인 신제도학파의 윌리엄슨이 내세운『시장과 위계 Markets and Hierarchy』는 이를 말해준다. 위계가 최소한 기업, 중앙정부와 지방정부 등을 포괄하므로 위계에 의존해 배분되는 자원이 적지

---

[178] 반대편에 있는 마르크스의 정치경제학에서 시장경제 혹은 자본주의는 소비나 효용이 아니라 화폐를 목표로 한다. 그의 용어로 상품 획득을 목적으로 삼는 상품회로(C-M-C)는 화폐 증식을 목적으로 하는 자본회로(M-C-M)에 포함된다. 여기서 C:상품, M:화폐. 이런 이유로 마르크스에게는 시장경제보다 자본주의경제가 적절한 용어이다. 그리고 후자에서는 합리적인 사람이 돈을 버는 것이 아니라, 돈이 돈을 벌고 많은 돈이 더 많은 돈을 번다.

5장 시장주의의 안팎과 자본주의, 그리고 한국경제

않다.

위계적인 우열은 가격이나 자금, 그리고 투표와 같은 양적인 차이보다 더 확고한 질적인 차이를 낳는다. 위계의 우열은 사전표기식 서열과 비슷하다. 'ㄱ'으로 시작하는 단어가 끝나야 비로소 'ㄴ'으로 시작하는 단어가 나온다. 혹은 아무리 많은 은메달로도 금메달 하나를 이기지 못한다고 생각할 수 있다. 더 직접적인 예로, 자원 배분과 관련해 아무리 많은 직원의 투표나 의견이 모여도 사장은 이에 반해 자신의 의견을 관철시킬 수 있다.

그런데 경제학은 시장과 위계의 구분을 상대화하려고 노력해 왔다. 기업이 거래비용 때문에 발생한다는 코스나 윌리엄슨 자신의 주장이나, 기업의 내부노동시장이나 내부자본시장 등은 이런 생각을 보여준다. 그렇더라도 직위나 직책을 사고팔면 매관매직이 되므로 직위나 직책은 거래의 대상이 아니다.

위계를 구성하는 직책이나 직위 자체에 대한 보다 원초적인 배분은 별도의 문제이다. 직책 자체를 배분하는 기제는 유산 등 생득적인 요인(기업경영 승계), 선거에 의한 선출(대통령, 국회의원), 위계상 상급자의 임명(장관), 고시나 채용시험(판검사·행정공무원·대기업) 등으로 다양하다.

일찍이 마르크스는 생산과정이 자연법칙에 의존하지만, 동시에 생산의 사회경제적인 측면을 고려해야 한다고 주장했다. 이에 따라 그는 생산과정을 노동자계급과 자본가계급 사이의 모순으로 규정되는 정치경제적 공간으로 개념화했다. 그리고 그는 생산이, 분배나 교환보다 경제와 사회를 규정하는 중요성을 지닌다고 강조했다.

이와 다르지만 넬슨Richard Nelson 등은 기술혁신을 중요한 경제문제로 만들었다. 이제 입장에 관계 없이, 제도와 기술에 의존한 생산과정은 설명해야 할 경제사회적 현상이 되었다. 또한 기업은 경영자, 노동자, 주주shareholders, 소비자, 계열기업, 지역사회 등 이해당사자들stakeholders이 개입된 경제사회적 존재가 되었다.

나아가 진화개념에 따르면, 기업은 집단선별group selection의 원리에 따라 습관이나 루틴과 같은 복제인자replicator를 전승하는 상호교류인자interactor 이다(Hodgson & Knudsen, 2004, 2007). 이를 통해 변이가 선별되고 복제가 이루어진다. 습관이나 루틴은 유전자에 해당하고, 인간이나 기업은 숙주에 해당한다. 이렇게 보면 기업을 개인으로 간주하는 시장주의의 입장은 타당치 않다.

③ 선거장의 투표

선거는 피선거권뿐만 아니라 선거권을 동등하게 부여한다는 점에서 경매와 구분된다. 물론 역사 속에서 차등적으로 투표권들이 부여된 적이 있고, 현재도 민간부문(주주총회)에서는 투표가 차등화되어 있다. 그렇지만 일반적으로 투표는 동등한 권리를 상정한다. 이런 이유로 선거 결과와 경매의 낙찰가격은 일인일표와 일불일표로 구분된다.[179]

일반적으로 동등한 구성원들의 조직에서는 일인일표가 적용된다. 생산조직이나 소비조직 중에서 협동조합이나 사회적 기업의 의사결정은 일인일표에 해당된다. 학교에서 수강을 신청할 때, 자신이 원하는 과목에 각자 동등하게 점수를 부여하는 것도 비슷한 예이다. 방송의 시청률도 시청자의 지위나 소득 등과 무관하게 집계되므로 이와 같다.

반면 의사결정권이 소유지분에 따라 비례적으로 주어지는 주식회사나 주주총회는 일불일표의 원리를 반영한다. 이 점에서 주주총회는 민주주의보다 시장주의에 더 부합된다. 가상적이지만, 만약 누군가 투표와 시청

---

[179] 만약 소득에 따른 구매력의 차이를 없앤다면, 시장의 가격은 선거의 투표 결과와 비슷해진다. 이것이 오스트리아학파의 비저Friedrich von Wieser가 제안한 자연가치 natürlicher Wert이다. 반대로 사람마다 소득이나 직위에 따라 투표하는 숫자의 차등이 있다면, 투표가 구매에 가까워질 것이다. 주주총회가 이에 해당하고, 위계적인 관료나 기업조직 내부의 의사결정도 이에 준한다.

률 집계에 소득과 재산에 따라 가중치를 두자고 한다면, 그것은 극단적인 수준의 시장주의가 된다.

선거장과 정치의 장은 토론장에 근거한다. 일반적으로 토론장에는 토론자들에게 비슷한 발언권을 주면서도 토론의 결과는 열려 있다. 이 점에서 시장과 비슷하다. 그렇지만 여전히 소득이나 재산의 차이 등으로 인한 발언권의 차등이 허용되지 않는다는 점에서 시장과 차이가 있다. 정부나 기업 등 위계조직의 내부회의는 직위에 따른 차등이 있으므로 본연의 토론이 아니다.

> **연령에 따른 가상적인 투표권의 차등**
> 노년층이 상대적으로 더 투표권을 가지거나 청년층이 차등적으로 더 투표권을 갖는다면 결과가 현재보다 더 보수적이 되거나 더 진보적이 될 것이다. 물론 주어진 연령에서는 차등적인 선거권을 가지지만, 평생을 두고는 동일한 선거권을 가진다는 것이 공통의 전제이다. 가상적이지만 청년층이 투표권을 더 가질 근거는 60대보다 20대가 더 오래 살기 때문에 주어진 선거 결과로부터 더 큰 영향을 받는다는 점이다. 또한 인터넷, 생태계 변화, 인공지능 등 현대와 같이 모든 것이 급변하는 상황에서 새로운 세대의 의견이 더 반영되는 깃이 타당할 수 있다. 그렇다면 연령에 따른 투표권의 차등을 생각할 수 있다.

④ 입시장의 시험

입시, 공무원임용시험, 기업의 채용시험 등은 모두 선발시험이다. 선발시험에서는 한정된 숫자의 자리를 놓고 경쟁이나 경합을 벌인다. 이 점에서 선발시험은 경매와 비슷하고 선거 혹은 경선과도 비슷하다. 그렇지만 경매, 경선, 그리고 선발시험은 선정방법이 다르고 그 결과도 다르게 나타난다. 경매는 지불할 돈의 액수로, 선거는 획득한 표의 숫자로, 시험은 획득한 점수로 결정된다. 이들은 외견상 모두 숫자이지만 화폐, 표, 점수로 차원이 다르다.

만약 시험이 곧바로 임금이나 소득으로 이어진다면, 시험점수를 임금으로 바꾸어 생각할 수 있다. 혹은 입시로 진학한 대학의 교육이 취직을 목표로 삼고 졸업이 노동시장의 일자리로 이어진다면, 대학의 서열을 매개로 점수와 임금/소득 사이에는 함수관계가 성립될 것이다. 즉, 수능성적→대학서열→소득. 그렇더라도 이들을 동일하다고 보기는 어렵다.

무엇보다 시험에서는 객관적인 평가의 기준이 존재하고, 필요하다면 이에 대해 공개할 수 있어야 하고 문의에 답변할 수 있어야 한다. 반면 경매와 선거에서는 참여자의 주관적인 평가를 중시한다. 경매에서는 어떤 도자기가 왜 10억 원에 팔렸는지 혹은 어떤 후보자가 왜 그렇게 많이 득표했는지 짐작할 뿐, 객관적인 근거를 제시하기 어려울 수도 있다. 또한, 절차상 문제가 없었다면 낙찰가격이나 특정 후보의 당선을 정당화할 필요가 없고 이에 대해 부당하다고 항의할 수도 없다.

한국사회가 지난 1세기 동안 거쳐온 시험과 경쟁은 한국인이 교육을 선호한다는 말로는 부족하다. 한국인이 교육에 대한 열정 혹은 교육열을 가지고 있고 심지어 종교적인 신념을 가지고 있다고 보는 것이 타당하다. 최근에 부각되고 있는 유전자와 문화의 공진화에 의존한다면, 고려 시대 이래 과거시험이 1천 년 동안 한민족에게 시험에 유리한 문화와 유전자를 선별하게 했을 가능성이 있다.[180]

⑤ 운과 추첨

추첨은 운에 맡기는 것이다. 복권, 부분적으로 교황선출이나 청약 아파트 배정 등이 그 예이다. 시험, 운동경기, 경연 등에도 운이 끼어든다. 유산이나 선천적으로 타고난 능력도 운이다. 어떤 부모에게서 태어날지 본인

---

[180] 한국과 비슷한 중국에 대해서는 이미 이런 주장의 근거가 나와 있다. 명대와 청대에 과거(科擧. 중국어 음역으로 *Keju*)를 통해 최상의 지위인 *Jinshi*(進士)에 오른 사람이 **과거**에 많았던 지역일수록 **현재**의 교육 수준이 높게 나타났다(Chen et al., 2020). 이것이 소위 문화에 대한 지속성 연구persistence studies이다.

이 선택할 수 없고, 심지어 부모도 어떤 자식이 태어날지 선택했다고 말할 수 없기 때문이다. 또한 선천적으로 모차르트와 같은 능력을 타고날 수도 있고, 콰지모도[181]와 같이 태어날 수도 있다.

걸린 몫이 크지 않거나, 이해당사자들이 비슷하게 잘났거나 못났다면 추첨이 나쁘지 않을 것이다. 교황선출에서는 후보들이 비슷하다고 판단한다. 고대 그리스의 직접 민주주의에서도 시민들이 동등하다고 생각해 추첨에 의존했다. 루소도 스위스의 직접 민주주의에서 추첨을 권장했다.

각자의 인생도 상당 부분 운에 따라 결정된다. 칸트Immanuel Kant가 일반론으로 제시했듯이, 경제사회에서 지위나 소득은 능력, 노력, 그리고 운에 의존한다. 그리고 맨큐Gregory Mankiew가 받아들였듯이, 이것은 시장경제에도 적용된다. 시장경제뿐만 아니라 계획경제도 운으로부터 자유로울 수 없다. 그렇지만 전근대적인 경제나 계획경제보다 시장경제에서는 불확실성이 증가해 운이 더 중요하다.

경제학도 시장경제에서 운이 작용한다는 것을 부정하지 않지만, 능력과 노력을 강조하면서 운을 관리하려고 노력한다. 구체적으로 경제학은 소득분배와 관련해 한계생산성이론을 능력/노력의 근거로 삼으면서, 운 혹은 위험을 확률과 보험으로 처리하고 관리하려고 노력한다. 특히, 경제경영학에서 개인이나 개별조직별로 개별재화나 개별금융자산에 대한 합리적인 선택과 의사결정을 통해 운이나 위험도 관리할 수 있다고 생각한다.

경제학에 근거한 위험 관리risk management에서 위험을 개별화하고 개체화해서 고유한 위험idiosyncratic risk에 집중하면서, 이들이 모여 체제 전체의 위험을 이룬다고 생각한다. 이 때문에 체제 전체의 위험systematic risk은 따로 존재하지 않는다. 그러나 1929년의 대공황the Great Depression과 2008년의

---

[181] 빅토르 위고의 《노트르담의 꼽추》에 등장하는 가상의 인물. 기형적 외모 때문에 사람들에게 두려움의 대상으로 멸시받는다.

글로벌 금융위기, 즉 대침체the Great Recession는 이런 전제를 반박한다.

운에 맡기면 결과가 차등적으로 나타난다. 그렇지만 운은 무작위이므로 비슷한 상황을 여러 차례 반복하는 것이 이것을 둔화시키는 방법이다. 물론 한 번의 불운이 생명이나 생계의 위험을 낳는 지경까지 이르지 않게 해야 한다. 또한 초기의 운이 진정으로 무작위로 유지되어 추후의 운에 영향을 미치지 않도록 독립성을 보장해야 한다. 반면 지위나 돈, 명예를 결정하는 과정이 일생에 한 번뿐이라면 최대한 운을 제거하도록 노력해야 한다. 누가 재벌 가문의 자식이 될지 다시 추첨할 수 없다.

시장주의자이면서도 하이에크는 시장경제가 동태적이라고 주장하면서, 경제학과 달리 운을 존중한다. 특히, 생산요소의 소득이 한계생산성뿐만 아니라 운에 의해 좌우된다고 생각했다. 시장경제에서 각자의 소득 중 상당 부분이 복권에 의해 결정되는 셈이다. 그런데 그는 이런 운을 제거할 수도 없고 제거해서도 안 된다고 주장했다.

먼저 분배적 정의 등을 운운하면서 이것을 제거하려다 보면, 시장경제가 동력을 잃게 된다는 것이다. 시장경제에 경쟁의 기회뿐만 아니라 경쟁의 결과를 보장하면 제품개발이나 기술혁신이 둔화한다는 것이다. 그리고 운이 나빠서 소득이 낮다면, 능력이나 노력이 부족해서 그렇게 된 것보다 덜 부끄럽고 서로 질투도 줄어들 것이므로 이런 상황이 나쁠 것도 없지 않느냐고 그는 반문한다.

사실 한국사회에서는 해방 이후 선거에서 별 차이가 없는 후보들을 두고 엄청난 돈과 시간을 들여가면서 끝까지 승부를 가리려고 노력해 왔다. 그 낭비와 소모를 고려할 때 몇 명으로 좁혀지면 그 다음에는 추첨을 감행하는 것이 어떨까? 입시에서도 별로 차이가 없는 상당수 학생들까지 차별화하기 위해 학교, 학부모, 학생들이 얼마나 많은 시간을 보내고 있는가?

그렇지만 롤스John Rawls나 샌델Michael Sandel에 의하면, 운이 자의적이고 자의성은 인류이나 도덕과 무관하다. 능력 중 선천적인 부분도 운이고, 이에 대해 인륜성을 부여할 수 없으므로, 이것을 사회적으로 관리해야 한다. 말하자면, 누구라도 모차르트일 수 있었으므로 그의 천재성이 낳는 결과를 상당 부분 공유해야 한다. 더구나 대공황이나 대침체는 물론이고 시장경제가 겪는 경기변동을 운명으로 치부할 수 없다.

⑥ 균등배분

기계적인 균등 배분은 가정이나 공동체, 협동조합이나 사회적 기업에서 원용된다. 흔히 말하는 (1/n)의 방법이 이를 대표한다. 이 방법은 추첨을 여러 번 시행해 행운과 불운을 여러 번 겪으면서 얻을 것을, 한 번에 달성한다. 균등한 배분의 근거는 조직의 소속원이나 구성원이 능력이나 공헌에 관계 없이 모두 공통분모를 지닌다는 것이다. 시장주의가 시장에 맡겨 적정한 배분을 추구하므로 균등배분이나 (1/n) 규칙은 여기서 벗어난다.[182]

이런 경우 대부분 사람들은 해당 조직에 오랫동안 소속되어 있고 서로 장기적인 관계 속에 있다. 따라서 이동성이 높고 능력을 중시하는 근대사회로 넘어오면서 균등배분은 적용 범위가 줄었다. 그리고 균등배분은 동일한 대상에 대해 사람들이 부여하는 가치에 차이가 없다고 가정한다.

대상을 피자와 같이 쪼갤 수 있으면 똑같이 나눌 수 있다. 그렇지만 대상을 쪼갤 수 없는 경우도 있고 쪼개서는 안 되는 경우도 있다. 친한 친구들의 잦은 모임에서 필요한 회비나 식사비, 그리고 계의 목돈은 성격상 쪼갤 수 없다. 이럴 경우 권리나 의무 혹은 혜택이나 비용이 자동적으로 돌아가게 할 수 있다. 이를 위해 미리 정해 놓은 순번에 따라 배정할 수도 있다.

일상의 여러 상황에서 선착순으로 기다린 시간에 따라 대상의 배정 여

---

[182] 나중에 설명하는 바와 같이 행동경제학에는 사람들이 음식이나 자산을 선택하는 데 있어서 기계적인 (1/n) 규칙을 일상적인 해결방법으로 활용한다는 연구들이 많다.

부나 순서가 결정된다.[183] 대중교통, 식당, 관청, 은행, 공항 등에서 이와 같다. 화폐가격을 개입시키지 않는다는 점에서 선착순도 형평을 추구하는 균등분배에 가깝다. 이럴 때 시간이 화폐가격을 부분적으로 대체한다. 요금을 차등화해 좌석제를 실시하는 기차와 달리 지하철이나 버스에서는 좌석과 입석을 구분하지 않으므로, 좌석이 생길 때까지 기다려야 한다. 반대로 화폐가격이 대기시간을 대체하기도 한다. 공항의 탑승 대기시간은 좌석의 등급에 따라 구분된다.

나이나 연령 차이가 재화/자원을 배분하는 기준으로 작용하는 사회도 있다. 한국을 비롯한 동양에서는 아직도 나이가 기능하고 있다. 대중교통의 경로석은 그런 예이다. 물론 나이가 언제나 노년층에게 유리하게 작용하는 것은 아니다. 미국이나 일본에 비해 한국 사회에서는, 식당 등 일상적인 공간에서 나이에 따른 차별이 없지 않다.

그렇더라도 누구나 나이를 먹는다는 점에서, 어떤 제도든 세대 간에 변함없이 적용된다면 형평성을 유지할 수 있을 것이다. 물론 나이라는 기준이 능력주의나 시장경제의 효율성 등 근대성과 배치될 수 있다. 나이를 먹어도 능력을 유지하는 사람도 있고, 나이를 먹기 전부터 능력을 상실한 사람도 있다. 한국사회의 여러 조직에서 적용되는 연령에 따른 일률적인 퇴직이 그런 예이다.

이런 방법들은 독립적으로 활용될 수도, 다른 방법과 결합하여 활용될 수도 있다. 가령, 한국의 아파트 청약에는 가격(분양가격) 이외에 주택 소유 여부(무주택자), 추첨, 대기기간(청약예금), 채권구입이 결합되어 있었다. 이런 여러 방법이 대안적인 체계의 모색으로 이어지지는 않더라도, 시장경제의 일상에서 이미 경매나 가격 이외에 여러 방법이 독립적으로 혹은 결

---

[183] Röpke, 1937, 50-60

합되어 활용되고 있다는 점을 기억할 필요가 있다. 시장주의는 이에 대해서도 인색하다. 이 여러 방법에 대해 요약하면 아래와 같다.

장場	척도/기준	주체	대상	근거	경쟁	교환
시장	가격 지불의사	경제인	재화·자원	선호·이익·예산	○	○
공장 기업	위계 권력	노동자	자원·지위	직위·생산성·실적	○	×
토론장	호응	토론자	의견·합의	설득력	×	○
선거장	투표	유권자	후보·직위	입장·정당성·능력	○	×
시험장	점수 순위	수험생	입학·합격	수학/인지능력	○	×
경연장	점수 순위	경연자	순위·상금	실력·실연	○	×
공동체	동등 균등분배	시민	자원·권력	구성원의 자격	×	○

(4) 시장과 힘

시장주의가 현실경제에서 중요한 힘인 세력 관계, 권력, 지위, 직위를 고려하지 않는다는 것은 익히 알려진 바이다. 혹은 고려하더라도 이것들을 있는 그대로가 아니라 화폐나 효용으로 바꾸어서 고려한다. 경제이론은 이 중에서도 경제와 사회에서 작동하는 힘, 즉 경제력이나 권력 등을 가장 생경하게 생각한다.

물론 시장주의는 한편으로 형식적이고 절차적인 동등성 혹은 기회 균등을 보장하면서 다른 한편 실체와 내용 혹은 결과에 있어서는 차등을 수용하도록 요구한다. 그렇지만 여기서 문제가 되는 것은, 사전적(事前的)으로는 힘의 존재를 인정하지 않는다는 점이다. 주어진 가격을 고려해 개인들이 선택한다는 입장에서 힘의 중요성을 인정하기 힘들기 때문이다.

무엇보다 힘의 존재는 완전경쟁과 부합되지 않는다. 완전경쟁 하에서는 모든 기업이 가격 순응적이어서 어떤 기업도 가격 결정력을 가지지 못하며, 이런 무력함에 있어 기업들은 동등하다. 소비자에 대해서도 선호와 예산제약을 강조하고 소비자들의 다양한 선호를 인정할 뿐, 예산제약의 차이 즉 구매력의 차이를 부각시키지는 않는다.

경제이론은 시장·가격·개인이 주어져 있다고 보기 때문에 이상적인 상황에서는 힘이 등장할 이유가 없다.[184] 뒤집어 말한다면 경제이론에서 힘이 발생할 수 있는 경우는 시장·가격·개인이 어떤 의미로든 불완전한 상황이다. 특히, 경제행위자가 동등하지 않은 독과점이 대표적이다. 그런데 독과점이 비정상적이고 일시적이라고 보므로, 힘의 개입도 비정상적이고 일시적이다.

그러나 소득의 차이와 소득의 불평등으로 인해 소비자들의 구매력에 차이가 있다. 또한 노동자와 자본가, 대기업과 중소기업이나 협력업체 사이에도 서로에게나 시장에 미치는 영향력에 있어 차이가 있다. 국가 수준에서는 패권국가와 주변국가, 기축통화와 여타 통화가 지닌 힘의 차이로 인해 국가들이 시장에서 서로 주고받는 영향이 동일하지 않다.

예를 들어, 미국의 연준에서 이자율을 변경하면 그것이 한국 등의 이자율에 영향을 미치지만, 그 역은 성립하지 않는다. 그렇기 때문에 미국의 연준에 비해 한국은행에게는 (행정부의 간섭과 무관하게) 자율성이나 선택의 여지가 별로 없다.

특히, 20세기 말 이후의 신자유주의는 힘을 은폐하는 경향을 강화시켰다. 다만, 역사학파로부터 영향을 받은 질서자유주의는 시장주의 중에서 예외적으로 힘을 중시한다. 그런데 시장주의에 비판적인 폴라니도 상품화에 집중하면서, 힘에 의존하는 기업의 착취를 경시한다. 또한 푸코도 힘을 경시하고, 주관적인 것과 물적인 것을 분리시키고 있다. 반면 루카치 György Lukács 등 마르크스주의와 역사학파는 힘과 세력을 강조한다는 점에서 이들과 대비된다.[185]

---

[184] Palermo. 2007, 2016, 2017

최근에는 힘과 불평등의 근거로 금융자산이 중요해졌다. 일반적으로 신자유주의의 특징이자 비판의 근거로 상품화, 금융화, 노동시장 유연화가 부각된다. 그리고 상품화와 금융화가 결합하면서 다양한 금융상품이 등장해 금융자산을 구성한다. 동시에 금융의 불안정성이 글로벌 금융위기를 낳았고, 노동시장이 유연화되어 비정규직이 늘어나면서 고용시장이 불안정해졌다.

이와 관련해 자산화나 자산경제를 현대자본주의의 특징으로 내세우는 입장도 있다.[186] 여기서 자산은 집을 말한다. 한국과 일본 등에서는 원래 주택이 특별한 가치와 의미를 지니고 있다. 그런데 미국과 유럽에서도 2008년 글로벌 금융위기로 불거진 주택과 거시경제학의 상호연관성으로 주택이 중요해졌다.

이런 상황에서 현대자본주의를 상품관계와 고용관계에 근거해 파악하는 것은 철이 지난 것이고, 자산 소유에 근거해 파악해야 한다는 것이다. 자산경제에서 경제주체들은 자기 집을 마련하기 위해 노력하는데, 단순히 살 집뿐만 아니라 수익을 목적으로 삼는다. 여기서 예상되는 수익은 미래의 자산 가치 상승에 대한 기대에 근거하고 있다.

최근에 여러 국가에서 주택가격 상승으로 인한 연간 수익이 연간 임금을 넘어섰다. 이에 따라 사람들은 주거자산의 획득을 위해 수익과 위험이 공존하는 주거에 대한 투자에 나서고 있다. 주택 구입을 위해 융자를 받으면 상환을 해야 하므로, 평생 자산과 부채의 대차대조표를 관리하게 된다. 이 때문에 예전과 달리 은퇴 후에도 주거와 관련된 빚을 짊어지고 살게 된다.

이런 현실은 피케티Thomas Piketty가 집중하는 최상위 10%에 국한되지 않

---

[185] Selwyn. & Miyamura 2014; Short, 2018
[186] Adkins et al. 2021a, 2012b

는다. 따라서 고용관계가 아니라 자산소유에 근거한 새로운 종류의 불평등과 계급이 생겨나고 있다. 더구나 자산 소유는 새롭게 가족 내의 상속에 의존해 세대간 이동을 어렵게 만든다. 또한 자산 소유의 민주화라는 미명 하에 자산가치 인상을 통해 정치인들이 유권자들에게 표를 얻고 있다.

인적자본은 어느 정도 설명력을 지니고 있지만, 일자리와 연관된 것으로 그 중요성이 제한적이다. 이제 자산 소유를 문제 삼아야 한다. 금융과 재무를 강조한다는 점에서 이런 관점은 케인스보다 민스키Hyman Minsky에 더 가까우므로, 케인스적인 행위자가 아니라 민스키적인 행위자를 말해야 한다. 이것은 경제주체들이 모두 투자자나 기업가entrepreneur가 되었음을 뜻한다.

기존의 논의에서도 이미 소비자는 가계생산함수를 통해 생산자의 성격을 지니며, 인적자본을 관리해야 한다. 그런데 여기에 주택자산까지 관리해야 하므로 사람들은 푸코가 강조하는 기업가에 더욱 가까워진다. 이것은 행동경제학의 정신적 회계와 비슷하나, 소비자로서 가계부를 관리하는 수준을 넘어서 기업가에 가까운 회계를 감당해야 한다는 차이가 있다.

이 관점은 주택이 효용함수에 들어가는 여러 재화 중 하나에 불과하다는 경제학의 입장에서 벗어난다. 또한, 이 관점은 주택자산을 금융자산보다 더 중요하게 취급하면서, 물가지수를 산정하는 데 주가변동이 아니라 부동산가격의 변동을 고려해야 한다는 주장을 뒷받침한다.[187]

---

[187] Goodhart, 2001. 통화정책의 관점이 아니라 소비자 입장에서 보면, 주택가격 상승이 미치는 영향은 무주택자인가 유주택자인가에 따라 다르다. 무주택자의 경우 이는 구매력 감소로, 수요 감소를 낳는다. 이에 비해 유주택자의 경우 부의 증가이고 간접적으로 소득의 증가이다. 따라서 이론적으로는 이원적인 소비자 물가지수가 필요하다.

5.3. 시장주의가 파악하는 가격이 안고 있는 문제

시장의 가격은 일반적으로 특정 재화의 여러 속성을 포괄하며, 우리가 일상적으로 만나며 누구나 지불해야 하는 특정 수량이다. 따라서 가격은 수량성·단일성·구체성·추상성·포괄성·현재성·배타성·무제한성·사회성·일상성 등을 지니고 있다. 그렇지만 시장주의가 파악하는 가격에는 다음과 같은 문제가 있다.

(1) 시장에서 가격이 비신축적이거나 행위자가 가격에 비탄력적일 수 있다

첫째, 개인이 선택하는 수요량이 가격에 둔감할 수 있다. 투표권과 같이 시장에서 애당초 거래되지 않는 물품은 가격과 무관하다. 혹은 핸드폰과 같은 재화에 대한 수요는 가격보다 사회문화적인 요인에 지배될 수 있다. 경제이론이 강조하듯이, 대체재가 없는 필수품에 대한 수요는 가격에 둔감하거나 수요에 영향을 미치는 데 시간이 걸릴 수 있다. 정도는 덜하지만 공급에 대해서도 이와 비슷하게 말할 수 있다.

둘째, 개인들이 가격변동에 예민하다고 하더라도, 시장에서 가격 자체가 변동하지 않는다면, 수요가 변할 이유가 없다. 가격에 대한 시장주의의 믿음에 대해 케인스 이래 가격이 경직적이거나 비신축적이라는 비판이 현재까지 계속되고 있다. 독과점, 정부의 정책, 공정성이나 형평성에 대한 고려로 재화의 가격이나 임금이 변하지 않을 수 있다. 이에 따라 가격이 상황을 제대로 반영하지 못할 수 있다. 여기서는 통화주의와 케인스주의의 대립이 두드러진다.

(2) 가격과 소득이 동시에 결정되지 않을 수 있다

시장의 가격들은 그물망과 같이 서로 얽혀 있을 뿐만 아니라 우열이나 선후의 관계에 있을 수 있다. 일반화하면 가격체계(system)의 일부분인 하부체계subsystem 내에서는 가격들이 상호의존적이지만 하부체계들 사이에는 우열이나 선후가 성립될 수 있다. 혹은 그와 반대로 하부체계 내에서는 우열과 선후가 있지만 하부체계들은 상호의존적일 수 있다.

가령, 한국의 70년대에는 쌀가격→임금→공산품 가격이다. 다른 예로 식량이나 철강 등 필수품이나 기간산업 제품의 가격이 먼저 결정되고, 이들 가격이 다수의 가격들에 영향을 미치지만, 이 가격들은 서로 상호의존적으로 결정된다. 나아가 밍크코트나 철갑상어알 같은 사치품의 가격은 이들 모두로부터 영향을 받아 가장 나중에 결정된다.[188]

전통적으로, 그리고 상식적으로, 이윤은 생산에 투입되는 기업의 산업자본에 발생하는 소득이고, 이자는 은행에 돈을 빌려주는 등 금융자본에 발생하는 소득이다. 특히, 고전학파나 마르크스에게서 이자는, 금융자본의 융자에 대한 대가로 생산에 투입된 자본에 발생하는 이윤과 다르며, 이자는 이윤에서 파생된다. 즉, $r \rightarrow i$. 이자가 이윤에서 파생되는 일방적인 관계에 있으므로, 이윤과 이자가 개념적으로나 수량적으로나 동일할 수 없다. 이같이 일반균형체계의 동시결정은 전반적으로 범주나 개념들 사이의 구분을 희석시켜, 경제학이 수리적으로는 강하지만 개념적으로 약하다는 판정을 낳는다.

---

[188] 스라파Piero Sraffa의 기초재는 다른 산업(가전제품)에 투입되면서도 거꾸로 다른 산업의 생산물이 투입되지 않는 산업의 생산물(석유, 철강)이다. 여기서 기초재의 가격이 먼저 결정되고 비기초재의 가격이 나중에 결정되는 일방적인 인과관계가 나타난다. 비슷하게 레온티예프Wassily Leontief는 투입산출분석에서 전방효과와 후방효과를 따진다. 이것을 (계량경제학에서도 흔히 등장하는) 연립방정식 체계 simultaneous equation system의 완전 회귀recursive(혹은 삼각행렬triangular)가 아니라 부분 회귀block-recursive로 규정할 수도 있다.

(3) 가격이 정의 환류 등으로 불안정할 수 있다

투기 등으로 인한 정의 환류로 가격의 움직임이 불안정할 수 있다. 가령, 아파트 가격이 오르면 수요가 줄어들고 공급이 줄어든다는 것이 수요의 법칙이다. 그렇지만 아파트 가격 상승이 더욱 상승하리라는 기대를 낳으면, 거꾸로 수요가 늘고 공급이 줄 수 있다. 이렇게 되면 원래 수급의 차이는 더욱 커지고 가격은 더욱 올라간다.

시장주의가 투기를 중시하지 않는 이유는, 사람들의 기대가 한 방향으로 몰리지 않고 서로 다른 방향으로 움직여 상쇄한다고 보기 때문이다. 여기서 기대나 믿음의 다양성은 선호의 다양성과 비슷하다. 이에 따라 실수요 등 실물여건에 근거한 균형가격으로 시장의 가격이 되돌아가면서 거품이 사라진다는 것이다. 그렇지만 균형가격의 존재를 인정하더라도, 균형으로 되돌아가는 데 얼마나 시간이 걸리며, 그 사이에 얼마나 많은 비용과 피해가 발생하느냐가 문제이다.

시장주의의 주장과 달리 시장에서 정의 환류는 비일비재하다. 투기수요와 같이 수요량이 가격과 같은 방향으로 움직여 정의 환류가 나타나면, 수요가 같은 방향으로 움직여 가격상승이나 하락을 강화함으로써 시장은 불안정해진다. 정의 환류에서는 수요자들과 공급자들의 선택이 재화들이 사용될 최상의 용도나 가치와 무관해서, 가격이 근본가치로부터 더욱 벗어난다.

이같이 부의 환류가 불균형을 줄여 교정한다면, 정의 환류는 불균형을 더욱 악화시킨다. 가격변동이 부의 환류를 따르면 시장을 안정화하지만, 투기에서와 같이 정의 환류를 따르면 가격이 시장을 불안정하게 만든다. 특히, 부동산이나 금융자산의 가격상승으로부터 추가적인 가격 상승을 예상하는 경우 가격은 더욱 상승해 시장을 불안정하게 된다.[189]

---

[189] Bowles et al., 2017, 221

개념적으로 말하면 효율시장 가설이 성립하지 않을 수 있다. 행동경제학의 금융재무이론behavioral finance은, 주가가 주식의 수익이나 위험과 무관하게 움직일 수 있다며 기존 경제학의 표준금융이론standard finance을 비판해 왔다. 주가가 제대로 상황의 변화를 반영하지 못하고 시장의 불안정을 낳는 이유는 투자자들의 비합리적인 선택과 기대 때문이다. 가령, 미국에서 지난 1세기 이상 주가의 실제 변동폭(P)은 표준이론이 제시하는 변동폭(P')보다 훨씬 더 크다.[190]

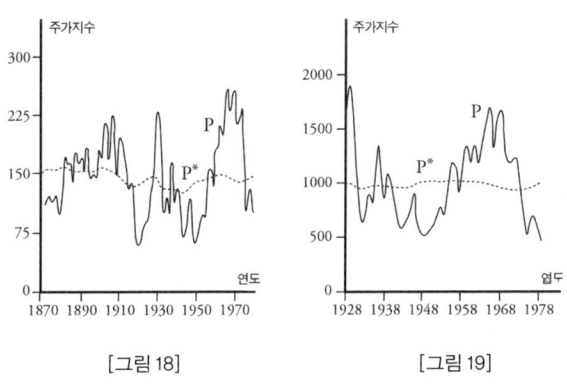

[그림 18]   [그림 19]

이런 불안정성이 생기는 이유는, 행위자들의 상호의존성이나 상호작용으로 시장에서 의도되지 않은 결과나 발현적인 속성이 나타나기 때문이다. 2008년 대침체the Great Recession에서 드러난 현상으로 채무불이행default, 신용궁핍credit crunch, 급매 혹은 투매fire sale가 두드러진다. 이 중 투매 상황에서는 금융기관들이 모두 부채비율을 낮추기 위해 동시에 담보를 구성하는 자산을 매각하려고 시도하면서 자산가격이 급락해, 이 자산을 담보로 삼고 있던 은행들의 자산 상태를 더욱 악화시켰다.[191] 이같이 금융기관

---

[190] Shiller, 1981
[191] Shleifer & Vishny, 2011; Greenwood, 2006, 84

들이 개별적으로 자신의 위험을 관리하려는 노력으로 체제 전체의 위험을 관리할 수 없었다.

경제학자들은 이것을 금전적 외부효과pecuniary externality라는 특이한 외부효과로 간주했다. 이 경우 외부효과가 가격에 결과로 반영되었음에도 불구하고, 혹은 반영되었기 때문에 발생했다는 점에서 모순적이다.[192] 따라서 이를, 행위자들 사이의 상호작용이 시장 전체 수준에서 초래한 의도하지 않은 결과 혹은 발현적 속성으로 간주하는 것이 타당하다. 이는 전체가 부분의 합에 불과하다는 일반균형체계의 전제와 여러 명의 이질적인 행위자들을 한 명의 평균적인 대표행위자로 대신하는 경제학의 관행을 허용하지 않는다.

이런 이유로 통화주의나 케인스주의와 달리 거시경제학의 창시자인 케인스는 경제의 균형을 말하기보다 불확실성과 불안정성을 지적한다. 케인스를 충실하게 따르는 후기케인스주의도 이와 같다. 특히, 대표적인 후기 케인스주의자인 민스키는 자본주의의 최대과제가 금융시장의 가격 등 금융의 불안정성으로 인해 발생하는 경제의 불안정성을 안정시키는 데 있다고 주장한다. 물론 거슬러 올라가 마르크스주의는 후기케인스주의보다 더 급격한 경제의 변동을 내세웠다.

시카고학파는 경기변동의 외생적인 성격을 강조한다. 이런 외생성은 자본주의의 붕괴를 예측했던 마르크스가 자본주의의 문제를 일관되게 내적인 원인에서 찾은 것과 정확히 대비된다. 케인스와 케인스주의는 양자의 중간이다. 중간적인 입장에서는, 원인은 외부에 있더라도 내부의 경제구조가 어느 정도 강력하거나 취약한지에 따라 불안정성이 축소되거나 증폭된다.

---

[192] '미묘한 것은 이것이 금전적인 외부성이라는 점, 즉 가격을 통해서 작동한다는 점이다'(A subtlety is that this is a pecuniary externality—that is, it works through prices. Hanson et al, 2011, 6, 각주 2).

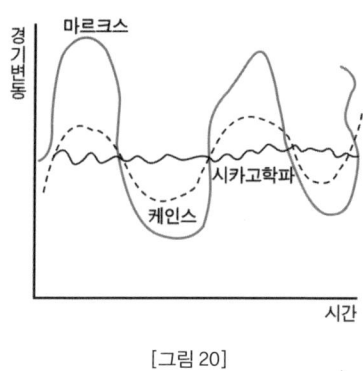

[그림 20]

(4) 가격으로 수량화하는 데 어려움이 있다

이기적이고 합리적인 행위는 계산을 요구한다. 그런데 시장에서 계산이 가능하려면 여러 조건이 필요하다. 시장주의가 이것을 당연시해 논의하지 않는 데 비해 주로 마르크스, 베버, 폴라니에 근거한 경제사회학은 이에 관심을 기울여왔다.[193] 계산의 조건은 대상인 재화, 주체인 행위자, 그리고 계산의 기반과 관련된다.

계산 대상이 객체화되려면, 단위나 품질 등이 표준화되어 재화들이 안정되어야 한다. 또한 계산과정에서 개인은 계산할 뿐만 아니라 질적으로 분류하고 판단한다. 질적인 판단의 전형적인 모습은 판사나 배심원을 통해 나타나지만, 시장에서의 계산에도 경제학이 강조하는 경제인의 양적인 계산뿐만 아니라 질적인 판단이 수반된다.

무엇보다 계산에는 법적인 제도와 컴퓨터, 인터넷 등 기술적인 장치가 필요하다. 제도와 기술이 기반을 이룬다는 점에서 계산은 개인적인 과정이 아니라 시장 전체에서 진행되는 집단적인 과정이다. 이런 사회기술적인 체계를 상정하면서 개인이 아니라 시장 자체가 계산기라는 주장이 대

---

[193] Callon et al., 2002; Callon & Muniesa, 2005; Callon & Law, 2005; Lave et al., 1984; Miller, 2001; Beunza & Stark, 2004

두되고 있다. 또한 이런 체계의 형성과 진화에 경제이론이 적극적으로 개입한다는 의미에서 수행성도 부각된다.

수량화는 근대사회, 특히 신자유주의가 지배하는 현대 사회의 특징이다. 또한 현대 사회에서는 모두가 경제인이 되어 경쟁력을 갖추기 위해 노력하면서 자신을 수량화하는 일이 일상이 되었다. 가격은 대표적인 수량화이다.[194] 가격 이외에도 지표, 등급, 순위 등도 수량화이다.

한국에서는 1960년대 이래 경제성장률, 수출액, 일인당 소득 등의 수량이 일상이 되었고, 최근에는 경제규모나 수출액의 순위가 익숙한 수량이다. 국가경쟁력지표, 대학의 순위, 학자들의 논문 편수나 등급과 피인용 횟수, 기업뿐만 아니라 병원 등에 대한 국제기관의 평가 등이 모두 이런 수량이다.

수량화에는 분류, 측정, 통합이 수반된다. 무엇보다 수량화는 여러 질적인 차이들을 동일한 기준으로 환원한다는 점에서 통약을 수반한다. 체중계의 기준은 몸무게이고, 계량기의 기준은 전기사용량이다. 특히, 가격은 다양한 여러 재화를 화폐라는 하나의 척도로 동질화하는 통약을 이룬다.

경제학의 수량주의에 대한 비판은 수없이 많다. 가격이 시장경제와 시장사회에서 진행되는 평가의 모든 것이 아니다. 전체적으로 시장사회는 여러 영역에서 이름짓기nominalization, 기수화cardinalization, 서수화ordinalization를 반복하고, 이를 결합했다가 분리하는 작업을 반복하고 있다(Fourcade, 2011, 2016).[195] 기수화는 통약에 근거하고 서수화는 서열과 순서를 낳는 데

---

[194] Espeland & Stevens, 2008; Mennicken & Espeland, 2019. 경제학은 수량화에 익숙해서 이것을 당연시하기 때문에 수량화를 문제로 제기하지 않는다. 이에 비해 수량화와 거리를 두고 있는 사회학은 수량화에 관해 연구를 쌓아왔다.

[195] 주지하듯이 개인의 효용이나 무게, 기온에 대해서도 이와 비슷한 측정의 방식을 설정할 수 있다. 이런 문제에 대한 고전적인 연구로 카르납Rudolf Carnap과 스티븐스Stanley Smith Stevens를 들 수 있다. 보다 최근의 연구로는(Narens & Skyrms, 2020)를 들 수 있다.

비해, 이름짓기는 범주화와 차별화를 낳는다. 전자가 양적인 차원에 초점을 둔다면, 후자는 질적인 차원에 초점은 둔다. 이같이 시장사회에는 동질화와 이질화, 포함과 배제 혹은 평등화와 불평등화가 함께 진행된다.

대한민국의 명칭과 건국이념은 이름짓기에, 경제규모와 일인당 국민소득은 기수화에, 이들의 순위는 서수화에 해당된다. 또한 특정 기업의 이름, 매출이나 손익, 그리고 재계 순위가 각기 이들에 상응한다. 나아가 특정 학교 이름과 교호는 이름짓기에, 학교 순위나 서열은 서수화에, 이 학교에 입학하기 위한 수능성적은 기수화에 해당된다.

시장의 가격은 기수화에 근거한 서수화이다. 이름짓기는 이런 가격에 반영되지 않은 가치worth를 자임한다. 시장주의는 이 가운데 수량화된 기수화나 서수화에 집중해 이름짓기라는 차별화를 경시한다는 점에서 현실과 거리를 두고 있다. 이것은 가격이 도덕적 가치나 정당성을 고려하지 않는다는 규범적인 차원의 약점과 별개이다.

경제학에 가장 가까운 물리학의 아인슈타인Albert Einstein에 의하면, '중요한 것이라고 다 셀 수 있는 것도 아니고, 셀 수 있다고 다 중요한 것도 아니다.'[196] 이런 흐름 속에서 제기된 구체적인 주장으로, 맥클로스키의 '경제학의 수사rhetoric of economics'나 행동경제학이 내세우는 '논거에 의한 선택'을 들 수 있다.

수량화는 사물을 객관적이며 정확하게 파악하도록 도와준다. 그렇지만 수량화는 특정 자원을 부각시키고 다른 차원을 약화시킨다. 또한 이에 근거해 사람들의 행위를 특정 방향으로 유도한다. 나아가 수량화가 개인적으로나 집단적으로 사람들의 정체성을 규정한다. 뿐만 아니라 수량화는 측정될 수 없는 것까지 측정할 수 있는 것처럼 만들어 객관성이나 정확성을 과장한다.

---

[196] Not everything that counts can be counted, and not everything that can be counted counts.

가령, 시장에서 소득이 재화의 가격과 동일하게 결정된다고 보고, 이에 근거해 정당화하는 데 난점이 있다. 노동시장과 비교해 기업조직 내에서는 한계원리의 작동을 내세우기가 어렵다. 생산성 이외에 연공서열 등의 규정, 협상, 명령 등이 임금이나 연봉에 영향을 미치기 때문이다.

무엇보다 피케티 등은 최고경영자의 연봉증가를 소득불평등의 주요 원인들 중 하나로 지적했다. 그런데 최고경영자의 연봉은 한계생산성과 무관하게 여러 회사의 이사회나 중역진으로 참여해 경영자들이 서로서로 결정해 준다. 특히, 연봉의 중요한 구성요소인 스톡옵션은 경영자들의 실적과 연동되어 있지 않다는 것이 중론이다.[197]

물론 수량적 사고와 대비되는 범주적 사고categorical thinking에 대해 특정 차원을 강화시키거나 약화시킨다는 반대 방향의 비판이 가능하다.[198] 결국 특정 상황에서 범주적 사고와 수량적 사고의 적절한 조합이 필요하다. 문제는 경제학이 과도하게 수량적 사고에 치우쳐 있다는 것이다.

(5) 가격이 효용이나 생산성에 따라 결정되지 않고 가치를 반영하지 않을 수 있다

시장주의의 주장과 달리 가격으로 윤리, 사회, 정치, 자연 혹은 환경과 관련된 가치를 표현하고 측정하는 데 어려움이 있다. 정의, 공정, 정당성, 친절, 애정, 우정, 관계, 행위, 참여, 명예, 지도력, 공해와 환경 등이 가격에 반영되지 않을 수 있다. 이런 것들은 경제학에서 이미 인정하고 있는 외부효과나 공공재보다 훨씬 더 광범위하다.

예를 들어, 아기를 어머니가 돌보는 활동이 직업적으로 돌보는 노동보다 더 '가치'가 있는데, 이런 가치의 차이는 가격으로 환산되지 않는다. 같

---

[197] Piketty, 2014; Lazonick & O'Sullivan, 2000; Bertrand & Mullainathan, 2001; 홍 훈, 2014
[198] De Langhe & Fernbach, 2019

은 물건이지만 선물로 받은 경우, 본인이 구입했을 때보다 가치가 더 높다. 또한 동일한 음식이지만 혼자 먹을 때보다 친구와 먹을 때 가치가 더 높다. 그렇지만 이런 것들은 가격에 반영되지 않는다. 모든 것을 가격으로 동질화하거나 환원할 수 없다는 의미에서 이런 것들은 통약의 어려움이다.

가치를 물리적 가치, 지위상의 가치, 그리고 상징적 가치로 나누기도 한다.[199] 재화의 물리적 가치는 고전학파나 마르크스가 말하는 사용가치에 가까워 기능적인 것이다. 지위상의 가치는 사회적인 신분이나 서열을 나타내는 사회적 가치로, 베블런Thorstein Veblen, 페스팅거Leon Festinger, 프랭크Robert Frank, 행동경제학 등이 강조한다. 상징적인 가치는 장소나 시간에 있어 무한성을 추구하는 종교적인 성격을 지니며, 뒤르켐Emile Durkheim에 등장한다.

일상적인 제품들이 물리적 가치를 가진다면, 사치품은 상징적인 가치를 지닌다. 집과 자동차가 주거와 이동을 도와주는 것은 물리적 가치인 데 비해, 명품 핸드백은 지위적인 가치를 지닌다. 유명 연예인의 공연에서 열광하거나 그가 입던 옷을 구입하는 것은, 그것이 지닌 효용이나 실용적인 가치 때문이 아니라 상징적인 가치 때문이다. 물론 특정 재화에 이 세 가지 가치가 혼재되어 나타날 수 있다.

시장주의에서 재화의 가격은 한계효용에 의해 결정된다. 먼저 물리적 가치는 기능을 강조하므로 개인의 쾌락이나 효용과 거리가 있다. 지위상의 가치나 상징적인 가치는 합리적인 계산에 근거한 효용과 거리가 있을 뿐만 아니라 심지어 이와 대립할 수 있다. 따라서 효용은 최소한 지위상의 가치나 상징적인 가치를 제대로 설명할 수 없다.

경제학은 행위자들의 소득 차이를 부각시키기보다 특정 개인에게 여러

---

[199] Beckert, 2011a

대안이 열려 있다는 점을 강조한다. 이 점에서 경제학은 '기회균등'보다 '기회비용'을 더 강조한다. 시장참여가 균등하더라도 그 결과는 불균등하다. 시장주의는 시장의 모든 것을 존중하므로 (형식적인 차원의) 기회의 균등과 함께 결과의 불균등을 수용할 것을 일관되게 내세운다.

이와 대조적으로 마르크스주의나 기본소득제도는 형식적인 자유와 평등, 그리고 합리성이 아니라 실질적인 자유와 평등, 그리고 합리성을 부르짖는다. 그래서 소득이나 재산의 분배와, 이와 관련된 형평성이나 평등을 근원적인 문제로 삼는다. 또한 시장주의의 한계생산성이론에 대해서는 지난 1백년 동안 리카도와 마르크스에 근거해 많은 비판이 제기되어 왔다.

최근 피케티는 80년대 이후 전세계 소득불평등이 늘어났다는 사실을 지적하면서, CEO 등의 보수가 생산성과 무관하다는 점을 주장했다. 특히, 금융자산과 부동산의 가격상승은 가치창출이 수반되지 않는 가치이전 혹은 수탈이라는 주장이 비등하고 있다.[200] 경제학이 주장하는 바와 달리 소득분배는 시장에서 한계생산성에 따라 결정되지 않고, 정치·세력·제도·정책에 의해 결정된다. 따라서 성장 후에 소득분배의 자동적인 개선을 보장할 수 없다.

5.4. 시장주의가 상정하는 인간의 한계

사람들이 시장에서 계약 및 교환의 주체로서 자유롭고 기회가 균등하다는 것은, 서로가 서로를 수단으로 최대한 이용한다는 것을 의미한다. 시장주의는 서로가 서로를 이용하더라도, 동등하게 경쟁적으로 이용하기만 하면 문제가 발생하지 않는다고 생각한다. 그리고 일방이 타방을 일방

---

200 홍 훈, 2014; Mazzucato, 1992

적으로 이용하는 봉건시대의 수탈이나 마르크스의 착취, 절도, 사기가 시장에서 억제되는 이유는, 시장에서 누구나 동등하게 서로를 경쟁적으로 이용할 수 있기 때문이다.

시장주의는 홉스Thomas Hobbes가 17세기 중반에 던진 '만인에 대한 만인의 투쟁'이라는 화두에, 이처럼 '만인에 대한 만인의 이용'으로 답하고 있다. 그러나 이것은 시장에서는 모든 인간이 수단화됨을 뜻한다. 그리고 이는 자연을 수단화하는 것이기도 하다. 그러나 이는 인간을 목적으로 대하라는 성경이나, 칸트의 설득력 있는 명제와 충돌한다.

또한 시장주의에 의하면, 시장은 개인의 합리적이고 이기적인 선택과 가격기구에 근거해 자원배분 등 경제문제를 해결한다. 그런데 경제학이 상정하는 합리적이고 이기적인 인간은, 여러 가정으로 인해 현실의 인간과 많은 차이를 보인다. 이런 괴리는 신자유주의의 현실과 이상 사이의 괴리만큼이나 크다.

구체적으로 이런 괴리는 다음과 같은 문제들과 관련되어 있다. ① 인간 혹은 개인은 합리적인가 혹은 이기적인가? ② 인간이 개인으로 존재하고 선택하는가? ③ 인간 혹은 개인이 어디까지 선택할 수 있는가?

(1) 선호의 불안정성와 선호의 부재

1980년대 이후로 경제이론이 내세우는 합리성에 대해 체계적인 실수와 오류, 편향 등을 지적하면서 이를 비판해온 것이 행동경제학이다.[201] 또한

---

[201] 홍 훈, 2017. 시장주의를 염두에 두고 행동경제학이 지적하는 경제학의 전형적인 한계는 제한적 합리성, 손실회피, 정보과부하, 대표성 편향 등이다. 합리성의 최소요건인 일관성에 대해서는 부존자원효과, 현상집착편견, 쌍곡형할인, 측정차원의 일치scale compatibility, 선호역전이 문제된다. 개체주의와 관련된 독립성에 대해서는 상호의존성, 준거의존성, 소거가능성, 선택의 규격화, 분할구분에 대한 의존성, 규정 framing, 맥락의존성이 중요하다. 끝으로 개인주의와 관련된 경제인의 이기심에 대해서는 사회적 선호, 상호성, 사회적 비교, 공정성 등이 문제이다.

행동경제학은 규범, 윤리, 그리고 사회성을 내세운다. 인간의 합리성과 이기심에 대한 행동경제학의 주장이 사실이라면, 시장은 경제문제를 제대로 해결할 수 없다. 행동경제학은 제한적인 합리성을 지닌 현실의 인간을 두 체계(과정)이론으로 설명한다.

 I체계는 습관, 직관, 감정, 본능을 포괄해 뜨거운hot 체계이며, 일상적인 해결방법과 편향을 담고 있다. II체계는 논리와 계산에 따라 느리게 움직이는 차가운cold 체계이다. I체계가 원시시대부터 존재하고 인간이 동물과 공유하는 부분이라면, II체계는 근대 이후에 발달했다. 행동경제학에 의하면, 표준이론은 II체계만을 고집하는 것이다. 하지만 두 체계의 공존은 여러 모습으로 나타난다.

 경제학이 가장 근본적이라고 간주하는 소비자의 선호는 불안정하다. 이 때문에 소비자가 자신이 원하는 것이 무엇인지 확실히 모를 수 있다. 예를 들어, 실험을 통해 소비자들에게 눈을 가리고 자신이 좋아한다는 맥주를 맛으로 가려내도록 요구했더니, 대부분 제대로 가려내지 못했다. 소비자들은 맛이 아니라 용기에 붙은 상표를 보고 맥주를 선택한 것이다.

 비슷한 예로 심리학의 실험 결과를 보면, 포도주 애호가들에게 그들이 특정 포도주를 선택한 이유를 물어보았다. 그랬더니 이들은 자신의 선호에 따라 포도주를 선택한 것이 아니었다. 이들은 지면에 공개된 소믈리에의 평가를 기계적으로 반복하고 있었다. 그들은 자신들이 무슨 말을 하는지 몰랐고, 자신들이 무엇을 선택하는지 몰랐다. 더구나 상당수 소비자는 복잡한 금융상품이나 연금저축을 제대로 이해하지 못한 채 구입해 왔다.

 행위자의 합리성이 불완전해, 선택할 때의 예상과 선택의 결과가 일치하지 않을 수 있다. 카너먼은 이것을 의사결정효용decision utility과 경험한 효용experienced utility으로 구분했다. 회식에서의 과음이나 과식이 그 예이다. 소비자가 외적인 자극에 과도하게 반응하거나 분위기에 휩쓸리면 이같이 적정한 소비수준을 선택할 수 없다.

더구나 선택의 대상이 복잡하고 소비자의 인지능력이 부족해, 이에 대해 제대로 파악하거나 판단하지 못할 수 있다. 이런 상황에서 기업의 마케팅 기법 등으로 소비자의 선택을 다른 방향으로 유도할 수 있다. 진열대에 몇 개의 제품을 어떻게 배치할지에 따라 선택이 바뀌는 메뉴효과menu effect가 이에 해당된다.

경제학은 광고와 선전이 정보를 제공하는 데 그칠 뿐, 소비자의 선호나 판단의 기준에 영향을 미치지 않는다며 소비자의 합리성을 방어해 왔다. 그렇지만 오래전부터 시장경제에 대한 반박으로, 기업이 광고나 선전을 통해 소비자를 무력화시킨다는 주장이 대두되어 있다. 행동경제학의 맥락효과context effect와 규정효과framing는, 언어를 통한 수사가 선택에 현저한 영향을 미친다는 것을 보여준다.

광고와 선전이 소비자를 제품에 밀착시키고 소비자의 합리적인 판단을 둔화시키며 심지어 소비자의 기호나 선호를 형성한다는 것이다. 이렇게 되면 기업은 소비자보다 우위에 서게 되고, 소비자는 경제에 대한 주도권을 빼앗기게 된다. 소비자뿐만 아니라 시민 또한 언어로 제시되는 언론 보도를 합리적으로 평가하지 못할 수 있다. 현재 한국 사회를 압도하고 있는 정치적인 이념과 언론사에 대한 평가의 양극화는 여기서 기인하고 있다.

더 심각한 것은 소비자가 표면상으로는 주도권을 가지고 있는 것처럼 보이지만 실질적으로 그렇지 않다는 것이다. 이것은 국민이나 시민이 판단력을 상실하면 투표권을 행사하면서도 실질적으로 정치에 대한 주도권을 잃는 것과 마찬가지이다. 국민에게 주권이 있는 것처럼 보이지만 실제로 정치인, 언론, 지식인들이 자신들이 원하는 대로 국민을 몰고 간다는 것이다.

최근에 행동경제학은, 기업이 개입되지 않은 경우에도 소비자를 비롯한 경제행위자의 합리성이 생각보다 불완전하고 불안정하다는 주장을 펼치고 있다. 이 중에서도 애리얼리Dan Ariely의 연구는 소비자의 호가나 구매가, 경제이론이 주장하는 효용이 아니라 통상적인 가격에 의존한다는 결과를 제시하고 있다. 이는 소비자의 선호가 매장에서 형성된다는 것을 의미한다.

이렇게 되면 경제이론이 주장하는 현시선호이론은 타당하지 않게 된다. 이 이론에 따르면 소비자의 선호는 주어져 있다가 시장에서 단순히 현시되는, 혹은 드러나는 데 불과하다. 그런데 시장이나 매장에서 선호가 형성된다면 이 이론은 반박된다. 그렇게 되면 소비자의 합리성, 자율성, 정체성이 붕괴되고 소비자주권도 사라진다.

행동경제학과 심리학 등이 수행한 실험들은, 합리성이 요구하는 일관성에서 벗어나는 많은 사례들을 제시하고 있다. 또한 여기서 나타나는 비일관성이 반드시 비합리성이 아니라는 것을 보여주고 있다. 가령, 시장에서 여러 재화가 소비자의 관심을 끌기 위해 경쟁한다고 보면, 소비자선택을 축구경기와 비슷하게 생각할 수 있다. 그런데 축구경기에서는 이행성에서 벗어나는 것이 이상할 것이 없다. a가 b를 이기고, b가 c를 이겨도, a가 c를 이긴다는 보장이 없고 얼마든지 c가 a를 이길 수 있다. 이런 식으로 생각하면 소비자선택에서도 이행성의 위반이 불합리하지 않다.

인간은 유혹에 빠지기도 하며 자제력을 잃을 수도 있다. 현재의 재화나 가치에 과도하게 집착하는 쌍곡형 할인hyperbolic discounting이 이를 보여준다. 인간은 장기와 단기, 계획과 실행을 놓고 내적으로 갈등하는 이중자아나 다중자아를 지니게 된다. 따라서 사람들은 효용을 극대화하기보다 자긍심을 지키고 자아를 실현하려고 노력한다. 동시에 자신의 잘못된 선택이나 행위를 후회하거나 정당화·합리화하고, 이를 위해 스스로를 기만하기도 한다. 이 모두 경제학의 합리적인 인간상에서 벗어난다.

(2) 대표행위자의 비현실성

행동경제학과 무관하게 지적할 수 있는 문제로 대표행위자representative

agent를 들 수 있다. 미시경제학과 거시경제학을 관통하는 대표행위자는, 한 시장이나 산업 혹은 경제 전체를 마치 한 명의 경제주체가 대표할 수 있는 것처럼 상정하는 개념이다.[202] 이렇게 되면 대표주체의 극대화가 경제 전체의 효율성과 안정을 확보하게 된다. 이것은 선호나 기술에 있어서 경제주체들 사이에 존재하는 이질성, 이들의 상호의존이나 상호작용, 이들 사이에 발생하는 분배distribution상의 변동이나 이들 사이에 요구되는 조정coordination 등 사회현상의 기본요건을 무의미하게 만든다는 문제를 안고 있다.

나아가 대표행위자는 여러 경제행위자의 상호작용이 낳을 불확실성이나 발현적 속성을 배제하게 된다. 물리체계와 생물체계에 있어, 개인이나 개체의 (비)합리성과 전체의 (비)합리성은 반드시 일치하지 않는다. 성경에 나오는 개미의 저축이나, 날갯짓을 통한 일벌들의 벌집 내 온도조절 등이 그런 예이다. 또한 개체의 불연속성이 전체의 연속성을 낳을 수 있다. 가령, 주식시장 등에서는 임계치threshold가 중요할 수 있다.

(단순화된 모습이지만) 경제현실을 묘사한다고 주장하는 유형의 거시모형이 그런 조정을 필요로 하는 활동을 거의 지니고 있지 않다는 것이 역설적이다. 그렇게 되는 이유는, 이런 모형이 특정 영역의 모든 다양한 행위자들-가령 소비자들-의 선택들을 단 한 명의 '대표적인' 표준적 개인의 선택으로 간주할 수 있다고 가정하기 때문이다. 이 개인이 이질적인 개인들의 종합된 선택과 일치되는 선택을 보여주면서 효용을 극대화한다고 가정한다.

---

202 Kirman, 1992, 2006, 2016. Paradoxically, the sort of macroeconomic models which claim to give a picture of economic reality (albeit a simplified picture) have almost no activity which needs such coordination. This is because typically they assume that the choices of all the diverse agents in one sector -consumers for example- can be considered as the choices of one "representative" standard utility maximizing individual whose choices coincide with the aggregate choices of the heteregeneous individuals (Kirman, 1992, 117).

(3) 사회구조와 관계

인간은 개인으로 존재할 뿐만 아니라 관계나 사회 속에서 존재한다. 이기적인 개인이 아니라 관계적이고 상호적인 인간이, 인간의 본성에 가깝다. 단기적인 시장교환이 아니라 장기적인 선물교환이 이를 보여준다. 사회적 선호social preference나 사회적 비교social comparison는, 인간이 개인으로 존재하지 않고 사회 속에 존재한다는 것을 보여준다. 나아가 개인이 아니라 집단 자체가 행위자가 될 수 있다.

여기서 다시 인간의 자아가 하나가 아니라 여러 개라는 주장이 설득력을 얻는다. 인간의 자아는 개인적인 자아뿐만 아니라 관계적인 자아와 집단적인 자아로 구성된다. 그리고 상황에 따라 이 세 가지 중 하나가 작동하게 된다. 입시공부에서는 개인적이고, 회식에서는 관계적이며, MT에서는 집단적이다.

개인주의의 전제는 개인이 각자 자신이 원하는 것, 즉, 자신의 선호나 이익 혹은 가치를 잘 알고 있고 이것을 충실하게 추구할 수 있다는 것이다. 넓게 보면 시장 안에서든 밖에서든 선택의 자유라는 가치는, 경제사회의 구조가 개인에게 가하는 강제나 제약을 경시하는 경향이 있다. 모든 사람은 개인적이든 집단적이든 사회구조로 인해 선택할 수 없는 부분이 있고, 사회구조가 허용한 범위 내에서 선택하고 있다. 이런 구조가 재산이나 소득의 총량이나 분배에 부분적으로 반영되지만, 구조의 전체 모습이 이것으로 나타나는 것은 아니다.

예를 들어, 한국 사회에서 어떤 고등학생도 대학에 가지 않겠다고 선택할 자유를 가지기는 어렵다. 단지, 원하지만 대학에 갈 수 없거나, 대학을 가되 어느 대학의 어떤 전공으로 가고 어떻게 입시를 준비할지 선택할 수 있을 뿐이다. 혹은 어떤 부모에게서 태어나고 어떤 유전자를 받겠다고 선택할 수도 없다.

무엇보다 마르크스주의 입장에서는, 효용을 추구하는 소비자가 어차피

자본주의의 재생산이나 축적에 중요한 존재가 아니다. 소비자는 자본의 논리에 따라 움직이는 존재이다. 따라서 이 입장에서는 소비자가 합리적인지 아닌지는 자본주의의 관건이 아니다. 여기서 주로 문제되는 것은, 이윤을 추구하는 자본가나 기업의 활동이 제대로 이루어지는지에 달려 있다.

사회구조를 인정하지 않는 경제학자라도 이제는 사회관계나 인간관계를 고려한다. 애로우 같은 학자가 대표적이다. 이론적으로 여타 사회과학에서, 인간이 개인이 아니라 관계 속에 존재한다는 점을 설득했기 때문이다.[203] 현실적으로는 관계關係에 근거한 중국의 시장경제를 고려해야 하기 때문이다.

5.5. 시장주의가 배제하는 화폐

시장주의 사상은 반드시 그렇지 않더라도, 시장주의 이론은 재화로부터 얻는 효용의 극대화를 내세우면서 화폐를 배제한다. 먼저 현실의 경제 행위자들은 이를 이해하기 힘들다. 미시적으로는 행동경제학이 명목적인 것과 화폐의 중요성을 보여주고, 거시적으로는 케인스주의가 통화정책의 유효성을 보여준다.

우선 시장주의는 화폐를 재화와 구분하지 않고, 화폐가격을 상대가격과 실질가격으로 바꾸어 화폐를 제거한다. 그렇지만 현실경제에서 사람들은, 재화나 효용, 각자의 다양한 가치가 아니라 화폐를 추구하고 있어 화폐의 존재를 말해준다. 또한 재화의 가격이 주어지더라도 재화의 '가치'는 사람마다 다르지만, 화폐의 가치는 물가(변동)에 의해 객관적으로 주어진다. 나아가 화폐는 재화나 효용과 달리 교환이나 거래 등 사회관계 없

---

[203] Arrow, 1997, 5; Kitayama & Uskul, 2011

이는 존재할 수 없어, 화폐의 사회성을 말해준다. 중상주의, 마르크스, 케인스가 화폐를 재화로부터 명확하게 구분했던 이유는 여기에 있다.

둘째, 시장주의 경제학에서 화폐는 동질적이고 전용 가능하며, 여러 국가의 화폐들이 동등하다. 그리고 화폐는 효용으로 전환된다. 그러나 화폐들은 이질적이고 그들 사이에 우열이 있으며 서로 그다지 전용가능하지도 않다. 그런데도 경제학은 자신의 가정을 당연시하면서 여기에 문제가 있다는 것을 인식하지 못했다. 행동경제학이 그 가정을 명시하면서 그것의 문제를 보여 주었다.

행동경제학은 (가계부와 비슷한) 정신적 회계mental accounting와 화폐지출의 고통을 내세운다. 이렇게 되면 화폐는 동질적인 하나의 덩어리가 아니다. 또한 화폐지출의 고통이나 화폐에 대한 집착으로, 사람들은 화폐 환상으로 인해 화폐의 실질적인 차원뿐만 아니라 화폐의 명목적인 차원에 집착하게 된다.

세일러Richard Thaler를 비롯한 행동경제학자들은 정신적 회계 개념을 통해, 지출과 관련해 화폐가 용도에 따라 여러 계정으로 범주화된다고 주장한다. 식비, 교육비, 교통비, 광열비, 여행비 등이 그런 것이다. 이에 따라 소비자는, 기업이나 정부조직과 마찬가지로 특정 액수의 화폐를 특정 계정에 스스로 배정해 놓고 그 한도 내에서 지출하려고 노력한다. 이에 따라 화폐의 전용가능성에 제한이 생긴다.

뿐만 아니라 돈의 발생 과정이나 출처에 따라 다른 돈으로 취급되기도 한다. 예상했던 소득과 급작스런 상여금, 원금과 이에 대한 수익이나 이자, 근로소득과 복권의 상금이나 보험금 사이에 행위자들은 차이를 둔다. 상여금과 수익에 대한 지출을 더 편하게 생각하고, 이에 대한 소비성향이 더 높다. 사회학자 젤라이저Viviana Zelizer는 더 나아가 이런 다른 계정들이 서로 다른 화폐들이라고 주장한다. 쌈짓돈, 용돈, 비상금이 그런 예이다.

(재화의 대체가능성과 함께) 화폐의 전용가능성이 제한되어 있다는 것은, 효용 극대화가 제한되어 있음을 뜻한다. 그리고 이것은 경제학이 내세우는 합리적 선택이 제한되어 있음을 뜻한다. 나아가 합리적 선택에 한계가 있다면, 이에 근거한 시장주의도 그만큼 한계를 지닌다는 결론이 나오게 된다.

정신적 화폐나 가계부 정리는, 돈을 절약하려는 규율이나 돈에 대한 집착을 나타낸다. 이 때문에 사람들은 화폐의 지출에 대해 고통을 느낀다. 이로 인해 실물에 대해 화폐가 외견상 명목적이지만, 화폐에 대한 사람들의 집착은 매우 강하다. 동시에 여러 화폐의 명칭에 대한 사람들의 집착도 다르다. 동일한 구매력을 지니지만 1천 원과 1달러는 다를 수 있다. 동일한 소비자가 한국에서 원화로 지출할 때와 관광으로 미국에 가서 달러로 지출할 때 소비성향이 다르게 나타날 수 있다. 이 역시 기존 경제학의 합리성에서 벗어난다.

행동경제학에 따르면 사람들은 화폐뿐만 아니라 다른 것에 대해서도 그것의 명칭, 분류, 범주에 따라 선택을 바꾼다. 이름이 다양하고 범주가 세분화하면 해당 대상이 더 중요하다는 판단과 선택을 낳는다. 이것은 경제행위자들이 (1/n) 규칙을 일상적인 해결방법으로 활용한다는 데서 확인된다.

예를 들어, [채소, 육류, 어류]로 분류한 후 이에 대해 선택한 결과와 [채소, 쇠고기, 돼지고기, 닭고기, 어류]로 분류한 후 선택 결과를 비교하면 비슷하지 않고, 후자의 경우 '쇠고기, 돼지고기, 닭고기'의 육류로 소비지출이 더 몰린다. 또 다른 예로 [현금, 부동산, 금융자산]으로 분류하고 선택한 결과와 [현금, 부동산, 채권, 주식]으로 분류하고 선택한 결과를 비교하면, 후자에서 자금이 채권과 주식의 금융자산으로 더 몰린다.

여기서 범주의 숫자에 따라 기계적으로 균등하게 1/n로 자금을 나누는 법칙이 작동하고 있다. 유대교의 탈무드에 나오는 이 규칙은 '순진한 다양화 naive diversification'로 불린다. 경제학의 극대화도 다양화를 낳지만, 여러 범주를 동등하게 취급하지 않는다는 점에서 '적정한 다양화optimal diversification'로 이와 구분된다.

그런데 소비자의 합리성이 시장경제의 근간이라는 전통적인 입장에, 몇 가지 이의가 등장했다. 소비자의 합리성 혹은 경제행위자의 합리성이 시장의 효율성에 불가결하지 않다는 것이다. 시장에서는 합리적이지 않으면 생존할 수 없으므로 시장의 경제인은 사후적으로 모두 합리적일 수밖에 없다는 주장이나, 합리성을 가지고 있지 않은 기계를 통해서도 수요공급곡선을 도출할 수 있다는 연구 결과가 이에 대한 근거이다.[204] 개별수요의 조건들이 시장수요를 낳는 데 필요하지 않다는 손넨사인 등의 주장도 이에 부합된다.

나아가 이행성 등에서 벗어나 소비자가 일관되지 않은 선호를 지니면, 이윤을 추구하는 차익거래자 혹은 상인에게 돈을 잃게 되어 시장의 이상적인 상태인 균형에 이르게 되므로, 상인의 경쟁으로 소비자주권을 유지할 수 있다는 주장도 이에 상응한다.[205] 이런 것들에 따르면, 선호의 불안정성과 비합리성에 대한 행동경제학의 지적들은 시장의 작동 여부와 무관하다.

그렇지만 대다수 시장주의자들은 여전히 선호를 시장의 필수요건으로 삼고 있다. 이것은 민주주의를 내세우려면 시민의 합리성에 의존할 수밖에 없는 것과 같다. 더구나 시장주의는 효용극대화 없이 이윤이나 수익의 극대화만으로 서 있을 수 없다. 허슈만이 시사했듯이 효용극대화는 시장주의에게 이기심 이외에 합리성이라는 차원을 제공해 시장에서의 행위를 정당화해 주기 때문이다.

구체적으로 이윤극대화는 돈벌이인데, 언제나 그리고 누구에게나 더

---

[204] Becker, 1962; Gode & Sunder, 1993; Sonnenschein, 1972; Sugden, 2004, 2008
[205] Sugden, 2004

많은 돈이 더 적은 돈보다 나으므로 목적이 단순하다. 이에 비해 효용극대화는 상황에 따라 그리고 사람에 따라 달라서 훨씬 더 복잡하다. 어떤 집을 살 것인가 혹은 누가와 결혼할 것인가는 어떻게 돈을 벌 것인가와 달리 어떤 인생을 살 것인가와 통한다.

이런 차이로 소비자의 효용극대화에는 사려 prudence나 현명함을 부여할 수 있으나, 부자의 이윤극대화나 돈벌이에는 그렇게 하기 힘들다. 그러니 시장에서 경제인이 똑똑하거나 현명하지는 않고 이기적이기만 하다면 시장을 정당화하기가 어려워질 것이다. 이 때문에 시장주의는 효용극대화를 버릴 수 없다.

명칭과 범주의 중요성

이름이나 명칭이 많고 세분화될수록 사람이나 물체가 중요해진다. 조선 시대 양반은 이름이 여럿이고, 그 집의 하인은 이름이 없다시피 하다. 정약용丁若鏞의 이름은 다산茶山, 여유당與猶堂 등 여럿인데 비해 하인의 이름은 돌쇠나 유 월이로 다른 집 하인과 구분되지 않는다. 문자 그대로 양반은 유명有名하고 하인은 무명無名하다. 한국인에게 집은 가家, 루樓, 옥屋, 당堂, 헌軒, 전殿, 각閣 등 십여 개 이상의 다른 이름을 지니고 있다. 이것은 집이나 가정이 우리에게 국가나 시장을 능가할 정도로 중요하다는 것을 의미한다.

셋째, 경제학은 고전적인 이분법과 화폐의 중립성에 따라 화폐/금융이 언제나 실물에 봉사한다고 생각한다. 1929년의 대공황, 2000년의 닷컴버블, 2008년의 글로벌 금융위기는 주식시장이나 파생상품시장 등 금융위기가 실물위기로 이어져 경제학의 생각을 반증한다. 고전적 이분법에 의하면, 실물여건이 화폐/금융을 규정해야 하는데 이런 상황들은 이와 반대이다.

그래서 이런 상황은 개가 꼬리를 흔들지 않고 반대로 꼬리가 개를 흔드는 것 wagging the dog에 비유된다. 케인스와 케인스주의자는 이같이 금융이 실물을 지배할 수 있다고 주장한다. 현실의 투자자들도 주식시장이 통화정책 등으로 인해 실물의 투자와 생산으로 이어지지 않을 수 있다는 점을 폭넓게 인정한다.[206] 이 때문에 시장주의가 세계적으로 해결하지 못하는 중요 문제로 흔히 기후변화, 소득불평등과 함께 금융체제의 불안정이 거론되고 있다.

최근 연구에 따르면 1870년대부터 2010년까지 시장경제의 140년 역사를 통해, 2차대전 이후로 화폐에 근거한 신용은 화폐보다 훨씬 더 빠른 속도로 증가했다.[207] 그리고 신용의 팽창으로 이 기간 동안 17개 국가에서 70여 번의 급격한 불황이 발생했다. 이것은 킨들버거 Charles Kindleberger와 민스키의 통찰을 확인시켜 준다.

이에 따르면, 화폐가 실물로부터 어느 정도 자율성을 가질 뿐만 아니라, 신용이나 금융이 화폐로부터 어느 정도 자율성을 지닌다. 그렇다면 이제 경제를 실물-화폐의 두 개 층위가 아니라 실물-화폐-신용의 세 개 층위로 생각해야 한다. 이것은 신용을 화폐로 환원하고 다시 화폐를 실물로 환원해, 신용뿐만 아니라 화폐의 자율성도 인정하지 않는 시장주의와 현저한 거리를 두고 있다.

이들 삼자의 관계는 발현적 속성에 근거해 설명할 수 있다. 즉, 실물에 근거해 화폐가 형성되지만 실물로 환원되지 않고, 화폐에 근거해 신용이 형성되지만 화폐로 환원되지 않는다. 호황에서는 화폐가 실물로부터, 신용이 화폐로부터 자율적으로 나타난다. 이에 비해 불황에서는 화폐가 실물에 근거하고, 신용이 화폐에 근거한다는 것이 드러난다.

시장주의에서 실물과 화폐의 관계는 마르크스에서 생산관계와 생산력의 관계나 경제와 여타 영역 사이의 관계만큼 알쏭달쏭하다. 이 때문에 모두 '상대적 자율성 relative autonomy'이라는 명목상의 해결책에 호소하는 경향

---

[206] Grantham, 2020
[207] Schularick & Taylor, 2012; Mehrling, 2010

이 있다. 더 중요한 문제로, 실물과 화폐 및 금융의 관계는 시장경제와 경제학의 난제 중 하나로, 학자마다 견해가 다르다. 고전학파와 신고전학파 등이 화폐와 금융을 이차적인 것으로 간주해 경시했다면, 중상주의, 맑스, 케인스, 제도학파의 베블런과 코먼스는 화폐 및 금융을 자본주의의 중심에 놓았다. 이들에게 고전적 이분법은 허구이다.

넷째, 시장주의는 화폐의 발생에 대해 일관된 입장을 가지고 있지 않다. 오스트리아학파가 화폐의 자생적인 발생을 내세우지만, 프리드먼 등은 이에 동의하지 않는다. 동시에 하이에크는 자유 경쟁적인 화폐발행체제를 내세우고, 부분지불준비제도를 반대하는 시장주의자도 있다. 이것은 예금보험뿐만 아니라 중앙은행도 불필요하게 만든다. 이런 주장에 흔히 동반되는 금본위나 상품본위는 상업은행의 부채 창출과 정부가 인플레이션으로 창출하는 세금을 없애려는 데 목표를 두고 있다. 이에 대해 여타 시장주의자들은 동의하지 않는다.

다섯째, 중앙은행의 독립성이나 물가안정이 유일한 기능이라는 것이 자명하지 않다.

시장주의는 화폐와 화폐를 관리하는 중앙은행에 대해 시장의 논리를 적용하려고 노력해 왔다. 단순화하면 이런 노력은, 화폐의 존재를 약화시키고 화폐의 사회성과 중앙은행의 공공성을 개인이나 개체로 분해하려는 것이었다. 그렇지만 이런 노력에도 불구하고 시장주의는 화폐의 존재 및 화폐의 사회성과 중앙은행의 공공성을 해체할 수 없었다.

이런 어려움 때문에, 시장주의는 화폐와 중앙은행에 대해 일관된 입장을 가지고 있지 않다. 그리고 그런 비일관성은 앞서 언급한 시장주의의 여러 갈래 사이에 발생하는 것이 아니라 특정 시장주의자 내부에서 발생할 정도로 심각하다. 그래서 하이에크와 프리드먼을 비롯한 시장주의자에게 화폐는 숙제이고 중앙은행의 존재는 난제이다.

이와 관련해 먼저 시장경제에 '중앙기업'은 없지만 중앙은행과 중앙은행의 기능은 존재한다는 것을 지적할 필요가 있다. 또한 시장주의의 예상과 반대로 2008년의 금융위기 이후로 중앙은행의 역할은 더 강화되었다. 나아가 앞서 지적한 바와 같이, 중앙은행 폐지, 경쟁적인 화폐발행, 전액지불준비, 예금보험의 소멸, 금본위제도, k퍼센트 화폐공급 등 근본주의적인 방안들은 실현되지 않았을 뿐만 아니라 시장주의자들 사이에서도 합의를 얻지 못하고 있다.[208]

이것은 시장주의가 자유무역, 규제완화, 민영화, 정부의 정책적 개입 배제 등에 대해 합의된 입장을 지니고 있는 것과 대비된다. 이것은 중앙은행과 은행의 공공성, 그리고 더 근원적으로는 화폐(와 금융)이 지니는 사회성을 분해할 수 없기 때문이라고 추정된다.

이런 상황에서 현대의 시장주의가 도달한 타협책이, 화폐뿐만 아니라 중앙은행을 받아들이면서 중앙은행의 활동과 기능이 시장주의에 부합되도록 제약을 가하는 것이라고 생각된다. 구체적으로 중앙은행의 거시적인 기능을 물가안정에 국한시키고, 제도적으로 중앙은행의 독립성 혹은 중립성을 확보하는 것이다.

중앙은행의 기능을 물가안정에 한정하는 것은, 수요창출과 경기회복을 위해 유동성의 공급을 늘리려는 팽창적인 통화정책을 삼간다는 것을 의미한다. 이는 경제에서 화폐/금융이 물가를 결정하는 데 그친다는 고전적 이분법의 서술이, 중앙은행의 역할을 물가안정에 국한시켜야 한다는 당위로 변한 것이다.

중앙은행의 독립성은 정치지도자들이나 행정부의 영향력으로부터 벗어나려는 데 목표를 두고 있다. 그런데 중앙은행의 독립성에 대해 시장주

---

[208] Selgin & White, 1996; Selgin, 2000

의자들이 동의하는 이유가 확고하지 않다. 또한 중앙은행이 누구로부터 독립적인가도 문제이다.

우선 어떤 경우에도 중앙은행은 특정 정치인이나 관료, 특정 은행 등 개별행위자로부터는 독립적이고 독립적이어야 한다. 개별행위자로부터의 독립성은 모든 법과 행정부처에게 요구되는 최소한의 요건이므로 논의 대상이 아니다. 그렇다면 중앙은행의 독립성을 말할 때 그것이 염두에 두고 있는 상대는, 집단이나 계급 혹은 계층인 정치적 세력, 행정부나 관료 조직, 일반은행들, 기업들, 노동자들, 소비자들 등이다.

미국 연준의 설립 과정에서 드러난 바에 근거하면, 이 중에서도 정치적 영향력과 행정부 재량으로부터의 독립인가, 일반은행들로부터 독립인가가 문제였다. 시장주의는 중앙은행이 정치/행정으로부터 독립적이어야 하지만 일반은행의 이익은 고려해야 한다고 주장하는 셈이다. 이에 대해 중앙은행이 일반은행으로부터 독립적이지만, 정치/행정 혹은 이들이 대변하는 소비자나 노동자의 이익을 고려해야 한다는 입장이 맞서고 있다.

이 대립은 화폐의 사회성 및 중앙은행의 공공성과 관련된다. 구체적으로 화폐를 식품이나 약품과 동일하게 취급할 수 있는지, 그리고 중앙은행을 식약처와 비슷한 차원의 관리/감독기관으로 취급할 수 있는지가 문제이다.

시장주의는 화폐의 사회성과 공공성을 최소화해 화폐를 일반제품과 비슷하게 취급하고, 화폐에 대한 관리를 일반제품에 대한 관리와 비슷하게 생각한다. 외견상 각자의 수중에 있는 화폐는 각자가 처분할 수 있으므로, 일반적인 제품이나 자원과 비슷해 보인다. 더구나 시장주의는 개인주의 및 개체주의, 합리적 선택 및 기대, 상대가격 및 실질가격 등 제반 개념에 근거해 화폐의 사회성을 부정하는 경향이 강하다. 그렇지만 이런 시장주의의 관점에 어려움이 있다.

먼저 화폐는 거래와 부채를 전제한다는 점에서 사회적이고 사회적 관계를 요구한다. 예를 들어, 쌀이나 집은 다른 행위자와의 거래나 관계가 없어도 가치를 지니지만, 화폐는 그렇지 않다. 또한 그것의 발생과 운영에 있어 현실적으로 국가나 정부의 개입이 두드러져서, 시장주의적인 설명에 동의하기가 힘들다.

또한, 중앙은행은 분권과 집권의 결합이어서 시장의 부분으로 취급하기 어렵다. 무엇보다 경제학자는 다수가 독립성을 내세우지만, 중앙은행은 은행들의 이익을 도외시하기 힘들다. 사실 영란은행이나 연방준비은행은 은행업계의 이익을 기본으로 설립되었고, 정부의 영향력을 고려하면서 그것의 성격을 변경시켜 왔다. 더구나 현재 다수가 당연시하는 중앙은행의 독립성은, 그 주장의 역사가 짧고 그 근거도 자명하지 않다.[209]

여섯째, 시장주의는 현실적으로 존재하는 화폐들 사이의 위계에 둔감하다.

시장주의는 국내에 있어 개별행위자들 사이의 동등성을 내세울 뿐만 아니라, 국제무역에 있어 국가들 사이의 위계나 국제금융에 있어 화폐들 사이의 위계를 인정하지 않는다. 그렇지만 현실을 보면 여러 국가의 화폐들 사이에 위계나 우열이 있다. 이것은 수시로 변동하는 환율로 환원될 수 없는 질적인 차이이다.

구체적으로 달러 등 특별인출권을 구성하는 기축통화와 여타 통화 사이에는 환율의 변동으로 치환할 수 없는 우열이 있다. 이에 대한 증거로 한국은행을 포함해 여러 국가의 중앙은행이 시행하는 이자율 정책이 미국 연준의 이자율 정책으로부터 자유롭지 못하다는 것을 들 수 있다. 또한 한국경제에 문제가 생기면 달러가 한국에서 빠져 나갈 뿐만 아니라, 미국경제에 문제가 생겨도 달러는 한국에서 빠져나간다.

---

[209] Forder, 2003, 2005; Cobham, 2012

2022년 현재, 연준의 이자율 인상으로 인한 이자율 상승과, 이에 따라 예대마진이 증가하는 한국의 현실과 이에 대한 논쟁을 보면, 이자율이 자율적으로 결정된 결과라는 주장은 타당하지 않다. 미국 연준의 이자율 결정에 한국의 금융통화위원회가 영향을 받고, 일반은행들은 다시 금융통화위원회의 영향을 받는다.

멀링 Perry Mehrling에 의하면, 국제 정치경제와 국내 경제 안에 여러 화폐가 있고 이들 사이에 위계가 있다(Mehrling, 2010, 2020). 국제 정치경제에서 달러화의 지배력은 화폐들의 이런 위계의 정점에 위치하고 있다. 그리고 이것은 누구도 부인할 수 없는 현실이다. 이렇게 보면 화폐는 당연히 힘이고, 이런 위계는 다양한 화폐들에 수반된 힘의 차이를 반영한다.

한 국가 내에서도 중앙은행이 발행하는 화폐 이외에도 일반은행이나 기업이 발행하는 금융자산이 화폐에 준하는 존재이다. 이같이 특정 국가 내에 여러 화폐가 혼재hybridity하는 상황에서 화폐와 준화폐 혹은 신용 사이에 위계가 있다. 이런 위계는 호황일 때는 드러나지 않고, 불황이 되어 화폐와 신용이 더 이상 동등하게 교환될 수 없게 되면서 비로소 드러난다.

호황에는 중앙은행의 본원통화와 은행의 예금이 1대1로 교환된다. 그렇지만 불황에는 교환비율의 변동으로도 감당할 수 없어, 아예 상호 교환이 불가능하게 된다.[210] 저축예금에 대해 보증한도가 있다든지 은행이 도산 위기에 몰리면 예금을 환수할 수 없는 것이 이에 대한 증거이다.[211]

이런 시각은 화폐를 그 자체로 인정하며 돈벌이를 염두에 두기 때문에, 화폐를 재화로 환원해 효용극대화를 내세우는 시장주의 이론과 대비된

---

[210] Mehrling, 2010
[211] 여러 종류의 화폐들은 은행이나 기업의 계정들로 나타난다. 그런데 이 계정들은 정신적 회계의 계정과 비슷하면서도 대칭을 이룬다. 양자 모두 화폐의 질적인 차이를 인정한다는 점에서 비슷하다. 그렇지만 전자가 은행이나 기업의 통상적인 회계를 구성하는 객관적인 계정인데 비해 후자는 소비자의 주관적인 계정이다. 또한 전자가 화폐의 생성이나 공급과 관련된다면, 후자는 화폐의 수요나 지출과 관련된다.

다. 또한 이런 위계와 힘은 특정 화폐나 신용의 화폐 유동성이나 전용가능성에도 차등을 가져온다. 전용가능성에 있어 달러화는 원화보다 우위에 있고, 원화는 한국 내 어음보다 우위에 있다. 이것은 화폐의 수량에 따른 양적인 차등이 아니라, 화폐나 금융상품의 종류에 따른 질적인 차등이다.

이 입장은 시장에서 자생적으로 화폐가 발생했다는 시장주의 사상이나, 이자율이 수요공급에 의해 시장에서 결정된다는 시장주의 이론과 배치된다. 또한 화폐가, 효용으로 귀결되는 합리적인 선택을 도와주는 부차적인 존재가 아니라 돈벌이를 위한 수단이다. 나아가 중앙은행의 중립성은 현실도 아니고 이상도 아니다. 미국 연준이 이자율을 올리고 내리는 것을 보면 단순한 시장상황의 반영이라기보다 시장에 대한 선도이다.

> **외생적 화폐와 내생적 화폐**
> 중앙은행의 화폐가 외생적exogenous이라면 일반은행이나 기업이 창출하는 화폐는 내생적endogenous이다. 외생적 화폐와 내생적 화폐에 대한 논쟁도 오랜 역사를 가지고 있다. 화폐수량설과 통화학파Currency School가 전자를 내세웠다면, 이에 대립한 은행학파Banking School, 후기케인스주의, 걸리John Gurley 및 쇼Edward Shaw 등은 후자를 내세웠다. 멀링은 현실경제에서는 양자가 혼합되어 있다고 주장한다. 통화주의가 외생적인 화폐를 고집하면서 정책변수로 집착했던 통화량이, 인플레이션 타게팅으로 이자율에 자리를 내주었다는 것은 화폐가 상당 부분 내생적이라는 것을 방증한다.

일곱째, 화폐의 힘은 정책과 정치의 산물이다.

시장에서 모든 물건이 화폐가격을 달고 나온다는 것은, 시장에서는 모든 것이 매매 대상인 상품이 됨을 의미한다. 그리고 상품화의 대상은 역사적으로 계속 확장되어 왔고 특히, 세계화로 인해 이런 상품화의 한계는 무한으로 뻗어나가는 듯하다. 상품화는 재화와 서비스, 이들을 생산하는 능력으로서 노동력과 자본, 이에 근거한 이윤에 대한 청구권을 거래하는 금융을 포함한다. 그리고 인간관계나 사회관계뿐만 아니라 위험도 상품화된다. 나아가 이 모두를 안정시키고 공공재를 제공하는 정부까지 금융화한다.[212]

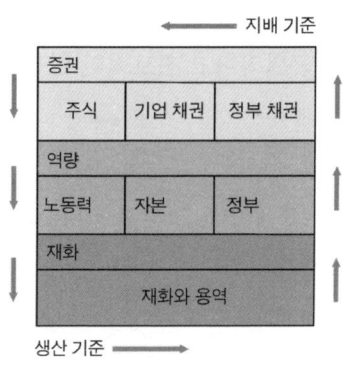

[그림 21] 완전한 국내 상품체계

일반균형체계는 화폐가격에서 화폐를 떼어내어 상대가격으로 만들면서 이 점을 은폐하는 경향이 있다. 그렇지만 이같이 시장에서 모든 물건에 가격이 붙어 상품이 되면서, 돈 없이는 어떤 것도 얻을 수 없게 된다. 동시에 시장에서는 돈만 지불하면 어떤 것이든 구할 수 있다. 이것은 시장에서 화폐가 지니는 절대적인 힘을 나타낸다.

화폐의 힘은, 상품에 대한 화폐의 우위이고 상품소유자에 대한 우위로 나타난다. 시장의 행위자들은 이 점을 잘 알고 있어서 돈벌이에 몰두한다. 최근의 금융화에 대한 연구를 보면, 화폐는 점점 자기완결적인 모습으로 변해가고 있다. 금본위 화폐에서부터 지폐나 신용화폐에 이르기까지, 화폐는 무언가 외적인 것에 근거해 왔다. 이에 비해 최근에 등장한 파생상품, 전자화폐, 비트코인 등에 이르면, 화폐의 근거는 바로 자신에 대한 상상력이다.[213] 이것은 시장이 자기완결적으로 변하는 것과 비슷하다.

케인스주의는 물가안정뿐만 아니라 고용증대를 고려해야 한다고 주장하지만, 화폐의 기원이나 성격에 대해 견해를 달리하지 않는다. 폴라니,

---

212 Lysandrou, 2005, 778; Lysandrou, 2011
213 Pryke & Allen, 2000

그리고 부분적으로 마르크스의 관점은 화폐의 기원과 성격 자체를 달리 생각하면서, 이보다 더 근원적이고 진보적인 입장을 내세운다. 이들을 어느 정도 대변하는 화폐이론으로 잉햄(Geoffrey Ingham)을 고려할 필요가 있다.

잉햄에 의하면 화폐는 부채이다. 그리고 크나프Georg Knapp의 화폐국정설에 따르면, 화폐는 국가가 발행하는 부채이다. 또한 통화정책은 여러 계급과 계층 사이의 협상이나 타협으로 결정된다(Ingham, 2004, 2022; Hook, 2022). 그리고 화폐와 신용, 그리고 최근에 등장한 여러 금융 도구는 국내의 계층들 사이에, 그리고 국가들 사이에 소득을 분배하는 장치이다(Koddenbrock, 2019). 나아가 이자율을 통한 통화정책은 국가, 은행 및 전주錢主, 그리고 납세자 들 사이의 투쟁, 정치적인 협상이나 타협의 산물이다. 여기서 중앙은행은 중립적일 수 없다.

이것은 라카도나 스라파, 그리고 칼레츠키가 주장했던 소득분배에 대한 정치적인 결정을 통화정책에 연장한 것이다. 그런데 이런 분배론은 화폐의 분배가 낳은 소득이나 재산의 불평등과 유효수요의 창출을 염두에 두고 있다. 이에 비해 최근의 견해는, 이런 분배문제를 보다 근원적으로 화폐나 신용의 창출 단계에 설정하고 있다는 차이를 지닌다.

그렇다고 상품화와 금융화가 세계의 불평등을 줄이는 방향으로 작용한다고 볼 수도 없다. 재화와 달리 서비스의 국제간 이동은 쉽지 않다. 또한 재화나 자본만큼 토지, 노동의 이동은 쉽지 않다. 특히, 이민에 대한 제한 등으로 노동 중에서도 전문직 노동에 비해 단순직 노동의 움직임은 자유롭지 못하다. 자본 중에서는 금융자본의 이동에 비해 직접투자 등 물적 자본의 국제간 이동성은 훨씬 낮다.

이런 상황으로 현재 진행되고 있는 세계화는 진정한 의미의 세계화가 아니라는 주장이 흔히 제기된다. 경제학과 자유주의 경제사상의 이상과 EU나 자유무역지역에도 불구하고, 역사적으로나 현재 상황으로나 여전히 국가가 가장 중요한 시장의 단위이다. 그리고 세계 수준에서보다 국가 수준에서, 재화와 생산요소의 이동과 경쟁이 여전히 현실에 더 가깝다.

5.6. 하나의 시장주의와 다양한 자본주의

시장주의에 대립되는 개념이 자본주의이다. 이 관점은 마르크스주의, 독일의 역사학파, 미국의 제도학파, 정치경제학, 폴라니의 경제사회학, 알베르Michel Albert의 자본주의론 등을 포괄한다. 이 관점에서 시장은 자유, 평등, 상호성, 가치창출의 장일 뿐만 아니라 물질주의, 불평등, 세력관계, 가치수탈의 장일 수 있다. 이런 생각은 다음과 같이 예시할 수 있다.[214]

	시장경제	자본주의
시장 개념	수요/공급의 조정, 동등한 경제주체들의 수평적 조정, 자기조정	사회관계의 연결, 수평적 관계(기업경쟁)+수직적 관계(자본과 노동), 불균형적 자본축적
영역들의 연결 진화의 성격	경제영역의 분리, 자연적 균형	경제/정치/사회의 상호의존, 축적에 따른 정태적 균형 배제
단일성/다양성	추상적 시간, 파레토 적정, 경쟁의 다양성 축소	역사적 시간, 여러 자본주의의 공존과 변동

그런데 이 시점에서 시장주의를 조망하는 데 마르크스주의보다 역사학파, 제도학파, 사회경제학에 중점을 둘 필요가 있다. 그렇다면 마르크스의 생산양식, 조절양식, 사회적 축적체제보다 자본주의의 다양성varieties of capitalism이 중요해진다.[215] 자본주의의 다양성은 영미를 표준으로, 한 가지

---

214 Block, 2011; Boyer, 2011, 64. 이 도표를 제시한 부와이에Robert Boyer는 시장경제와 자본주의를 대비하지만, 시장경제보다 넓은 의미의 시장사회와 자본주의를 비교하지는 않았다.
215 Storz et al., Zhang & Whitley, Aoki, Reslinger, Witt & Redding, 2013

종류의 시장주의에 유보를 표시하면서 시장에 근거한 다양한 모습의 경제를 제시한다.

시장에서는 가격, 수요공급, 선호 이외에 규칙, 법, 관습 등 각종 제도와, 정치적이거나 사회적인 힘, 연결망, 신뢰, 신분이나 품질, 정당성, 의미 등이 이에 대한 근거이다.[216] 또한 이런 것들이 수요공급이나 선호를 결정하는 근원적인 요인으로 작용할 수 있다. 그리고 시장의 종류에 따라 이런 근거들이 지니는 중요성이 달라질 수 있다. 무엇보다 시장은 홀로 존재하는 것이 아니라 정부에 의존하고 정부의 역할이 시장에 봉사하는 수준을 넘어서게 된다.

행위자로 개인뿐만 아니라 집단, 계층, 계급이 존재한다. 또한 사회관계나 친인척관계 등 네트워크와 사회구조가 존재한다. 집단 등과 사회적 구조는 출현적 속성을 지니고 있다. 무엇보다 노사관계, 정부의 역할, 기업과 정부의 관계, 기업들 사이의 관계, 소유권과 기업의 지배구조, 기업과 은행의 관계와 금융체계, 교육과 인적자본, 사회자본, 사회적 보호 등의 관계 및 제도가 중요하다.

이런 기준에 따라 시장주의와 신자유주의에 가까운 영국 및 미국의 자본주의와 독일 및 일본의 자본주의를 구분한다. 혹은 영미의 자유시장모형과 프랑스, 독일, 일본 등의 조정된 시장모형을 구분할 수 있다. 나아가 가족을 강조하는 이탈리아, 그리스, 스페인 등 남유럽의 자본주의나 관계와 인적인 요소를 특징으로 삼는 아시아의 자본주의도 명확히 할 수 있을 것이다. 끝으로 한국의 자본주의와 기업의 지배구조는 원래 독일이나 일본형에 가까웠으나, 1997년 이후 영미형이 강화되어 혼합형에 가까워지고 있다. 또한 인적인 관계와 가족주의적인 요소도 강하다.[217]

---

216 Beckert, 2011
217 홍 훈, 1997

5.7. 한국경제는 시장주의를 추구하는가?

대한민국은 민주주의와 자본주의 혹은 시장경제를 표방한다. 그런데 한국에서 민주주의와 시장경제는 나름대로 해석되고 변형되었다. 한국의 시장경제도 교과서적인 시장경제와 일치하지 않는다. 그렇다면 한국에서 지배적인 경제관념이 어떤 종류의 시장경제인지 혹은 시장주의인지를 확인할 필요가 있다.[218]

개괄하면 한국경제는 1960년대 이후로 자유방임적이라기보다 정부가 개입하거나 조정하는 시장경제였다. 물론 1997년의 외환위기, WTO 체제의 출범, 신자유주의 등으로 개입의 양상이 바뀌었지만, 여전히 영미식의 자본주의 혹은 시장경제는 아니다. 이런 이유로 한국경제를 설명하는 데 고전학파보다는 중상주의나 독일의 역사학파가 더 유효했다.

시장주의 중에서 한국경제에 가까운 것을 찾는다면 그것은 질서자유주의이다. 한국의 경제성장은 새로운 제도와 기술이 지속적으로 도입되는 과정이었고, 특히, 경제 질서를 정착시키기 위해 정부가 법규 등 제도를 도입하는 과정이었기 때문이다. 이에 비해 오스트리아학파나 시카고학파는 이에 부합되지 않는다. 또한 1970년대에 이르기까지 한국에서는 오스트리아학파가 강조하는 화폐 등 제도의 자생적인 성격을 확인하기가 쉽지 않다.[219] 정부의 재량적인 정책을 강조하는 케인스주의도, 정부가 주도적으로 법적이거나 제도적인 틀을 도입하는 것을 중시하지는 않는다.

---

[218] 물론 이에 대해 현재까지 체계적인 연구가 이루어지지 않아 많은 결과를 기대할 수는 없다.
[219] 조선시대에도 여러 지역에서 화폐에 준하는 재화나 물체가 있었다. 그렇지만 전국적 규모의 통용력을 지닌 화폐는 없었다. 국가가 여러 차례 전국 규모의 화폐 통용을 시도했으나 실패로 돌아갔고, 시민사회나 상업사회가 국가를 대신할 정도로 성숙했다고 보기도 어렵다. 이런 상황에서 한반도에서 화폐의 자생적인 성격을 주장하기는 힘들다.

또한 한국경제는 재벌을 육성해 왔고 동시에 그것이 가진 힘을 정부가 관리하려고 노력했다는 점에서, 다른 시장주의보다 질서자유주의와 부합된다. 재벌은 한국경제를 카르텔과 콘체른에 근거한 '조직화된 자본주의'와 비슷하게 만든다. 이에 대해 질서자유주의는 힘을 강조하면서 관리하려고 노력했다. 다만, 현재에 이르러 한국의 재벌은 더 이상 정부의 통제 하에 있지 않다.

물론 한국경제의 특징은 우리 주변에 있는 여러 체제 어느 하나에 정확히 부합되지 않는다.[220] 당연히 시장주의, 그리고 질서자유주의에서 벗어나는 점도 많다. 우선 독일의 법치국가와 1970년대의 독재정권을 동일시할 수 없다. 물론 1987년 민주화 이후 한국 정부는 법치국가에 비견할 만하다. 또한 질서자유주의는 소비자를 중심에 놓고 있는데, 한국의 경우 적어도 1970년대 수출주도 성장기에는 노동자와 함께 소비자의 이익에 대한 억압이 두드러진다. 현재도 소비자에 대한 존중에 있어서는 서구보다 뒤떨어진다.

특히, 독일의 사회적 시장경제의 일부인 산업별 노조와 공동의사결정 Mitbestimmung 제도는 한국경제에서 크게 벗어난다. 경제성장과 민주화에도 불구하고 한국의 노조는 기업별로 나뉘어 있다. 또한 기업의 지배구조에 있어서는 공동의사결정과 같은 진보적인 형태에 미치지 못할 뿐만 아니라 아직도 정체성을 찾지 못하고 있다.

따라서 한국경제를 파악하기 위해서는 질서자유주의의 전신인 독일 역사학파나 현대 자본주의 다양성의 틀도 고려할 필요가 있다.[221] 무엇보다

---

[220] 이런 체계들을 열거하면, 계획경제, 사회주의, 사회민주주의, 시장 사회주의, 프랑크푸르트학파, 종속이론, 국가독점자본주의, 민족경제, 자유방임주의, 시장근본주의, 신고전학파, 케인스주의, 신자유주의, 유목주의, 탈근대주의, 플랫폼 자본주의 등이다.

[221] 놀라운 것은 국가의 개입이 일상적이었던 60-70년에도, 그리고 그 이후 상당기간 동안, 국가의 개입을 내세운 중상주의, 역사학파, 질서자유주의 등에 대한 연구가 전혀

질서자유주의가 한국의 과거와 현재에 부합된다고 하더라도, 그것이 우리의 미래를 말해주는 것은 아니다. 이런 제한 속에서 질서자유주의를 고려한다면, 경제 관련 법규가 한국경제의 성격을 파악하는 통로가 될 수 있을 것이다.

통상 교실에서 가르치는 경제이론, 경제주체의 생각, 경제정책, 경제 관련 법규, 관습 그리고 제도를 통해 한국의 경제관념을 파악할 수 있을 것이다. 이 중에서 경제학 교실에서 가르치는 내용은 일반적이어서 한국의 경제 현실을 별로 반영하지 못한다. 또한 경제주체의 생각, 관습, 비공식적인 제도는 현실에 밀착되어 있지만 묵시적이어서, 그것을 드러내는 데 어려움이 많다.

관념이나 관습을 담고 있으면서도 명시적이고 어느 정도 규칙적인 것이 경제정책과 경제법규라고 생각된다. 이 중에서도 정책보다 법규가 절제된 언어로 불규칙성이 적으므로, 이를 통해 경제에 대한 관념을 검토하는 것이 현재의 단계에서는 타당해 보인다. 그리고 법경제학의 시조인 제도학파의 코먼스를 이에 대한 근거로 삼을 수 있다.

왜냐하면 이 모든 단어의 의미는 사람들과 재판관들의 관행, 관습, 그리고 습관적인 가정에서 나오기 때문이다. 그리고 이런 관행, 관습, 그리고 가정에 발생하는 변화는 단어가 지닌 의미의 변화와 함께 온다. 그렇다면 시민과 관리 사이에 분쟁이 발생하는 경우, 법원 자체가 조건과 가정의 변동에서 발생하는 새로운 분쟁에 적용할 수 있도록 선례, 법령, 그리고 헌법에서 발견되는 단어들의 의미를 변경시켜야 한다. 법원은 모든 시점에 타당한 학술적이거나 과학적인 정의를 만들려는 노력을 통해서가 아니라,

---

없었다는 것이다. 대신 한국경제의 현실과는 거리가 있는 케인스와 케인스주의의 거시경제정책을 논한 것이 한국의 학자들이 가진 관심의 전부였다.

언어 자체가 변하는 과정인 인간이 지닌 마음의 보편적인 과정으로 "배제와 포함exclusion and inclusion"의 실험적인 과정을 통해 이같이 한다.[222]

한국의 경제 관련 법규를 보면, 한국의 경제관념은 '국민경제'를 필두로, '질서', '균형발전', '경제민주화', '조화로운 성장' 등을 특징으로 삼는다.[223] 특히, '국민경제'와 (이보다 덜하지만) '질서'라는 말이 자주 등장한다. 이에 비해 시장경제나 균형이라는 단어는 찾아볼 수 없다. '균형'이라는 말이 나오더라도 '국토의 균형발전'처럼 '조화'를 의미해, 경제학의 균형과 다르다.

'국민경제'는 균형발전, 질서, 경제민주화, 조화로운 성장 등과 부합된다. 그리고 여기서 질서는 자생적인 질서라기보다 질서자유주의가 내세우는 조성되고 관리된 질서에 가깝다. 결과적으로 이런 개념들은 부분적으로 질서자유주의적인 요소들을 지니고 있지만, 다른 시장주의와는 거리를 두고 있다.[224]

단적인 근거로 한국의 공정거래위원회Korea Fair Trade Commission나 미국의 연방거래위원회Federal Trade Commission는 경쟁과 관련된 정부의 역할을 대변한다. 전자에서 국민경제가 등장한다. 또한 이것이 '공정'이나 '균형 있는

---

[222] For the meanings of all these terms arise out of the practices, customs, and habitual assumptions of the people and judges; and the changes that occur in these practices, customs, and assumptions bring with them changes in the meanings of the words. Then, when conflicts arise between citizens and officials, the court itself must change the meanings of the terms as found in precedents, statutes, and constitutions in order to arrive at their application to the new disputes arising out of the change in conditions and assumptions. The court does so, not by trying to formulate academic or scientific definitions that shall be good for all time, but by the experimental process of "exclusion and inclusion," which is the universal process of the human mind by which language itself changes(Commons, 1959, 691).
[223] 여기서 경제 관련 법규는 공정거래법, 최저임금법, 한국은행법, 은행법, 소비자보호법, 금융소비자보호법 등을 말한다.
[224] 헌법 제119조; 독점규제 및 공정거래에 관한 법률 제1조; 하도급거래 공정화에 관한 법률 제1조; 소비자 기본법 제1조; 고용정책 기본법 제1조.

발전'과 결합되고, 재벌의 존재로 인해 더 적극적인 개입을 시사하고 있다.

독점규제 및 공정거래에 관한 법률
제1조(목적) 이 법은 사업자의 시장지배적 지위의 남용과 과도한 경제력의 집중을 방지하고, 부당한 공동행위 및 불공정거래행위를 규제하여 **공정하고 자유로운 경쟁**을 촉진함으로써 창의적인 기업활동을 조장하고 **소비자를 보호함**과 아울러 **국민경제의 균형 있는 발전**을 도모함을 목적으로 한다. (강조는 저자 추가)

(1) 국민경제

대한민국 헌법에서부터 거의 모든 법규에 놀라울 정도로 일관되게 등장하고 있는 것이 '국민경제'이다.[225] 나아가 소비자행동과 관련된 법규에도 국민경제가 등장한다(소비자 기본법 제4조). 사람이 경제의 목적이자 수단이며, 경제의 주체이자 경제의 단위이다. 그런데 '국민경제'는 사람을 개인의 수준이나 세계의 수준에서 파악하지 않고 민족 혹은 국가라는 단위로 파악한다.

서양에서 발생한 시장주의에서 경제의 기본단위는 개인이며 세계를 지향하므로, 국가나 국민은 일차적으로 시장주의와 부합되지 않는다. 시장주의는 처음부터 개인주의와 세계주의를 표방해, 태생적으로 국가·국민·

---

[225] 서양에서 영미법은 관습법으로 경험주의에 따라 판례에 근거하고 프랑스에서 시작된 대륙법은 연역체계에 근거하고 있다. 한국(과 동아시아)의 법은 프랑스의 대륙법에서 약간 벗어나 있는 독일의 대륙법에 바탕을 두고 있었다(Glaeser & Shleifer, 2002). 그런데 20세기 중반 이후로 미국법이 들어와 현재 한국의 법체계는 양자의 혼합이다. 그렇더라도 경제와 관련된 이런 측면들은 일관되게 나타나고 있어 연역적인 성격이 두드러진다. 이에 비해 현대의 경제학자들은 관습법이 시장경제의 발전에 유리하다고 판단한다. 하이에크도 일찍부터 이같이 주장하면서 헌법이나 행정법의 기능을 폄하했다.

민족과 대립한다. 이에 따라 시장주의는 애덤 스미스로부터 하이에크와 프리드먼에 이르기까지 자유무역을 내세운다. 반면 국민경제 혹은 국가경제는 국가에 의한 보호무역정책 등 시장에 대한 여러 개입을 용인한다.

국민경제라는 용어는 과거 중상주의나 특히, 독일의 역사학파와 친화력을 지니는 반면, 고전학파나 신고전학파의 시장주의와는 차이를 보인다. 이 때문에 영국에서 경제학은 정치경제학이거나 경제학인 데 비해 독일 역사학파에서는 국민경제학Volkswirtschaftslehre이나 국가경제Nationalökonomie였다.

물론 현재의 WTO체제 하에서 과거와 같은 보호무역 정책이 가능하지는 않다. 그렇지만 국민경제는 한국경제의 역사와 부합되는 측면이 많다. 제3공화국에서 시작된 경제성장의 과정은 국가 주도의 경제개발이었다. 이 때문에 민족경제나 국가경제는 아니더라도 국민경제라는 말이 시장경제보다 한국인에게 더 친숙했다.

그리고 자본주의의 다양성이라는 관점에서 보면 한국경제는, 시장주의에 부합되는 영국이나 미국보다 독일이나 일본의 자본에 가까웠다. 물론 1997년의 외환위기 이후 한국경제와 기업의 지배구조는 영미자본주의에 가깝게 시장경제 위주로 재편되었다. 그렇더라도 한국경제와 기업은 여전히 교과서적인 시장과 조정된 시장의 혼합이라고 보아야 한다.[226]

국민경제라는 표현이 시장에 대한 국가의 관리를 나타내는 것이 아니라, 한국 국내법의 적용 범위를 나타낸 것이라고 해석할 수도 있다. 당연히 한국의 헌법은 넓게 보아도 한반도와 그 부속도서에만 적용되고, 경제 법규도 한국의 경제에 국한해 적용된다. 그렇지만 이런 자명한 것을 모든 법규에서 반복하고 있다고 보기는 어려울 것 같다.

---

226 Khana et al., 2012

국민경제는 국민을 강조한다. 국민은 백성, 민중, 시민, 그리고 경제인 즉, 로빈슨 크루소와 다르다. 국민과 시민의 차이는 자유에 대한 한국인의 관념과 주로 관련이 있는 것 같다. 독재에 대항하는 정치적인 자유는 보편적이어서 이에 대해 한국인과 서양인 사이에 관념의 차이가 없어 보인다. 그렇지만 경제와 문화에 있어서는 차이가 많다.

예를 들어, 프랑스에서는 다중이용시설 출입에 정부가 코비드 백신증명서를 의무화하려는 데 대해 2021년 7월 말부터 3주 이상 시위가 이어졌다. 이것은 자유la liberté, 평등l'égalité, 박애la fraternité 중 평등이나 박애가 아니라 자유와 관련된다. 미국에서는 코로나 예방접종에 대한 거부가 적지 않았다. 이것을 단순히 외부효과를 무시하는 이기적인 행동이나 계몽화되지 않은 이기심으로 해석하는 것은 설득력이 부족해 보인다. 이 역시 자유에 대한 관념의 차이라고 생각할 수 있다.

이에 비해 한국사회에서는 보수든 진보든 이런 저항이 크지 않았다. 코비드에 대한 정부 시책에 한국민은 수용적이어서 방역에 성공적이었다. 한국사회에서는 보수든 진보든, 백신 증명서에 대한 저항이 없었다. 한국사회에서는 학위증, 의사나 변호사 등 각종 자격증, 인허가증, 경력증명서 등 증명서가 중요하다는 점을 고려하면 이것이 이상하지 않다. 그리고 이것이 서양이 강조하는 시민과 한국의 법이 강조하는 국민의 차이일 수 있다. 국민은 법과 규칙의 중요성과 이에 대한 준수, 규격화, 정부의 유도, 교육의 중요성 등과 통한다.

(2) 질서

다음으로 특징적인 것은 민주주의뿐만 아니라 시장경제도 '질서'로 파악한다는 점이다. 헌법에서 경제 질서를 언급하고 있으며, 여러 법규에서도 질서라는 말은 수시로 등장한다.[227] 이것은 한국의 법규가 경제를 균형으로 파악하기보다 질서로 파악해, 시장주의 이론보다는 시장주의 사상에 부합됨을 의미한다. 이것을 국민경제와 결합시키면 시장주의 사상보다 독일의 역사학파나 질서자유주의에 가깝다.

'질서'는 오이켄의 질서자유주의나 하이에크의 자생적 질서를 번역한 것이라기보다, 한국의 역사와 사회를 반영된 용어이다. 질서는 순서나 차례를 강조하는데, 시장주의도 순서나 차례를 정한다. 소득, 가격, 매출 등에 따라 기업, 운동선수, 연예인의 순서를 매긴다. 그런데 시장주의가 이런 순서와 차례를 전적으로 시장에 맡기는 데 비해 한국의 질서주의는, 순서나 차례를 상당 부분 미리 정해 놓는다.

질서주의는 완전히 시장에 맡기는 경우 이런 순서나 차례를 정하는 데 불확실성과 무질서가 초래될 수 있다고 우려한다. 특히, 동아시아인은 서양인에 비해 규칙에 대한 준수와 불확실성에 대한 회피가 강한 것으로 나타난다.[228] 이 때문에 질서주의는 사전적으로 순서를 정하는 규칙·표준·기준·도량형·직책·위계·서열 등에 의존하게 된다. 이런 이유로 질서에는 권위가 수반될 가능성이 높다.

비약의 위험을 감수한다면, 질서는 한국의 교육열과 이에 근거한 능력주의와 연결된다. 질서秩序는 대학의 서열序列과 연결되어 있다. 자전에 따르면, '서(序)'뿐만 아니라 '질(秩)'도 볏단이 쌓여 가지런한 모습을 나타내어 차례라는 뜻을 지닌다. 더구나 '서'는 학교나 학당을 담고 있다. 입시경쟁도 점수를 먼저 정한 후 석차를 결정한다는 점에서 이와 비슷하다.

질서에 대한 강조는 여러 법규에 등장하는 '건전성'과 함께 가는 것 같다. 건전하지 않다는 것이 무질서로 이어지기 때문이다. 시장이나 경제활동의 건전함은 학술용어가 아니라 일상용어이다. 또한 자유보다 윤리, 권위, 교육을 시사한다. 그것은 공정이나 효율과는 다른 의미라고 보아야 한다.

---

227 헌법 전문, 헌법 제119조, 하도급거래 공정화에 관한 법률 제1조, 표시·광고의 공정화에 관한 법률 제1조 등.
228 Hofstede, 1984

이런 해석은 아래와 같은 1970년의 가격표와 무관하지 않은 것 같다. 물론 이런 상황이 현재 어디에 변형되어 남아 있는지는 보다 깊은 논의를 필요로 한다.

『동아일보』 1973년 9월 19일. 〈동아일보 아카이브〉

먼저 한국에는 시장이나 현장에서 가격 등으로의 수량화가 불완전한 경우가 많다는 점을 이해할 필요가 있다. 그런데 현재와 비교해 이 표에서 드러나는 특징은 제품製品에 대한 척도나 품질品質이나 등급等級에 대한 집착이다. 수량뿐만 아니라 제품의 품질(순도) 및 등급을 중시하면서 가격을 결정해 놓았다. 품질이나 등급은 상품이나 2등급 등으로 표현된다. 이에 따라 가격의 단위 및 수량뿐만 아니라 재화의 다양한 단위 및 등급이 중요하다. 이와 대비해 현재는 재화의 단위들이 대부분 무게로 통일되어 있고, 이런 단위보다 가격 자체에 대한 집착이 더 강하다.

이것은 고전학파의 용어로 교환가치와 구분되는 사용가치에 대한 집착을 보여 준다. 교환가치는 시장의 가격이고, 사용가치는 각 재화의 쓸모, 즉 그것의 기능을 나타낸다. 현재와 비교하면 이 시대에는 재화의 가격보다 재화의 쓸모에 대한 집착이 컸음을 의미한다. 아파트의 가격보다 주거라는 아파트의 기능이 부각되었다는 뜻이다.

원이나 달러로 표현되는 가격이 일차원의 획일적인 척도인 데 비해, 사용가치의 도량형은 여러 차원의 다양한 척도이다. 곡식은 3차원의 부피로, 판유리는 1차원의 두께로, 채소는 무게로, 와이셔츠는 개수로 측정한다. 이에 비해 가격은 농산물, 판유리, 와이셔츠를 모두 하나의 동질적 척도로 환산한다.

척도나 등급의 중요성은 주로 정부가 결정해서 시행하는 도량형과 표준의 중요성을 시사한다. 여기서 시장의 가격과 정부가 정하는 도량형의 차이를 명확히 할 필요가 있다. 가격이 시장에서 주관적인 평가 등 여러 요인이 개입되어 결정된다면, 도량형이나 등급은 미리 객관적으로 정해져 있어 규칙과 비슷하다. 등급이나 도량형보다 가격에 집착하는 것은, 품질이나 등급이 가격에 반영되어 사전적으로 규정할 필요가 없음을 뜻한다.

여러 사용가치에 대한 이질적인 척도들과 동질적인 가격의 관계는, 여러 분야나 과목의 다양한 능력들과 동질적인 점수나 고과의 관계와 비슷하다. 차이나 변동에 초점을 두면 양자의 거리는 좁혀진다. 경제이론처럼 화폐가격을 상대가격으로 만들고 두 재화를 비교하면 이같이 된다.

이 점에서 도량형과 등급은, 가격보다 수능시험이나 경연대회의 평가기준과 비슷하다. 이것은 재화나 사람을 사전적으로 평가하는 것과 같다. 나아가 이것은 학력이나 학벌이 현장에서 발휘되는 능력을 압도하는 한국의 현실과 비슷하다. 이는 시장에서 나타나는 결과의 유용성보다 정당성에 집착하는 것으로, 시장주의에서 벗어난다. 그렇지만 이것이 한국의 법규에 나와 있는 질서와도 통한다.

한국경제 발전에 대한 세계은행The World Bank이 *The East Asian Miracle* (1993)이 제시한 시장친화적인 견해 중 이와 부합되는 지적이 있다. 공무원들이 수출 실적에 따라 융자해줄 자금의 액수나 조건을 결정하는 심사위원의 역할을 수행했다는 것은, 그 기준이 미리 정해져 있다는 점에서 시장보다 입시나 기업의 인사고과에 가깝다. 그리고 이런 것들이 1970년대의 자료가 현재에 지닌 함의이다.

(3) 균형발전

균형발전도 법규에 반복되는 입장이다. 지역간 균형발전이 중심이지만, 산업이나 여타 대상도 포괄한다. 일견 '균형발전'이 경제이론의 균형과 비슷하게 보인다. 그렇지만 여기서 '균형'은 'balance'로 조화나 형평에 가깝고, 경제학에서 활용하는 물리적인 의미의 균형 equilibrium과 다르다.

구체적으로 '균형'발전은 시장에 맡겨두는 경우 균제를 이룰 수 없기 때문에, 법과 정책에 의존해 정부가 시장의 결과에 개입해 모종의 형평을 이룬다는 의미에 가깝다. 따라서 균형발전은 자생적이거나 자율적인 시장보다 관리받는 시장을 상정한다. 결국 균형발전의 '균형'은 시장에 의존한 균형이 아니라 오히려 반대에 가깝다.

같은 이유로 '균형발전'은 시장경제의 균형보다 '국민경제'나 '경제질서'에 부합된다. 이렇게 보면 법규의 균형은 법규에 흔히 등장하는 또 다른 용어로 '조화'와 통한다. 조화는 학술용어나 전문용어가 아니며, 민주주의나 시장주의 어느 것과도 정확히 부합되지 않는다. 그렇지만 경제사상에 등장하는 사익과 공익, 사익들 사이의 조화를 상정할 수 있다.

시장주의는 시장에서 자연스럽게 이런 조화가 달성된다고 본다. 이에 비해 법규에 조화를 내세우고 있다는 것은, 시장에 맡겨두는 경우 스스로 조화가 달성되지 않을 수 있다는 점을 시사한다. 이에 따라 한국의 법규에서 조화는, 자유가 가져오는 방만함이나 무질서, 시장의 경쟁에 수반된 불평등을 염두에 둔 것으로 볼 수 있다. 물론 조화는 원칙이 없는 타협이나 지배층의 시혜와 함께 갈 수도 있다.

(4) 경제민주화

경제민주화가 시장경제와 어떻게 결합될 수 있는지는 가장 고민해야 할 부분이다. 시장주의자는 이 개념을 거부할 가능성이 높다. 그 이유는 시장주의가 민주주의가 말하는 민주화를 당연시하지 않기 때문이다. 단순히 말해 민주주의는 일인일표인데 비해 시장주의는 일불일표이기 때문이다.

구체적으로 민주주의가 기회 균등뿐만 아니라 결과의 형평을 지향한다면, 시장주의는 기회 균등과 결과의 차등을 동시에 내세우기 때문이다.[229] 민주주의와 시장주의는 능력주의를 공통분모로 한다고 말할 수 있다. 그런데 시장주의는 민주주의와 달리 이에 더해 시장에서의 경쟁과 불확실성에서 발생하는 차등을 허용하고 수용하고 심지어 조장한다.

이 때문에 경제민주화는 시장경제는 아닐지라도 최소한 시장주의와는 부합되지 않는다. 그리고 경제민주화는 내부에 해결해야 할 갈등을 내포하고 있다. 모든 국내법이 국가라는 적용 범위를 벗어날 수 없다는 점을 감안해 '국민경제'가 시장주의와 충돌할 가능성은 축소시킬 수 있다. 이에 비해 '경제민주화'는 이런 적용 범위의 문제가 아니다.

(5) 발전과 공정성

법규는 발전이나 성장을 강조해 이것을 주요 경제문제로 간주하고 있다. 반면 자원의 배분이나 재화 및 서비스의 종류나 수량은 경제문제로 부각되지 않는다. 이것은 경제이론이 적정한 자원 배분과 적절한 종류와 수량의 재화 및 서비스 공급을 강조하는 것과 대비된다. 법규는 시장의 효율성이나 경제주체의 합리성도 별로 강조하지 않는다.

나아가 법규는 시장의 공정성이나 안정, 자유, 정의를 내세우면서 시장

---

[229] 이에 대한 상세한 논의는 홍 훈(1994) 참조.

의 효율성을 자주 언급하지 않는다(헌법 제119조; 금융회사의 지배구조에 관한 법률 제1조). 경제주체의 합리성도 이론만큼 강조하지 않는다. 경제주체가 추구하는 것도 자신의 이익으로 명시하기보다 '권익'으로 표현한다. 이 역시 권리를 비용이나 편익으로 해소하는 경제이론과는 거리를 두고 있다.

(6) 경제주체의 육성과 교육

경제주체의 합리성은 주어져 있다기보다 교육 등을 통해 육성되어야 한다고 전제하고 있다. 이 점은 [경제교육지원법]에서 두드러진다. 여기에는 교육을 중시하는 한국사회의 성격이 깔려 있다. 그런데 특별히 경제에 대한 교육을 지원하는 근거는 정치나 문화에서보다 시장에서 사람들에게 더 많은 합리성, 그리고 특히 더 많은 도덕성이 요구된다고 판단하기 때문일 수 있다.

소비자는 권리를 가질 뿐만 아니라 교육의 의무를 짊어지며, 어느 정도 보호받아야 할 존재이다(헌법 112조 ②항; 소비자기본법 제4조 제5조). 이것은 소비자의 기호나 선호, 그리고 이에 근거한 수요를 당연시하지 않음을 뜻한다. 민주주의의 근거인 시민주권에 대한 믿음보다. 시장경제의 근거인 소비자주권에 대한 믿음이 취약하다고 해석할 수 있다.

동시에 이것은 정부가 교육을 자신의 기능으로 자임한다는 것을 의미한다. 이런 경향은 후발 자본주의 국가인 독일이나 일본에서도 반복되었던 바이다. 특히, 독일의 역사학파와 질서자유주의는 경제주체에 대한 교육을 일관되게 강조해 왔다. 이 점에서 질서자유주의는, 프리드먼의 시장주의 이론뿐만 아니라 하이에크의 시장주의 사상과도 대비된다.

노동은 경제주체의 권리이자 의무로 되어 있다(헌법 제32조). 노동을 강조하므로 이것은 케인스에 부합되면서 기본소득과는 거리가 있다. 무엇보다 노동의 의무와 소비자로서 교육받을 의무는, 경제주체가 단순히 기호나 선호를 가진 존재가 아니라 시민의 성격을 함께 가지고 있다는 의미가 된다. 주거나 환경에 대한 권리도 시민의 성격을 강화시킨다.

　민주주의와 시장경제 양자와 관련되는 교육도 권리이자 의무이다. 교육에 관해 특징적인 것은, 균등과 함께 능력을 강조한다는 점이다(헌법 제31조). 헌법의 다른 부분에서는 기회균등 등 균등이 압도한다. 이에 비해 교육에서는 일견 모순적이지만, 균등에 앞서 능력에 의한 차등을 명기했다. 이것은 한반도에서 교육이 이미 균등화의 장치라기보다 차등화의 장치 혹은 사회적 분류의 장치임을 보여준다. 혹은 교육과 관련해 능력주의를 선언한 것이다.

　여가교육이 가장 독특하다. 국민여가활성화기본법(약칭 : 여가활성화법)에 의하면, 여가도 의도적으로 활성화시키고, 여가활동을 제대로 하도록 교육도 필요하다. 노동이나 공부뿐만 아니라 여가에도 교육에 필요하다는 것이 특별하다. 한국인은 잘 쉬거나 놀 줄 모른다는 이야기이다. 이것은 교육열에 있어서 독일의 강아지 학교Hundschule나 나무 학교Baumschule보다 더 나아간 것이다.

　이로부터 교과서적이고 규격화된 삶을 도출할 수도 있다. 분명히 한국인 중에 자유분방한 사람은 많지 않다. 문제는 이것이 경제이론과도 부합되지 않는다는 점이다. 경제학은 노동과 여가가 상충되며 노동에 인적자본이 요구된다는 것을 지적하지만, 여가를 즐기는 데 능력이나 교육이 필요하다고 생각하지는 않는다. 시장주의가 여가와 관련된 교육을 말한다고 하더라도 그것은 연습에 근거하고 학생을 대상으로 하는 학교나 학원의 교육이 아니다. 오히려 그것은 실습에 근거하고 경제행위자를 대상으로 하는 시장의 교육이 될 것이다.

참고문헌

김주희 (2016) 여성 몸-증권화를 통한 한국 성산업의 정치경제학적 전환에 대한 연구, 『경제와 사회』, 111, 142-173쪽

마추카토, 마리아나 (1992) 『가치의 모든 것』, 안진환 역, 민음사

이규상 (2022) 로빈스, 신자유주의 질서를 구현하는 연방제 유토피아를 그리다, 『경제학연구』, 70:2, 133-179

잉햄 (2022) 『머니: 이데올로기·역사·정치』, 방현철 변제호 번역 파주: 이콘

홍훈 (1994) 경제민주화의 사상적 배경, 『연세경영연구』, 31권 별책, 13-77

홍훈 (1997) 『한국 자본주의의 실체』, 대한상공회의소

홍훈 (2000) 『마르크스와 오스트리아학파의 경제사상』 대우학술총서, 아카넷

홍훈 (2004) 세계화에 대한 이해, 1징 『세계회와 남북한 사회경제 구조변화』 서울: 연세대학교 통일연구원, 17-45

홍훈 (2008) 교육은 상품이 될 수 있는가?, 『동향과 전망』, 74, 189-228

홍훈 (2014) 피케티의 소득분배가설에 대한 이론적인 조망, 『사회경제평론』. 45, 133-159

홍훈 (2017) 『행동경제학 강의』, 서해문집

홍훈 (2021) 서평: 『꽃가루받이 경제학』, 『녹색평론』

Abolafia, M. Y. (1998) Markets as cultures: an ethnographic approach' in *The laws of the markets*. Michel Callon (ed.), 69-85. Oxford: Blackwell.

Abolafia, M. Y. (2010) Narrative Construction as Sensemaking: How a Central Bank Thinks, *Organization Studies*, 31:3, 349-367

Acemoglu, D., S. Johnson, and J. A. Robinson (2001) The colonial origins of comparative development: An empircal investigation *American Economic Review*, 91:5, 1369-1401

Adkins, L., Cooper, M., Konings, M. (2021a) Class in the 21st century: Asset inflation and the new logic of inequality. *Environment and Planning A: Economy and Space*, 53:3, 548-572

Adkins, L., Cooper, M., Konings, M. (2021b) The asset economy: conceptualizing new logics of inequality. *Distinktion: Journal of Social Theory*, 23:1, 15-32

Aglietta, MIchel & André Orléan (1982) *La Violence de la Monnaie, Economie en Liberté* Presses Universitaires de France

Akerlof, G. (2002) Behavioral macroeconomics and macroeconomic behavior, *American Economic Review*, 92:3, 411-433

Akerlof, G. (2007) The missing motivation in macroeconomics, *American Economic Review*, 97:1, 3-36

Akerlof, G. & R. Shiller (2009) *Animal Spirits*, Princeton University Press

Akerlof, G. and D. J. Snower (2016) Bread and bullets, *Journal of Economic Behavior and Organization*, 126, 58-71

Allan, Bentley B. (2019) Paradigm and nexus: neoclassical economics and the growth imperative in the World Bank, 1948-2000, *Review of International Political Economy*, 26:1, 183-206

Amable, B. (2011) Morals and politics in the ideology of neo-liberalism, *Socio-Economic Review*, 9, 3-30

Anand, P. (1987) Are the Preference Axioms Really Rational? *Economic Theory and Decision*, 23, 189-214

Aoki, M. (2013) Historical sources of institutional trajectories ineconomic development: China, Japan and Korea compared, *Socio-Economic Review*, 11:2, 217-232

Ariely, D., G. Loewenstein, & D. Prelec (2003) Coherent arbitrariness: Stable demand curves without stable preferences, *Quarterly Journal of Economics*, 118, 233-263

Ariely, D. & M. I. Norton (2009) Conceptual Consumption. *Annual Reivew of Psychology*, 60, 475-99

Arneson, R. (2018) Four Conceptions of Equal Opportunity, *Economic Journal*, 128, F152-F173

Arnsperger, C. & Y. Varoufakis (2006) What Is Neoclassical Economics? The three axioms responsible for its theoretical oeuvre, practical irrelevance and, thus, discursive power, *PANOECONOMICUS*, 1, str. 5-18 UDC 330.1

Arrow, K. J. (1994) Methodological Individualism and Social Knowledge, *American Economic Review*, 84:2, *Papers and Proceedings of the Hundred and Sixth Annual Meeting of the American Economic Association*, 1-9

Askari, H. and N. Krichene (2016) 100% Reserve Banking and the Path to a Single-Country Gold Standard, *Quarterly Journal of Austrian Economics*, 19:1, 29-64

Baird, C. W. (1989) James Buchanan and the Austrians: The Common Ground, *Cato Journal*, 9:1, 201-230

Baker, P. (2018) How much is an hour worth? The war over the minimum wage, *The Guardian*, April 13th

Baker, Tom (1996) On the Genealogy of Moral Hazard. *Texas Law Review*, 75:2, 237-292.

Baumol, William, J. (1990) Entreprenurship: Productive, Unproductive, and Destructive, *Journal of Political Economy*, 98:5, pp. 893-921

Becker, G. (1962) Irrational Behavior and Economic Theory, *Journal of Political Economy*, 70:1, 1-13

Beckert, J. (2010) How Do Fields Change? The Interrelations of Institutions, Networks, and Cognition in the Dynamics of Market, *Organization Studies*, 31:5, 605-627

Beckert, J. (2011a) The Transcending Power of Goods: Imaginative Value in the Economy, *The Worth of Goods: Valuation and Pricing in the Economy*, J. Beckert & P. Aspers, Oxford Scholarship Online

Beckert, J. (2011b) Where do prices come from? Sociological approaches to price formation, *Socio-Economic Review*, 9:4, 757-786

Beckert, J. (2013) Imagined futures: fictional expectations in the economy, *Theory and Society*, 42, 219-240.

Bertrand, Marianne & Sendhil Mullainathan (2001) Are CEOs Rewarded for Luck? The Ones Without Principals Are, *Quarterly Journal of Economics*, 116:3, 901-932

Beunza, D. & D. Stark (2004) Tools of the trade: The sociotechnology of arbitrage in a Wall Street trading room. *Industrial and Corporate Change*, 13:2, 369-400

Block, F. (2011) Crisis and crisis: the outlines of a twenty-first century new deal, *Socio-Economic Review*, 9, 31-57

Böhm, F. (1950) *Wirtschaftsordnung und Staatsverfassung*, Verlag J. C. B. Mohr (Paul Siebeck) Tübingen

Bowles, S., A. Kirman & R. Sethi (2017) Hayek and the Market Algorithm, *Journal of Economic Perspectives*, 31:3, 215-230

Bowles, S. & W. Carlin (2020) Shrinking Capitalism, *American Economic Review, Papers and Proceedings*, 110, 372-377

Bowles, S. & W. Carlin (2021) Shrinking Capitalism: Components of New Political Economy Paradigm, *Oxford Review of Economic Policy*, 37:4, 794-810

Boyer, R. (2011) Are there laws of motion of capitalism, *Socio-Economic Review*, 9, 59-81

Brennan, G. & J. M. Buchanan (1984) Voter Choice: Evaluating Political Alternatives, *American Behavioral Scientist*, 28:2, 185-201

Brunnermeier, M. K., J. Harold and J.-P. Landau (2016) *The Euro and the Battle of Ideas*, Princeton University Press

Buchanan, J. M. (1954a) Social Choice, Democracy, and Free Markets, *Journal of Political Economy*, 62:2, 114-123

Buchanan, J. M. (1954b) Individual Choice in Voting and the Market, *Journal of Political Economy*, 62:4, 334-343

Buchanan, J. M. (1964) What should Economists do? *Southern Economic Journal*, 30:3, 213-222

Buchanan, J. M. (1987) The Constitution of Economic Policy, *American Economic Review*, 77:3, 243-250

Buchanan, J. M. (1976) General Implications of Subjectivism in Economics. Reprinted in Buchanan (1979a, 81-91).

Buchanan, J. M. (1977) Notes on the History and Direction of Public Choice, Reprinted in Buchanan (1979a, 175-82).

Buchanan, J. M. (1978) Public Choice and Ideology. Reprinted in Buchanan (1979a, 271-76).

Buchanan, J. M. (1979) *What Should Economists Do*? Indianapolis: LibertyPress

Cahill, D. (2018) Polanyi, Hayek and embedded neoliberalism, *Globalizations*, 15:7, 977-994

Cahill, D. (2019) Market analysis beyond market fetishism, *Environment and Planning A: Economy and Space*, 52:1, 27-45

Cahill. D, and E. Humphrys (2019) Rethinking the 'neoliberal thought collective' thesis, *Globalizations*, 15:7, 977-994

Callon, M., C. Méadel & V. Rabeharisoa (2002) The economy of qualities, *Economy and Society*, 31:2, 194-217

Callon, M. & J. Law (2005) On qualculation, agency and otherness. *Environment and Planning D: Society and Space*, 23. 717-733

Callon, M. & F. Muniesa (2005) Economic Markets as Calculative Collective Devices, *Organization Studies,* 26:8, 1229-1250

Carney, M. (2021) *Value(s): Building a Better World for All*, Penguin Random House Canada

Carvalho, V. (2014) From Micro to Macro via Production Networks, *Journal of Economic Perspectives*, 28:4, 23-48

Chen, T., J. K. Kung and C, Ma (2020) Long Live KEJU, The Persistent Effects of China's Civil Examination System, *Economic Journal*, 130, 2030-2064

Cobham, D. (2012) The past, present, and future of central banking, *Oxford Review of Economic Policy*, 28:4, 729-749

Commons, John R. (1959) *Institutional Economics*, Madison: University of Wisconsin Press

Cox, H. (2016) How the Market became divine, *Dialog: A Journal of Theology*, 55:1, 18-24

Dale, G. (2018) Our World was made by nature: constructions of spontaneous order, *Globalizations*, 15:7, 924-940

Deutschmann, C. (2015) Disembedded markets as a mirror of society: Blind spots of social theory, *European Journal of Social Theory*, 18:4, 368-389

De Langhe, B, & P. Fernbach (2019) The Dangers of Categorical Thinking, *Harvard Business Review*, 97:5, 81-91

Desmarais-Tremblay, M. (2020) W. H. Hutt and the conceptualization of consumers' sovereignty, *Oxford Economic Papers*, 72:4, 1050-1071

Duflo. E. (2017) The Economist as Plumber, Richard T. Ely Lecture, *American Economic Review, Papers & Proceedings*, 107:5, 1-26

Dyson, B., G. Hodgson and F. van Lerven (2016) A response to critiques of 'full reserve banking', *Cambridge Journal of Economics*, 40, 1351-1361

Ekelund, R. B. & R. F. Hébert (2002) Retrospectives: The Origins of Neoclassical Microeconomics, *Journal of Economic Perspectives*, 16:3, 197-215

Espeland, W. N. & M. l. Stevens (2008) A Sociology of Quantification, *European Journal of Sociology*, 49:3, 401-436

Eucken, Walter (1959) *Grundsätze der Wirtschaftspolitik*, Tübingen: J. C. B. Mohr (Paul Siebeck)

Fama, E. F. (1984) Forward and Spot Exchange Rates, *Journal of Monetary Economics*, 14, 319-338

Fisher, K. (2009) The Influence of Neoliberals in Chile before, during, and after Pinochet, Chapter 9, *The Road from Mont Pélérin*, ed. P. Mirowski & D. Plehwe

Fligstein, N, (2001) Social skill and the theory of fields, *Sociological Theory*, 19, 105-125

Fontana. G. and M. Sawyer (2016) Full Reserve Banking: More 'Cranks' than 'Brave Heretics', *Cambridge Journal of Economics*, 40:5, 1333-1350

Fontana. G. and M. Sawyer (2017) A rejoinder to "A response to critiques of 'full reserve banking', *Cambridge Journal of Economics*, 41:6, 1741-1748

Forder, J. (2003) 'Independence' and the founding of the Federal Reserve. *Scottish Journal of Political Economy*. 50:3, 297-310

Forder, J. (2005) Why Is Central Bank Independence So Widely Approved?, *Journal of Economic Issues*, 39:4, 843-865

Foucault, M. (2004) *Naissance de la biopolitique: Cours de Collège de France, 1978-79*, Gallimard: Seuil

Foucault, M. (1978/79) *The Birth of Biopolitics*, Lectures at the Collège de France, 1978-79, ed. M. Senellart, trans. G. Burchell, Palgrave: MacMillan

Fourcade, M. (2006) The Construction of a Global Profession: The Transnationalization of Economics. *American Journal of Sociology*, 112:1, 145-194

Fourcade, M. (2007) Theories of markets and theories of society. *American Behavioral Scientist*, 50:8, 1015-1034

Fourcade, M. (2011) Cents and Sensibility: Economic Valuation and the Nature of "Nature". *American Journal of Sociology*, 116:6, 1271-77

Fourcade, M., E. Ollion and Y. Algan (2015) The Superiority of Economists. *Journal of Economic Perspectives*, 29:1, 89-114

Fourcade, M. (2016) Ordinalization. *Sociological Theory*, 34:3, 175-195

Friedman, M. (1962) *Capitalism and Freedom*, Chicago: University of Chicago Press

Friedman, M. (1968) The Role of Monetary Policy, *American Economic Review*, 58:1, 1-17

Friedman, M. (1977) Nobel Lecture: Inflation and Unemployment, *Journal of*

Political Economy, 85:3, 451-472

Galor, O. and Ö. Özak (2016) The Agricultural Origins of Time Preference, *American Economic Review*, 106:10, 3064-3103

Gintis, H. (1972) Consumer Behavior and the Concept of Sovereignty, *American Ecomomic Review*, 62:2, 267-78

Giocoli, N. (2013) From Wald to Savage: *Homo Economicus* Becomes s Bayesian Statistician, *Journal of the History of the Behavioral Sciences*, 49:1, 63-95

Glaeser, E. and A. Shleifer (2002) Legal Origins, *Quarterly Journal of Economics*, 117:4, 1193-1229

Gode, D. K. & S. Sunder (1993) Allocative Efficiency of Markets with Zero-Intelligence Traders: Market as a Partial Substitute for Individual Rationality, *Journal of Political Economy*, 101:1, 119-137

Goodhart, C. (2001) What Weight Should be Given to Asset Prices in the Measurement of Inflation?, *Economic Journal*, 111:472, F335-F356

Graeber, D. (2001) *Towards an Anthropological Theory of Value; The False Coin of Our Own Dreams,* New York: Palgrave 『가치이론에 대한 인류학적인 접근』 (2009) 서정은 옮김 그린비출판사

Grantham, J. (2020) Why Grantham Says the Next Crash Will Rival 1929, 2000, Front Row, Bloomberg

Greenwood, D. (2006) Commensurability and beyond: from Mises and Neurath to the future of the socialist calculation debate, *Economy and Society*, 35:1, 65-90

Hands, D. Wade (2010) Economics, psychology, and the history of consumer choice theory, *Cambridge Journal of Economics*, 34, 633-646

Hands, D. Wade (2013) Foundations of Contemporary Revealed Preference Theory, *Erkenntnis*, 78, 1081-1108

Hands, D. Wade (2017a) Conundrums of the representative agent, *Cambridge Journal of Economics*, 41, 1685-1704

Hands, D. Wade (2017b) The road to rationalization: A history about "Where the empirical lives (or has lived)" in consumer choice theory, *European Journal of the History of Economic Thought*, 24:3, 555-588

Hansen, K. J. M. (2021) Are Free Market Fiduciary Media Possible on the Nature of Money, Banking, and Money Production in the Free Market Order. *Quarterly Journal of Austrian Economics*, 24:2, 286-316

Hanson, S. G., A. K. Kashyap and J. C. Stein (2011) A Macroprudential Approach to Financial Regulation, *Journal of Economic Perspectives*, 25:1, 3-28

Hayek, F. A. (1979) *Law, Legislation and Liberty*, Vol. I, Chicago: The University of Chicago Press

Helleiner, E. (2019) The life and times of embedded liberalism: legacies and innovations since Bretton Woods, *Review of International Political Economy*, 26:6, 1112-1135

Hien, J. & C. Joerges (2018) Dead man walking: Current European interest in the ordoliberal tradition, *EUI Working Papers*, 2018/3, Department of Law, European University Institute,

Hirschman Albert O. (1997) *The Passions and the Interests: political arguments for capitalism before its triumph*, Princeton, NJ : Princeton University Press

Hodgson, G. M. (1998) The Approach of Institutional Economics, *Journal of Economic Literature*, 36, 166-192

Hodgson, G. M. and T. Knudsen (2004) The firm as an interactor: firms as vehicles for habits and routines, *Journal of Evolutionary Economics*, 14, 281-307

Hodgson, G. M. and T. Knudsen (2007) Information, complexity anf generative replication, *Journal of Evolutionary Economics*, 23, 47-65

Hodgson, G. M. (2008) An institutional and evolutionary perspective on health economics, *Cambridge Journal of Economics*, 32, 235-256

Hodgson, G. M. (2014) What is capital? Economists and sociologists have changed its meaning: should it be changed back?, *Cambridge Journal of Economics*, 38, 1063-1086

Hofstede, Geert (1984) *Culture's Consequences: International Differences in Work-Related Values*, Beverly Hills, CA: SAGE Publications

Hong, H. (2000) Marx and Menger on value: as many similarities as differences, *Cambridge Journal of Economics*, 2000, 24, 87-105,

Hong, H. (2006) Rethinking the notion of the Natural in Classical Political Economy, *Korean Economic Review*, 22:2, 367-408

Hook, A. (2022) Examining modern money creation: An institutioncentered explanation and visualization of the "credit theory" of money and some reflections on its significance, *Journal of Economic Education*, 53:3, 210-231

Van Horn, R. & P. Mirowski (2009) The Rise of the Chicago School of Economics and the Birth of Neoliberalism, Chapter 4, *The Road from Mont Pélérin*, ed. P. Mirowski & D. Plehwe

Hülsmann, J. G. (2003) Has Fractional-Reserve Banking Really Passed the Market Test?, *Independant Review*, 7:3, 399-412

Ingham, G. (2004) *The Nature of Money*, Cambridge, UK: Polity

Jovanovic, F. & P. Le Gall (2001) Does God practice a random walk? The 'financial physics' of a nineteenth-century forerunner, Jules Regnault, *European Journal of the History of Economic Thought*, 8:3, 332-362

Kahneman, Daniel (2003) Maps of Bounded Rationality: Psychology for Behavioral Economics, *American Economic Review*, 93:5, 1449-1775

Khana, T., J. Song & K. Lee (2012) The Paradox of Samsung's Rise, *Harvard Business Review*, July-August, 142-147

Kirman, A. (1992) Whom or What Does the Representative Individual Represent?, *Journal of Economic Perspectives*, 6:2, 117-136

Kirman, A. (2006) Heterogeneity in economics, *Journal of Economic Interaction and Coordination*. 1, 89-117

Kirman, A. (2016) Ants and Nonoptimal Self-Organization: Lessons for Macroeconomics, *Macroeconomic Dynamics*, 20, 601-621

Kitayama, S. and A. K. Uskul (2011) Culture, Mind and the Brain: Current Evidence and Future Directions, *Annual Review of Psychology*, 62, 419-49

Knight, F. (1922) Ethics and the Economic Interpretation, *Quarterly Journal of Economics,* 36:3, 454-481

Knight, F. (1923) The Ethics of Competition, *Quarterly Journal of Economics*, 37:4, 579-624

Koddenbrock, K. (2019) Money and moneyness: thoughts on the nature and distributional power of the 'backbone' of capitalist political economy, *Journal of Cultural Economy,* 12:2, 101-118

Konings, M. (2009) Rethinling Neoliberalism and the Subprime Crisis: Beyond the Re-regulation Agenda, *Competition and Change*, 13:2, 108-127

Krippner, G. R. (2007) The Making of US Monetary Policy, Central Bank Transparency and the Neoliberal Dilemma, *Theory and Society*, 36:6, 477-513

Lave, J., M. Murtaugh & O. de la Rocha (1984) The dialectic of arithmetic in grocery shopping, in *Everyday Cognition: Its Development in Social Context*. B. Rogoff and J. Lave (eds), 67-94. Cambridge, MA: Harvard University Press.

Lawson. T. (2013) What is this 'school' called neoclassical economics, *Cambridge Journal of Economics*, 37:5, 947-983

Lazear, E. P. (2000) Economic Imperialism, *Quarterly Journal of Economics*, 115:1, 99-146

Lazonick, W. & M. O'Sullivan (2000) Maximizing shareholder value: a new ideology for corporate governance, *Economy and Society*, 29:1, 13-35

Lenfant, J. S. (2006) Complementarity and Demand Theory: From the 1920s to the 1940s, *History of Political Economy,* 38 (annual supplement), 48-85

Lucas, R. E. (1988) Adaptive Behavior and Economic Theory, *Journal of Business*, 59, S401-S426

Lysandrou, P. (2005) Globalization as commodification, *Cambridge Journal of*

Economics, 29, 769-797

Lysandrou, P. (2011) Global Inequality, Wealth Concentration and the Subprime Crisis: A Marxian Commodity Theory Analysis, *Development and Change*, 29, 183-208

MacKenzie, D. & Millo, Y. (2003) Constructing a market, performing theory: The historical sociology of a financial derivatives exchange. *American Journal of Sociology*, 109:1, 107-145

Makowski, L. and J. M. Ostroy (2001) Perfect Competition and the Creativity of the Market. *Journal of Economic Literature*, 39:2, 479-535

Malkiel, B. G. (1990) *A Random Walk down Wall Street*, New York: Norton

Mantel (1974) On the Characterization of Aggregate Excess Demand, *Journal of Economic Theory*, 7, 348-353

Marshall, A. (1890) *Principles of Economics*, 8th edition, Online Library of Liberty

Mas-Collel, A., M. D. Whinston and J. R. Green (1995) *Microeconomic Theory*, Oxford University Press

Mazzucato, Mariana (1992) *The Value of Everything*, Allen Lane

McCloskey, D. N. (2010) Why Neo-Institutionalism can't explain the Modern World, A Pamphlet, 33-37, *Bourgeois Dignity: Why Economnics can't explain the Modern World*, The Chicago University Press

McCloskey, D. N. & S. T. Ziliak (1996) The Standard Error of Regressions, *Journal of Economic Literature*, 34, 97-114

Mehrling, P. G. (2010) Introduction to The Money View Blog, https://www.youtube.com/watch?v=nmu6MCF7nKs

Mehrling, P. G. (2020) M & B Lectures, https://sites.bu.edu/perry/mb-lectures/

Mennicken, A. and W. Espeland (2019) What's New with Numbers? Sociological Approaches to the Study of Quantification, *Annual Review of Sociology*, 45, 223-45

Metcalfe, S. (2014) Capitalism and evolution, *Journal of Evolutionary Economics*, 24, 11-34

Miller, P. (2001) Governing by Numbers: Why Calculative Practices Matter, *Social Research*, 68:2, 379-396

Mokyr, J. (2007) Knowledge, enlightenment, and the industrial revolution: Reflections on *The Gifts of Athena, History of Science*, xiv, 185-196

Müller-Armack, A, (1948) *Wirschaftslenkung und Marktwirschaft*, Verlag für Wirtschaft und Sozialpolitik, Hamburg

Müller-Armack, A, (1976) *Wirschaftsordnung und Wirtschaftspolitik*, Verlag Pauk Haupt Bern und Stuttgart

Müller-Armack, Alfred (1978) The Social Market Economy as an Economic and Social Order, *Review of Social Economy*, 36:3, 325-331

Narens, L. and B. Skyrms (2020) *The pursuit of happiness: philosophical and psychological foundations of utility*, Oxford: Oxford University Press,

Nelson, R. (2001) *Economics as Religion: from Samuleson to Chicago and beyond*, Pensylvania State University Press

Nunn, N. (2021) History as Evolution, Chapter 3, *The Handbook of Historical Economics*, ed. A. Bisin & F. Giovanni London: Academic Press

Obstfeld, M., J. D. Ostry and M. S. Qureshi (2019) A Tie that Binds: Revisiting the Trilemma in Emerging Market Economies, *Review of Economics and Statistics*, 101:2, 1-15

Orchard, L. and H. Stretton (1997) Public Choice, *Cambridge Journal of Economics*, 21, 409-430

Osiński, J., K. Seal and L. Hoogduin (2013) *Macroprudential and Microprudential Policies: Toward Cohabitation*, IMF Staff Discussion Note

Palermo. G. (2007) The ontology of power in capitalism: mainstream economics and Marx, *Cambridge Journal of Economics*, 31:4, 1559-1585

Palermo. G. (2016) Power, competition and the free trader vulgaris, *Cambridge Journal of Economics*, 40:1, 259-281

Palermo. G. (2017) Competition: a Marxist view, *Cambridge Journal of Economics*, 41:6, 1559-1585

Persky, J. (1993) Retrospectives: Consumer Sovereignty, *Journal of Economic Perspectives*, 7:1, 183-191

Piketty, Thomas (2014) *Capital in the Twenty-First Century*, Belknap Press of Harvard University Press

Polanyi, Karl (1977[2017]) *The Livelihood of Men*, Academic Press 『인간의 살림 살이』, 이병천/나익주 역 후마니타스

Preda, A. (2004) Information prices, rational investors: The emergence of random walk hypothesis and the nineteenth century "science of financial movements", *History of Poltical Economy*, 36:2, 351-386

Pryke, M. & J. Allen (2000) Monetized time-space: derivatives-money's new imaginary? *Economy and Society*, 29:2, 264-284

Ptak, R. (2009) Neoliberalism in Germany: Revisiting the Ordoliberal Foundations of the Social Market Economy, Chapter 3, *The Road from Mont Pélérin*, ed. P. Mirowski & D. Plehwe

Rawls, J. (1980) Kantian Constructivism in Moral Theory, *Journal of Philosophy*, 77:9, 515-575

Reinhart, C. M. & K. S. Rogoff (2004) The Modern History of Exchange Rate Arrangements: a Reinterpetation, *Quarterly Journal of Economics*, 119:1, 1-48

Reslinger, C. (2013) Is there an Asian model of technological emergence?, *Socio-Economic Review*, 11:2, 371-408

Rijinger, G. (2023) Conceptual limits of performativity: assessing the feasibility of market design blueprints, *Socio-Economic Review*, 21:2, 885-908

Rodrigues, J, (2013) The Political and Moral Economies of Neoliberalism: Hayek and Mises, *Cambridge Journal of Economics*, 37, 1001-1017

Rodrigues, J, (2018) Neoliberalism as a real utopia? Karl Polanyi and the theoretical practice of F. A. Hayek, *Globalizations*, 15:7, 1020-1032

Rodrik, D. (2007) *One economics, many recipes: globalization, institutions, and economic growth*, Princeton: Princeton University Press

Roemer, J. E. & A. Trannoy (2016) Equality of Opportunity: Theory and Measurement, *Journal of Economic Literature*, 54:4, 1288-1332,

Röpke, Wilhelm (1935) Fascist Economics, *Economics*, 2, 85-100

Röpke, Wilhelm (1961[1937]) *Die Lehre von der Wirtschaft*, Erlenbach-Zürich: Stuttgar E. Rentsch

Ruggie, J. G. (1982) International regimes, transactions and change: embedded liberalism in the postwar economic order, *International Organizations*, 36:2, 379-415

Samuelson, P. A. (1974) Complementarity: An Essay on The 40th Anniversary of the Hicks-Allen Revolution in Demand Theory, *Journal of Economic Literature*, 12:4, 1255-89

Schularick, M. and A. M. Taylor (2012) Credit Booms Gone Bust: Monetary Policy, Leverage Cycles, and Financial Crises, 1870-2008, *American Economic Review*, 102:2, 1029-1061

Selgin, G. A. (2000) Should We Let Banks Create Money?, *The Independent Review*, 5:1, 93-100.

Selgin, G. A. and White, L. H. (1994) How Would the Invisible Hand Handle Money? *Journal of Economic Literature*, 32:4, 1718-1749

Selgin, G. and L. H. White (1996) In Defense of Fiduciary Media; or, We Are Not Devo(lutionists), We Are Misesians!, *Review of Austrian Economics*, 9, 83-107.

Selwyn, B. & S. Miyamura (2014) Class Struggle or Embedded Markets? Marx, Polanyi and the Meanings and Possibilities of Social Transformation, *New Political Economy*, 19:5, 639-661

Shiller, R. (1981) Do Stock Prices Move Too Much to be Justified by Subsequent Changes in Dividends?, *American Economic Review*, 71:3, 421-436

Shiller, R. J. (2017) Narrative Economics, *American Economic Review*, 107:4, 967-1004

Shleifer, A. and R. Vishny (2011) Fire Sales in Finance and Macroeconomics,

Journal of Economic Perspectives, 25:1, 29-48

Short, N. (2018) Market/Society: mapping conceptions of power, ideology and subjectivity in Polanyi, Hayek, Foucault, Lukács, *Globalizations*, 15:7, 941-955

Sibley, W. M. (1953) The Rational and the Reasonable, *Philosophical Review*, 62:4, 554-560

Silver, B. J. and G. Arrighi (2003) Polanyi's "Double Movement": The Belle Époques of British and U.S. Hegemony Compared, *Politics & Society*, 31:2, 325-355

Sonnenschein, H. (1972) Market Excess Demand Functions, *Econometrica*, 40:3, 549-563

Sonnenschein, H. (1973) Do Walras' identity and continuity characterize the class of community excess demand functions?, *Journal of Economic Theory*, 6:4, 345-353

Spence, M. (2021) Some Thoughts on the Washington Consensus and Subsequent Global Development Experience, *Journal of Economic Perspectives*, 35:3, 67-82

Spolaore Enrico and Romain Wacziarg (2013) How Deep Are the Roots of Economic Development?, *Journal of Economic Literature*, 51:2, 325-369

Storz, C., B. Amable, S. Casper and S. Lechevalier (2013) Bringing Asia into the comparative capitalism perspective, *Socio-Economic Review*, 11:2, 217-232

Sugden, R. (2004) The opportunity criterion: Consumer sovereignty without the assumption of coherent preferences. *American Economic Review*, 94, 1014-1033

Sugden, R. (2008) Why incoherent preferences do not justify paternalism, *Constitutional Political Economy*, 19:3, 226-248

Sugden, R. (2018) *The Community of Advantage: A Behavioral Economist's Defense of the Market*, Oxford University Press

van Suntum, U. (2019) Für eine Absicherung der Sozialen Marktwirtschaft im

Grundgesetz, *ORDO*, 70:1, 291-302

Vanberg, V. J. (2005) Market and state: the perspective of constitutional political economy, *Journal of Institutional Economics*, 1:1, 23-49

Vanberg, V. J. (2008) On the Economics of Moral Preferences, *Journal of Economics and Sociology*, 67:4, 605-628

Vanberg, V. J. (2014) Darwinian paradigm, cultural evolution and human purposes: on F. A. Hayek's evolutionary view of the market, *Journal of Evolutionary Economics*, 24, 35-57

Vanberg, V. (2020) J. M. Buchanan's contractarian constitutionalism: political economy for democratic society, *Public Choice*, 183, 339-370

Vanberg, G. & · V. Vanberg (2012) Towards a (re-)integration of the social sciences: The Calculus of Consent at 50, *Public Choice*, 152, 245-252

Varian, Hal (1992) *Microeconomic Analysis*, W. W. Norton and Company

White, L. H. (1999) Why Didn't Hayek Favor Laissez Faire in Banking?, *History of Political Economy*, 31:4, 53-69

Williamson, J. (1990) What Washington Means by Policy Reform. In *Latin American Adjustment: How Much Has Happened?*, edited by John Williamson. Washington, DC: Peterson Institute for International Economics

Williamson, O. E. (2000) The New Institutional Economics: Taking Stock, Looking Ahead, *Journal of Economic Literature*, 38:3, 595-613

Witt, M. and G. Redding (2013) Asian business systems: Institutional comparison, clusters and implications for varieties of capitalism and business systems theory, *Socio-Economic Review*, 11:2, 265-300

Zhang, X. and R. Whitley (2013) Changing macro-structural varieties of East Asian capitalism, *Socio-Economic Review*, 11:2, 301-336